조선시대 사상사연구 2

이성무

지식산업사

저자 **이성무**(李成茂, Lee Song Mu)

－1937년 충북 괴산 출생. 서울대학교 문리과대학 사학과 졸업, 서울대학교 석사·박사.
－국민대학교 교수. 한국정신문화연구원 교수·대학원장·부원장. Harvard Yenching Institute 연구교수. Tuebingen 대학 객원교수. 연세대학교 용재석좌교수.
－국사편찬위원회 위원장. 대한민국 학술원 회원(현). 남명학연구원장(현). 한국역사문화연구원장(현). 한국학중앙연구원 명예교수(현).
－저서 《한국의 과거제도》(1976, 개정증보 1994), 《조선초기 양반연구》(1980), 《조선의 사회와 사상》(1999, 개정증보 2004), 《조선양반사회연구》(1995), 《한국역사의 이해》 1~7(1994~2008), 《조선왕조사》(1998), 《조선시대 당쟁사》(2000) 외 다수.

조선시대 사상사연구(2)

초판 제1쇄 발행 2009. 4. 10.
초판 제2쇄 발행 2010. 10. 8.

지은이   이성무
펴낸이   김경희
펴낸곳   ㈜지식산업사
          주 소 본사: 경기도 파주시 교하읍 문발리 520-12
                  서울사무소: 서울시 종로구 통의동 35-18
          전 화 본사: (031)955-4226~7 서울사무소: (02)734-1978
          팩 스 (031)955-4228
          인터넷한글문패 지식산업사
          인터넷영문문패 www.jisik.co.kr
          전자우편 jsp@jisik.co.kr
          등록번호 1-363
          등록날짜 1969. 5. 8.

책값은 뒤표지에 있습니다.

ⓒ 이성무, 2009

ISBN 978-89-423-1123-1 (94910)
ISBN 978-89-423-0055-6 (전2권)

이 책을 읽고 저자에게 문의하고자 하는 이는 지식산업사 전자우편으로 연락 바랍니다.

서 문

　나는 60세까지는 전문적인 역사연구를 하기로 했다. 연구주제는 대체로
조선시대 양반사회였다. 그리하여 1980년 학위논문인《조선초기 양반연
구》(일조각)를 낸 뒤 1987년에《조선후기 당쟁의 종합적 검토》(공저, 한
국정신문화연구원)를, 1995년에《조선양반사회연구》(일조각)를, 1999년
에《조선의 사회와 사상》(일조각)을, 2005년에 개정증보《조선의 사회와
사상》(일조각)을 냈다. 이 가운데《조선초기 양반연구》는 양수지(楊秀
芝)가 중국어로 번역하여 중화민국 한국학연구학회에서 '번역총서 2'로
출판됐다.
　그리고 양반연구와 불가분의 관계가 있는 과거제도에 대한 연구도 진
행하여 1976년에《한국의 과거제도》(춘추문고 19, 한국일보사)를, 1981
년에《과거》(공저, 역사학회 편, 일조각)를, 1990년에《조선시대 잡과합
격자총람》(공저, 한국정신문화연구원)을, 1994년에 개정증보《한국의 과거제
도》(집문당)를, 1997년에《한국과거제도사》(민음사)를, 1997년에《사마방목
CD-Rom》(공저, 한국정신문화연구원, 서울시스템주식회사),《문과방목
CD-Rom》(한국학중앙연구원 홈페이지에 탑재)을 간행했다. 이 가운데
《한국의 과거제도》는 장연(張連)이 중국어로 번역하여 북경대 출판부에
서《高麗朝鮮兩朝的科擧制度》라는 이름으로 출판됐고, 집문당 판 개정

증보 《한국의 과거제도》는 2008년에 히라기 마고도(平木 實)가 일본어로 번역하여 일본평론사(日本評論社)에서 《韓國의 科擧制度》라는 이름으로 출판됐다.

그러나 60세를 넘기고는 대중용 역사책을 쓰기로 했다. 해외에 다니면서 국사를 우물 안 개구리 식으로 연구해서는 안 된다는 것을 느꼈고, 전공자들만 즐기는 상아탑 속의 학문이 아니라 대중과 호흡을 같이 하는 보편적인 학문이 되어야 한다고 생각했다. 그리하여 1998년에 《조선왕조사》 1 · 2(동방미디어)를, 1999년에 《조선왕조실록 어떤 책인가》(동방미디어)를, 2000년에 《조선시대 당쟁사》 1 · 2(동방미디어)를, 2000년에 《조선의 부정부패 어떻게 막았는가》(청아)를, 2002년에 《라디오 한국사》 1(동방미디어)을, 1995년부터 2008년 사이에 《한국역사의 이해》 1~7(집문당)을 각각 간행했다. 이 가운데 《조선왕조사》 1 · 2는 김용권(金容權)이 번역하여 일본평론사에서 《朝鮮王朝史》 上 · 下라는 이름으로 2007년에 출판됐다.

정년이 된 뒤에는 두 가지 일을 동시에 하기로 마음을 먹었다. 하나는 역사학 대중화 사업이요, 다른 하나는 조선시대 사상사 연구이다. 역사학을 대중화 · 보편화하고 지금까지 해왔던 양반사회 연구를 더 심화시키고자 함이었다.

역사학 대중화를 위해서 나는 2003년 2월에 정년을 맞자마자 (사)한국역사문화연구원을 설립하고, 그해 9월부터 이화여대 평생교육원과 공동으로 한국역사문화아카데미 최고지도자 과정을 개설해 2006년 8월까지 운영했으며, 2004년 3월부터 2006년 2월까지 성남문화원과 공동으로 한국·역사문화아카데미 최고위과정을 개설했다. 그리고 2004년 3월부터 한국역사문화연구원에서 '한국역사 강좌―이성무의 역사교실'을 개설하고 아울러 한문 초급(《명심보감》 등 1년 과정), 한문 중급(4서, 2년 과정) 강좌를 열어 지금까지 운영해 오고 있다.

한편, 양반 연구의 일환으로 상촌(桑村) 김자수(金自粹), 퇴계(退溪) 이황(李滉), 남명(南冥) 조식(曺植), 서애(西厓) 류성룡(柳成龍), 지천

(遲川) 최명길(崔鳴吉), 청음(淸陰) 김상헌(金尙憲), 백헌(白軒) 이경석 (李景奭), 성호(星湖) 이익(李瀷), 다산(茶山) 정약용(丁若鏞), 수당(修 堂) 이남규(李南珪) 등의 생애와 사상을 연구했다. 그 동안의 연구 성과 를 모아 이 책을 낸다. 그러나 한 책으로 내기에는 분량이 많아 두 책으로 나누어 내기로 한다.

《조선시대 사상사연구》2권에는 서애 류성룡, 지천 최명길, 백헌 이경 석, 다산 정약용, 수당 이남규에 관한 논문을 싣는다. 또한 충장공(忠壯 公) 남이흥(南以興) 장군의 생애를 소개하는 글을 실어 당시 시대상황을 이해하는 데 도움이 되고자 했으며, 마지막에 한국의 성씨(姓氏)와 족보 (族譜)의 역사를 밝히는 논문을 수록했다. 인물을 통한 사상사 연구를 문 중사학으로 매도하는 사람이 있으나, 이것은 연구하기 나름이라고 생각한 다. 문중의 주장만을 대변해 사실을 과장하거나 왜곡하면 그러한 비난을 받아 마땅하지만, 사료에 따라 객관적·사실적으로 서술한다면 문제될 것 이 없다. 오히려 사상사를 연구하려면 각 문중과 연계를 맺는 것이 필수적 이다. 구하기 어려운 미발간 자료들이 아직 여러 문중에 많이 남아 있기 때문이다. 필자는 2004년 5월에 '뿌리회'를 창립하고 학자와 문중을 연결 해 전통을 비판적으로 계승하는 모임을 운영해 왔다. 운영은 젊고 유능한 전문 학자들이 맡고, 각 지역 문중의 초청을 받아 석 달에 한 번씩 학술답 사를 하고, 때로는 학술강연회나 국내·국제 학술대회를 열기도 한다. 이 러한 활동을 통해 많은 새로운 자료를 발굴해 연구에 도움을 받기도 했으 며, 유관 기관과 연계해 이러한 자료들을 출간하기도 했다.

이러한 작업은 계속될 것이고, 잘못된 점이 있으면 개선해 나갈 생각이 다. 사상사 연구는 철학적인 내용을 다루어야 하기 때문에 어렵고, 가문과 관련되어 있어서 민감한 부분도 없지 않지만, 그렇기에 오히려 더욱 해볼 만한 연구라고 할 수 있다. 다만 한문원전 해독능력이 출중해야 하고, 경 전을 충분히 이해하고 있어야 하기 때문에 초학자들이 기피하는 분야이기 도 하다. 다행히 필자는 대학 졸업 후 15년 동안 성락훈 선생과 내당서사 (內塘書舍)의 중재(重齋) 김황(金榥) 선생에게서 유교경전을 비롯한 한

문 고전을 다소나마 섭렵한 경험이 있기에 만년에 감히 사상사 연구에 도전해 보기로 한 것이다.

물론 나의 연구가 각 분야의 전문가들이 보기에는 미흡한 점이 있을지 모른다는 점도 잘 알고 있다. 그러나 우선 각 인물들을 개략적으로 알아보고, 그들이 어떠한 역사적 좌표에 자리 잡고 있으며, 무엇을 더 연구해야 할 것인지를 알아보려 한다. 그리고 그 때 그 사람이 그러한 주장을 했던 배경과 이유를 성글게나마 알아보려는 데 목적을 두었다. 깊이 있는 연구는 앞으로 다른 연구자들과 토론으로 진척시켜 나가고자 한다. 강호 제현의 독려와 애정 어린 비판이 있기를 바란다.

끝으로 한국역사문화연구원을 운영할 수 있도록 장소를 마련해 준 아내 김복기(金福基) 여사와 연구자료를 제공해 준 여러 문중, 출판계가 어려울 때 흔쾌히 이 책을 출간해 준 지식산업사 김경희(金京熙) 사장께 아울러 감사를 드린다.

2009년 3월
이 성 무

차 례

충장공(忠壯公) 남이흥(南以興)의 생애와 군공(軍功)

지천(遲川) 최명길(崔鳴吉)의 생애와 사상

백헌(白軒) 이경석(李景奭)의 생애와 사상

다산(茶山) 정약용(丁若鏞)의 생애와 사상

수당(修堂) 이남규(李南珪)의 생애와 사상

부록 한국의 성씨(姓氏)와 족보(族譜)

서애(西厓) 류성룡(柳成龍)의 생애와 사상

1. 생 애

(1) 가계(家系)

류성룡의 字(자)는 이견(而見), 號(호)는 서애(西厓), 또는 운암(雲巖), 본관은 풍산(豊山)이다. 그는 1542년(중종 37) 10월 1일에 외가인 의성현(義城縣) 사촌리(沙村里)에서 아버지 중영(仲郢)과 어머니 안동 김씨(進士 光粹 女)의 셋째 아들로 태어났다. 서애를 임신할 때, 꿈에 한 노인이 공중에서 내려와 "부인은 마땅히 귀한 아들을 낳을 것"이라고 했다고 한다.

서애의 고향은 안동부 풍산현(豐山縣)으로 그의 선대가 이곳에 살기 시작한 것은 고려 때이다. 영모각(永慕閣) 소장 《풍산류씨족보》(豊山柳氏族譜) 표지 이면에 초록되어 있는 호적단간(戶籍斷簡)에 따르면, 류씨는 본래 풍산현의 호장층(戶長層)이었다.[1] 〈서애선생세계지도〉(西厓先生世系之圖)에 따르면, 1세 백(伯)은 현직 호장의 아들로서 1290년(충렬왕 16)에 은사과(恩賜科)에 합격해 사족화(士族化)의 길을 걸었다.[2] 백의 아들 난옥(蘭玉)은 징사랑(徵士郎) 도염서령(都染署令), 손자 보(葆)는 검교예빈랑(檢校禮賓郎)을 지냈다.

---

1) 李樹健, 《嶺南學派의 形成과 展開》, 一潮閣, 1995, 153쪽. 始祖 節, 그의 아들 敦升, 손자 廷莊은 모두 戶長이었으며, 伯부터 恩賜及第를 받아 관계에 나왔다.
2) 〈西厓先生世系之圖〉, 《西厓全書》 卷 1, 서애선생기념사업회, 1991, 489쪽.

토성이족(土姓吏族)이 사족화하는 과정에서 읍치(邑治)를 떠나 시골로
가듯이, 보의 아들 종혜(從惠: 工曹典書)는 조선왕조 개창 후 현의 서쪽
10여 리에 있는 풍산현 화산(花山) 아래 하회촌(河回村)에 복거(卜居)했
다.3) 그리고 흥해토성(興海土姓)으로서 고려 말에 중앙으로 올라가 권문
세족이 되었다가 왕조교체기에 이곳에 낙향한 친구 배상공(裵尙恭)을 초
청해 그를 위해 논밭의 반과 집을 마련해 주었다.4) 종혜는 두 명의 부인
을 두었는데 첫째 부인은 예천 임씨(及第 林元吉 女)요, 둘째 부인은 안
동 권씨(軍器少監 權桂 女)이다. 과거에 급제한 임원길과, 안동의 세족
안동 권씨를 처가로 맞이한 것이다. 그리고 아들 홍(洪: 忠毅校尉 左軍司
正)도 두 명의 부인을 두었는데 첫째가 선산 김씨(成均進士 金琯 女)요,
둘째가 창녕 조씨(興尉衛 保勝別將 曹尙保 女)이다. 홍은 특히 풍산에
넓은 농장을 가지고 있던 부자였다.5) 풍산 류씨 외에도 풍산을 중심으로
번성하던 지방 유력가문들이 많았다. 안동 김씨, 안동 권씨, 흥해 배씨, 진
성 이씨 등이 그러하다.

안동 김씨인 김득우(金得雨)는 청음(淸陰) 김상헌(金尙憲)의 8대조로
서, 류성룡의 8대조인 류난옥(柳蘭玉)의 손자사위이기도 했다. 그리고 자
신은 세종 대에 좌의정을 지낸 권진(權軫)을 사위로 삼았고, 아들 김혁
(金革)은 권희정(權希正)의 딸을 아내로 삼았다. 뿐만 아니라 김혁은 류
성룡도 높이 평가하는 은사(隱士) 배상지(裵尙志: 1351~1414)와 퇴계
이황의 고조부인 이운후(李云候)를 동서로 두고 있었다. 김득우 부자는
700년 세거지(世居地)인 강정촌(江亭村: 안동부 남 3리)을 떠나 풍산현
불정촌(佛頂村)으로 옮겼다. 이는 처가인 풍산 류씨의 경제적 지원과 무
관하지 않았을 것이다.6)

---

3) 公(柳從惠) 始自豊山縣內 移居縣西十餘里花山下河回村 墾田築室(柳雲龍,〈世系錄〉,《謙菴
集》卷 6).
4) 時友人典書裵公尙恭 亦休官鄕居 典書公招與同里 仍割其田畝之半及宅居以居之 因相與杖屨
(류성룡,〈世譜〉,《永慕錄》卷 1).
5) 居家力於稼穡 …… 晩年家業甚饒 別搆農舍於大峴外 有林亭大野 通望十餘里(류성룡,〈世
譜〉,《永慕錄》卷 1).

한편, 김득우의 손자 김삼근(金三近) 대에는 풍산현 치소(治所)에서 5리 가량 떨어져 있는 소요산(素耀山: 逍遙山 또는 小有山)으로 이주했다. 이곳은 현재의 풍산면 소산동(素山洞)이며, 하회로 들어가는 입구에 있다. 김삼근은 김계권(金係權), 김계행(金係行: 1431~1517) 두 아들을 두었는데, 이 가운데 김계행은 1480년(성종 11) 50세의 나이에 장동 김씨 최초로 문과에 급제했으며, 류성룡의 증조할아버지인 자온(子溫)의 장인이다. 대사간을 지냈으며, 청백리로서 안동 김씨 보백당파(寶白堂派)의 시조가 되었다.7) 김계권은 세조 때 권승(權僧) 학조(學祖)의 아버지로서 훈구파에 가까웠던 것과 달리, 김계행은 사림파인 조광조와 가까웠다.

소(沼)는 안동 권씨 옹(雍)의 사위로 그 기반을 물려받았으며, 류성룡의 할아버지인 공작(公綽)은 연안 이씨(延安李氏) 향례(享禮: 敎授)의 사위로서 처가인 군위(軍威)에 낙향해 처가의 재산을 나눠 받았고, 아버지인 중영(仲郢)은 외가가 있는 군위에서 생장해 의성(義城)의 사촌(沙村)에 강력한 지역 기반을 가지고 있던 안동 김씨 광수(光粹)의 사위가 되었다. 류성룡의 처가(全州李氏 坰)는 서울에 세거하는 종실 가문으로서 그의 재경전택(在京田宅)은 대개 처변(妻邊)에서 유래했다. 당시 처가인 광평대군파(廣平大君派)는 상당한 재산을 가지고 있었기 때문에 류성룡이 상경종사(上京從仕)하는 데 처가의 기반을 많이 활용했을 것이다. 그의 아버지 중영과 조부 공작, 5촌 당숙인 경심(景深)이 중앙에 올라가 벼슬을 지내 종실혼인을 할 수 있게 된 것이다.8)

류성룡의 조부 대부터 실직사족(實職士族)으로 계속 벼슬하고, 혼인과 관직을 매개로 재산을 증식하여 류성룡이 출세할 수 있는 정치적·경제적 기반이 되었다. 1527년(중종 22)에 작성한 공작의 〈남매화회문기〉(男妹和會文記)에 의하면 노비 33명 가운데 부변노비(父邊奴婢)는 8명이었는데 모변노비(母邊奴婢)는 25명이나 되었으며, 군위 소재 토지는 류성룡의

---

6) 金鶴洙, 〈17세기의 名家-壯洞金氏〉, 《문헌과 해석》 2000년 여름호, 태학사, 2쪽.
7) 李成茂, 〈장동김씨의 정치가들〉, 《한국역사의 이해》 6, 집문당, 2006, 142쪽.
8) 李樹健, 앞의 책, 154~157쪽.

조모변(祖母邊)에서, 의성(義城)과 비안(比安) 소재 전답은 모변(母邊)
에서 받았다. 류성룡은 모변재산을 받기 전에 이미 1567년(명종 22)에 부
모로부터 등과조(登科條)로 노비 6명과 전답 1석 27마지기를 별급(別給)
받았으며, 1586년(선조 19)에는 처가로부터 노비 90여 명을 받았는데 그
노비의 소재지는 전국에 분포되어 있었다.9) 이러한 재산을 바탕으로 류성
룡은 조상 내·외조의 분묘를 수축하고 제사와 묘위전(墓位田)을 준비하
는 등 위선사업(爲先事業)을 할 수 있었다.

권벌(權橃)·이황(李滉)·류성룡·김성일(金誠一)의 4대 가문 가운데
류성룡의 후손들이 관직에 가장 많이 올랐다. 물론 류성룡이 실각한 뒤로
영남 남인은 고위직에 올라갈 수 없었으나 류성룡의 셋째아들 진(袗)의 7
세손인 후조(厚祚: 梅山·洛坡, 靖憲公)는 대원군 때 우의정을 지낸 바
있다.

(2) 사환(仕宦)

서애는 영의정까지 지냈고, 4도 체찰사(四道體察使)로서 임진왜란을
극복한 명재상이다. 그는 미증유의 국난을 당해 도탄에 빠진 백성을 구제
하고 기울어 가는 나라를 구제하는 데 공헌했다. 그의 관직생활과 정치적
식견이 국난을 극복하는 데 어떻게 도움이 되었고, 뒷날 어떻게 평가를 받
았는지를 알아볼 필요가 있다.

그의 생애를 연보(年譜) 중심으로 행장(行狀)·시장(諡狀) 등을 참조
해 소개하면 다음과 같다.10)

4살 때인 1545년(인종 1) 공부를 시작해 6살(1547)에 작은 할아버지
공석(公奭)에게 《대학》을 배웠다. 그는 몸의 기운과 행동거지가 어른과

---

9) 李樹健, 앞의 책, 157~160쪽, 세종이 廣平大君을 총애해 전택과 노비를 많이 하사했다
고 한다.
10) 〈西厓先生年譜〉·〈西厓柳先生 行狀·諡狀〉,《西厓全書》卷 3, 附錄篇, 西厓先生紀念事業
會(*앞으로 年譜는 본문에 쪽수만, 行狀·諡狀은 본문에 행장·시장이라고 쓰고 쪽수를
밝힌다 - 필자).

같아서 아이들과 놀 때도 농담이나 쓸데없는 말을 하지 않고, 오직 공부에
만 열중했다(217). 일찍이 강변에 가서 놀다가 강물에 빠졌는데 홀연히
풍랑이 크게 일더니 얼마 뒤에 그가 강 언덕 위에 나타나자 모두 기이하
게 생각했다(217).

8살 때(1549) 아버지로부터 《맹자》〈등문공편〉(藤文公篇)을 배웠는데,
한 글자도 틀리지 않아 더 가르쳐 주지 않고 나가 놀라고 했더니, 글공부
를 할 만하지 않아서 그렇다고 생각해 하루 종일 근심하면서 밥도 먹지
않았다. 그리고 "백이(伯夷)는 눈으로는 나쁜 색[惡色]을 보지 않고, 귀로
는 음탕한 소리[淫聲]를 듣지 않는다."는 대목에 이르러 흠모하는 마음을
가지고 몽매간에도 잊지 않았다(217).

1550년(명종 5) 8월에는 어머니를 따라 아버지의 근무처 유신(維新)에
다녀왔는데 현감이었던 아버지는 역옥(逆獄)에 걸려 파면되었다. 그해
《논어》를 배우고, 1554년(명종 9)에는 동학(東學, 조선시대 四學의 하나)
에 나아가 《중용》과 《대학》시험에 합격해 입학을 허락받았다. 이때 서애
는 구두(句讀)와 의리(義理)를 모두 정확하게 맞추어 시험관이 앞으로 큰
선비가 될 것이라 했다(217).

14살 때인 1555년(명종 10) 12월에는 의주목사(義州牧使)로 있던 아
버지에게 가서 1년 넘게 있다가 서울 집으로 돌아왔다. 집으로 돌아오는
길에 납청정(納淸亭) 아래를 지나가는데 때마침 성주목사(星州牧使) 황
림(黃琳)을 만났다. 그는 서애가 말에서 내리지 않는다고 사람을 시켜 쫓
아갔는데, 그 행동거지가 당당하므로 "어찌 행장(行裝)이 이렇게 초초(草
草)하냐?"고 물으니, 서애가 오히려 "서생(書生)의 행장이 어찌 이와 같
지 않겠는가?"라고 대답했다. 그 뒤 과거에 합격하자 황림이 납청정 이야
기를 들어 비상한 사람이라고 말했다(217). 그해 가을에 향시(鄕試)에 합
격했다. 이와 같이 서애는 이미 어려서부터 위인이 특출했으며, 아버지를
따라 서울과 의주(義州) 등지를 다니면서 세상 물정과 국제정세를 익힐
수 있었다.

17세 때인 1558년(명종 13)에는 광평대군의 후손인 이경(李坰)의 딸

전주 이씨와 혼인했다.[11] 다음 해 5월에 간성 군수(杆城郡守)를 지낸 할아버지 공작이 별세하여 군위에 장사지냈다. 19세 되던 1560년(명종 15) 10월에는 관악산에 들어가 《맹자》를 읽었다. 그런데 밤중에 누군가가 담벼락을 치는 소리가 들렸으나 못들은 척 했더니, 어느 날 저녁에 한 중이 나타나 "홀로 산에서 사니 도적이 무섭지 않은가?"고 하기에 웃으면서 "사람은 진실로 측량하기 어려운데 어찌 네가 도적이 아니라는 것을 알 수 있느냐?"하고는 계속 글을 읽었다. 중이 그가 어리지만 뜻이 굳은 것을 보고 뒤에 반드시 대인(大人)이 될 것이라 했다고 한다. 그 중은 도를 닦은 사람으로, 그가 독실하게 공부한다는 말을 듣고 시험해 보았던 것이다. 그가 만년에 술회하기를 이때 《맹자》에서 득력(得力)해 유가(儒家)의 사상을 비로소 이해하게 되었다고 하였다.[12]

20세가 되던 1561년(명종 16)에는 고향으로 돌아와 《춘추》를 읽었다. 그해 8월에는 아버지가 관압사(管押使)로서 명나라에 갔고, 9월에 도산(陶山)으로 퇴계 이황을 찾아가 몇 달 동안 묵으면서 《근사록》(近思錄) 등 성리서(性理書)를 배웠다(行狀 294). 퇴계는 그를 한 번 보고 "이 사람은 하늘이 낸 사람"이라고 말했다 한다.[13] 뒷날 서애는 관직을 그만두고 금계(金溪)에 내려와 있던 김성일(金誠一)과 조종도(趙宗道)·권호문(權好文) 등을 만났다. 이때 김성일이 서애에게 "우리가 소싯적에 퇴계선생을 오래 모셨지만 일찍이 허여(許與)하는 말씀을 한 마디도 듣지 못했는데 선생을 보자마자 하늘이 낸 사람이라고 하고 후일 반드시 조정에 나아가 국가를 위해 큰일을 할 것이라고 했다."고 털어놓은 바 있다. 그리고 김성일은 "서애는 우리의 사표(師表)이니 어찌 감히 친구라고 할 수 있겠는가?"[14]하고, 안동 사람이 학봉에게 배우러 오면 "서애를 뵈었느냐?"고

---

11) 李樹健, 앞의 책, 160쪽, 이경의 계보는 다음과 같이 이어진다. 廣平大君 璵(世宗 子)-永順君 溥-南川君 峙-昆明正 湰-義蕃-坰(龍宮縣監, 右叅贊 趙士秀의 壻).

12) 李樹健, 앞의 책, 218쪽.

13) 先生一見異之曰 此者天所生也 必成大儒(류성룡, 《陶山門賢錄》卷 3, 21쪽).

14) 後鶴峯謂公曰 吾輩從游先生久矣 未嘗有一言奬許 公一見先生 先生卽曰 天所生 何以得此於師門 又語人曰 西厓我之師表(柳成龍, 《陶山門賢錄》卷 3, 21쪽).

묻고 찾아보지 못했다고 하면 "선비가 현인(賢人)·군자(君子)의 풍모(風貌)를 동시대에 감발(感發)하지 못한 것을 한탄하면서 같은 시대·같은 고향의 현인·군자를 찾아보지 않으니, 어찌 어진 사람을 좋아한다고 할 수 있겠느냐?"고 힐책했다고 한다. 한편 서애는 "학봉에게 도저히 미치지 못한다."고 했으니 서로 존중하는 바가 이와 같았다(218).

22세가 되던 1563년 가을에 생원진사시(生員進士試) 초시(初試)에 합격하고, 이듬해 7월에 생원 1등 3인(3등), 진사 3등 36인(36등)에 합격했다. 1565년(명종 20) 4월에 문정왕후(文定王后)가 죽자, 유생들이 요승(妖僧) 보우(普雨)를 탄핵하는 상소를 올리는 데 앞장섰으나, 임금이 들어주지 않자 공관(空館: 동맹휴학)을 하고 집으로 돌아갔는데, 먼저 성균관에 나가는 자는 '당적아세'(黨賊阿世: 무리지어 도둑질하며 세속에 아첨하는 짓)하는 자로 치부하자는 말이 나왔다. 그러나 서애는 '당적아세'는 지나친 말이라고 끝까지 동의하지 않았다. 다음 해 봄에 정주목사(定州牧使)로 임명된 아버지를 따라갔다가, 여름에 서울로 돌아왔고 10월에 문과(文科)에 급제해 11월에 승문원권지부정자(承文院權知副正字), 정자(正字), 예문관검열(藝文館檢閱) 겸 춘추관기사관(春秋館記事官)이 되었다. 그해 6월 명종이 승하하고 선조가 즉위했다(219).

1568년(선조 2) 2월에 한 달 동안 정주(定州)로 아버지를 찾아뵙고, 가을에 성주사고(星州史庫)에 포쇄(曝灑: 책을 햇볕에 말림)하러 다녀와서 대교(待敎) 겸 춘추관 기사관이 되었다. 이기(李芑)·이준경(李浚慶) 등이 인종을 연은전(延恩殿)에 모시려 하자 그 불가함을 상소했다. 처음에 세종은 종묘 밖에 문소전(文昭殿)을 지어 태조와 태조의 4친(四親)을 모셨는데 성종이 덕종(德宗: 성종의 아버지)을 추숭해 예종(睿宗)은 문소전에, 덕종은 연은전이라는 별전(別殿)을 지어 모셨다. 그런데 인종이 승하하고 명종이 즉위하자, 당로자인 이기 등은 인종을 문소전에 모시려면 명종에게 아직 친진(親盡: 代를 넘긴 조상에 대해 따로 제사를 모시지 않는 것. 임금은 5대, 평민은 4대 조상까지 제사를 지냈으며, 그 윗대의 조상에게는 시제時祭를 드림)이 되지 않은 세종을 조천(祧遷: 친진한 조상의 신주를 땅에 묻는 것)해야 하고, 그렇지 않으면 5실(室)이 넘으니 인종을 연은전에 모시자고 했다. 단 전전(前殿)이 좁아 신주 하나도 증설할 수 없으니 동쪽에 가옥(架屋)을 하나 더 지어 6실로 하자는 것이었다. 이에 대해 퇴계는 전전이 동서가 길고 남북이 짧으니 태조를 동향으로 모시고 2소(昭), 2목(穆)을 남북으로 서로 향하게 하면 가옥을 더 짓지 않아도 되고, 고제(古制)에도 맞다고 주장했다. 그는 끝까지 퇴계의 주장을 지지해 새벽까지 싸워 기어이 관철하고 말았다(219). 권력을 쥐고 있는 대신들과 싸워 기어코 그 뜻을 펴는 것을 보고 사람들은 그가 범상치 않은 인물임을 알아보았다고 한다.

　이 일이 있은 뒤 성균관 전적(典籍)에서 공조좌랑으로 전임되었고, 휴가를 받아 청주목사(淸州牧使)로 전임된 아버지를 찾아뵈었으며, 10월에 성절사(聖節使)의 서장관(書狀官) 겸 사헌부감찰(司憲府監察)로 명나라에 다녀왔다. 연경(燕京) 선치문(宣治門)에 들어갈 때 태학생(太學生)들이 도열해 있는 것을 보고 "근일 중조(中朝)의 도학지종(道學之宗)은 누구인가?"고 물어보았다. "정ㆍ주(程朱) 선생"이라고 했다. 그러면 "명나라의 이름난 유학자로는 누구를 치는가?"라고 다시 물었다. 왕양명(王陽明: 이름은 守仁)ㆍ진백사(陳白沙: 이름은 獻章)라고 대답했다. 이에 서애는 "진백사는 도학이 정밀하지 못하고, 왕양명의 학문은 선학(禪學)에서 나왔으니 내가 보기에는 설문청(薛文淸: 이름은 瑄)을 치는 것이 마땅하다."고 했다. 그랬더니 여러 유생 가운데 신안(新安) 사람 오경(吳京)이라는 자가 앞으로 나와 "근래 학술이 다 무너지고 선비들이 추향(趨向)하는 바를 잃어 유생들의 말이 이와 같은데, 당신이 정론(正論)을 내어 그릇됨을 바로잡아 주었으니 이단을 물리치는 뜻이 뚜렷하다."고 했다 한다. 또한 황제를 만나보는 반차(班次)에서 도사(道士)와 승도(僧徒)가 그 옷을 입고 5품 열에 서 있자, 유생들을 돌아보면서 "여러 선비들이 도리어 그 뒤에 줄을 서니 욕되는 것이 아닌가?"라고 물었다. 제생이 "국법이 그러하니 어쩌겠는가?"하니, 서애는 "우리들은 비록 외국인이지만 어찌 의관을 입은 몸으로 도사나 승도의 뒤에 서겠는가?"라고 했다. 이 말을 듣고 서반(序班)이 예관(禮官)에게 말해 도사 · 승도를 조선 사신의 뒤에 세웠다. 이에 뜰에 가득한 사람들이 돌아보면서 놀라지 않는 이가 없었다고 한다. 또한 전에는 사신이 동각(東閣) 안에 들어가 앉아 황제가 내리는 술과 밥을 받을 때면 불량배들이 난입해서 빼앗아 예를 갖추지 못했는데, 서애가 그럴 바에야 들어가지 않겠다고 하자 예관이 이번에는 그런 일이 없을 것이라고 하여 조용히 예를 마칠 수 있었다(220). 서애는 이와 같이 좌중을 압도하는 남다른 기개와 기품이 있었다. 오경이 옥하관(玉河館)으로 그를 찾아왔기에 퇴계 이황의 〈성학10도〉(聖學十圖)를 주었더니 돌아올 때 시를 지어 환송했다(220).

다음 해 3월에 귀국하자 퇴계는 선비의 습속을 바로잡고, 양명학을 배척한 데 대해 극구 칭찬했다. 홍문관부수찬 · 수찬이 되었고, 가을에는 사가독서(賜暇讀書)를 받았다. 이때 서애는 경연검토관(經筵檢討官)과 춘추관사관을 겸했는데, 그의 강론은 선조를 감동하게 했다. 그리하여 당대의 사대부들이 강관(講官)으로서는 서애가 제일이라 했다고 한다. 부제학 유희춘(柳希春)도 책난진선(責難陳善)은 서애를 넘어설 사람이 없다고 했다. 연보에도 다음과 같은 기록이 있다.

> 선생이 오래 동안 옥당(玉堂)에 있으면서 개연히 임금의 마음을 격동시키는 것을 자기의 임무로 생각하고, 입대(入對)할 때마다 반드시 마음을 정백(精白)하게 하여, 성의를 다해 아는 것은 말하지 않는 것이 없고, 말하면 간절하지 않은 것이 없었다. …… 임금이 매양 칭찬을 아끼지 않고, 일시의 사대부들이 다 (서애를) 강관으로서는 제일이라고 치켜세웠다(221).

선조는 신하들 가운데 시무(時務)를 아는 사람은 율곡과 서애뿐이라 했다(221).

하루는 경연에 들어갔는데 영의정 동고(東皐) 이준경(李浚慶)이 박점(朴漸)의 소행을 비난하며 이렇게 말했다.

대신만이 사람을 추천할 수 있고, 임금만이 사람을 쓸 수 있으며, 사람을 쓰
는 데도 서차(序次)가 있어서 순서를 건너뛰면 안 된다. 그런데 백인걸(白
仁傑)은 어떤 사람인데 박점을 추천해서 6품직으로 올라가게 했는가? 조정
의 사람 쓰는 권한을 어찌 각자 멋대로 행사할 수 있는 것인가?(221)

이에 그는 인재의 중요함을 들어 다음과 같이 반박하였다.

박점의 사람됨은 신은 잘 모르겠으나, 그를 진실로 등용해서는 안 된다는
영의정의 말씀 또한 병통이 있습니다. 백인걸이 과연 현인을 얻을 수만 있
다면, 그도 재상의 반열에 있는데 추천하지 못할 이유가 어디 있니까? 또
반드시 임금이 스스로 알아서 쓰기를 기다린다면, 현인이 아래 있어도 위에
서 다 알지 못해서, 쓰이는 사람은 적고 쓰이지 않는 사람은 많게 되어 현인
을 놓치는 걱정이 이로 말미암아 생길 것입니다(221).

이 말을 듣고 이준경이 다른 사람에게 "류 아무개가 나의 잘못을 깨우
쳐 주었는데 그 말이 아주 옳다."고 했다고 한다(221).

그해 12월에 퇴계가 별세하여 문상하고, 다음 해 3월에 예안(禮安)에
장사지냈으며, 곧 병조정랑이 되었다. 6월에 종숙부(從叔父)인 경심(景
深)이 세상을 뜨자 장단(長端)에 가서 시신을 모시고 집으로 왔다. 경심
은 근친(近親) 가운데 가장 출세한 사람으로, 대사헌으로 있다가 평안감
사로 부임해 가는 도중에 길에서 세상을 떴는데, 마침 자녀들이 마마를 앓
고 있어 대신 가게 된 것이다. 경심은 서애의 사환에 일정한 영향을 준 사
람이기도 하다. 가을에 휴가를 얻어 안동 금계에 가서 종숙부를 회장(會
葬)한 다음, 낙수(洛水)의 서쪽 언덕[西厓]에 서당을 지었다. 이때부터 서
애(西厓)라고 자호(自號)했으며, 그 서쪽 언덕을 상봉대(翔鳳臺)라 이름
지었다(221).

1572년(선조 5) 봄에 홍문관수찬에 임명되었는데, 이때 마침 영중추부
사 이준경이 조신들 사이에 장차 붕당의 조짐이 보인다는 유소(遺疏)를

올린 바 있다. 선조가 누가 붕당을 짓느냐고 힐문하니, 이이(李珥)·정철(鄭澈) 등 사림이 들고 일어나 이준경이 사류(士類)를 해하고자 하니 관작을 추탈해야 한다고 주장하고 나섰다. 그러나 서애는 "대신이 죽음에 임해 상소를 올린 말이 마땅치 않다 해도, 왕에게 그 잘못을 변파(辯破)해 올리면 그만이지 관직을 추탈할 것까지 무어 있는가?"라고 반대해 무마되었다(222). 탄핵하는 조정에서 대신을 대접하는 도리가 아니라는 이유에서였다(행장 294). 이를 보면, 율곡이 사림의 여론을 중시한 것과 달리, 서애는 국가와 재상의 체통을 더 중시한 차이가 있는 것으로 보인다.

또한 선조가 경연석상에서 자신이 옛날의 어떤 군주에 견줄 수 있는지 물었더니, 정이주(鄭以周)는 요순과 같은 임금이라고 하고, 김성일은 요순과 같기도 하고 걸주(桀紂)와 같기도 하다고 말했다. 선조가 노해 얼굴색이 바뀌자, 서애가 "두 사람의 말이 다 옳습니다. 요순과 같다는 말은 요순이 되도록 인도한다는 뜻이요, 걸주와 같다는 말은 그렇게 되지 않도록 경계한다는 뜻이니 다 군주를 사랑하지 않음이 아닙니다."고 해 선조의 노기가 풀렸다고 한다. 그해 9월 원접사(遠接使)의 종사관(從事官)으로 의주에 가서 만력황제(萬曆皇帝) 등극(登極) 반조(頒詔)를 받아 가지고 왔다(222).

다음 해 6월에 이조정랑이 되었다. 그런데 7월에 아버지가 뇌후종증(腦後腫症)이 심해져 주야로 고름을 빨면서 간호했으나 끝내 별세하여 12월에 천등산(天燈山) 아래 금계의 언덕에 장사지냈다. 3년상 동안 죽만 먹고, 소금과 채소를 먹지 않았으며, 조석으로 추위와 더위를 무릅쓰고 성묘하고, 상사(喪事) 이외에는 말을 하지 않았다. 그래서 피골이 상접해 걸을 때도 사람이 부축할 정도였다고 한다(222).

1575년(선조 8) 9월에 복상을 마치고 홍문관부교리, 이조정랑으로 불렀으나 나가지 않다가, 다음 해 4월에 사간원헌납으로 불려 올라갔다. 그 뒤 홍문관전한(典翰)·사헌부장령·홍문관응교·응교·의정부검상(檢詳) 등 청요직을 거쳤다. 1577년(선조 10) 11월에 인성왕후(仁聖王后)가 죽자 예조에서 선조의 상복을 기년복(朞年服: 일 년 동안 입는 상복)으로 정하려 했는데, 서애가 겨울 추위를 무릅쓰고 새벽까지 삼년복(三年服)으로 할 것을 주장해 그 의견을 따랐다(223).

그 뒤 군기시정, 사간원사간, 홍문관응교·직제학, 승정원동부승지, 이조참의, 홍문관부제학 등의 요직을 거쳤으나 수시로 모친을 모신다며 안동에 내려갔다. 1580년(선조 13) 봄에도 모친을 모신다며 상주목사(尙州牧使)로 내려가 어머니를 하외(河隈)에서 상주로 모셔왔다. 처사(處士) 남치리(南致利)가 어떤 사람에게 말하기를 "서애는 재상감인데 목민관(牧民官)은 그의 장기가 아니다."라고 하니 서애가 이 말을 듣고 "경방(經邦)과 목민은 둘이 아니다. 내가 진실로 논도경방(論道經邦)은 능하지 못하지만 만약 경방을 잘 한다면 어찌 목민은 잘 못할 리가 있겠느냐?"고 했다고 한다(224). 목민관 노릇을 잘 하자, 상주 사람들이 그를 기려 송덕비와 산 사당[生祠堂]을 세우려고 했는데, 서애가 직접 글을 보내 말렸다 한다. 10월에 군위현 서쪽에 남계서당(南溪書堂)을 지었다[15](224).

1581년(선조 14) 겨울에 얼음이 얼지 않았다. 서애는 동료들을 대표해 〈무빙차〉(無水箚)를 올려 10가지 개혁안을 건의했다. 1) 참된 덕을 닦아 하늘의 뜻에 보답할 것[修實德 以答天心], 2) 대궐의 안팎을 엄격히 구분하여 궁중 출입을 엄숙히 할 것[嚴內外 以肅宮禁], 3) 정치의 대체를 가다듬어 규모를 세울 것[審治體 以立規模], 4) 공론을 중하게 여겨 조정의 기강을 정비할 것[重公論 以整朝綱], 5) 명실을 밝혀 인재를 등용할 것[覈名實 以用人才], 6) 공도는 넓히고 요행을 찾는 문은 막을 것[恢公道 以杜倖門], 7) 염치를 길러서 흐려진 풍속을 맑게 할 것[養廉恥 以淸濁俗], 8) 정치 체제와 법률 제도를 밝혀서 간사한 자들을 막을 것[明政刑 以杜奸細], 9) 쌓인 폐단을 제거하여 민생을 풍요롭게 할 것[祛積弊 以厚民生], 10) 학문을 숭상하여 선비들의 기풍을 바로잡을 것[崇學術 以正士

---

15) 이 서당은 서애 아버지 묘의 남쪽에 있는데 본래 아버지가 세우려다가 못한 것을 서애가 지은 것이다. 霜露堂, 永慕齋, 玩心齋·鳶魚軒(동쪽), 三靜齋(북쪽), 愛蓮堂·養魚池, 招隱臺(서쪽), 泳歸臺(동쪽), 歎逝軒 등의 건물이 있었으며, 南溪精舍라는 편액을 달고, 南溪12詠 등의 글을 걸어 놓았다(224).

風] 등이었다. 유교정치의 기본을 새삼 언급한 것은, 지금 당장 경장(更張)하지 않으면 국가가 망하게 될지도 모른다는 경고의 의미였다(225~226).

1583년(선조 16) 2월에 여진족 니탕개(尼蕩介)가 쳐들어오자 왕이 비변책(備邊策)을 물으니 북변5책(北邊五策)을 올렸다. 북변5책은 1) 화의 근원을 막고[杜禍源], 2) 전투와 수비의 준비를 갖추고[定戰守], 3) 오랑캐의 동정을 살피고[察虜情], 4) 군량을 확보하여 지급하고[給饋餉], 5) 흉년에 백성을 구하는 정책을 시행하는 것[修荒政] 등이었다(227~229).

그해 10월에 경상도관찰사에 임명되었는데 어머니 때문에 부임하지 못한다고 하자 선조가 "류성룡은 10년 동안 경연에 있어서 내가 잘 안다. 이 사람은 진실로 어진 선비이고 재주가 있어 조신 가운데 걸출한 자이다."라고 했다. 그리고 안동은 경상도에 속해 있으니 부임하라고 다시 명을 내려 부임했다. 경상도는 땅이 넓고 사람이 많아 결재서류가 산같이 쌓였으나, 서애가 판결을 물 흐르는 것같이 하며, 처사를 신의로써 하고 잘못된 것을 개혁해, 몇 달이 지나기 전에 풍속과 기강이 바로 서고 이민(吏民)이 서로 경계해 감히 범법을 저지르지 않았다고 한다. 소래(穌齋) 노수신(盧守愼)이 상수에서 조정으로 불려 올라왔는데, 선조가 경상감사가 정치를 어떻게 하던가를 물었다. 소재가 "공명인서(公明仁恕)해 정치를 잘 한다고 도 전체에 칭송이 자자합니다."라고 하자 "그렇다. 그 사람이 재주가 있고 학문이 있다는 것은 내가 안 지 오래다."라고 했다고 한다(232).

서애는 곧 예조판서 겸 동지경연춘추관홍문관대제학(禮曹判書兼同知經筵春秋館事弘文館大提學)으로 승진했으나 사직하고자 했다. 이에 선조는 "옛날에 임금이 신하에 대해 신하로 대접하는 경우도 있고, 친구로 대하는 경우도 있고, 스승으로 대하는 경우도 있었다. 이 뜻은 비록 후세에 전해지지는 않았지만, 그러나 경이 10년 동안 경연에 있으면서 흠 잡을 데가 하나도 없었고, 의리로는 임금과 신하이나 오히려 붕우(朋友)와 같았으며, 학문으로 논하자면 꽉 막힌 장구(章句)나 하는 선비가 아니요, 그 재주로 말하자면 족히 큰일을 감당할 만하다. 경을 나만큼 아는 사람이 없다."고 하면서 극력 만류했다. 향약(鄕約)을 8방(八方)에 반포해 효제 (孝悌)와 예양(禮讓)을 장려했다(232).

1585년(선조 18) 4월에 장자 위(褘)가 죽었다. 이때 의주목사(義州牧 使) 서익(徐益)이 상소해 정여립(鄭汝立)이 이이에게 보낸 편지에 "아직 도 큰 간신이 남아있다."는 말이 있는데 그 거간은 류성룡을 가리킨다고 했다. 이에 선조는 비망기(備忘記)를 내려 "류성룡은 군자다. 지금의 대현 (大賢)이라 할 만하다. 그 사람과 더불어 얘기해 보면 알지 못하는 사이에 심복하게 되니 어찌 학식과 기상이 그와 같으면서 간신일 리가 있느냐? 어떤 담대한 자가 감히 이와 같은 말을 하는가?"라고 꾸짖었다(233).

다음 해 3월에 중 탄홍(誕弘)의 도움으로 옥연서당(玉淵書堂)을 지었 다. 서애가 이미 원지정사(遠志精舍)를 지은 바 있는데 마을에서 가까워 번잡하다고 여겼는지 북담(北潭) 근처 조용한 곳에 옥연정사를 짓고, 말 년을 지내려 한 것이다. 1587년(선조 20) 3월에는 김성일과 함께 병산서 당(屛山書堂)이나 옥연서당에서 《퇴계집》의 편차를 만들고 교정했으나 미진하여 뒷날 더 고치려 했는데, 선성(宣城) 사람들(趙穆 등)이 그대로 냈다고 한다. 그 다음 해 10월에 형조판서 겸 홍문관·예문관대제학이 되 어 경연에 들어갔는데 선조가 양명학에 대해서 물었다. 서애는 학문이라 면 정주학을 해야지 양명학을 하면 후세에 폐해가 크다고 역설했다(234).

1589년(선조 22) 봄에 대사헌이 되었고, 7월에 부인이 세상을 떴으나 서애는 전문형(典文衡: 국가의 글을 맡은 대제학)으로서 왜국에 국서(國 書)를 쓰느라 장사에 참여하지 못했다. 10월에 정여립의 난이 일어났다. 죄인들의 공초(供招)에 그의 이름이 거론되자, 서애는 여러 번 자핵소(自 劾疏)를 올려 사직하고자 했으나 허락 받지 못했다. 상소에서 서애는, 이 경중(李敬中)이 이조좌랑 때 정여립은 반드시 조정을 어지럽게 하고 사림 을 욕되게 할 자라 해 관직에 추천하지 않았다고 밝혔다. 그래서 이경중은 증직을 받게 되었다. 백유양(白惟讓)은 서애가 그때 지방에 있었으니 혐 의가 없다고 변명해 주었으나, 정여립이 집으로 두 번 찾아 온 적이 있는 데도 역모를 미리 알아보지 못한 죄를 들어 사임을 청한 것이다. 이때 정암수(丁巖壽) 등이 그를 무함(誣陷)했으나, 선조는 오히려 서애를 위로하고 이조판서에 임명했다. 좌의정 정철이 재판관으로서 경상도 유생들이 역적의 실상을 알았는가를 확인할 목적으로 어사를 파견하려 하자, 서애는 이조판서로서 정철과 친하면서도 공평한 오억령(吳億齡)을 추천해 무고한 피해자를 줄였다고 한다(237).

5월 20일에 부인 이씨를 처가가 있는 군위에 장사지냈다. 서애는 최영경(崔永慶)을 구원하는 글을 지어 놓고 올리지 않았다. 정철이 최영경을 잡아들이자 그에게 병이 들어 각혈한다는 말을 듣고 상소를 올리려 했으나, 정철을 자극해 더 큰 화를 당할까봐 그만두었다. 정철이 이발(李潑)·이길(李洁) 형제를 죽이고, 또 그 노모 윤씨마저 압슬형(壓膝刑)을 가해 죽게 해 원성이 높았다. 그런데 호남(湖南)의 안방준(安邦俊)이 정철의 혐의를 덜어주려고, 서애가 당시에 고향집에 있었고 아직 재상에 임명되지 않을 때였는데도, 윤씨가 죽을 때의 재판관이 서애였다고 무고했다. 이에 대한 변명은 서애의 손자 류원지(柳元之)가 지은 〈변와록〉(辨訛錄)과 류후상(柳後常)이 쓴 〈고조고문충공부군변무소〉(高祖考文忠公府君辨誣疏)에 자세히 기록되어 있다(238). 서애는 정여립을 한두 번 만났다고 사림을 다 얽어 넣어서야 되겠느냐고 상소해 선조의 동의를 받아 옥사를 무마하기도 했다(행장 296). 종계무변(宗系誣辨: 명나라에서 태조 이성계의 조상을 고려말의 권신 李仁任이라고 잘못 기록한 것을 바로잡은 일)의 공으로 수충익모광국공신(輸忠翼謨光國功臣) 3등을 받고 풍원부원군(豊原府院君)에 봉해졌다(238).

1590년(선조 23) 9월에 우의정이 되고, 다음 해 2월에는 이조판서까지 겸하게 했으나 여러 번 사직소를 올려 나가지 않았다. 그러나 곧 좌의정 겸 이조판서로 승진되었다. 이때 황윤길(黃允吉)·김성일 등 왜국에 갔던 통신사가 돌아왔다. 그런데 정사(正使) 황윤길의 말과 부사(副使) 김성일의 말이 달랐다. 황윤길은 "반드시 병화(兵禍)가 있을 것입니다."라고 했으나, 김성일은 "신(臣)은 그러한 정세가 있는 것을 보지 못했습니다."라고 하며 "윤길이 인심을 동요시키는 것이 옳지 못합니다."라고 말했다. 서애가 "그대의 말이 황윤길의 말과 같지 않으니 만일 병화가 있게 되면 어떻게 할 것인가?"라고 물었더니, 김성일은 "나 역시 어찌 왜적이 끝내 군대를 움직이지 않을 것이라고 단언하겠습니까마는, 다만 황윤길의 말이 너무 지나쳐 중앙과 지방의 인심이 놀라 당황할 것이므로 이를 해명했을 뿐입니다."라고 대답했다고 한다.16)

그리고 왜의 답서에 "군사를 거느리고 명나라에 쳐들어간다."(率兵超入大明)는 말이 있어 서애는 즉시 이 사실을 명나라에 보고하자고 했다. 영의정 이산해(李山海)는 명나라가 조선과 왜가 내통한다고 생각하면 곤란하니 보고하지 말자고 했다. 그러나 그는 감추고 보고하지 않는 것은 우선 대의(大義)에 어긋나고, 또 다른 길을 통해 이 사실이 알려지면 왜와 내통한다는 이상의 혐의를 받으니 즉시 보고하자고 하여 김응남(金應南)을 사신으로 파견했다. 아니나 다를까 왜국에 잡혀갔던 복건(福建) 사람 허의후(許儀後)와 유구(琉球)의 왕자 상녕(尙寧)이 이 사실을 명나라에 보고했다. 명나라는 조선이 왜와 내통한다고 의심했으나 각로(閣老) 허국(許國)이 "지성사대(至誠事大)하는 나라가 그럴 리가 없다."고 하여 일단 기다리고 있었는데, 조선 사신이 와서 의혹이 풀렸다 한다17)(239).

왜국의 침략의도가 명백해지자 선조는 비변사(備邊司)에 명해 장수가 될 만한 사람을 추천하라고 했다. 서애는 형조정랑 권율(權慄)과 정읍현감(井邑縣監) 이순신(李舜臣)을 추천했다. 두 사람이 당시에는 낮은 지위에 있었으나 뒤에 큰 공을 세웠으니, 서애의 안목이 뛰어났음을 알 수 있다. 서애는 종 6품 정읍현감이었던 이순신을 정 3품 당상관인 전라좌수사(全羅左水使)로 불차탁용(不次擢用, 서열에 관계없이 발탁하여 기용함)했다. 한번에 7등급을 승진시킨 것이다. 이순신은 1576년(선조 9) 31세로 겨우 무과에 급제해, 함경도조산만호(造山萬戶) 등 하위무관 자리를 전전하다가 병과를 변경해 수군으로 임명되었다. 18) 만약 이때 이순신을 발탁

16) 李載浩 譯,《국역 징비록》권 1, 서애선생기념사업회, 2001, 17쪽.

17) 李載浩 譯, 위의 책, 18쪽.

18) 朝無推挽者 登第十餘年不調 始爲井邑縣監 薦才堪將帥者 余擧舜臣 遂自井邑 超拜水使 人

하지 않았다면 조선은 망하고야 말았을 것이다. 서애와 이순신의 위대한 만남이었다고 하겠다.19) 한편 경상우병사(右兵使) 조대곤(曹大坤)을 이일(李鎰)로 바꾸자고 했으나 뜻을 이루지 못했다.

그는 전란에 대비하고자 이일을 상주로 보내자고 했다. 당시 무장 가운데 이일이 제일이었는데, 병조판서 홍여순(洪汝詢)은 명장이 서울에 있어야 한다고 주장했고, 서애는 명장을 미리 내려 보내 전쟁 준비를 해야 한다고 주장했다. 아무리 명장이라도, 전쟁이 난 뒤에 보내면 객장(客將)이 어떻게 병사를 효율적으로 다스리겠느냐는 것이었다. 싸움터의 형세도 모르고, 군사의 용겁(勇怯)도 모름은 병가에서 꺼리는 바로서 반드시 후회할 일이 생긴다는 주장이었다(239). 서애의 주장은 왜군이 오자 조선군이 추풍낙엽처럼 떨어짐으로써 증명되었다.

한편 서애는 제승방략(制勝方略) 편제를 버리고 진관법(鎭管法)으로 돌아갈 것을 주장했다. 진관법은 조선초기에 각도의 군병을 모두 각 진관에 분속시켜 일이 생기면 진관이 속읍(屬邑)의 군사를 통솔하고, 한 진관이 무너지더라도 다음 진관은 굳게 지켜 한꺼번에 무너지지 않게 하는 편제이다. 이와 달리 제승방략은 을묘왜변(乙卯倭變) 뒤 김수문(金秀文)이 전라도에서 처음 만든 체제이다. 도내 여러 읍의 군병을 순변사(巡邊使) · 방어사(防禦使) · 조방장(助防將) · 도원수(都元帥) · 수사(水使) · 병사(兵使) 등에게 흩어서 배치하고, 일이 생기면 장수가 가서 통솔하게 하는 제도로서, 다른 도에서도 다 이를 본받게 되었다. 그러나 이 제도를 제대로 운용하려면 일이 생겼을 때 장수가 제때 와서 통솔해야 하고, 장수가 미처 못 오면 적과 싸워 보지도 못하고 군사가 속절없이 무너지는 흠이 있었다. 이 때문에 진관법으로 돌아가자는 주장을 한 것인데, 경상감사 김수(金粹)가 제승방략을 실시한 지 오래되었는데 졸지에 바꿀 수 없다고 하여 바꾸지 못했다(239).

或疑其驟(《懲毖錄》卷 1, 2章).

19) 이 점에 대해서는 宋復이 〈위대한 만남-서애 류성룡〉,《조선조 리더쉽 연구》, 지식마당, 2007. 11. 에서 자세히 논급하고 있다.

서애는 왜병이 닥칠 것을 알고 준비를 하자고 했으나, 이산해는 오지 않을 것이라며 물리쳤다. 그는 동해에서 잡히던 물고기가 서해나 한강으로 몰리는 것을 보고, 아마도 해기(海氣)가 이동해서 그런 모양이라며 걱정했다(239).

1591년(선조 24) 7월에 홍문관과 예문관의 대제학을 겸임했다. 1592년(선조 25) 3월에 대마도주(對馬島主) 종의지(宗義智)가 부산포에 사신으로 와서, 명나라에 조공을 바칠 길을 열어주지 않으면 변란이 일어날 것이라고 협박했으나, 조선에서 끝내 들어주지 않자 앙앙불락(怏怏不樂)해 돌아갔다. 문관 한 사람을 보내 대마도주를 위로하고 그 정황을 물어보자고 건의했으나, 반대하는 사람이 많아 뜻대로 되지 않았다. 4월에 황해도를 순시하던 판윤(判尹) 신립(申砬)이 돌아왔기에 "머지 않아 변란이 닥칠 텐데 공이 마땅히 이를 맡아야 할 것이다. 공은 오늘날의 적세(賊勢)를 어떻게 생각하나?"고 물으니, 신립이 매우 가볍게 보고 "두려울 것이 없다."고 했다. 서애가 "그렇지 않다. 전에는 왜가 고작 단병(短兵)만을 가졌지만 지금은 조총(鳥銃)의 장기(長技)를 가지고 있으니 경시해서는 안 된다."고 충고했으나, 신립은 "비록 조총을 가지고 있다고 하나 어찌 다 맞출 수 있겠느냐."며 대수롭게 생각하지 않았다. 서애가 다시 "태평세월이 오래되어 사졸이 겁약(怯弱)하니 과연 변란이 일어나면 지탱하기가 어렵다. 내 생각에는 수년 뒤에 사람들이 병사(兵事)를 잘 익혀도 왜적의 침략에 대처할 수 있을지 알 수 없는데 크게 걱정된다."고 했으나 신립은 도무지 깨닫지 못하고 갔다. 서애의 말은 임란 초기에 모두 사실로 드러났다(240).

1592년(선조 25) 4월 드디어 임진왜란이 터졌다. 정부는 서애에게 병조판서를 겸임시켜 군무를 총괄하게 했다. 정부는 이일을 순변사(巡邊使)로 삼아 중로(中路)로, 성응길(成應吉)을 좌방어사(左防禦使)로 삼아 좌로(左路)로, 조경(趙儆)을 우방어사(右防禦使)로 삼아 서로(西路)로 내려가게 하고, 유극량(劉克良)·변기(邊璣)를 조방장(助防將)을 삼아 죽령과 조령을 지키게 했다. 서애가 3만 명의 군사를 뽑아 이일에게 딸려 보

내려고 했으나, 병조판서 홍여순이 모아 온 군사들은 모두 시정잡배들로
서 태반은 서리·유생들이었다. 유생은 관복을 갖추어 입고 글 쓰는 두루
마리를 가지고 있었으며, 서리는 평정건(平頂巾)을 쓰고 도망갈 궁리만
하는 자들뿐이었다. 서애는 내병조(內兵曹)에 들어가 이런 자들을 장(杖)
을 쳐서 쫓아냈다. 이에 성중(城中)이 크게 소란해지고, 이일은 결국 군사
없이 내려갔다. 서애가 비변사에 앉아 군사 3백 명을 뽑아 별장(別將) 유
옥(兪沃)에게 거느리고 내려가게 하고, 병조판서를 홍여순에서 김응남(金
應男)으로 바꿨다. 서애는 곧 도체찰사가 되어 신립을 급히 보내 이일을
돕도록 했다. 부사(副使)는 병조판서 김응남이었다. 당시에 김응남의 아
버지인 김여물(金汝岉)이 죄를 지어 감옥에 있었는데, 서애가 무략(武略)
이 있다 하여 풀어주고, 그로 하여금 군사를 모으게 했더니 군사가 구름같
이 모여들었다. 서애는 신립을 순변사로 삼아 먼저 내려가 이일을 돕도록
하고, 뒤따라 갈 장수가 없기 때문에 스스로 군사를 모아 가기로 했다
(240).

  왜군의 북상이 빨라지자 선조가 파천(播遷)할 뜻이 있었다. 이에 서애
는 영의정 이산해와 우의정 이양원(李陽元)과 함께 세자를 세울 것을 청
해 광해군으로 세자를 삼았다. 선조는 김성일이 왜군이 쳐들어오지 않는
다고 했으니 그를 경상우도병사(兵使)를 삼아 왜군을 막도록 하라고 했
다. 서애는 그가 유신(儒臣)이니 변경을 지키는 장수로서는 맞지 않는다
고 했으나, 선조는 받아들이지 않고 국사를 그르친 죄가 있다 하여 김성일
을 잡아들이려 했다. 그러나 서애는 그의 말이 민심을 진정시키려는 의도
에서 나온 것이었고, 지금 도내(道內) 주병(主兵)을 바꾸면 일을 그르칠
염려가 있다고 변호해, 결국 그를 경상우도초유사(慶尙右道招諭使)에 임
명하는 것으로 무마되었다(241).

  신립이 충주에서 패전했다는 소식이 전해지자, 궁전 안에 있던 위사(衛
士, 경비장교)와 전복(典僕, 궁의 일꾼)들이 다 달아났다. 29일에 군신회
의를 열어 평양으로 피난갈 일을 의논했다. 장령(掌令) 권협(權悏)은 경
성(京城)을 고수하자고 울부짖었다. 그러나 서애는 사세(事勢)가 어쩔 수

없으니 피난은 가되, 왕자들을 각 도에 보내 근왕병(勤王兵)을 모집하게 하고 세자와 영의정을 비롯한 대신들은 임금을 호종(扈從)하자고 건의했다. 선조는 서애를 유도대장(留都大將)으로 삼아 서울을 지키게 하려 했다(241). 이에 도승지였던 오성 이항복은 명나라와 교섭할 때 조정의 신하 가운데 가장 명민(明敏)하고 말 잘하는 서애가 꼭 필요하다고 주장해, 유도대장은 이양원(李陽元)으로 교체되었다(이때 호종한 사람은 위사 3인과 신료 19인에 지나지 않았다). 오성은 서애를 서울에 남겨두면 나중에 왜적을 막지 못한 책임을 뒤집어쓸까 걱정해 이같이 진언했다고 한다.[20]

5월에 호가(扈駕)가 임진(臨津)에 도착했다. 선조가 서애 덕분에 그래도 이 정도로 일이 풀렸다고 하면서 밀과(蜜果)와 소주(燒酒)를 내려주었다. 통곡하여 마시지 못하자 선조가 "만일 나라가 중흥(中興)한다면 이는 경 때문이다."라고 했다(241). 호가가 동파(東坡) 나루에 이르자 선조가 통곡하면서 어디로 갈 것인가를 물었다. 이항복은 일단 의주(義州)로 갔다가 전세가 더 나빠지면 명나라에 호소하는 수밖에 없다고 하자, 서애는 "대가가 동토(東土)를 한 발자국이라도 떠나면 조선은 우리의 것이 아니다."[21]라며 만류했다. 선조가 "내부(內附, 한 나라가 다른 나라 안으로 들어가 붙음)는 본래 내 뜻이다."라며 망설이자, 서애는 오성에게 "지금 동북 제도(諸道)가 그대로 있고, 호남의 충의지사가 머지 않아 봉기할 터인데 무슨 근거로 나라를 떠나자고 하는가?"라고 고함을 쳤다. 서애는 자리를 파하고 나오면서 판서 이성중(李誠中)에게 "이항복이 왜 그런 이야기를 하는지 알 수 없다. 나라를 버린 뒤에는 옷이 찢어지고 발이 해져 길에서 죽는다 해도 부시(婦寺)의 충성에 지나지 않게 되는데, 이 말이 한번 새어나가면 모든 것이 와해되어 누구도 수습할 수 없게 된다."고 말했다. 이항복은 자신이 한 말의 후과(後果)를 실감하지 못했는데, 영변(寧邊)에 이르러 왕과 왕세자가 헤어지게 될 때 유언비어가 널리 퍼져 서북 인심을

---

20) 이 일은 李恒福, 〈西厓遺事〉, 《白沙集》 卷 4, 下에 자세히 기록되어 있다.
21) 大駕離東土一步地 則朝鮮非我有也(《宣祖修正實錄》 卷 26, 宣祖 25年 5月 庚申).

수습할 수 없게 되는 것을 보고 서애의 선견지명에 감탄했다고 한다. 그리하여 뒤에 서애를 사사로이 만났을 때 "창졸지간에 한 수를 잘못 놓아 대세를 그르칠 뻔했다."고 술회했다. 서애도 "나 역시 당시에 직설적으로 안된다고 말했을 뿐 명쾌하게 변파하지도 못했다."고 답했다고 한다(242).

　내부한다면 조선은 없어지는 것이고, 조선사람도 중국으로 편입되는 것이다. 실제로, 나중에 명나라는 왜와 휴전하고 조선을 분할점령하려고 하지 않았는가? 이순신도 "설사 불행한 처지에 이르게 된다고 해도 임금과 신하들이 우리나라 땅에서 다 함께 죽어야 한다."고 했다.[22]

　윤두수(尹斗壽)가 함흥(咸興)과 경성(鏡城)은 천험의 땅이니 철령(鐵嶺)을 넘어 함경도로 가자고 했으나, 서애는 극력 반대했다.

> 함경도로 깊이 들어가면 중간에 적병이 차단해 버립니다. 그러면 명나라와도 연락이 끊어져 버립니다. 그리고 난 뒤 적병이 북으로 침범해 오면, 그때의 위태롭고 절박함이 더욱 심할 것입니다.[23]

　그래서 압록강까지 가서 강을 건너지 않고 기다렸다. 이때 만약 함경도로 갔더라면 선조와 비빈 관료들이 가토 기요마사(加藤清正)에게 포로가 되었을 것이다. 선조가 숙천(肅川)에 도달했을 때 가토는 이미 함경도를 석권하고 두 왕자가 포로가 된 뒤였기 때문이다. 국왕과 신료들이 포로가 되었다면, 국가의 구심점이 없어져 전쟁을 수행할 수 없었을 것이고 조선은 망해버리고 말았을 것이다.

　호가가 개성에 이르렀을 때 선조는 서애를 영의정, 최흥원(崔興源)을 좌의정, 윤두수를 우의정에 임명했다. 그러나 신잡(申礇)이 서애는 이산해와 함께 재상 자리에 있으면서 나라를 이 지경으로 만든 책임이 있다고 공격해 곧 해임되었다. 평양에 이르자 귀양 보내야 한다는 주장까지 나왔

---

22) 雖至不幸 君臣同死於我國之地(《李忠武公全書》I 附錄, 壬辰 九月 初一日).

23) 今深入北道 中間賊兵限隔 …… 若又不幸賊兵北犯 則其危迫又甚(《宣祖修正實錄》卷 26, 宣祖 25年 7月 戊午).

으나, 이항복은 부제학 홍인상(洪麟祥)에게 "내 평생의 소원이니 그대가
이 일을 막지 못하면 앞으로 절교하겠다."고 해 이를 무마하였다.[24] 서애
는 (우의정 윤두수에게 말해) 이일로 하여금 대동강 물이 갈라지는 얕은
곳을 지켜 그곳에 침입한 왜병을 사살하게 했다(242).

서애는 6월에 풍원부원군에 봉해졌다. 왕명을 받아 왜정(倭情)을 탐지
하러 온 요동 도사(遼東都司) 임세록(林世祿)을 접대했다. 서애는 영의정
에서 면직된 뒤에도 백의호종(白衣扈從)하면서 많은 정책을 건의했고,[25]
10월에 영의정에 복직되었다.[26]

왕이 다시 피난을 떠난다는 소문이 있자, 평양 사람들이 도망해 여염집
들이 텅 비었다. 세자가 나와 성을 굳게 지킬 것이라며 민심을 수습하려
했으나, 왕이 직접 약속해야 믿을 것이라 하여 선조가 직접 관문(館門)에
나가 약속했다. 그랬더니 성이 가득하도록 백성들이 모여들었다. 그러나
왜적이 대동강 가에 나타나자 재상 이하 신료들이 종묘와 사직의 신주
를 모시고 먼저 성을 나가려 했다. 이를 보고 흥분한 이민(吏民)들은 "왜
우리를 속여 왜적에게 어육(魚肉)이 되게 하느냐?"면서 칼과 몽둥이를
들고 난동을 부렸다. 이에 서애가 문밖 계단 위에 나아가 그 가운데 연장
자를 보고 "조정에서 바야흐로 성을 굳게 지키자고 청해서 왕이 이미 허
락했으니 무리를 설득해 돌아가라."하며 달래어 간신히 무마했다.

정철과 삼사(三司) 관원들은 평양성에서 나가야 한다고 대궐 문 앞에
엎드려 상소했다. 이에 서애는 "지금 상황은 서울과 다르다. 서울은 군민
(軍民)이 붕괴되어 지킬래야 지킬 수 없었으나, 평양성은 앞에 강물이 있
고 민심이 견고하며 중원(中原)과도 가깝다. 만약 며칠만 더 버티면 천병
(天兵)이 반드시 와서 구해줄 테니, 적을 물리칠 수도 있다. 성을 버리고
도망가면, 여기서부터 의주까지 지킬 만한 곳이 없으니 반드시 나라가 망

---

24) 李恒福,〈西厓遺事〉,《白沙集》卷 4 下, 269쪽.
25) 成龍旣罷職 仍白衣扈從 至是復職 參劃廟堂策應之功巨多(《宣祖修正實錄》卷 26, 宣祖 25
　　年 6月 己丑).
26) 以豊原府院君柳成龍 爲領議政(《宣祖實錄》卷 43, 宣祖 26年 10月 丁未).

하고 말 것이다."라고 역설했다(243).

평양 사람들은 서애가 평양을 고수하자고 설득하자 잘 따랐다. 조신들의 의견에 따라 왕이 성을 나가기로 결정은 했으나 갈 곳이 마땅치 않았다. 믿었던 함경도에도 이미 왜적이 들어가 있고, 그렇다고 북쪽 오랑캐의 땅으로 갈 수도 없었다.27) 게다가 길이 막혀 명나라 구원병과 연락이 되지 않는다면 더욱 큰일이었다. 왕비는 함경도로 가다가 적병이 이미 들어와 있어서 되돌아오고, 서애는 명나라 구원병을 맞이하고자 평양에 남아 있었다(243).

고니시 유키나가(小西行長)는 4월 13일에 부산에 상륙해, 5월 2일 서울에 도착했다. 부산에서 서울까지 450킬로미터를 20일 만에 치달아 온 것이다. 그 다음 임진강을 건너 6월 13일에 평양을 점령했다. 그런데 그 뒤로 행군의 속도가 이상하게 느려졌다. 그가 평양에서 곧장 의주로 추격해 왔다면 열흘 안에 선조를 붙잡을 수 있었을 것이다. 선조가 잡히지 않으려면 명나라에 내부하는 수밖에 없고, 그렇게 되면 조선은 꼼짝없이 망했을 것이다. 평양에서 의주로 가는 길목에는 변변한 조선군도 없었다. 순찰사 이원익(李元翼)과 순변사 이빈(李薲)이 2~3천 명의 군대로 순안(順安)에 있는 정도였다. 평안도 방어사 김응서(金應瑞)가 약간의 장병을 거느리고 용강(龍岡)·강서(江西)·증산(甑山)에 진을 치고 있었으나 평양보다 남쪽이나 서쪽에 있었기에 방해가 될 수 없었으며, 평안 방어사 김억추(金億秋)가 대동강 하류에 수군을 거느리고 진을 치고 있었으나 그곳을 피해 돌아가면 그만이었다. 서애의 말대로, 적군이 만일 단시일 안에 의주로 쳐들어온다면 행재소(行在所)까지 거칠 것이 없는 상황이었다.28) 서애는 이때의 상황을 다음과 같이 적고 있다.

적군이 이미 평양을 함락했다. 그 형세가 마치 높은 곳에서 물을 동이째 쏟

---

27) …… 我深入北關 於義不可 且北行 勢窮地盡 將北走胡地乎(《韓國系行譜》地, 豊山柳氏 成龍, 寶庫社, 1992).
28) 宋復, 앞의 책, 247~248쪽.

아 붓는 것 같아서, 아침이 아니면 저녁에 압록강까지 쳐들어 올 것이라 누구나 생각했다. 이같이 사태가 위급해지자 (임금이) 명나라에 귀부(歸附)하려고까지 했다. 다행히 적군이 평양에 들어와서는 수개월이 지나도록 성 안에 자취를 감추고는 심지어는 순안(順安)·영유(永柔) 같은 평양 지척에 있는 고을들조차 침범하지 않았다. 그 사이 민심이 점차 안정되고, 흩어진 군사를 수습하고, 명나라 구원병을 맞아들여 마침내 나라를 회복하게 되었으니, 이는 오로지 하늘의 도움이며 인력으로 된 것은 아니다.[29]

고니시가 평양에 6개월이나 전진하지 않고 있었던 것은 이순신의 전공 때문이 아닌가 여겨진다. 서애는 《징비록》에서 이렇게 밝히고 있다.

적군은 본디 수군과 육군이 합세해 서쪽으로 내려오고자 했던 것인데, 이순신이 한 번 싸워 드디어 적군의 한쪽 세력을 꺾었다. 전라·충청·황해도와 평안도 연해 일대를 보존함으로써 군량을 보급하고 조정의 호령을 전달하여 나라의 중흥을 이룰 수 있게 되었다. 이 모두 이 한 번 싸움에 이긴 공이니, 아아, 이것이 어찌 하늘의 도움이 아니겠는가?[30]

결국 이순신의 승전(7월 8일 한산도 대첩) 덕분에, 해안을 통해 올라오기로 한 왜군의 증원군과 군량이 오지 않아 더 이상 진격하지 못한 것이라고 생각된다.

서애가 명나라 장수를 맞이하고자 종사관(從事官) 홍종록(洪宗祿)·신경진(辛慶晉)과 함께 평양성을 나와 순안·숙천을 지나 안주(安州)에 이르러 요동 진무(遼東鎭撫) 임세록이 가져 온 자문(咨文)을 행재소에 보냈다. 그리고 박천(博川)에 가서 왕을 알현하고 "왜적이 대동강의 얕은 곳

29) 蓋賊已陷平壤 則勢如建瓶 意謂朝夕當至鴨綠江 事之危急如此 故至欲內附 幸賊旣入平壤歛迹 城中 延至數月 …… 導迎天兵 終致恢復之功 此實天也 非人力之所及也(《懲毖錄》卷 1, 5章).
30) 蓋賊本欲水陸合勢西下 賴此一戰遂斷賊一臂 …… 皆此一戰之功 嗚呼 豈非天哉(《懲毖錄》卷 1, 5章).

을 건너올 것이니 마름쇠를 물속에 놓아 방비해야 한다."고 아뢰어 마름쇠 천여 개를 구해 보내게 하고, 이유징(李幼澄)을 보내 창고에 곡식이 많고 사람도 많은 평양 서쪽 강서·용강·증산·함종(咸從) 등지를 다니며 민심을 수습하게 했다. 밤에 가산군(嘉山郡)에 들어갔다31)(244).

어가가 평양을 출발하자 순안·숙천·안주·영변·박천 등지에서 난민들이 창고 를 약탈해 갔다. 선조는 가산에서 선천으로 가면서, 서애로 하여금 정주에 남아서 명군의 군량을 마련하도록 명했다. 그러나 수백 명의 난민이 창고 곡식을 탈취하러 몰려들었다. 그는 겨우 끌어 모은 19명의 군졸로 먼저 난민 가운데 일부를 체포해 처형하겠다고 위협했다. 그렇게 정주뿐 아니라 용천·선천·철산의 창곡을 지켜 명군의 군량을 마련할 수 있었다(244).

김명원을 정주에 남겨두고 서애는 구성(龜城)으로 가서 군량을 수습했다. 구성에는 창고 곡식이 그대로 있었으나 백성들이 다 달아나 운반할 길이 없었다. 서애는 그곳 출신인 종사관 홍종록에게 산골짜기로 달아난 품관(品官)·서리들을 긁어모아 군량을 운반하면 큰 상을 내리겠다고 해 군량을 확보했다(244).

의주에 도착해서는 병이 들어 우후(虞候) 김성보(金星報)로 하여금 명나라 원병에게 길안내를 하도록 하고, 종사관 신경진으로 하여금 군량과 말먹이를 마련하게 했다. 이때 조승훈(祖承訓)이 5천 원병을 이끌고 들어왔다. 서애는 치질이 심했는데도 군량을 마련하기 위해 나섰다. 선조는 웅담과 납약(臘藥)을 내려 주었다.32) 서애는 백성들에게 고공책(考功冊)에 서명하면 일이 끝난 뒤에 포상하고 그렇지 않으면 처벌하겠다고 하며 사람들을 모아 군량을 운반했다. 홍종록은 구성 사람들을 동원해 쌀과 콩 2천여 석을 정주와 가산으로 옮겨왔고, 충청도 아산창(牙山倉) 세미(稅米)

---

31) 李載浩,《국역 진사록》, 서애선생기념사업회, 2001, 4쪽. 정탐병에 따르면 명군이 이미 우리 국경에 도착했다고 해 明將을 의주 강가에서 영접하는 일은 윤두수에게 맡기고 서애는 그들이 오는 도중에서 영접하러 간 것이다.

32) 李載浩,《국역 징비록》 권 1, 107쪽.

1천2백 석도 배로 정주에 도착했다. 그리고 사포첨사(沙浦僉使) 장우성
(張遇聖)으로 하여금 대정강(大定江) 뜬다리를, 노강첨사(老江僉使) 민
계중(閔繼仲)으로 하여금 청천강 뜬다리를 만들어 명의 원군이 건널 수
있게 했다(246~247).

그런데 조승훈이 평양을 공격하다가 패해 돌아갔다. 서애는 조승훈에게
증원군이 올 때까지 안주에 머물러 있어 달라고 청했다. 민심을 안정시키
려는 목적이었다. 그러나 조승훈은 곧 돌아온다는 말을 남기고 명나라로
돌아갔다. 9월에 건주위(建州衛)의 여진족이 원병을 보내겠다고 했으나
서애는 극력 이를 막았다. 당나라가 안사(安史)의 난을 평정하려고 위구
르와 토번(吐蕃)의 군대를 끌어들였다가 낭패를 본 예를 들었다(247).

12월에 평안도 도체찰사가 되어 김순량(金順良) 등 왜의 간첩 40여 명
을 붙잡아 죽였다. 이러한 조치 덕분에 뒷날 이여송(李如松)의 군대가 평
양을 칠 때 왜군이 정보 부족으로 패한 것이다. 서애는 사방에 공문을 보
내 의병을 일으키도록 독려했다. 이러는 사이에 제독(提督) 이여송(李如
松)이 4만의 원병을 이끌고 안주에 도착했다. 서애는 이여송의 앞에 평양
지도를 펴놓고 지형지세와 어디부터 공략해야 할 것인가를 설명해 주었
다. 이를 보고 이여송은 붉은 붓으로 점을 찍어가면서 "적이 내 눈 가운데
있다."고 했다고 한다(248~249).

1593년(선조 26) 정월 이여송의 군대가 평양성을 점령했다. 서애는 황
해도 방어사 이시언(李時彦)·김경로(金敬老)로 하여금 달아나는 왜병을
치게 했으나, 이들은 황해감사 류영경(柳永慶)의 호위를 핑계삼아 전투에
소극적으로 임하여, 병들고 낙오된 왜군 60여 명을 죽이는 전과 밖에 올
리지 못했다. 이에 김경로를 사형에 처할 것을 주장했으나, 적이 아직 다
없어지지 않았는데 무사를 죽이는 것은 바람직하지 않다며 이여송이 반대
해 그만두었다. 서애가 충청·경상·전라도 도체찰사에 임명된 뒤 이여송
에게 서울로 진격하자고 요청했으나, 명군은 벽제관(碧蹄館) 전투에서 패
한 뒤 개성으로 후퇴했다(250).

이때 권율이 행주에서 왜적을 크게 무찌르자, 왜군들은 이를 보복하고

자 대군이 몰려온다는 소문을 퍼뜨렸다. 이에 서애는 파주산성에 웅거해 관군과 의병에게 작전지시를 내렸다. 명의 총병(總兵) 사대수(查大受)는 개성으로 후퇴하자고 했으나, 서애는 민심의 동요를 우려해 거절했다. 이에 사대수도 서애와 함께 파주를 지키고 개성으로 돌아가지 않았다. 또한 서애는 유격장군(遊擊將軍) 왕필적(王必迪)에게 편지를 보내, 명군 1만을 동원해 강화에서부터 한강 남쪽으로 쳐들어 가면 서울의 왜적들이 북한강 쪽 용진(龍津)으로 달아날 터이니 이때 후속군으로 덮치면 적군의 퇴로를 끊어 큰 전과를 올릴 수 있을 것이라고 했다. 이 작전에 왕필적도 동의했으나, 북병(北兵)을 이끌고 온 이여송은 왕필적이 이끄는 남병(南兵)이 공을 세우는 것을 싫어해 허가하지 않았다(251).

4월에 이여송이 유격(遊擊) 심유경(沈惟敬)을 시켜 두 왕자를 돌려보내고, 왜군이 부산으로 후퇴하면 화의를 하겠다고 하자, 화의를 해서는 안된다는 징문(呈文)을 올렸다. 9월 1일에 있었던 평양성 북쪽 10리 밖 항복산(降福山) 아래서 회담(명나라에서는 건복산록회담乾伏山麓會談이라고 한다)이 열렸다. 심유경은 당시 도원수였던 김명원(金命元)에게 다음과 같은 회담 결과를 알려 왔다.

> 왜와 다음과 같이 약속했다. 내가 돌아가 우리 황제에게 보고하면 당연히 무슨 처분이 있을 것이다. 그동안 50일 기한으로 왜병은 평양 서북쪽 10리 밖으로 나가서 약탈하지 말 것이며, 조선군사도 10리 안으로 들어가서 왜와 싸우지 말아야 할 것이다.[33]

그리고 그는 그렇게 정한 땅 10리의 경계선에 금표(禁標)를 세워놓고 떠났다. 그러나 심유경은 약속한 10월 20일까지 나타나지 않았다. 그가 돌아온 것은 약속한 날에서 24일이나 지난 11월 14일이었다. 그는 강화사(講和使)가 곧 올 것이라는 말만 남겨놓고 명으로 돌아갔다. 그가 왔을

---

33) 因與倭約曰 …… 以五十日爲期 倭衆無得出平壤西北十里外搶掠 朝鮮人毋入十里內倭鬪(《懲毖錄》卷 1, 6章).

때는 이미 이여송이 4만 5천 군사로 평양성을 수복한 뒤였다. 그런데도 고시니의 군대는 꼼짝하지 않고 있었다. 왜 그랬을까? 역사의 미스테리이다. 그저 평화조약을 지켰을 뿐이라고 믿는 사람은 아무도 없다.[34]

명의 유격 진홍모(陳弘謨)가 서애로 하여금 명나라 기패(旗牌)에 절을 하라고 했다. 휴전회담에 찬성하라는 뜻이었다. 서애는 절하지 않고 돌아왔다. 진홍모가 이여송에게 보고하니 이여송이 대로했다. 기패는 명나라 황제나 마찬가지인데 왜 절을 하지 않느냐는 것이었다. 회군접반사(回軍接伴使) 이덕형(李德馨)이 사과하는 것이 좋겠다고 하여, 이여송을 찾아갔으나 만나 주지 않았다. 서애는 비를 맞으며 밖에 오랫동안 서 있었다. 얼마 뒤 이여송이 그를 들어오게 하고, 왜 기패에 절하지 않았느냐고 힐문했다. 기패 옆에 "조선 사람들이 왜적을 죽이면 안된다."는 '금살적패'(禁殺敵牌)가 있어서 절하지 않았다고 했다. 제독은 자기는 모르는 일이라고 하고 서애를 보내주었다.

며칠 뒤에 이여송이 유격 척세정(戚世禎)을 보내어 서애에게 두 왕자와 배신(陪臣)들을 돌려보내고, 적이 서울에서 물러가면 화의를 하겠느냐고 물었으나 단호히 거절했다. 척세정이 대로해 "그러면 너희 국왕은 왜성을 버리고 도망했느냐?"고 힐문하자, 서애는 "나라를 옮겨 삶을 꾀하는 것도 한 가지 방법"이라고 대답했다. 서애는 장문의 편지를 보내, 왜군이 달콤한 말로 우리를 꾀이고 병위(兵威)로서 우리를 협박하면서 동래(東萊)에서 한 번, 상주(尙州)에서 한 번, 평양에서 한 번 화의를 청하는 글을 보냈으나, 종묘를 불태우고, 능묘를 파헤쳐 불구대천의 원수가 되었으니 화의는 가당치도 않은 말이라고 설파했다. 이여송은, 명나라 사자가 왜군 진영으로 가지 못하도록 강가의 배를 모두 없애버렸다는 이유로 곤장 40대를 치겠다며 서애를 잡아오라고 했으나, 사실이 아닌 것을 알고 그만두었다.

9일에 제독 이여송이 개성으로부터 동파(東坡)로 옮겼다. 왜병이 철수

---

34) 宋復, 앞의 책, 250~251쪽.

하기로 했으므로 장차 서울로 들어가려고 했다. 제독에게 문후(問候)를 드렸으나 이여송은 만나 주지도 않았다. 한음 이덕형의 수록(手錄)에 따르면, 서애는 일이 있을 때마다 고금의 사례와 의리를 내세워 장문의 편지를 써서 이여송을 설득하곤 했다고 한다. 제독이 서애의 의견을 잘 들어주지는 않았지만, 그 재주와 식견에는 감탄했다고 한다. 총병(總兵) 오유충(吳惟忠)도 서애를 드물게 보는 훌륭한 재상이라고 칭찬했다(253),

이때 왜적이 강남에 있는 선릉(宣陵: 성종의 능묘)과 정릉(靖陵: 중종의 능묘)을 파헤쳤다는 소문이 들려왔다. 서애는 양녕대군의 후손인 이홍국(李弘國) 등을 보내 그 시체를 찾아 양주(楊州) 송산리(松山里)에 안장하게 했다(254).

4월 20일에 서울이 수복되었다. 5월 갑진일(甲辰日)에 명나라 군사를 따라 서울로 들어왔다. 서울로 오자마자 송산리와 정릉을 살펴보고 시체의 진가(眞假)를 살펴보았다. 서애는 6월에 상소를 올려 자전을 건의했다. 각도의 정병 1천여 명을 모집해 조총 훈련을 시켜 동래와 부산 지방으로 쫓겨 가 있는 왜적을 공격하자는 것이었다(254). 그는 왜란 뒤에 제대로 시행되지 않던 편오법(編伍法)을 정비하는 데 힘을 쏟는 한편, 경성의 군졸 70여 인을 낙상지의 진영에 보내 화포·조총·창검 쓰는 법을 익히게 하고, 낙상지가 중국으로 돌아갈 때 몇 명의 교관을 남겨 계속 군사훈련을 할 수 있게 했다(255).

왕명을 받아 경상도로 가는 길에 서애는 잠깐 어머니를 찾아뵈었다. 8월에 다시 진주성를 구하고자 경상도로 갔다. 그러나 총병(總兵) 유정(劉綎)이 가까이 있으면서도 돕지 않아 진주가 함락되었다. 그 뒤 명군을 따라 서울로 돌아갔다. 서애는 이여송에게 군사를 내어 왜적을 추격하자고 재촉했다. 한강에 배가 없어서 못 간다고 하자, 서애가 배 80척을 마련해 주었더니, 영장(營將) 이여백(李如栢)이 1만 군을 이끌고 강을 반쯤 건너가다가 병이 났다고 돌아왔다. 서애는 조선군을 동원해 왜적을 추격했으나 명나라 장수들이 오히려 조선 장수를 잡아 가두었다(256).

10월에 임금의 행차가 서울로 돌아왔다. 서애는 훈련도감(訓練都監)을 설치하고, 도제조(都提調)가 되었다. 급료병(給料兵) 수천 명을 모아 군사로 삼고 한 사람에 하루 2되씩 양곡을 나누어주었더니 사람들이 구름과 같이 모여들었다. 이때 서애는 다시 영의정이 되었다. 윤 11월에 명의 사신이 와서 왕의 무능함을 추궁하자 선조가 세자에게 왕위를 물려주려 했다. 서애는 극력으로 만류해 전위(傳位)를 저지했다. 국가를 지키려면 우선 왕권이 안정되어야 하기 때문이었다. 12월에 상소를 올려 소금의 전매(專賣)와 둔전(屯田)의 강화를 건의했다(258~259).

1594년(선조 27) 정월에 서애는 충청도 사사전(寺社田)을 모두 훈련도감에 소속시켜 군사훈련 경비로 쓰게 해 줄 것을 요청했다. 뿐만 아니라 외방의 병사(兵使)와 수사(水使)에게도 군사훈련의 부지런하고 게으른 것을 따져 상과 벌을 주자고 주장했다. 2월에는 수문장(守門將) 신충원(辛忠元)으로 하여금 조령에 둔전을 개설해 충주를 지킬 수 있게 했다(262).

3월에는 제승방략을 버리고 진관체제로 돌아가자고 했다. 그러나 군의 편제를 갑자기 바꿀 수 없다는 반대의견이 많아 뜻을 이루지 못했다(262).

4월에 공물작미법(貢物作米法: 공물 대신 쌀을 바치는 제도)을 만들어 군수에 충당했다. 이 법은 일찍이 이준경이 제안했지만 실현되지 못하다가 이때에 와서 군수 확보 방법으로 시행된 것인데 밭 1결(結)에 2말씩 내게 되어 있었다. 이 법을 실행하면 백성은 백성대로 세금이 가벼워지고 국가는 국가대로 재정이 튼튼해져 일거양득이었다. 그리고 각도 감사로 하여금 소관 수령을 독려해 농사를 권장하게 했다(264~265).

이때 명나라로부터 참장 호택(胡澤)이 사신으로 와 왜국을 설득해 명에 봉공(封貢)을 하도록 하라는 지시를 내렸다. 조선을 돕자고 주장한 병부 상서 석성(石星) 등이 반대파의 공격을 받아 곤란에 처해 있었기 때문에 화의를 주선하라는 것이었다. 서애는 명나라마저 등을 돌리면 조선은 의지할 곳이 없으니 사신의 뜻을 거스르지 말고 잘 대접해 보내자고 했다. 이것을 빌미로 1597년(선조 30)부터 1598년(선조 31)까지 이이첨(李爾

瞻)과 조목(趙穆)이 주동하여 서애를 '주화오국'(主和誤國)한 장본인으로 몰아세웠다. 서애는 '주화오국' 네 자는 "1593년(선조 26)부터 1594년(선조 27)까지 사람들이 서로 잡아먹고, 국세(國勢)가 위급해 오늘 내일을 보장하기 어려운데, 당장 힘으로 적을 몰아낼 수 없으니, 밖으로 명나라의 기미책(羈縻策)에 따라 적의 기세를 조금 누그러뜨리고, 안으로 공격과 방어를 준비해서 서서히 후일을 도모하려는 꾀였다."고 했다. 그 뒤 1629년(인조 7)에 쓴 장유(張維) 찬(撰), 이항복 시장(諡狀)이나 정경세(鄭經世)의 연보(年譜)에서 언급한 갑오사(甲午事)란 이것을 말한다. 우복(愚伏) 정경세는 장유(張維)에게 보낸 편지에 "갑오화의(甲午和議)는 석성이 건의하고 송경략(宋經略)이 독촉하여 이루어진 것이요, 우리나라 마음대로 된 것이 아니다."라고 밝혔다(265~266).

　5월에 서애는 인책사임(引責辭任)하고자 했으나 허락을 받지 못했다. 6월에 〈전수기의〉(戰守機宜)를 올리고, 7월에는 군사를 조련하는 책임을 병조에 맡기자고 상계(上啓)했으며, 9월에는 널리 인재를 뽑을 것을 건의했다. 아울러 명군을 지원할 양향을 마련할 방법을 제안했다. 각도의 공물과 노비신공(奴婢身貢)을 쌀로 받아 10만여 석을 마련하자고 하였고, 소금의 전매와 둔전의 실시가 필요하다고 주장하였다. 겨울에는《군국기무》(軍國機務) 1책을 지어 바쳤다(269).

　1595년(선조 28) 정월에 다시 사직하고자 했으나 선조가 허락하지 않았다. 서애는 한강·임진강 유역에 둔보(屯堡)를 설치하자고 건의하고, 왜군의 재침략에 대비하고자 〈방수사의〉(防守事宜)를 올렸다. 그리고는 왕명을 받아 경기도를 순시하고, 9월에는 84세 된 어머니를 모시고자 사직하고 돌아가는 길에 여주에서 다시 불려 올라가 10월에 경기·황해·평안·함경도 도체찰사에 임명되었다. 이 무렵 건주위 추장 노을가적(老乙可赤)이 변방의 장수를 죽이고 삼을 캐 가는 등 도발행위를 하자 서애를 불러들여 군병을 교련하도록 한 것이다. 경상·전라·충청도 도체찰사는 우의정 윤두수가 맡았다. 11월에는 남한산성의 형세를 순시했다(269~273).

12월에 체찰사를 사임하고자 했으나 허락을 받지 못했다. 이때 포·살수(砲殺手)는 우리의 장기(長技)가 아니라 하고 사노비(私奴婢)를 군인으로 삼는 것에도 반대한 유조인(柳祖訒)의 상소를 반박했다. 활보다 조총이 우세하면 우리도 그것을 습득해야지 쓸데없는 논란을 하는 것은 잘못이요, 사노비도 조선의 백성이거늘 국가가 망해 가는데 자기 노비만 지키려고 이의를 제기하면서 고식적인 근본지학(根本之學)만 부르짖는 것은 한심한 작태라는 주장이었다. 유조인의 생각은 당시 양반들의 인식을 대변하고 있었다. 이로 미루어 보아 서애의 개혁사상은 실학자의 선구가 될 만큼 진보적이었다고 할 수 있다(273~274).

1596년(선조 29) 정월에는 연병규식(鍊兵規式)을 자신이 도체찰사로 있던 4도에 반포하고, 2월에 경기 수상군읍(水上郡邑)의 방수(防守) 현황을 돌아본 뒤, 4월에 금계(金溪) 선영(先塋)을 찾았다. 서울로 불려 올라가는 도중에 말에서 떨어져 선조가 내구마(內廐馬) 1필을 내려 주었다. 그런데 4월에 명나라 사신 이종성(李宗城)이 왜국 군영에서 도망쳐 서울로 돌아오자 민심이 동요되어 조정 신료들이 가족을 피난시키는 사태가 벌어졌다. 서애는 한성부와 5부로 하여금 그러한 행동을 하는 조신은 적발해 처벌하라고 했다. 5월부터 서애는 계속 사의를 표했으나 왕이 들어주지 않았다(276).

7월에 이몽학(李夢鶴)의 난이 일어났다. 서애는 재판관으로서 공평하게 판결해 난에 억울하게 연루된 자가 적었다고 한다. 윤 8월에는 선조가 세자에게 섭정을 시키겠다고 하자, 서애가 백관을 거느리고 들어가 이를 무마시켰다. 12월에 명 장수 마제독(麻提督)을 예천(醴泉)에서, 경리(經理) 양호(楊鎬)를 용궁(龍宮)에서 맞이했다. 이항복의 회고에 따르면, 경리 양호가 서애를 매우 싫어해 비난하는 말을 많이 했다. 양호가 안동에 주둔하고 있을 때 일이 있어 찾아갔더니 만나주지 않았다고 한다.는데, 통역이 양호가 욕하는 말을 전해도 아무렇지도 않게 여겼다. 통역이 다른 사람에게 말하기를 "류 아무개는 철장(鐵腸)을 가지고 있다."고 했다 한다. 하루는 경리아문(經理衙門)의 역관이 서애를 찾아와 자기가 명나라 장수

들과 잘 통하도록 알선해 주겠다고 하자 서애는 정색을 하고 "공사(公事)
가 아닌데 어찌 감히 사사로이 사귄단 말인가? 오직 마땅히 공경하여 대
우할 뿐이다."고 했다. 그때 이항복이 그 자리에 있었는데, 속으로 탄복하
여 뒷날 친한 사람에게 "선비는 이해관계에서 마땅히 이와 같아야 한다."
고 했다 한다.35)(278)

　　1598년(선조 31) 9월에 주사(主事) 정응태(丁應泰)가 와서 경리 양호
의 죄 20여 가지를 들어 명나라에 보고했다. 구체적인 죄목은 1) 조선이
양호와 짜고 명나라를 속이고 죄를 숨겼다, 2) 조선이 왜적을 끌어들여 요
동을 탈취해 옛 땅을 회복하려 한다, 3) 조선 임금들이 감히 조(祖)니 종
(宗)이니 하는 칭호를 썼다는 내용 등이었다.36) 이 가운데 2)는 거짓이고,
1)과 3)은 사실이었다. 양호는 1차 울산전투에서 4천4백 명의 사상자를
냈고, 2차 울산전투에서 1만 명의 사상자를 냈다. 패전의 소식이 명나라에
는 제대로 알려지지 않았는데, 이 사실을 울산전투에 참여했던 유격장군
(遊擊將軍) 진인(陳寅)이 정응태에게 참소해 양호가 탄핵을 받게 된 것
이다.37) 속방은 쓸 수 없는 '조'와 '종'을 쓴 것도 사실이었다.

　　조선에서는 최천건(崔天健)을 파견해 양호를 비호했으나 실효가 없었
다. 이에 다음 달인 10월 21일에는 우의정 이항복을 진주사(陳奏使), 참
지(參知) 이정구(李廷龜)를 부사(副使)로 삼아 다시 변명했으나 통하지
않았다.38) 그러자 대간이 마땅히 시임대신(時任大臣)을 파견해야 한다고
주장했다. 서애가 자원해서 가야 한다는 뜻이었다. 선조는 좌의정 이원익
을 보냈으나 정응태가 대로해 "양호가 조선과 짜고 왜군을 끌어들여 요동

---

35) 楊經理之來 頗不悅於公 至形言語 人或危之 後經理駐兵安東 公因事上謁 經理不見 語多侵
　　凌 驛人傳言 從者失色 公擧止徐緩 不爲動 譯者退謂人曰 老爺不識柳某有鐵腸 如是亂道耶
　　及經理還京 一日 余與公同在公堂 經理衙門譯官有內謁公 語次道諸將之意 因欲自爲介 而使
　　公交驩諸將 公正色曰 非公事 何敢私交 唯當敬而待之 其人不敢復言 時余在座 暗暗稱奇 歸
　　語所親曰 士臨利害 當如是(〈西厓遺事〉,《白沙集》卷 4, 下,《韓國文集總刊 62》, 民族文化
　　推進會, 268쪽).
36) 宋復, 앞의 책, 398쪽.
37) 宋復, 앞의 책, 390쪽.
38) 宋復, 앞의 책, 401쪽.

을 치려한다."고 했다. 23일 이 말을 들은 선조는 진노해서 시사(視事)를
보지 않고 정사를 세자에게 맡겼다. 서애는 신료들을 이끌고 가서 선조로
하여금 시사를 다시 보도록 권하는 한편, 정문태에게 정문을 올려 그의 주
장을 낱낱이 논박하기도 하였다.39)(279)

그러나 서애도 명나라까지 가서 양호를 위해 변명하고 싶지는 않았다.
그래서 80 노모가 계시다는 핑계로 명나라에 가지 않았다. 명나라 군사에
게만 국가안보를 의탁하고자 하는 선조로서는 불쾌한 일이었다. 교섭력이
뛰어난 대신이 가서 양호도 변호해 주고 왜와 짜고 요동을 치려한다는 정
응태의 무고도 변명해 주기를 바랐기 때문이다.

경리 양호는 명나라의 조선주둔군 사령관이었지만 실상은 선조보다 우
위에 있는 점령군 사령관이었다고 할 수 있다. 그는 전임자인 경리 송창의
보다 훨씬 강한 권력을 가지고 있었다. 그는 서울에 부임하자마자 경리아
문을 설치해 조선의 병권을 장악했다. 조선군의 지휘권이 그에게 있었던
것이다. 따라서 조선군은 독자적인 군사행동을 할 수 없었다. 승전하면 그
공은 명나라 군사가 차지하고, 패전하면 그 책임은 모두 조선군의 차지였
다. 명군이 별로 이긴 전쟁이 없었으니 임진왜란 패전의 모든 책임은 조선
군에 있는 셈이었다. 이순신도 마찬가지였다. 이순신은 조선 · 명 · 왜의
수군을 통틀어서 가장 우수한 장수요, 작전가였다. 그러나 그도 양호의 지
휘를 받는 명나라 제독 진린(陳璘)의 통제를 받아야만 했다.40)

병권만이 아니었다. 선조의 고유권한인 정사까지도 간여했다. 어느 면
에서는 거의 직할통치나 마찬가지였다. 선조도 이러한 상황에서 어쩔 수
가 없었으며, 오히려 조선군은 믿지 않고 그런 양호에게 의지하려 했다.
이 때문에 서애와 양호는 서로 좋아하지 않았다. 서애가 그를 위해 변명하
러 가고 싶지 않았던 것도 충분히 이해할 만하다.

---

39) 戊戌 主事丁應泰劾經理楊鎬之掩敗爲功之罪 明帝大怒 遣給事中徐觀瀾 與應泰同抵朝鮮閱
    實 旣而 楊鎬免帥 宣祖遣大臣一人 欲爲鎬辨誣 蓋意在公 而以內外多事 卒遣左相李元翼到
    則 應泰又誣告云 朝鮮與倭通之 欲犯遼東反受兵云云 宣祖寬之不快 欲避位 不臨朝數日 公
    率百官爭之(《韓國系行譜》地, 豊山柳氏 成龍, 寶庫社, 1992).
40) 宋復, 앞의 책, 365~372쪽.

그러나 이이첨, 류숙(柳潚), 유생 홍봉선(洪奉先), 최희남(崔喜男) 등
이 서애가 자원해서 가지 않은 것을 맹렬히 공격했다. 정인홍(鄭仁弘)도
문객(門客) 문홍도(文弘道)를 시켜 서애가 화의를 주도했다며 공격했
다.[41] 최희남은 황해도에 가서 무뢰배 10여 인을 모아 와서 유생을 가장
하고 성균관에 들어가 관학유생(館學儒生)의 이름으로 서애를 탄핵하려
했으나 실패하고, 이이첨은 그의 아들과 함께 서애를 밤낮으로 정탐하다
가 드디어 단독으로 서애를 탄핵하는 상소를 올렸다.

> 류성룡은 본래 교묘하고 지혜로우며 아첨하는 자질을 가지고 있어서, 문필
> 의 작은 재주를 꾸며 오랫동안 국정을 마음대로 전단(專斷)했으며, 국사를
> 그르치고 백성을 병들게 한 죄는 이루 다 기록할 수 없습니다.[42]

부제하 김우옹(金宇顒) 등이 상소해 구제하려 했으나 뜻을 이루지 못
했다(280, 행장 309).
1629년(인조 7)에 우복 정경세가 장유에게 보낸 편지에 따르면, 백사
이항복이 시장을 부탁받았을 때, 다른 내용은 다 좋은데 무술간사(戊戌間
事, 1598년에 있었던 위의 일)는 실제와 다른 것 같다고 했다. "정응태의
상주(上奏)를 변무(辨誣)하는데 서애가 자청해서 가지 않은 것은 탓할 일
이 아니다. 실로 국가가 위급한 때에 모든 책임을 한 몸에 지고 있는 처지
인데, 갑자기 스스로 청해서 (명나라에) 간다는 것은 (나랏일을 뒤로 하고
떠나는 것이기에) 미안한 일이기도 하고, 또 선조의 부탁한다는 뜻에 때
를 맞추어 가기를 청하는 것이 마땅한데, 그 아래 문득 '선조가 노했다'는
말을 연결한 것은 아마도 사실의 기록이 아닐 것이다. 대개 이이첨 등 여
러 간신들이 밤낮으로 이 노인(서애)을 제거하려고 엿본 것이 하루 이틀

---

41) 持平李爾瞻 公之當楊鎬辨誣之時 不請行首効之 迎上意 北人之執柄者 又陰使其客 上疏斥之
  鄭仁弘 亦懷宿感 使其客文弘道 詆誣萬狀 專以主和爲言(《韓國系行譜》地, 豊山柳氏 成龍,
  寶庫社, 1992).
42) 戊戌(1598) 柳成龍 本以巧慧 便佞之資 飾以文墨小技 專國政擅弄朝權 誤國病民之罪 不可
  彈記(李肯翊,〈宣祖朝故事本末〉削奪柳成龍官爵,《燃藜室記述》卷 17).

이 아님을 알 수 있게 한다."고 했다(281).

당연히 서애는 인책사임하고자 했고, 여론에 따라 영의정에서 체직되어 풍원부원군에 임명되었다. 서애가 왕십리에 물러가 있는 동안 연루되어 탄핵당할까 두려워 아무도 찾아가지 않는데, 다만 이항복만이 찾아갔다. 서애가 "공이 우리 집에 잘 오지 않는데 오직 평양에서 첫 번째, 이곳에 두 번째 찾아왔으니 공은 반드시 다른 사람이 오지 않을 때 온다."고 하고 하루 종일 담론했는데, 분한 표정을 발견할 수 없었다고 한다(282).[43]

결국 11월 19일(庚子)에 파직되었다(282).

(3) 은거(隱居)

서애는 파직된 다음 날 전농리(典農里)에서 첫 밤을 지내고, 다음 날은 용진(龍津)을 건너 양근(楊根)의 대탄(大灘)에서 묵었다. 이날 서애는 말에서 내려 삼각산을 바라보며 4배(四拜)를 올리고 시 한 수를 읊었다. 여기를 지나면 다시는 서울을 볼 수 없었기 때문이다.

전원으로 돌아가는 3천리 길
임금의 깊은 은혜 40년일세
말을 세워놓고 강을 건너 고개를 돌려 바라보니
남쪽 산색은 옛날 그대로이구나

田園歸路三千里
帷幄深恩四十年
立馬渡迷回首望
終南山色故依然

---

43) 時公退伏私邸 不敢入公堂 余訪見 唯深引過而已 及戊戌秋被彈在東郊 余往訪 則出迎 笑曰 公未嘗至我門 惟一訪於箕城 再訪於此 公之來 必於人所不來時來也 可笑 終日談論 展盡底蘊 無有餘隱 一不見其忿廲色(〈西厓遺事〉,《白沙集》卷 4, 下,《韓國文集總刊 62》, 民族文化推進會, 269쪽).

그 다음 날은 양근 성덕리(聖德里)에서 양식이 떨어지자 사람을 보내 남쪽에서 양식을 가져오게 했다. 이곳에 5일 동안 있었는데, 진사 김언수(金彦琇) 등이 양식을 거두어 주어 길을 떠날 수 있었다. 늙은 말 한 마리에 자제들은 다 도보로 걸어갔다. 이틀 뒤에 충주 금탄(金灘)에서 묵었는데, 근처에 진을 치고 있던 명나라 장수 경력(經歷) 오서린(吳瑞獜)이 찾아오겠다고 했으나 정중히 거절했다(282~283).

다음 날인 12월 1일에 일찍이 떠나서 황강역(黃江驛) 앞 개울가에 잠깐 쉬고, 밤은 덕산촌(德山村)에 가서 지내는데 길은 좁고 눈바람이 불어 지척을 분간할 수 없었다. 부싯돌로 횃불을 만들어 겨우 산골 집을 찾아 노숙을 면할 수 있었다. 운암(雲巖)을 거쳐 도심(道心)에 이르러 어머니가 피난하던 산재(山齋)에서 하루를 지냈는데, 이때 서애는 관직을 모두 삭탈당했다(283).

1599년(선조 32) 3월부터는 옥연서당에 초가집 3칸을 짓고 살면서 사당에 절하고, 풍산(豊山)에 계신 어머니를 찾아뵙기도 했다. 경상감사 한효순(韓孝純)을 비롯한 손님들이 찾아왔으나 만나주지 않았다. 4월 24일에 조정에서 직첩(職牒)을 돌려주었으나 곧 다시 환수했다. 선조는 삼사(三司)의 직첩환수 상소에 대해 공박하였다.

논사(論事)가 과하다는 것은 그 사람도 승복하지 않고, 옆에서 본 자들도 승복하지 않으니, '주화' 두 자를 가지고 말하는 것은 진회(秦檜)와 비교할 만하다. 진회가 오랑캐의 뜻을 받아 처자를 보전하고, 몰래 송으로 와서 금나라 사람을 위해 주화에 힘쓰고, 악비 등을 죽였다. 지금 류성룡도 또한 왜적의 뜻을 받아 몰래 음모를 꾸며 처자를 보전하고 화의를 주장했단 말인가? 이 말로 족히 인심을 설복시키고 나라를 안정시킬 수 있었단 말인가? 대개 그 마음은 종사(宗社)가 장차 망할 지경이고, 명나라가 이미 화의를 허락했기 때문에 일시적으로 한 말인데, 법으로 처단한다니 나는 감히 틀리다고 말하지 않을 수 없다. 원래 그의 마음이 이러하였을 뿐이다. 슬프다! 그때 누구나 거기에 다 휩쓸려 놓고, 지금에 와서 자기는 빠진 것처럼 '나는 아니요', '나는 아니요' 하는 것뿐이니 이는 다 우상(右相)의 죄인이다. 또 중론(衆論)이 야반(夜半)에 사신을 보냈다고 배척하는 것은 더욱 말할 것이 못된다. 그때 널리 조정의 의견을 의논해 정했고, 그 조정의 의견이 《승정원일기》에 실려 있으니 증거를 댈 수 있는 일이다. 과연 중론을 어기고 홀로 사신을 보냈단 말인가? 이와 같은 말은 다 공격하지 않아도 스스로 격파될 것이다. 하물며 공론에 따라 관직을 바꾼 지가 오래 되었는데, 지금 왜 그 직책을 회복시키지 못한단 말인가?(282)

대간(臺諫)이 (서애를) 화의를 주도했다는 명목으로 공격하자 우의정 이항복은 이렇게 서애를 변호하였다.

신이 일찍이 남중(南中)에 있을 때, 이원익과 더불어 이야기하다가 말이 시사(時事)에 미치자, 신이 오늘날의 국세를 사람이 목구멍이 막혀 백 가지 맥이 장차 끊어지게 된 것과 같으니, 반드시 먼저 이 기(氣)부터 급히 뚫어 놓은 뒤에 살 도리를 가히 의논할 수 있다고 말했습니다. 이 말은 오직 이원익만 들었고, 다른 사람은 모르는 일입니다. 그러나 신이 어찌 감히 다른 사람이 모른다고 해서 숨기고 말하지 않을 수가 있겠습니까? 지금 이미 이것을 가지고 류성룡에게 벌을 준다면, 이참에 저도 삭탈관직을 시켜야 할 것입니다(284).

선조는 오성의 글이 솔직하다 하고 하비(下批: 신하가 올린 글을 재가할 때 임금이 그 글 끝에 쓴 의견문)에 이 말을 특별히 언급해 삼사(三司)를 부끄럽게 했다. 그리고는 얼마 뒤 마침내 서애에게 복직의 명을 내렸다. 이를 보면 서애는 당쟁의 희생양이며, 선조는 전란 수습을 제대로 못한 책임을 우선 서애에게 둘러씌워 쫓아냈지만, 한편으로는 그를 위무한 것이 아닌가 한다. 이항복은 서애와 당색이 다른 사람인데도, 서애의 인품과 공헌을 누구보다도 잘 알기 때문에 필요할 때마다 서애의 편을 든 것이다. 이항복은 다시 차자(箚子)를 올리고 병을 핑계로 사직하였다.

전일 남방에 사신으로 갔을 때 적세가 강성하고, 우리는 재산도 없어지고 백성도 흩어져서 한 가지도 믿을 것이 없었습니다. 나라를 지키는 것[守國]과 적을 막는 것[禦敵]과 화의를 주장하는 것[主和], 세 가지 가운데 지금 이미 싸울 수도 없고, 또 능히 지킬 수도 없으면 이 아래는 화의만이 있을 뿐입니다. 신이 일찍이 (류)성룡과 더불어 이런 말을 했으니, 이것으로 성룡에게 벌을 준다면 다음에는 삭탈관작이 제게도 미쳐야 마땅합니다.[44]

좌의정 이원익도 명나라에 사신으로 갔다가 돌아와 다음과 같이 상소한 뒤 병을 핑계로 벼슬에서 물러났다.

류성룡은 바른 것을 지켜 굽히지 않았고 나라를 근심해 그 집을 사사롭게 하지 않았으니 마음이 슬프다 할 만 합니다. 사람을 물리치는 데 친후(親厚)하다고 해서 물리지고 이의가 있다고 해서 물리치면, 사류(士類)를 다 물리쳐서 남는 부류가 없을 것이니 국가의 복이 아닙니다.[45]

그런데 화의는 실제로 명나라와 왜 사이에 이루어진 것이고 조선은 끼지도 못한 사안이다. 임란을 당해 기울어져 가는 나라를 혼신의 힘을 다해 구하려고 애쓰고 결과적으로 목적을 달성한 서애에게 돌을 던지는 짓이 공평하지 못하다는 것은 삼척동자도 다 아는 일이었다(284).

1599년(선조 32)에 직첩을 돌려받았으나 삼사가 반대해 1600년(선조 33)에 다시 환수되었다.[46] 3월에는 김윤안(金允安)·김태(金兌) 등과 함께 《퇴계선생연보》(退溪先生年譜)를 편찬하기 시작해 4월에 완성했다. 7월에 의인왕후(懿仁王后) 상(喪)을 당해 망곡(望哭)하고, 8월에는 보허대(步虛臺)를 증축해 달관대(達觀臺)라 이름지었으며, 11월에 직첩을 다시

---

44) 右相 李恒福上箚曰 前日 臣使南方 見敵勢强盛 而我財匱民散 一無侍者 守國禦敵主和三者中 今方 旣不得戰 又不能守 此河有俱和而已 臣嘗與成龍言此事 以此罪成龍則 第次動削及臣身 仍病謝(《韓國系行譜》地, 豊山柳氏 成龍, 寶庫社, 1992).
45) 《韓國系行譜》 地, 豊山柳氏 成龍, 寶庫社, 1992.
46) 《韓國系行譜》 地, 豊山柳氏 成龍, 寶庫社, 1992.

돌려받았다. 12월에는 동대문 전농동에 가서 성 밖에서 의인왕후의 신궁 (梓宮)을 곡송(哭送)하고는 곧 고향으로 내려왔다(285).

　1601년(선조 34) 3월에 형 운룡(雲龍)이 병이 나서 어머니를 집으로 모셔왔는데, 곧 형이 죽고 이어 어머니가 별세하자, 어머니와 형을 금계 (金溪)에 장사지냈다. 다음 해인 1602년(선조 35) 2월에 《신종록》(愼終 錄)을 지었고, 4월에 《영묘록》(永慕錄)을 지었으며, 이항복의 추천으로 청백리에 선정되었다(285~286).

　1603년(선조 36) 정월에 왕이 식물(食物)을 내렸고, 3월에는 부원군에 봉했으나 사양하고, 7월에는 충근정량효절협책호종공신(忠勤貞亮效節協 策扈從功臣)에 책봉되었으나 사양했다. 9월에는 충훈부(忠勳府)에서 화 사(畵師)를 보내는 것도 사양했고, 제자인 우복 정경세에게 《주자서절요》 (朱子書節要)를 주었다. 《양명집》(陽明集)을 읽고 주자와 양명의 '격물 치지'에 대한 견해 차이를 설명하고, 아들 진을 대신해서 〈회재변명소〉(晦 齋辨明疏)를 초(草)하려다 짓지 못했다. 이달에 〈시교설〉(詩敎說)을 지 었고, 10월에 측실의 아들 균(袀)이 죽었다(286~288). 1605년(선조 33) 정월에 〈인재설〉(人才說)을 짓고, 삼공신 회맹제(三公臣會盟祭)를 지낸 뒤 내린 교서(敎書) 1축(軸), 은 7냥, 구마(廐馬) 1필, 표리(表裡) 2단 (端)과 본도감사를 통해 내려준 미두(米豆), 주찬(酒饌)을 사양하는 글을 올렸다. 2월에 〈지행설〉(知行說)과 〈지행합일설〉(知行合一說)을 지었고, 3월에 정1품봉조가록(正一品奉朝賀祿)을 사양했다. 4월에 아들 여(袽)가 죽었고, 9월에는 수해로 하외(河隈) 옥연(玉淵)에서 서미동(西美洞) 깊은 산 속으로 거처를 옮겼다. 11월에는 서미동에 초가집 3칸을 지었고, 《제 왕기년록》(帝王紀年錄)을 저술했다(288).

　1606년(선조 39) 4월에 〈작명설〉(釣名說)을 지었고, 7월에는 《성유록》 (聖諭錄)의 발문을 지었다.[47] 12월에 《주자서절요》의 예를 따라 《퇴계 집》을 산절(刪節)하려 했으나 병이 나서 완성하지 못했다. 서애가 66세가

---

47) 작명설은 아들 단이 《心經》을 배우려 하자 지어준 것이요, 《聖諭錄》은 왕에게서 받은 전후의 비답을 모아놓은 책이다.

되던 1607년(선조 40) 2월에는 초당에 머물고 있었는데 병이 심해졌다. 3
월에 왕이 내의를 보내 간병했고, 형의 아들 기(褄)에게 유계(遺戒)를 남
겼다. 그 내용은 다음과 같다.

1) 착한 일을 하도록 힘써라.

2) 다른 사람에게 비문(碑文)과 만사(挽詞)를 요구하지 마라.

3) 박장(薄葬)하고, 후장(厚葬)하지 마라.

4) 망건(網巾)은 흑색 천으로 하되 관자(貫子)를 쓴다.

5) 노자(奴子) 2인을 제노(祭奴)로 삼아 종손에게 주라.

6) 큰 며느리를 총부(冢婦)를 삼고, 사치하지 않은 사당을 지어라.

그리고 자제들에게 명해 다른 사람들이 부탁한 행장초(行狀草)를 잊지
말고 챙겨주라 하고, 병들었을 때 지은 시를 모은 《관화록》(觀化錄)을 만
들었다. 4월에 문병객을 물리치고 정침(正寢)에서 숨을 거두었다. 향년 66
세. 왕은 동부승지 이유홍(李惟弘)을, 왕세자는 시강원사서(侍講院司書)
유항(柳恒)을 보내 조문했다. 6월에 유소(遺疏)를 비변사에 올렸다. 백성
을 기르고 현인을 등용하며(養民用賢), 정치를 밝히고 군대를 수습하며(明
政修軍), 신중하게 좋은 장수를 고르며(愼擇良將), 신하에게 일을 위임하
되 결과에 대해 책임을 지게 하도록(委任責成) 간언하는 내용이었다. 왕은
예조좌랑 구혜(具憲)를, 왕세자는 유항을 보내 치제(致祭)하게 했다. 7월
에 안동부 서면 수동리(壽洞里) 뒷산에 장사지냈다. 서울의 사대부들은 서
애가 살던 묵사동(墨寺洞)에 신위를 모시고 천여 사람이 문상했으며, 부모
상처럼 백의(白衣)·백건(白巾)을 쓰고 통곡했다[48](289~293).

　　1614년(광해군 6) 4월에 병산서원(屛山書院)에, 1620년(광해군 12) 9
월에는 노강서원(廬江書院)에, 1627년(선조 5) 10월에는 남계서원(南溪
書院)에, 1629년(인조 7) 3월에는 다시 병산서원에[49], 1631년(인조 9)에

---

48)《宣祖實錄》卷 221, 宣祖 40年 5月 條 柳成龍 卒記.
49) 병산서원의 위판은 1620년(광해군 20)에 사림의 여론에 따라 퇴계의 위판와 함께 尊德

는 도남서원(道南書院)에, 1643년(인조 21) 10월에는 삼강서원(三江書院)에, 1883년(고종 20) 10월에는 영산서원(氷山書院)에 위판(位版)을 봉안(奉安)했다. 그리고 1629년(인조 7) 2월에는 '문충'(文忠, 道德博文曰文, 危身奉上曰忠)이라는 시호를 받았다(293쪽). 1610년(광해군 2) 여름에 대신들이 서애를 선조묘정(宣祖廟廷)에 배향(配享)하고자 했으나, 북인들의 반대로 성사되지 못했다(시장 327쪽).

연보와 시장은 우복 정경세가, 행장은 창석(蒼石) 이준(李埈)이 지었다.

2. 사 상

(1) 정치사상

[1] 재상론(宰相論)

서애는 49세 되던 1590년(선조 23)부터 영의정을 그만둔 1598년(선조 31)까지 8년 동안 재상으로 있으면서 임란을 극복하는 데 앞장섰다. 오랫동안 재상 자리에 있으면서 그에게는 재상의 구실에 관한 남다른 생각이 있었다.

당시는 선조가 즉위한 뒤 사림정치가 꽃피기 시작한 때이면서, 동시에 붕당의 싹이 트던 때이기도 하다. 곧, 당파에 따라 서애에게 반대하는 신하들이 적지 않았다는 의미이다.

특히 그는 개혁의 필요성에 대해서는 율곡 이이와 의견이 같았지만, 시행 방법에서는 큰 차이가 있었기 때문에, 정책을 실시할 때 많은 충돌이 있었다. 서애는 국왕을 중심으로 여기는 재상의 풍모가 있어서, 사림의 공

祠에 봉안했는데 그 뒤 학자들이 원래 있던 곳에 다시 봉안해야 한다고 해 위판을 다시 병산서원에 봉안하게 되었다.

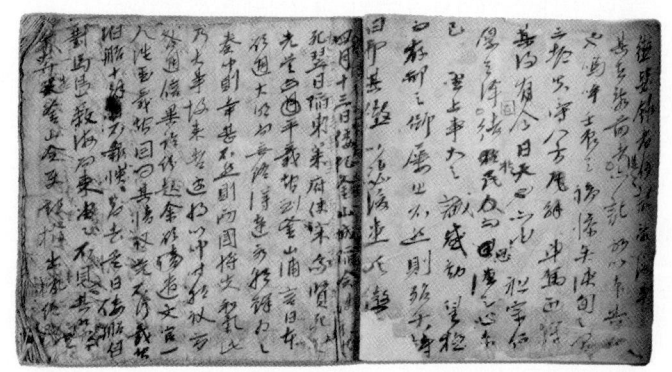

《징비록》은 류성룡이 임진왜란 가운데 일어난 여러 사건을 정리한 책이다. '징비(懲毖)'라는
제목은 '시경'에 '내 그 징계하는지라, 후환을 삼갈 수 있을까'(予其懲而毖後患)라는 문구에
서 따온 것이다. '징'(懲)은 상한 바가 있어서 경계할 줄 아는 것(有所傷而知戒也)이요,
'비'(毖)는 삼가는 것[愼]이다.

론보다는 임금과 재상의 소신을 더 중시하는 경향이 있었다. 붕당을 걱정
하는 상소를 올렸다가 사림들의 공격을 받던 이준경을 편든 것도 그러한
시각에서 이해할 수 있다.

율곡이 지나치게 사림의 입장을 내세워 아직 영향력이 남아있는 권신
들을 자극해 사림에게 피해를 줄 수 있다는 우려도, 서애로 하여금 율곡
이이와 얽히는 일을 피하게 한 이유이기도 하다.

그가 일찍부터 재상의 자질을 타고난 흔적은 여러 곳에서 보인다. 그
예를 들어보면 다음과 같다.

1571년(선조 5) 7월에 영의정 동고(東皐) 이준경(李浚慶)이 올린 유차
(遺箚)에서 장차 붕당의 조짐이 보인다고 하자, 율곡은 이를 힐난하며 이
준경의 삭탈관작을 주장했다.

> 지금 조정이 청명한데, 어찌 붕당이 있겠습니까? 사람이 죽을 때에는 그 말
> 이 착한 법인데, (이)준경이 죽을 때에는 그 말이 악합니다.50)

---

50) 《宣祖實錄》 卷 6, 宣祖 5年 7月 庚寅.

이와 달리 서애는 이이의 간언이 지나치다며 반박했다.

> 대신이 임종할 때 진언한 것에 옳지 못한 곳이 있으면 옳고 그른 것을 분변
> (分辨)하면 그만이지, 관작을 추탈할 필요까지 있겠습니까?(222쪽)

정철이 이를 가지고 다시 서애를 힐난하였다.

> 당신은 어찌 이(利)되고 해(害)되는 것을 돌아보십니까?

그러자 서애는 이렇게 대답하였다

> 일신(一身)의 이해는 진실로 돌아보아서는 안 되지만, 조정에서 일을 의논
> 하는데 나라의 이해도 역시 돌아보지 말아야 합니까? 지금 만약 (이준경의)
> 삭탈관작을 청한다면 국체(國體)에 해가 될까 저어됩니다(222쪽).

재상을 대접하는 방법이 그래가지고는 국체에 해가 된다는 것이다. 서
애는 재상의 체통을 세우는 것이 국가의 체통을 세우는 길이라고 생각했다.
《경국대전》에 따르면 의정부의 재상이 하는 일은 다음과 같다.

> 백관(百官)을 통솔하고, 서정(庶政)을 바르게 하며, 음양을 다스리고, 나라
> 를 경론(經綸)하는 것51)

백관을 통솔하고 서정을 바로 하는 것은 일인지하 만인지상(一人之下
萬人之上)에 있는 영의정이 행정적으로 당연히 해야 할 일이지만, 여기에
는 행정력 못지않게 만인을 포용하고 여러 의견을 조율할 수 있는 덕이
필요했다. 더구나 음양을 다스리고 나라를 경륜하는 일은 자연과 인간을

---

51)《經國大典》卷 1, 吏典 京官職 議政府.

조화할 수 있는 폭 넓은 품격과 아량이 필요했다.

서애는 어려서부터 이미 재상의 자질과 품격을 갖추고 있었던 것 같다.

선생은 말수가 적고 잘 웃지도 않았으며, 평상시에 장난기 섞인 말과 행동을 하지 않았다. 그가 옥당(玉堂)에 있을 때 손에서 책을 놓지 않고, 간혹 눈을 감고 단정히 앉아 비록 옆에서 술 먹고 떠들어도 듣지 않는 것처럼 했다. 그러나 (국사를) 논의할 때는 비록 선악을 분변하기를 명확히 할 때도 자기를 미화하는 말을 일찍이 입에 담지 않았다(221쪽).

퇴계 이황도 "이 사람은 하늘이 낸 사람이다. 뒷날 반드시 조정에 나아가 나라를 위해 큰일을 할 것"이라며 칭찬했다(218).

(서애가 상주목사가 되었을 때) 치사(處士) 남치리(南致利)가 다른 사람에게 말하기를 "서애는 논도경방(論道經邦)의 책임을 맡을 사람인데, 아마도 목민관(牧民官)은 그가 잘하는 바가 아니다."라고 했다(224).

하루는 서리가 서류를 가지고 들어가서 서명을 요청하니, 선생이 잠깐 보고 부채를 내저으며 가지고 나가라 했다. 또 올리니 또 부채를 내저었다. 서리가 나와서 살펴보니 관직 밑에 성자(姓字)를 잘못 쓴 것을 발견했다(224).

대저 류성룡은 10년 동안 경악(經幄: 경연)에 있어서 내가 진실로 그를 잘 안다. 이 사람은 정말 현사(賢士)이고 재주가 있어 조신(朝臣) 가운데 걸출(傑出)한 사람이다(230).

경은 10년 동안 경악에 있으면서 한 가지도 하자가 없었다. 비록 의리로는 군신이지만 정의(情義)로는 붕우(朋友)와 같다. 그 학문을 논할 때는 장구(章句)에 빠진 선비의 말이 아니고, 그 재주로 말하자면 족히 큰일을 담당할 만하다. 경을 아는 데 나만한 사람이 없다(231).

비망기(備忘記)에 (언급하기를) 류성룡은 군자이다. 지금의 대현(大賢)이
라 말해도 될 만하다. 그 사람과 더불어 말하다 보면 알지 못하는 사이에
심복하게 되니, 그와 같이 학식과 기상을 갖춘 사람을 큰 간신이라 할 수
있겠는가?(232)

말단선비들의 소론(所論)은, 마음을 다스리고 공경한 마음을 가지는 것으로
높이 앉아 (이를) 엄연히 천제(天帝)처럼 바라보고 있다. 마음[方寸]이 꽉
차거나 텅 비었다든지, 야기(夜氣)가 차서 넘친다는 등의 말은 근본지학(根
本之學)에는 대단히 절실하나, 오직 새 소리, 바람에 나부끼는 나뭇잎 소리
를 운자(韻字)로 하거나 선가(禪家)의 메마른 병에 빠져들게 된다. 대저 제
왕의 학(學)은 경론(經綸)을 귀하게 여겨 반드시 본말(本末)을 겸거(兼擧)
하고 체용(體用)을 해비(該備: 겸비)하여, 안으로는 심신성정(心神性情)의
미세함을, 밖으로는 정사를 실시함을 순서대로 조목조목 말하여, 정밀하거
나 거칠거나 크거나 작거나 간에 하나로 관통하지 않은 것이 없게 되면, 크
게는 육합(六合)을 경론(經綸)하게 되고, 작게는 조밀해서 추호도 소홀함이
없게 된 뒤에, 바야흐로 명체적용(明體適用)의 학(學)이 되고, 체(體)만 있
고 용(用)은 없다는 비난을 받지 않게 된다(274).

위의 기록들을 보면, 서애는 이미 어려서부터 재상의 품격을 갖추고 있
다고 인정받았던 것 같다. 그리고 그는 근본지학과 같은 고식적인 생각보
다는 현실적이고 실용적 생각을 가지고 있었던 것을 알 수 있다. 그의 이
러한 생각의 바탕에는 '명체적용'(明體適用), '본말겸거'(本末兼擧)와 같
은 통합적인 이론이 있었음도 알 수 있다.52)

서애의 논설을 보면 해박하고 논리정연하다. 그래서 국왕이나 동료들이
설득당하지 않을 수 없었다. 선조가 "그 사람과 더불어 대화하다 보면 모
르는 사이에 심복하게 된다."고 한 것만 보아도 알 수 있다. 그는 행(行)

---

52) 宋兢燮, 〈西厓先生의 基本思想〉, 《西厓 柳成龍의 經世思想과 救國政策》(上), 서애선생기
념사업회, 2005. 7, 98쪽, 宋兢燮은 서애의 기본사상을 '體用兼全'으로 규정했다.

보다는 지(知)를 더 중시했다. 정확한 지식이 있고서 실천을 해야지 맹목적으로 실천만 해서는 안 된다는 것이다. 서애는 다음과 같이 주장했다.

성현의 학문은 비록 행에 중점을 둔다 하더라도 각별히 지를 소중하게 여겼다. 비록 행위를 독실하게 하더라도 지식이 투철하지 못하면, 배운 것이 밖으로 나타나지 않고 행위를 바르게 분별하지 못하게 된다. 이런 사람은 선인(善人)이나 군자(君子)라고는 할 수 있겠지만, 깊숙한 곳으로 통하고 중정(中正)하고 지선(至善)한 경지에까지 도달하지는 못할 것이다.[53]

그는 지를 올바르게 확충하기 위해서는 주해(註解)를 보지 않고 먼저 경문(經文)을 깊이 음미해야 한다고 주장했다. 그래야만 새로운 뜻[新意]을 개발할 수 있고, 이 뜻을 바탕으로 정연한 논리를 전개할 수 있는 힘이 생긴다는 것이다.[54]

그리고 대신은 정도(正道)로써 군주를 섬겨야 하고, 그것이 뜻대로 되지 않으면 그만두고 물러나야만 한다고 주장했다.[55] 대신의 직위는 뭇 사람이 우러러보는 자리이니 위로는 성의를 다하고, 공평한 정사을 펴 어려움과 위급함을 널리 구하며, 아래로는 의리를 두려워하고 부끄러움을 알아 비위(非違)를 없게 해 모든 관원이 본받게 하고 사방을 바로잡아야 한다고 했다.[56]

[2] 붕당론(朋黨論)

《대명률》(大明律)에 관원으로서 붕당을 만드는 사람은 참형에 처하고,

---

53) 李載浩, 〈柳西厓의 歷史意識과 時局對處의 姿勢·方策〉, 《西厓 柳成龍의 經世思想과 救國政策》(上), 서애선생기념사업회, 2005. 7, 22쪽.
54) 李佑成, 〈西厓先生의 學問方法과 '新意'〉, 《西厓先生의 經世思想과 救國政策》, 서애선생기념사업회, 2005. 7, 10쪽.
55) 李佑成, 위의 책, 28쪽.
56) 柳成龍, 〈辭免箚子〉, 《西厓集》本集 卷 5, 丙申(선조 29) 5月 條.

그 처자는 노비를 삼으며, 재산은 관(官)에서 몰수한다고 되어 있다.57)
조광조도 붕당을 지은 죄로 죽었다. 그러나 선조 초년에 사림파가 정국을
장악하면서 군자소인론(君子小人論)이 대두되었다. 구양수(歐陽修)의 군
자소인론을 본뜬 율곡의 군자소인론이 그것이다. 선배당(先輩黨)을 소인,
후배당(後輩黨)을 군자라고 해 선배당을 비난했다.

그러나 1575년(선조 8)에 사림이 동인과 서인으로 갈리자 주자(朱子)
의 양시양비론(兩是兩非論)을 본떠 동·서 양당에 군자와 소인이 있을
수 있으니, 이 가운데 군자만 뽑아 쓰면 된다는 조제론(調劑論)이 유행하
게 되었다. 서애도 동인, 또는 남인의 영수였으니 그의 붕당론도 조제론에
근거를 두고 있었다고 할 수 있다.

> 붕(朋)과 당(黨)의 두 글자는 비록 서로 비슷하다고 하지만, 그러나 군자에
> 게는 붕우(朋友)는 있어도 당류(黨類)는 없으며, 소인에게는 당류는 있어도
> 붕우는 없으니, 붕우란 것은 공(公)이고, 당류라는 것은 사(私)이다.58)

> 대체로 붕우란 것은 동류(同類)의 호칭이고, 당류란 것은 서로 도와서 잘못
> 을 숨기는 (부류의) 명칭이니, 두 가지가 비록 서로 비슷하다고는 하지만,
> 그 실제는 백 리나 천 리, 만 리나 되는 먼 거리인 것이다.59)
> 군자가 친구를 사귀는 것은 담박(淡泊)하기가 물과 같고, 소인이 친구를 사
> 귀는 것은 달기가 단술과 같다.60)

> 군자가 친구 사귀는 것은 옥을 나란히 둔 것과 같아서 온화한 태도로 서로
> 친근하면서 근엄한 자세로 지조를 스스로 지키게 되며, 소인이 당파 짓는
> 것은 모래와 같아서 처음에는 서로 뒤섞여서 정밀함과 거칢을 가리지 않다

---

57) 若在朝官員 交結朋黨紊亂朝廷者 皆斬 妻子爲奴 財産入官(《大明律》 吏律 奸黨).
58) 李載浩, 《국역 서애전서》 잡저, 서애선생기념사업회, 2001, 46쪽.
59) 李載浩, 앞의 책, 47쪽.
60) 李載浩, 앞의 책, 47쪽.

가, 끝에 가서 이익이 다 떨어지게 되면 마음이 확 풀려 서로 갈라서게 된
다.[61]

다만 소인들은 군주의 마음을 꽉 붙들고서 군주와 더불어 한 덩어리가 되는
까닭에, 처음부터 군주의 눈이 가려져서 분별할 수 없게 될 따름이다. 세상
에 진실로 대인군자가 붕당의 폐해를 제거하고자 한다면 다른 방법이 없으
니, 마땅히 군주의 마음이 그릇된 것을 바로잡는 일에 먼저 힘을 써야 할 것
이다.[62]

이와 같이 서애는 동·서인 양당에 군자와 소인이 있다고 보고 군자끼
리 조제(調劑)하면 붕당은 별 문제가 없을 것이라는 철저한 조제론의 입
장에 서 있었다. 다만 조제론을 제대로 실현하려면 군주의 마음을 바로잡
아야 한다고 생각했다.

서애는 그의 〈운암잡록〉(雲巖雜錄)에서 당쟁이 발생한 내력에 대해 언
급하고 있다. 즉, 명종 대에 윤원형(尹元衡)·이량(李樑) 등 권신들이 20
년 동안 정권을 농단하다가 명종 말년에 제거되고 사림들이 정권을 잡았
으나, 선조 초에 사림들 사이에 당동벌이(黨同伐異)하는 풍조가 생겨 동
서분당이 되었다고 했다.[63] 그러므로 양당은 시비를 명변(明辨)해서 취할
것은 취하고 버릴 것은 버려야 한다고 했다.[64]

대개 일찍이 보건대 인신(人臣)이 조정에 나가서 언론이 같을 수도 다를
수도 있고, 소견이 옳을 수도 그를 수도 있다. 치세(治世)에는 이른바 옳고
그르고 다르고 같은 것이 다 공심(公心)으로 나라를 위하는 데서 나오니,
그 사이에 사의(私意)가 섞여있지 않다. 그런 까닭에 옳다고 해도 그 좋아

---

61) 李載浩, 앞의 책, 47쪽.
62) 李載浩, 앞의 책, 48쪽.
63) 柳成龍, 〈雲巖雜錄〉, 《西厓全書》 卷 3, 別集篇(續), 西厓先生記念事業會, 52쪽.
64) 夫天下之理 莫大於辨是非 辨是非然後 可以明好惡 明好惡然後 可以定取舍(류성룡, 위의
    책, 53쪽).

하는 바가 아니요, 그르다고 해도 그 싫어하는 바가 아니다. 다르면서도 같게 되는 것을 해롭게 하지 않고, 같으면서도 일찍이 아부하는 뜻이 없다. 이른바 물고기는 강과 호수에서 서로 잊어먹고, 사람은 도의(道義)에서 서로 잊어먹는다는 것이다. 밤낮으로 힘쓰게 되면 오직 그 직책에 있으면서 걱정스러운 것을 생각하고, 공가(公家)의 일에 마음을 다한다. 한번 사이에 사사롭게 사망(欺罔)을 하면 크게는 형벌을 받고 작게는 쫓겨나니, 해가 떠올라 귀신들이 스스로 그 흔적을 나타내지 못하는 것과 같다. 홍범(洪範)에 가로되 "무릇 그 서민은 음붕(淫朋)이 없고, 사람들은 비덕(比德)이 없는데 오직 황극(皇極)만이 작동한다. 황극이 서지 않으면, 사람마다 각각 좋아하고 싫어하는 것을 가지고 서로 어긋나서, 자기와 같은 자는 비록 옳지 않더라도 옳다고 하고, 자기와 다른 자는 비록 옳아도 그르다고 한다."고 했다. 처음에 한두 사람이 앞장서면 따라가는 사람이 더욱 많아져서, 그 틈새를 타고 시세(時勢)의 향배(向背)를 좇아서 이익을 구하는 자가 날로 늘어나고 달로 성한다. 이에 나라 전체가 둘로 나누어져 각 그 옳은 것을 옳다고 하나 정말로 옳은 지는 분변하기 어렵고, 각각 그 그른 것을 그르다 하나 정말로 그른가는 알 수 없다. 말들은 그렇게 하는데 인군(人君)이 그 정형(情形)을 살펴서 버리고 취하려 하면, 사설(辭說)이 조정에 가득하고 어지럽게 떠들기를 현란하게 반복해서 문틈으로 싸움을 구경하는 것 같다. 그러니 어찌 그 승부(勝負)와 득실(得失)의 소재(所在)를 알 수 있겠는가?

이에 (자신을) 낮추고 (남을) 높이는 데 교묘한 자는 혹 궁중과 결탁하고, 외척과 인연을 맺어서 임금의 뜻을 캄캄한 가운데서 몰래 옮겨 놓는다. 그리고 밖으로 바라보고 추부(趨附)하는 무리들은 사론(士論)에 기대어 상대방을 무너뜨리는 술책을 쓰고, 대간(臺諫)과 시종(侍從)이 쓰러지듯이 자기를 따르게 하기를 안과 밖을 꽉 채운다. 그래서 임금이 비록 뜻을 바꾸어서 돌이키려 해도 또한 미치지 못한다. 일이 여기에 이르면 어찌 하는 수가 없다. 이미 또한 위태로울 뿐이다. 근일 동서분당의 설이 금상(今上: 선조) 초에 일어나서 심의겸(沈義謙)·김효원(金孝元)에서 시작해 이이·정철에서

성하고, 이산해(李山海)에 이르러 극성하니 나라를 망치고 국가를 낭패하게
만드는 것이 한 가닥에서 나온 것 같아서 불이 뜨겁고 물이 깊은 것이 이미
때를 지나쳤다. 오호라! 슬프다.65)

　다시 말해, 붕당이 갈리는 것은 어쩔 수 없되 시비를 분명히 가려 국가
를 위해 취할 것은 취하고 버릴 것은 버려야 한다고 주장한 것이다. 당파
에 따라 의견은 다를 수 있다. 그러나 옳은 것을 옳다고 하고, 그른 것을
그르다고 해야 한다. 그 옳고 그른 판단과 취사선택은 임금만이 할 수 있
다. 그런데 소인들이 궁중과 결탁하고 외척과 연결해 임금의 마음을 가만
히 옮겨놓는다. 또한 사론에 기대어 상대방을 무너트린다. 이 지경이 되면
임금이 돌이키려 해도 돌이킬 수 없게 된다. 그러한 소인들은 이이 · 정철
등의 서인과 이산해와 같은 북인들이라는 것이다. 동서분당에서 동인의
영수요, 남북분당에서 남인의 영수였던 서애의 붕당관이다. 그러면서도
서애는 왕의 판단이 중요하다고 보았다. 재상은 당파의 이견을 조종해 왕
으로 하여금 올바른 판단을 할 수 있도록 해야 한다는 것이다. 왕이 올바
른 판단을 하려면 왕 스스로 격치성정(格致誠正)해서 평형을 잡아 매사를
무편무당(無偏無黨)하게 처리할 수 있어야 한다고 보았다.66)
　서애는 특히 이이와 정철의 잘못을 지적하고 있다. 이이는 조신들이 붕
당을 짓는 것을 비판하고 이를 진정시켜야 한다고 주장했으나 실제로는
그 말이 항상 서인을 편들었으며, 정철은 반대파를 심하게 공격해 축출하
고 김효원을 소인이라고 혹독하게 배격했다고 기록하고 있다.67) 그리고
이이는 만년에 왕안석(王安石)에 비유하는 사람도 있었다고 했다.68) 정

---

65) 柳成龍, 〈雲巖雜錄〉 朋黨,《西厓全書》卷 3, 53쪽.
66) 洪範曰 凡厥庶民 無有淫朋 人無有比德 惟皇作極 至論建極之道 則曰 無偏無陂 遵王之義
　　無有作好 遵王之道 無有作惡 遵王之路 無偏無黨 王道蕩蕩 無黨無偏 王道平平 無反無側 王
　　道正直 會其有極 歸其有極 除非人君盡格致誠正之道 而鑑空衡平 以之照臨於上 則何以致此
　　(柳成龍, 위의 책, 53쪽).
67) 珥累上疏 言朝臣分裂之患 請協和鎭定 而其言常主於西 又有鄭澈者 剛褊主論尤乖 欲盡逐一
　　邊 而攻孝元太峻 以爲小人 於是 士論益激矣(柳成龍, 앞의 책, 53쪽).
68) 晩年 爲人所政 或比之王安石云(柳成龍, 앞의 책, 53쪽).

철에 대해서도 계미삼찬(癸未三竄)의 원흉이요, 기축옥사(己丑獄事: 鄭
汝立의 亂)에서 동인을 소인으로 몰아 무자비하게 잡아 죽인 주동자라고
비난했다.[69] 특히 최영경(崔永慶)을 얽어 죽인 정상(情狀)을 자세히 소
개했다. 류성룡은, 정철이 짐짓 최영경을 풀어준 뒤 다시 가두어 문초를
받다가 죽게 했다며 힐난했다. 최영경이 평시에 정철을 무상소인(無狀小
人)으로 보고 술이 취하면 양 무릎을 어루만지면서 이 무릎이 종당에는
정철의 고문을 받을 것이라고 공언했는데, 그렇게 되었다는 것이다. 정철
이 사감(私感)을 가지고 억울하게 옥에서 가두어 죽였다는 것이 서애의
생각이다. 그리고 서애가 동성(東城)에 있을 때 이귀(李貴)가 찾아와 정
철이 최영경을 풀어주려 한 상계(上啓) 초본(草本)을 보여주었으나, 그
뒤의 논자들이 성혼(成渾)이 정철을 사촉(嗾囑)해 최영경을 죽였다며 성
혼의 관작도 추탈(追奪)해야 한다고 주장하고 있으며 아직 귀결이 나지
않았다고 했다.[70]

　이산해에 대해서도 행동과 마음이 공정하지 않은 점을 낱낱이 지척(指
斥)하고 있다. 이산해는 원래 정철과 잘 지냈는데, 정철이 공격을 받을 때
이발(李潑) 등과 함께 정철을 공격했다. 그런데 을축옥사(乙丑獄事) 때
정철이 다시 입조하자, 이산해가 화를 면하고자 정언신(鄭彦信)이 재판관
에서 쫓겨나자 정철로 대신하게 하고 자기의 아들 이경전(李慶全)을 정철
의 집에 보내 밤낮으로 노예처럼 봉사하도록 하는 한편, “당신을 공격한
것은 김응남(金應南)·류성룡(柳成龍) 등이요, 나는 아니다.”고 했다고
한다. 그러나 뒷날 선조가 정철을 싫어하는 것을 알아채자, 홍봉선(洪奉
先)·이성경(李晟慶) 등 6인을 시켜 정철을 맹렬히 공격해 서인을 몰락시
켰다는 것이다. 이성중(李誠中)·우성전(禹性傳)은 서인이 아니라 남인
이었으나 이산해가 싫어하는 인물이라 파직되었다 한다.

---

69) 鄭澈 字季涵 與李珥成渾最親 又交沈義謙 力攻金孝元 癸未許筬等得罪有力焉 己丑逆獄起
　　乘時多陷異己人目爲小人 竄江界 壬辰召赴幸在 尤忤旨 死後追奪官爵(柳成龍, 앞의 책, 5
　　5~56쪽).
70) 柳成龍, 앞의 책, 56~57쪽.

이와 같이 서애는 동인, 또는 남인으로서 스스로의 위치를 분명히 하면서 정국운영은 재상으로서, 동인이나 남인을 위주로 하고 서인이나 북인과 공조하는 입장을 취했다.

[3] 인재등용

조선시대에 인재를 등용하는 방법은 세 가지가 있었다. 과거(科擧)·문음(門蔭)·천거(薦擧)가 그것이다. 문음은 혈통에 따른 인재선발 방법이요, 과거는 능력에 따른 인재선발 방법이다. 이런 점에서 과거는 문음보다 발전된 인사방법이라고 할 수 있다. 천거는 과거나 문음으로 선발한 관료들에게 관직을 주는 인사방법이었다.《경국대전》에는 다음과 같이 규정되어 있다.

> 서울과 지방의 3품 이상 동반(東班)과 서반(西班)은 3년마다 봄의 첫 달[春孟月]에 (3품에서 무직까지) 각각 3인을 추천한다. 매년 봄 첫 달에 동반 3품 이상, 서반 2품 이상은 각기 수령이나 만호(萬戶)의 직책을 감당할 수 있는 자를 추천하되 모두 3인을 넘지 못한다. 만약 추천된 자가 장오(臟汚: 관의 재산이나 백성의 재물을 부정하게 차지함)·패상(敗常: 윤리·강상綱常을 범함)의 죄를 범하면, 천거(薦擧)한 거주(擧主)도 연좌된다. 매년 봄 첫 달에 의정부·6조의 당상관 및 사헌부·사간원의 관원은 각기 관찰사나 절도사의 직책을 감당할 수 있는 자를 추천하고, 충훈부는 공신자손으로서 서리의 직책을 감당할 만한 사람을 추천한다.71)

이러한 추천 방법이 사림정치 시대에 오면 당상·당하로 나뉜다. 당상관은 재상이나 이·병조판서(吏兵曹判書)가 추천하지만 당하관은 이·병조낭관(吏兵曹郎官)인 전랑(銓郎)이 추천하게 되었다. 당하통청권(堂下

---

71)《經國大典》卷 1,〈吏典〉薦擧.

通淸權)이 그것이다. 당하통청권은 전랑이 자기 후임을 스스로 추천하는
자대권(自代權)과 함께, 《경국대전》에도 없는 관행(慣行)이었다. 신진관
료인 사림파들은 이 당하통청권과 자대권·한림회천권(翰林回薦權) 등을
통해 인사권을 분할하고, 언론권을 확보해 훈구파와 대결했다. 나이 많은
사람들이 젊은 사람 가운데 누가 훌륭한지 어떻게 아느냐는 논리에서였
다. 그리하여 훈신정치 시대를 청산하고 사림정치 시대를 열었다.

사림은 당하통청권에 만족지 않고, 재야에 숨어 있는 참신한 유학자들
을 추천하고자 했다. 곧 유일(遺逸: 隱逸)이다. 그러나 이렇게 추천한 사
람들에게는 하위 관직만 줄 수 있었기 때문에 현량과(賢良科)를 만들어
사림파의 세력을 강화하고자 했다. 이에 위협을 느낀 훈구파는 중종을 설
득해 기묘사화를 일으켜 조광조를 비롯한 사림파를 일망타진했다.

그러나 서애가 살던 16세기 후반이 되면 사림파의 세상이 되어 추천으
로 인재를 선발하는 것이 일반화했다. 다만 이때는 당파가 갈려 있어서 공
정한 추천이 이루어지기 어려운 문제가 있었다. 따라서 서애는 당파가 다
르더라도 공론(公論)에 따라 공정하게 인재를 추천해야 한다고 주장했
다.[72] 그리고 자파의 인재만 편파적으로 추천하는 것을 방지하기 위해 피
천자(被薦者)에게 잘못이 있으면 추천자에게 연대책임을 묻게 했다.[73]
서애는 재상으로서 되도록 당파를 떠나 필요한 인재를 공정하게 등용하려
고 애썼다. 그리하여 남인이 정점이 되어 서인·북인과 공조하는 붕당공
존의 정국을 이끌어 갔다.[74]

서애는 국가가 부강해지려면 정치를 잘 해야 하고, 정치를 잘 하려면
인재를 잘 선발해 적재적소에 써야 한다고 했다.[75] 그리고 기왕 관직에
임명했으면 한 자리에 오래 두어야 한다고 했다. 그 뒤 고과를 엄정히 하
여 재능이 있으면 승진시키고, 재능이 없는 자는 도태시키면 된다는 것이

---

72) 柳成龍, 앞의 책, 53쪽.
73) 柳成龍, 《西厓全書》 雜著 北邊獻策議 癸未.
74) 金昊鍾, 〈西厓 柳成龍의 政治思想〉, 《西厓 柳成龍의 經世思想과 救國政策》 (下), 책보출
　　판사, 2005. 7, 67쪽.
75) 《宣祖實錄》 卷 13, 宣祖 12年 3月 庚午.

다.76) 그는 인재를 고르는 데 1) 덕행(德行), 2) 재능(才能), 3) 공로(功勞) 4) 구임(久任)을 중시했다.

재능에는 여러 가지가 있어 장수가 될 만한 사람, 무기를 잘 만드는 사람, 이재(理財)가 있는 사람 등이 모두 쓸모가 있다. 기왕에 뽑힌 사람은 한 직책에 오래 두고 경험을 쌓게 하고, 공로가 있으면 승진시켜 훌륭한 인재로 키워야 한다는 것이다.77)

서애는 신분이나 문벌에 관계없이 인재를 널리 구해야 한다고 했다. 서애는 천수(天數: 천운)와 인사(人事)의 관계를 다음과 같이 말하고 있다.

천수는 절후(節候)의 춥고 더운 것과 같은 것이고, 인사는 절후에 따라 입는 겨울옷이나 여름옷과 같은 것이다. 절후의 춥고 더운 것은 비록 사람의 힘으로 옮기고 바꿀 수는 없지만, 겨울옷과 여름옷을 갖추어 둔다면 날씨의 춥고 더운 것을 막을 수 있으니, 추위와 더위에 시달리지 않을 것이다.78)

임진왜란은 미증유의 전란이었다. 그러므로 평화로운 때와 같이 신분과 문벌 · 과거만으로 인재를 등용해서는 안 된다고 하였다. 그리하여 그는 파격적인 인사를 단행했다. 이순신은 종6품인 정읍 현감에서 정3품 당상관인 전라 좌수사로 승진시켰고, 권율은 정5품인 형조정랑에서 정3품인 의주 목사로 승진시켰다.79) 그리고 신충원은 관리도 아니요, 가문도 시원치 않은데 조령을 잘 지킨 공이 인정하여 수문장을 시켰다가 절제사(節制使)로 발탁했다.80)

또한 그는 서북인(西北人)을 차별하는 것에 반대했다.

우리나라의 인재는 남방 사람을 많이 쓰고, 서북 사람은 거의 쓰지 않거나

---

76) 金昊鍾, 위의 논문, 64쪽.
77) 金昊鍾, 위의 논문, 63~64쪽.
78) 李載浩, 앞의 책, 331쪽.
79) 《宣祖實錄》 卷 25, 仙鳥 24年 2月 癸未.
80) 柳成龍, 〈措置忠州以固上流且於鳥嶺設關屯田啓〉, 《西厓全書》卷 2, 別著篇, 啓辭.

써도 조금 밖에 쓰지 않는다. 사실인즉 서북에 일찍이 인재가 없지 않지만 특히 땅이 멀고 밀어주는 세력이 적어서 그렇다. 변고가 난 뒤 칠방(七方: 7도)이 와해되어 거가(車駕)가 서쪽으로 행차했다. 평안도 사람들이 분주하게 공급하고 그 마음과 힘을 다해 군병(軍兵)을 조발(調發)하기도 하고, 식량을 나르기도 하고, 명나라 군대를 영접해서 인도하기도 한 덕분에 국토를 수복할 수 있었다. 그 노고가 심히 많은데도 지금 한 사람도 조정에 선 자가 없다. 왕왕 드물게 (관직을) 희망해 온 자가 있어도 실망해 돌아가지 않는 사람이 없다. 무릇 이같이 하고서 어찌 일방(一方)의 인심을 위로해서 장래를 권장할 수 있겠는가? 실력이 출중한 사람을 간간히 탁용해서 인재로 하여금 다투어 권하도록 해 남북의 차별을 없게 해야 한다.[81]

서애는 실상 군사를 뽑아 쓰고, 군량을 실어 나르는 데 서북인의 도움을 많이 받고자 했다. 이를 빌미로 서북인의 차별을 없애려 한 것이다.

한편 서애는 인재를 널리 구하고자 재상과 홍문관으로 하여금 유직(有職), 무직(無職), 서얼(庶孽), 공·사 노비, 승속(僧俗)을 불문하고 실재(實才)를 천거하게 하고, 그래도 빠지는 자는 외방의 감사(監司)·병사(兵使)·수령들이 찾아서 추천하게 하며, 유일은 자천(自薦)하게 하자고 했다.[82] 추천 대상은 1) 병법을 알아 장수가 될 만한 자, 2) 학식이 있어 수령이 될 만한 자, 3) 말을 잘 해 외국에 사신으로 갈 만한 자, 4) 효제(孝悌)하고 강개(慷慨)해 입관(入官)할 만한 자, 5) 문장에 뛰어나 사명(辭命)을 잘 받들 자, 6) 무예가 뛰어난 자, 7) 농사일에 밝아 개간이나 둔전을 맡을 자, 8) 이재에 능해 소금 잘 굽고, 쇠를 잘 녹이고, 무역을 잘할 자, 9) 산법(算法)에 밝아 회계(會計)에 능한 자, 10) 무기를 잘 만드는 자 등이었다.[83]

81) 我國人才 多用南方 而西北則 絶無而僅有 其實西北 未嘗無才 特以地遠而攀援之勢少也變故以後 七方瓦解 車駕西幸 平安之人 奔走供頓 竭其心力 調發軍兵 輸運糧餉 迎導天兵卒 以此收復諸道 其勞甚多 而卽今無一人入於朝者 往往希冀而來者 莫不失望而歸 夫如是何以慰一方之人心 而爲將來之勸乎 表表之人 間間擢用 使人才競勸 而無間於南北(行狀 306쪽).
82) 柳成龍, 〈請廣取人才啓〉, 《芹曝集》, 《西厓全書》 卷 2, 西厓先生記念事業會, 1991, 243쪽.

서애는 그러면서 당시 인재등용 방법의 문제점을 지적했다.

사람들에게 모든 것을 갖추기를 바라니 비록 백 가지를 잘 해도 한 가지가
모자라면 버려서 쓰지 않고, 또 문벌로 제한하고 출신을 비교해서 비록 탁
월한 인재라도 불행히 낮은 신분에서 나오면 사람들이 다 거들떠보지도 않
는다. 이렇게 하고서도 터럭을 불어 흠을 찾으니 일세(一世)의 사람이 다
비방을 받아 한 사람도 온전한 자가 없다. 이렇게 하면서 들에는 유현(遺
賢)이 없다고 탄식하니, 모든 일이 잘 되기를 바라는 것은 어렵지 않겠는
가? 옛날에는 인재를 뽑는 길이 아주 넓어서 혹 노예에서 뽑고, 혹 행군하
던 졸병을 발탁하며, 혹 장사꾼에서 선발해 오직 인재라면 취하고 다른 것
은 묻지 않은 것도 이 때문이다.84)

이와 같은 신분을 초월한 인재등용 징책은 당시만 해도 혁명적인 개혁
안이었다. 특히 양반들은 자신들의 사노비를 군사로 징발하는 데 대해 노
골적인 불만을 가지고 있었다. 서애는 이러한 주장을 맹렬히 비판했다.

사노비를 군인으로 뽑아 가는 폐단은 요즈음의 습속에 따라 논하자면 진실
로 이 말과 같겠지만, 천하 공공의 이치로 말한다면 사노비는 유독 백성이
아닌가? 우리나라는 본래 좁은데 그 사이에 양반·상인, 귀인·천인이 나누
어져 있다. 그런데 사노비는 날로 늘어나고 달로 성(盛)해서 천만(千萬)으
로 무리를 지어 국역(國役)을 하나도 지지 않는데, 양민(良民)은 역(役)이
번다(煩多)하고 세금이 무거워 살아갈 수가 없어서 점점 흩어져 없어진다.
그리하여 중외(中外)의 인물이 모두 사문(私門)에 돌아가 집집마다 공후(公
侯)의 받듦이 있지만, 공실(公室)은 백성이 없게 되었다. …… 지금 몇 명의
노비를 아껴서 국가의 대계를 그르치고자 하는 자가 있다면 과연 현명한 일
이겠는가? 만약 천인(賤人)이라 해서 사적(仕籍)에 오르지 못한다면, 위청

83) 柳成龍, 앞의 책, 243쪽.
84) 柳成龍, 앞의 책, 243쪽.

(衛靑, 중국 전한 무제 때의 장수. 첩의 출생이었으나 무공을 많이 세워 대
장군에 오름)은 노비에서 나와서 오랑캐를 항복시켰는데도 잘못되었다고
하는 말을 듣지 못했다.85)

그리고 양반들의 고식적인 태도에 대해서 신랄한 비판을 가했다.

비상한 변란을 당해서 비상한 조치를 취하지 않고, 변통해서 (위급한) 시국
을 구하는 꾀라고 하면서 반드시 말하기를 "구습(舊習)은 바꿀 수가 없고,
중정(衆情)은 어길 수 없다."고 한다. …… 말단선비들의 소론(所論)은 마음
을 다스리고 공경한 마음을 가지는 것으로 높이 앉아 (이를) 엄연히 천제
(天帝)처럼 바라보고 있다. 마음[方寸]이 꽉 차거나 텅 비었다든지, 야기(夜
氣)가 차서 넘친다는 등의 말은 근본지학(根本之學)에는 대단히 절실하나,
오직 새 소리, 바람에 나부끼는 나뭇잎 소리를 운자(韻字)로 하거나 선가
(禪家)의 메마른 병에 빠져들게 된다. 대저 제왕의 학(學)은 경륜(經綸)을
귀하게 여겨 반드시 본말(本末)을 겸거(兼擧)하고 체용(體用)을 해비해, 안
으로는 심신성정(心神性情)의 미세함을, 밖으로는 정사를 실시함을 순서대
로 조목조목 말하여, 정밀하거나 거칠거나 크거나 작거나 간에 하나로 관통
하지 않은 것이 없게 되면, 크게는 육합(六合)을 경륜(經綸)하게 되고, 작게
는 조밀해서 추호도 소홀함이 없게 된 뒤에, 바야흐로 명체적용(明體適用)
의 학(學)이 되고, 체(體)만 있고 용(用)은 없다는 비난을 받지 않게 된
다86)

이는 서애의 개혁 이론 가운데 백미(白眉)이다. 인재를 등용하고 관직

85) 至於私賤爲軍之弊 自近日之習 論之則 誠有如此言矣 若以天下公共之理言之則 私賤獨非國
民乎 我國本來ヵ扁小 其間 分爲兩班常人貴賤有異 而所謂私賤者 日滋月盛 千萬爲群 一無
所役 而良民則 役煩賦重 不能聊生 漸就耗散 卒至中外人物 盡歸寺門 家家有公侯之奉 而公
室無民 …… 今之愛惜數三臧獲 欲敗國家之大計者 其賢否如何也 若以爲賤人不可通仕籍 則
衛靑出於奴僕 日磾奮於降虜 後世未聞有非者(柳成龍, 앞의 책, 243쪽).
86) 柳成龍, 앞의 책, 243쪽.

을 주는 데서 신분을 뛰어넘는 과단성 있는 주장을 하고 이를 실천에 옮긴 것이다. 물론 전쟁이라는 극한상황에서 나온 주장이었기에 기득권층인 양반도 할 수 없이 받아들이기는 했지만, 엄격한 신분제 사회에서 비상시국을 돌파하고자 이러한 비상수단을 제안했다는 것 자체에 커다란 의미가 있다고 볼 수 있다.

그리고 이상과 현실을 동시에 참작하는 체용겸비, 명체적용의 이론은 그가 가진 개혁사상의 철학적 근거로서 높이 평가되어야 한다. 그는 고식적인 양반 근본주의자들과 다른 철저한 현실론, 실용론에 사상의 바탕을 두고 있었다. 이런 점에서 그는 성리학과 양명학을 겸비한, 실학의 단초를 연 사상가였다고 할 수 있다.

(2) 군사사상

서애의 군사사상은 임진왜란 전과 후로 나누어 보아야 한다. 주어진 정세에 따라 주장이 많이 다르기 때문이다. 왜란 전에는 주로 율곡 이이와 견주어 그의 군사사상을 살펴보고, 나아가서는 10만 양병설의 시비를 검토하고자 한다. 그리고 왜란 뒤에는 7년 동안 왜란을 영의정으로서, 도체찰사로서 어떻게 극복했는가를 살펴보고자 한다.

[1] 군정개혁

고려시대까지는 북방의 몽골·거란·여진이 끊임없이 침입해왔기에 어느 정도 군비를 증강시켰지만, 조선시대에 들어와서는 15세기 초에 존명사대(尊明事大)의 외교정책을 펼쳐 대명관계가 안정되었고, 세종 때 4군·6진을 개척한 뒤 여진과도 큰 충돌이 없어졌으며, 계해조약(癸亥條約)으로 왜국과 선린관계를 확립했다.[87]

---

87) 李載浩,〈壬辰倭亂과 柳成龍의 自主國防策〉,《西厓 柳成龍의 經世思想과 救國政策》(下), 책보출판사, 2005. 7, 312쪽.

게다가 오랜 동안 숭문언무(崇文偃武)의 문치주의(文治主義)에 치중
하다보니 외교만 힘쓰고 국방은 소홀히 해 왔다. 그리하여 군사 지휘관조
차도 문관이 맡게 되고, 무관은 천시해 누구도 여기에 종사하기를 꺼렸다.
선조는 문관과 무관의 관계를 이렇게까지 표현했다.

  우리나라 선비들은 평소에 무장을 이단(異端)같이 보고, 노예처럼 대한
  다.88)

  이러한 시대적 배경 아래 200년 동안 태평세월이 계속되자, 국방에 대
한 감각은 더욱 무뎌지게 되었다.
  이런 상황에서 군정이 제대로 될 수가 없었다. 본래 천인을 제외한 모
든 남정(男丁)들은 비록 양반이라도 군역(軍役)을 지게 되어 있었다. 그
러나 양반은 합법·비법적인 방법으로 군역에서 빠지고, 그 부담을 일반
평민이 대신 지게 되었다. 번상군(番上軍)조차도 군포(軍布)를 내고 대립
(代立)을 시키는 경우가 많았다. 여기에 대립가를 남징(濫徵)하는 담당
관리들의 횡포가 심했다. 병조에서도 전쟁이 없는데 군역을 지우려니 백
성들의 원망을 있을까 두려워해 은근히 대립제를 원하고 있었다. 더구나
대립가가 천차만별해 국가에서 '한 사람 당 한 달에 쌀 9말'로 공정(公定)
하기까지 했다.89)
  군정뿐이 아니었다. 전세(田稅)와 공물에도 착취가 심해 백성들이 모두
달아나고, 달아난 사람의 부담은 족징(族徵)·인징(隣徵)으로 가혹하게
거두어들여 견딜 수가 없었다. 공물의 방납(防納)도 백성을 못살게 구는
커다란 폐해였다.

  백성들의 생활고가 날로 심해지고, 조정의 정령(政令)이 모두 문구(文具)에

88) 我國儒生 平日視武夫異端 待之奴婢(《宣祖實錄》卷 39, 宣祖 26年 己亥).
89) 趙槇基,〈西厓 柳成龍의 軍政思想〉(上),《서애 류성룡 선생 관련 자료집》, 西厓柳成龍先
生逝世四百周年 追慕事業準備委員會, 2006. 12, 33쪽.

지나지 않으니, 그 형세는 반드시 경장(更張)이 있은 연후에야 가히 백성을
구할 수 있을 것입니다.90)

이라고 한 실록 기사만 보아도 그 실상을 알 수 있다. 관군도 마찬가지
였다. 관군도 평소에 폭렴중정(暴斂重征)에 시달려 그 윗사람에 대해 깊
은 원한을 가지고 있었기에, 적을 보기만 하면 먼저 달아나고, 싸우려는
자가 드물었다.91) 이러한 상황은 16세기에 이르러 더욱 심해졌다.
　이에 식견 있는 사람이면 군정개혁을 주장하지 않을 수 없는 정국이 되
었다. 더구나 1583년(선조 15)에는 여진족 니탕개(尼蕩介)가 침입해 대
비책을 강구해야만 하는 정황이었다. 율곡 이이는 그가 우부승지로 있던
1574년(선조 7)부터 병조 판서로 있던 1583년(선조 16)까지 여러 차례에
걸쳐 군정개혁안을 올렸다. 그는 1583년(선조 16) 9월에 올린 〈경장봉사〉
(更張封事)에서

지금은 백성이 흩어져서 병졸은 없어지고 창고는 텅 비어 있는데, 은혜는
아래에 미치지 못하고 신의는 흔적도 없어졌습니다. 혹시 외적이 변경을 침
범하고, 완민(頑民)이 벽지에서 난동을 부린다면, 외적을 방어할만한 병졸
도 없고, 병졸을 먹일만한 곡식도 없으며, 국세(國勢)를 유지할 만한 신의
(信義)도 없으니, 이런 처지에서 전하는 장차 무엇으로 대응하겠습니까?92)

하고 경장의 시급한 과제로 공물제도를 고치고[貢案改定], 관리의 수를
줄이며[吏員減縮], 감사의 임기를 늘리는[監司久任] 세 가지를 들고 있다.
그리고 1584년(선조 16) 2월에는 〈시무6조〉(時務六條)를 올렸는데 1) 현
명하고 능력 있는 인재를 관직에 임명하고[任賢能], 2) 군사와 백성을 잘
보살피고[養軍民], 3) 재물과 쓸모 있는 물건에 부족함이 없도록 하고[足

---

90)《宣祖實錄》卷 9, 宣祖 8年 3月 庚子
91)《宣祖實錄》卷 26, 宣祖 25年 12月 丁亥
92)《宣祖修正實錄》卷 16, 宣祖 15年 9月 丙申

財用], 4) 병영을 굳게 다지고[固藩屛], 5) 전쟁에 쓸 군마를 준비하고[備
戰馬], 6) 백성을 교화하고 밝힐 것[明敎化]을 청하는 내용이었다. 같은
해 4월에 율곡은 또 봉사(封事)를 올려 동·서 분당의 화합, 공안개정, 군
적정비, 주현병합(州縣倂合), 감사구임 등을 건의했다.

서애도 1581년(선조 14) 12월에 〈무빙차〉(無氷箚)를, 1583년(선조 16)
2월에는 니탕개의 침입에 대해 〈비변5책〉(備變五策)을 올려 내정과 군제
개혁을 건의했다.

이 두 사람의 주장을 다 소개할 수는 없으나 율곡은 〈시무6조〉에서 군
대를 동원해 니탕개를 공격해야 한다고 하였고, 서애는 전수(戰守) 양면
으로 신중히 대처할 것을 주장했다.93) 율곡은 범간(泛看), 소활(疎闊)하
였고, 서애는 정찰(精察), 주밀(周密)했다.94) 두 사람의 정책 차이도 이
때문에 생겨난다. 율곡에게는 자신의 재주만 믿고 조정의 중론을 무시한
채 개혁을 과감히 밀고 나가려는 사림영수의 기질이 있었던 것과 달리, 서
애에게는 신중을 기해 반대의견도 고려하고 실현 가능한 정책을 수립하는
재상의 풍도가 있었다.95)

그러기에 선조는 "이이가 우활(迂闊: 사리에 어둡고 세상 물정을 잘 모
름)한 사람이다."96)라고 했으며, 시우당(時雨堂) 홍혼(洪渾)도 "말한 바
[所言]가 적중하지 못한 [失中] 것이 많고 망발한 것도 있으며, 천자(天
資)가 높고 문자도 또한 많이 보았기 때문에 학문을 하지 않았다고 할 수
는 없지만, 다만 함양(涵養)의 노력이 없기 때문에 발언과 처사가 신중하
지 못하고 솔이(率易)한 것이 많다."97)고 했다. 율곡과 오래 사귄 김우옹
도 경연에서 이렇게 논평하였다.

---

93) 李載浩, 〈'宣祖修正實錄' 記事의 疑點에 대한 辨析〉, 《西厓 柳成龍의 經世思想과 救國政
    策》(上) 책보출판사, 2005. 7, 229쪽.
94) 李載浩, 위의 논문, 230쪽.
95) 李載浩, 위의 논문, 233쪽.
96) 李珥自是迂闊者(《宣祖修正實錄》 卷 6, 宣祖 5年 11月 癸未).
97) 金宇顒, 〈經筵講義〉, 《東岡集》 卷 16, 己卯 6月 2日 朝講 條.

이이는 재기가 고매하고 소견 또한 높지만 성품이 가볍고 허술하기 때문에, 책을 보고 뜻을 해석할 때에도 다만 대충 보고서 곧 이해했다고 여기고는 다시 마음을 진정해 깊이 생각하는 일이 없으며, 성품은 평이하고 솔직한 듯한데도 마음을 유지하는 공부가 전연 부족해, 함양·성찰하고 스스로의 병통을 바로잡는 공부가 없습니다. 그런데도 스스로 자존심이 강하고, 비록 옛날의 현인이라도 정자(程子)·주자 이후의 사람들은 모두 깔보는 마음이 있고, 한 시대의 인물들도 모두 자기 아래에 있는 사람으로 보고 있으며, 비록 남을 사랑하고 선비를 좋아하지만 또한 학문과 덕행을 서로 힘쓰고 경계하는 도움은 없습니다. 이런 처신으로 나와 세상에 쓰이게 되니, 사물을 구별하고 계획을 세움에 있어 허술한 결점이 많아서, 비록 큰 기관이 매인 일일지라도 다만 한 때의 의견으로서 결정해 버리니, 이것이 일을 그르침이 많았던 까닭입니다. …… 이이는 자기의 총명과 재력(才力)만 믿고서 백사를 마음대로 처리하기를 좋아하면서도, 또한 제도를 경장하는 데도 과감해, 다만 천하 국가의 폐단이 폐습을 그대로 따라 행해 국세가 떨치지 못한 지경에 이르게 된 것만 알고, 제도를 경장하는 자체가 쉬운 일이 아니기 때문에 반드시 심사원려(深思遠慮)해 그 처음부터 끝까지 이르는 과정을 헤아린 뒤에야 일을 시작할 수 있음을 알지 못하고 있습니다.98)

서애가 율곡의 개혁사상에는 동의하면서도 실제로 개혁에 동참하지 않고, 부모의 병을 핑계로 지방으로 돈 이유도 여기에 있을 것이다. 반대세력을 무시한 일방적인 개혁이 사림의 몰락을 가져온다는 것은 기묘사화에서 경험한 바이기 때문이다. 율곡도 이러한 서애의 태도에 대해 알고 있었다.

이견(而見: 서애의 자)은 나와 함께 국사를 의논할 때 "오늘날 일을 하려고 한다면 모름지기 약간의 변통이 있어야 한다."고 하고는 지금 도리어 차자

---

98) 金宇顯, 위의 책, 乙酉 3月 27日 夕講 條.

를 만들어 나의 상소를 방지하니 그 뜻을 이해할 수가 없다.[99]

율곡의 서자 이경림(李景臨)도 이렇게 말하고 있다.

> 선군자(先君子: 부친)가 일찍이 말하기를 "이견(서애의 자)의 재기는 아름
> 답지만 다만 남을 이기려는 병폐가 있어서 나와 함께 일을 하지 않으려 한
> 다. 우리들이 죽은 뒤에 반드시 그 재주를 쓰게 될 것이다"라고 했다.[100]

그러나 이경심은 1574년(선조 7)에 태어났으니 율곡이 죽은 1584년(선
조 17)에는 겨우 11살 밖에 되지 않았다. 11살짜리가 어떻게 율곡이 죽기
전에 한 말을 액면 그대로 기록할 수 있단 말인가? 그리고 율곡이 어찌
금방 죽을 줄 알고 "우리들이 죽은 뒤"라는 말을 했겠는가? 동서분당이
된 뒤에 서인이 동인인 서애를 폄하하려는 의도에서 만들어 낸 말일 것이
다.[101]

이와 같이 율곡과 서애는 서로의 재기를 인정했고 정치를 개혁하려는
생각을 가지고 있었다는 점에서는 같았지만, 당파도 다르고 시행방법이
서로 맞지 않았기 때문에 율곡은 선조 초년에, 서애는 왜란 때 각각 그 재
주를 발휘했고, 함께 일하지는 않았다.

[2] 십만양병설(十萬養兵說)에 대하여

율곡의 '십만양병설'은 《율곡전서》(栗谷全書)나 《서애집》(西厓集)의
시폐(時弊)를 논하는 어느 상소나 차자에도 보이지 않는다.[102] 이 기사는
1814년(순조 14)에 간행한 《율곡전서》 부록의 김장생(金長生) 행장에 처

---

99) 洪可臣, 〈略敍柳西厓而見行蹟〉, 《晩全集》 卷 5.
100) 李珥, 〈諸家記述雜錄〉, 《栗谷全書》 卷 38, 附錄 6, 952쪽.
101) 李載浩, 앞의 논문, 216쪽.
102) 율곡의 '십만양병설'이 허구라는 주장은 李載浩, 〈宣祖修正實錄 記事의 疑點에 대한 辨
析〉, 《西厓 柳成龍의 經世思想과 救國政策》(上) 책보출판사, 2005. 7.에 잘 나타나 있다.

음으로 나타난다. 이 가운데 '십만양병설'이 담긴 부분을 소개하면 다음과
같다.

> 일찍이 경연에서 청하기를 "십만 군사를 미리 길러 위급한 사태에 대비해야
> 합니다. 그렇지 않으면 10년이 지나지 않아서 장차 토붕와해(土崩瓦解)의
> 화가 있을 것입니다."라고 하니 류정승(柳政丞) 성룡(成龍)이 말하기를 "일
> 이 없는데 군사를 기르는 것은 화를 기르는 일입니다."라고 반대했다.
> 당시에 오랫동안 태평이 계속되어 편안에 젖어 있었으므로, 경연에서 주대
> (奏對)하는 신하들이 모두 율곡의 말을 지나친 말이라고 여겼다. 선생이 나
> 와서 (류)성룡에게 이르기를 "나라의 형세가 계란을 포개놓은 것 같이 위태
> 로운데, 속된 선비들이야 시무(時務)에 통달하지 못하니 다른 사람은 진실
> 로 기대할 수 없지만, 그대도 또한 이런 말을 하는가?"라고 했다.
> 임진년 뒤에 류성승이 조정에서 다른 사람에게 말하기를 "이제 와서 보니
> 이문성(李文成: 文成은 이이의 시호)은 참으로 성인(聖人)이다. 만약 그의
> 말을 들었으면 국사가 어찌 이 지경에 이르렀겠는가? 또 그 전후 건의한 정
> 책을 사람들이 혹 헐뜯고 비난하지만, 지금은 모두 착착 들어맞으니 참으로
> 따라갈 수가 없다. 율곡이 만약 살아있었다면 반드시 오늘날 쓸모가 있었을
> 것이다."라고 했으니 진실로 백년을 기다리지 않고도 알 수가 있다고 하겠
> 다.103)

이정구(李廷龜)의 〈율곡시장〉(栗谷諡狀)에는 다른 곳은 다 같고, "서
애가 조정에서 여러 재상들에게 말하기를 '그 당시 내가 또한 소동이 일어
날 것을 염려해 이를 불가하다고 했을 뿐인데'……"라고 한 부분만 다르다.
다만 이항복의 〈율곡신도비명〉(栗谷神道碑銘)에는 다른 곳은 대동소이한
데 '李文成眞聖人也'가 '李文靖眞聖人也'로 바뀌어 있다.104) 그런데 송시
열의 〈율곡연보〉에는 다소 윤색된 내용이 나와 있다.

---

103) 李珥, 〈行狀〉, 《栗谷全書》 卷 35, 附錄 3, 49쪽.
104) 李載浩, 앞의 논문, 195~196쪽.

선생이 경연에서 아뢰기를 "국세(國勢)가 부진한 것이 극도에 달했으니, 10
년이 지나지 않아서 마땅히 토붕와해의 화가 있을 것입니다. 원컨대 10만의
군병을 미리 길러 도성에 2만 명, 각 도에 1만 명씩 두어 요역(徭役)을 면제
해 주고 훈련을 시켜서, 6개월씩 나누어 교대로 도성을 수비하게 하고, 사변
이 일어나면 10만 명을 합해 파수하도록 하여 위급한 사태에 대비하게 하소
서. 그렇지 않으면 하루아침에 변이 일어나 시정의 백성을 몰아서 싸우게
해야 할 것이니 큰 일이 실패할 것입니다."라고 하니, 류공(柳公) 성룡이 불
가하다고 하면서 "일이 없는데 군사를 기르는 것은 화를 키우는 것이다."라
고 했고, 경연의 신하들이 모두 선생의 말을 과하다고 여겨 드디어 시행되
지 않았다.

선생이 물러나와 류공에게 이르기를 "속된 선비들이야 진실로 시의(時
宜)에 통달하지 못하지만, 공 또한 이런 말을 할 수 있는가?"라고 하고는
이내 수심에 잠겨 있었다. 임진란이 일어나 류공이 조당에서 탄식하기를
"이문성은 참으로 성인이다."라고 했다.105)

그런데 '십만양병설'에는 여러 가지 의문점이 있다.

첫째, 시기 문제이다. 〈행장〉·〈시장〉·〈신도비명〉에서는 건의한 시점
에 대해 '일찍이'[嘗]라는 애매한 표현을 했을 뿐인데, 유독 〈연보〉에서만
'1583년'(선조 16)으로 못 박고 있다. 임진왜란이 일어난 1592년(선조
25)의 딱 10년 전으로 맞추려 한 것 같다.

둘째, 장소 문제이다. 〈행장〉·〈시장〉·〈연보〉에는 건의한 곳이 '경연'
이라 했는데 〈신도비명〉에서는 '공상건의'(公嘗建議)라고 애매하게 말하
고 있다. 서애와 가깝고, 함께 벼슬살이를 한 이항복이 딱히 건의 장소를
말하지 않은 까닭은 무엇일까?

셋째, 문성공 시비(文成公是非)이다. 〈행장〉·〈시장〉·〈연보〉에는 '李
文成眞聖人也'라고 되어 있는데, 유독 〈신도비명〉에만 '李文靖眞聖人也'

---

105) 李珥, 〈行狀〉, 32쪽.

로 되어 있다. 이문정(李文靖)은 송나라 재상 이항(李沆)을 말한다. '문
정'은 그의 시호이다. 이항이 장차 진종(眞宗)이 토목공사를 일으킬 것을
예단(豫斷)해 뒷날에 참정(參政) 왕단(王旦)이 그를 가리켜 '李文靖眞聖
人也'라고 말한 고사를 따라, 흔히 선견지명에 감탄하는 말로 이 고사를
인용하는 경우가 많다.106)

　서애가 죽은 것은 1607년(선조 40)이고, 율곡이 '문성'이라는 시호를
받은 것은 1622년(인조 2)이었다. 그런데 어떻게 시호도 받기 17년 전에
서애가 시호를 쓸 수 있는가? 더구나 1814년(순조 14)에 개간된 《율곡전
서》를 제외하고, 김장생이 지은 《사계집》(沙溪集)의 〈율곡행장〉, 이정구
가 지은 《월사집》(月沙集)의 〈율곡시장〉, 1749년(영조 25)에 간행된 《율
곡전서》에는 모두 '李文靖'으로 되어 있다는 사실에 주목할 필요가 있다.
후세의 조작이라고 봐도 틀림없다.107)

　넷째, '不出十年'의 문제이다. '불출십년'은 '불원간', '불원장래', '머지
않아'라는 뜻일 뿐이다. 이를 꼭 '10년'으로 보아서 건의 시점을 〈연보〉에
1583년(선조 16) 4월로 맞춘 것이 아닌가? 임란이 꼭 9년 뒤인 1592년
(선조 25) 4월에 일어났으니 말이다.108)

　다섯째, 10만 양병의 가능성 문제이다. 고려 · 조선 시대에는 땅덩어리
도 작고, 인구도 적어 많은 군사를 기를 수 없었다. 인구가 200만에서 500
만 정도 된다고 가정할 때 그 절반은 여자요, 15세 이하와 60세 이상 남자
도 군역에서 제외된다. 관리 · 학생 · 직역(職役)을 가진 사람도 면제된다.
인구의 상당 부분을 차지하는 천인도 제외된다. 불구자, 병자도 제외된다.
그리고 3정(丁) 1호(戶)의 편호법(編戶法)을 적용하여 세 사람 가운데 정
군(正軍)은 하나요, 봉족(奉足)이 둘이다. 그러니 10만 군사를 정규적으
로 양성할 수는 없다. 목표가 10만일 뿐이다. 이른바 '호왈십만'(號曰十
萬)이다. 이성계(李成桂)가 요동을 공격할 때도 10만 대병을 이끌고 갔다

---

106) 李載浩, 앞의 논문, 198쪽.
107) 李載浩, 앞의 논문, 199쪽.
108) 李載浩, 앞의 논문, 204쪽.

고 하지만 실제로는 8만 4천 명이 갔다. 북벌론에서 양병할 목표도 10만 이었다. 송시열이 혹시 이 숫자에 맞춘 것이 아닌가 생각된다.

군량도 문제였다. 조선은 농업국가로 적당치 않은 나라이다. 국토의 3분의 2가 산이고, 일 년 내내 가물다가 7~8월에 폭풍이 불어와 모든 것을 쓸어간다. 그래서 군량은 커녕 백성들이 먹고 살 것이 없어 매년 흉년에 기근이다. 그래서 정치보위군은 있어도 국방군이 없다. 국가안보는 사대교린(事大交隣)의 외교로 하지, 전쟁이 일어나면 이미 실패한 것이라고 생각했다.

따라서 10만 양병은 명분이요, 허구일 가능성이 높다. 당시 정말로 강군이 필요했다면 농업에 안주해서는 안 되었다. 왜국처럼 상업을 장려하고 해적을 양성했어야 한다.

성호(星湖) 이익(李瀷)의 말을 들어보자.

> 임진왜란 전에 율곡이 십만 군병을 마땅히 길러야 한다고 말하니 사람들이 '선견지명'이라고 일컬었다.
> 우리나라의 풍속에 일 없이 노는 사람이 셀 수 없이 많으니 진실로 임기응변해 병졸을 보첨(補添)하는 일은 어렵지 않지만, 다만 군사를 양성하는 것은 쉽지 않다. 병사에게 농토를 경작케 하고 그 가운데서 선발하지 못한다면, 모름지기 식량이 있어야 군사를 기를 것이 아닌가?
> 백성이 하루에 두 되[升]의 식량이 없으면 굶주리게 되니, 10만 명이면 하루에 식량이 2만 말[斗]이 되므로, 나라의 규정에 15말을 1섬[石]으로 친다면 마땅히 하루에 1천3백30섬을 소비하게 될 것이고, 만약 한 달을 견디게 된다면 4만 섬을 소비하게 될 것이며, 기병(騎兵)이 이 가운데 섞인다면 말먹이 꼴과 콩은 이 수량에 포함되지 않는다.
> 또 군대를 동원할 때 소와 말 1필(匹)이 있어야만 식량 20말을 운반하는 것으로 표준을 삼는다면, 마땅히 소·말이 1천 필이 있어야만 하루의 식량을 운반할 수 있는데, 소·말이 1천 필이면 이를 모는 사람도 1천 명이 있어야 할 것이나, 그들을 기르는 비용도 이 수량에 포함되어 있지 않다. 만약 열흘

걸리는 노정(路程)을 행진한다면 군졸과 마필을 먹이는 곡식과 말먹이[蒭
豆]는 또한 이루 계산할 수도 없을 것이요, 기계와 잡용물품은 또 이 수량에
포함되어 있지 않으니, 그것을 감당할 수가 있겠는가?

만약 성을 지키려고 하더라도, 나라 사람들이 본디 축적된 식량이 없고, 사
람들은 모두 부모·처자가 있으므로, 늙은이와 어린애들이 모두 성에 들어
간다면 며칠이 안 가서 굶게 될 것이니 과연 무엇으로서 이를 구제할 것인
가? 이 같은 광경을 본다면 다만 천만 년 동안에 난리가 없기를 바랄 뿐이
니, 난리가 난다면 반드시 패망할 것이다.

진실로 평상시에 군민을 잘 애양(愛養)한다면, 비록 10만 명의 많은 병력이
아니라도 외적의 침범을 방어할 수가 있을 것인데, 백성의 고혈(膏血)을 뽑
아내어 그들이 언덕과 골짜기에 버려지고 사방에 흩어져 있는 것을 눈으로
직접 본다면 몹시 슬퍼서 마음이 상할 것이니, 비록 10만 명의 군사를 얻게
되더라도 아마 또한 쓸 데가 없을 것이다.[109]

실학자로서 현실적인 입장에서 송시열의 '10만 양병설'을 정곡을 찔러
비판한 것이다. 실상 북벌론의 '십만양병설'은 실현가능성 없는 구호에 불
과했으나, 효종은 이를 통해 왕권을 강화하고자 했고, 적자(嫡子)도 장자
(長子)도 아니면서 왕위를 계승한 약점을 보완하려 했으며, 송시열은 이
를 통해 노론 집권의 명분을 확립하려 한 것이다. 이러한 명분을 더 굳히
고자 율곡의 '10만 양병설'을 조작했을 가능성도 없지 않다.

여섯째, 군사의 배치와 교련방법에 관한 문제이다. 〈연보〉에 "원컨대
10만의 군병을 미리 길러 도성에 2만 명, 각 도에 1만 명씩 두어 요역을
면제해 주고 훈련을 시켜서, 6개월씩 나누어 교대로 도성을 수비하게 하
고, 사변이 일어나면 10만 명을 합해 파수하도록 하여 위급한 사태에 대
비하게 하소서."라는 대목은 새로 들어간 부분이다. 이는 다음과 같은 안
방준(安邦俊: 1573~1654)의 〈임진기사〉(壬辰記事)의 내용을 그대로 베

---

109) 李瀷, 〈預養兵條〉,《星湖僿說》上 3, 人事門.

긴 것 같다.

> 만력(萬曆) 임진(壬辰) 여름 4월에 왜국적[日本賊]이 대거 침입했다. 10년
> 전에 율곡 이선생이 아계(鵝溪) 이산해, 동강(東岡) 김우옹, 서애 류성룡과
> 더불어 경연에 입시(入侍)했는데, 율곡이 상계하기를 "나라의 형세가 떨치
> 지 못한 지가 오래 되었으니, 앞으로 닥칠 화를 염려하지 않을 수 없습니다.
> 청컨대 군사 10만을 길러 도성에 2만 명, 각 도에 각 1만 명씩을 두어 위급
> 한 사태에 대비하소서."라고 했다.110)

  안방준의 이 말은 어디에 근거를 둔 것인지는 알 수 없으나, 우암은 이
글을 끌어다 쓴 듯하다.111)
  일곱째, 서애가 율곡의 십만 양병 주장을 반대했다는 문제이다. 《율곡
전서》의 〈경연일기〉나 《서애집》 어디에도 서애와 율곡이 의견대립을 일
으켰다는 기록은 없다. 다만 《선조수정실록》에 율곡이 시폐(時弊)를 개혁
하자고 주장했을 때, 장령(掌令) 홍가신(洪可臣)이 이를 지지했는데 서애
가 반대하자 "공은 과연 이이의 경장을 반대하느냐?"고 따졌더니, 서애가
"경장은 진실로 옳지만, 다만 이이의 재능이 능히 이것을 처리하지 못할까
염려될 뿐"이라고 했다는 기록이 있다.112) 여기서 미루어 보면, 서애는 경
장을 하자는 데는 율곡과 생각이 같았지만, 정책을 시행하는 방법에 대해
서는 이견이 있었던 것 같다. 율곡의 자질은 훌륭했으나, 잘난 체하고 남
의 말을 듣지 않으며 우활하고 치밀한 계획 없이 일을 서두는 것 때문에
서애가 일을 같이 하려 하지 않았다는 것은, 이미 앞에서 지적한 바 있다.
  서애가 율곡의 개혁을 반대했다는 내용은 아마도 〈율곡연보초고〉의 다
음과 같은 기록을 근거로 윤색된 것이 아닌가 한다.

---

110) 安邦俊, 〈壬辰記事〉, 《牛山集》 卷 6.
111) 李載浩, 앞의 논문, 197쪽.
112) 《宣祖修正實錄》 卷 6, 宣祖 15年 9月 丙辰.

홍가신이 해주목사로 부임한 즉시 석담(石潭)을 찾아와 조용히 경림(景臨)
에게 이르기를 …… 대저 율곡의 재주로 임금의 신임을 얻어 세무(世務)를
담당해 매양 경장의 대책을 진술했으니 그 논설이 시행되었더라면 세상에
쓸모가 있었을 것인데 류이견(柳而見: 류성룡) 같은 이가 한 시대에 같이
살면서 매양 그 계책을 저지시켰으니 율곡의 경장정책이 시행되지 않은 것
은 모두가 이견이 한 짓이다.113)

택당(澤堂) 이식(李植) 등이 편찬한《宣祖修正實錄》의 기사도 위의
〈율곡연보초고〉를 그대로 옮긴 것이다.114)

[3] 인심수습책

임진왜란이 일어나자 서애는 영의정으로서, 또한 도체찰사로서 국난극
복의 책임을 도맡았다. 가장 힘쓴 것은 민심을 안정시키고, 백성들의 힘을
결집시키는 것이었다.115)
서애는 여러 차례 인심수습의 중요성을 강조했다.

국가를 유지하는 것은 오직 인심뿐입니다. 비록 위험하고 어려운 때라도 인
심이 굳건하면 나라가 편안하고, 인심이 흩어지면 나라가 위태롭습니다.116)
국사(國事)가 위급한 것이 여기에 이르렀는데 만의 하나라도 희망을 걸 것
은 인심(人心)입니다. 만약 인심이 흩어진다면 어떻게 해 볼 도리가 없습니
다.117)

---

113) 李珥,〈諸家記述雜錄〉,《栗谷全書》卷 38, 附錄 6.
114) 李載浩, 앞의 논문, 209쪽.
115) 李載浩,〈壬辰倭亂과 柳成龍의 自主國防策〉,《西厓 柳成龍의 經世思想과 救國政策》
   (上), 책보출판사, 2005. 7, 328쪽.
116) 國家之所以維持者 人心而已 雖危難之際 人心凝固則國安 人心離散則國危(〈上箚請鎭定人
   心〉,《西厓全書》卷 3, 年譜, 276쪽).
117) 且臣又有所達 國事危急至此 所賴而有萬一之望者 人心也 人心若解 則益無可爲(〈陳時務
   箚〉,《西厓全書》卷 1, 本集 卷 5, 壬辰 11月 在定州, 西厓先生紀念事業會, 1991, 90쪽).

난세를 수습하고 올바른 세상으로 돌아가게 하는 길은 비록 군비와 식량을 넉넉하게 마련하는 데 있으나, 그 요결(要訣)은 더욱 민심(民心)을 얻는 데 있습니다. 민심을 얻는 근본은 다른 데서 구할 것이 아니라, 오직 마땅히 요역(徭役)과 세금을 가볍게 해 주어 더불어 휴식하게 하는 것뿐입니다.118)

라고 했다. 언필칭(言必稱) 민심수습이요, 백성구휼이었다. 사상적으로는 서애가 신봉하는 유학의 "백성은 나라의 근본이니, 근본이 굳건해야 나라가 평안하다."(民惟邦本 本固邦寧)이라는 민본주의(民本主義)에서 나온 것이기는 하지만, 그보다는 더 큰 현실적인 필요도 있었다고 봐야 할 것이다. 조선은 문치주의와 오랜 평화에 젖어, 왜군이 침입하자 흙더미가 무너지듯 와해[土崩瓦解]되었다. 어떻게 해 볼 도리가 없었다. 당시의 사관(史官)도 이렇게 평한 바 있다.

근년에 와서 백성을 괴롭히는 정사가 많아 원망이 극도에 달해 (나라가) 망하기를 고대하기까지 했다. 변방의 전쟁이 한번 일어나자 토붕지세(土崩之勢)가 되었는데, 오늘날 이렇게 된 까닭이 어찌 유독 무기가 예리하지 못하고, 군대의 규율이 엄정하지 않으며, 장관(將官)이 훌륭하지 못해서일 뿐이겠는가?119)

왜군이 오자 부산에서는 많은 백성들이 만세를 불렀으며, 서울에서는 궁궐과 노비문서를 두는 장예원(掌隷院)을 불태웠다. 선조가 피난을 가는데 돌팔매질을 하는가 하면, 왜군의 앞잡이가 되어 길 안내를 하거나 간첩 노릇을 하기도 했다.

또한 국토는 초토(焦土)가 되어 농사를 지을 수도 없었고, 도적이 난무

---

118) 且臣又聞 撥亂反正 雖在於足兵足食 而其要尤在於得民心 得民心之本 不可以他求 惟當輕徭薄賦 與之休息而已(〈陳時務箚〉,《西厓全書》卷 1, 本集 卷 5, 甲午 4月).

119) 近年以來 政多病民 怨極曷喪 邊塵一起 勢成土崩 今日 致此之由 豈獨兵甲不利 軍律不嚴 將官之不良而已(《宣祖實錄》卷 34, 宣祖 26年 正月 庚申).

하며 기근과 전염병이 퍼져 아비귀환의 소용돌이 속에 있었다. 백성들은 헐벗고 굶주려 수도 없이 죽어나갔으며, 산속에는 기민(饑民)이 몰려 초근목피로 연명하는 사람의 수를 알 수 없었다. 그리하여 드디어 사람이 사람을 잡아먹는 지경에 이르렀다.

이런 판국에 어떻게 군사를 모집해 훈련시키며, 정보를 얻어 전쟁을 해볼 수 있으며, 군량을 마련해 운반할 수 있을 것인가. 더구나 명나라 구원병이 오면 군량을 조달해야 하고, 그들의 요구에 따라 정병을 뽑아 훈련시켜야 했다. 서애는 이러한 처절한 상황에서 전쟁을 치러야 했다. 전쟁을 조금이라도 자주적으로 이끌고 가려면 믿을 것이라고는 백성 밖에는 없었다. 인심을 안정시키고 그들을 구휼해야 하는 까닭이 여기에 있었다. 백성이 없으면 농사는 어떻게 지으며, 세금은 어디서 거두고, 군대는 어떻게 양성하며, 무기는 누가 만들겠는가?

이에 서애는 수단방법을 가리지 않고 적을 막을 방법을 강구했다. 백성들이 도망가거나 왜군의 앞잡이가 되지 않게 해야 했다. 결국 백성들에게 이익이 되는 정책, 백성들을 질곡(桎梏)에서 풀어주는 정책을 써야만 했다. 서애는 '신분해방'이라는 당시로서는 가장 파격적인 정책을 사용해서라도 백성들의 마음을 얻고자 했다. 당시 양반가의 노비들은 천인 신분이었기에 군대를 가지 않아도 되었다. 그러나 실상 가장 싸움을 잘 할 수 있는 사람들이 노비들이었기에, 류성룡은 신분해방의 은전을 베푸는 대신 그들을 징집하여 함께 싸우고자 했다. 그러나 나라가 도탄에 빠진 상황에서도, 양반들은 자기 재산인 노비를 지키고자, 노비를 군인으로 뽑는 것에 반대했다.

서애는 천인은 백성이 아니냐고 따졌다. 그리고는 과감하게 그들을 속오법(束伍法)에 따라 군인으로 선발했다. 류조인이 사노비를 군인으로 뽑아 가는 것에 반대하는 상소를 올리자 서애는 다음과 같이 비판하였다.

　　사노비 등 이른바 신분이 낮은 사람을 군인으로 뽑는 것은 잘못된 일이라고 한 대목에 이르러서는, 이를 오늘날 우리나라에서 행해지는 습속만으로 말한다면 진실로 이와 같은 견해가 있을 수도 있습니다. 그러나 만약에 천하 공공의 이치로 말한다면 신분이 낮은 사람은 유독 우리나라 백성이 아니란 말씀입니까?[120]

그는 비상지변(非常之變)에는 비상지거(非常之擧)를 취해야 한다고 하고, 노비제(奴婢制)를 폐하는 데까지는 이르지 못했지만 적어도 한전 (限田)·한노비제(限奴婢制)까지는 해 보려고 했던 것 같다.[121] 천인을 군인으로 뽑아가는 데 그치지 않았다. 시험을 치러 용력(勇力) 이 있는 자들에게는 면천(免賤)·면역(免役)·허통(許通: 신분이 다른 사람이나 집안과 교통을 허락함)·면죄(免罪)시켜 주자고 건의했다. 선조 도 처음에는 주저했으나 나라가 위급해지자 서애의 요청에 따라 임시방편 으로나마 과감하게 신분의 벽을 무너트려, 천인을 면천시켜 주고 우수한 자에게는 관직을 주도록 했다.

지금 공·사 노비·승속(僧俗)·품관(品官)·서얼(庶孽)·잡류(雜流)를 막 론하고 무릇 용력이 있는 자는 스스로 군인으로 지원하게 해 먼저 잡역(雜 役)을 부과하지 않고, 교습(敎習)한 뒤에는 그 재주가 이루어지는 데 따라 혹은 금군(禁軍)에 제수하고, 혹은 면천·면역시켜 주는 것을 한결같이 사 목(事目)을 따라 시행한다면, 권고하고 독촉하지 않더라도 모집에 응해 따 르는 사람들이 많아질 것이다.[122]

면천·면역·수직(授職)뿐만이 아니었다. 무과도 서얼과 공·사 천인 에게 개방했다. 서애는 나라의 운명이 경각에 달렸는데 신분에 매달릴 이 유가 없다며 천민도 무과시험을 볼 수 있게 해야 한다고 주장했다.

---

120) 柳成龍, 〈柳祖訒上疏回啓〉, 《西厓全書》卷1, 本集 卷 8, 啓辭, 西厓先生記念事業會, 1991, 158쪽.
121) 先賢亦欲行限田限奴婢之法 其慮遠矣(류성룡, 위의 책, 157쪽).
122) 《宣祖實錄》卷 49, 宣祖 27年 3月 辛丑.

대개 과거의 명분이 중하다고 해도 이는 평시의 소론(所論)입니다. 지금은
종사(宗社)가 의지할 곳이 없고, 신도(神都)는 물에 잠겼는데 만약 적을 물
리치지 못한다면 과거를 중히 여기고 명분을 아깝게 생각한들 무슨 이익이
있겠습니까? …… 더군다나 우리나라는 공·사 천인이 매우 많습니다. 양민
은 날로 줄어들고, 병사의 수도 많지 않으니 지금 바로 시행하십시오.123)

비록 양반의 전유물인 문과, 생원진사시(生員進士試)는 풀지 않았지
만 문과와 함께 양반이 보던 과거시험인 무과를 과감하게 개방한 것이
다. 그 이후 무과는 시험으로 뽑는 인원이 점점 많아져 천과(千科), 만과
(萬科)라는 비방을 받았으며, 실제로는 무과에 합격하면 부방(赴防: 서
북 지방으로 파견 나가는 것)하게 되어 부방과(赴防科)라는 별칭을 갖
기도 했다. 또한 공·사 천인의 설과(設科)는 삼의사(三醫司) 잡과(雜
科)의 예에 따라 액수를 정해 무재(武才)로 시험을 치러 합격자는 즉시
양민으로 올리고 우림위(羽林衛)에 예속시키고, 유생은 벼슬을 주며, 서
얼은 허통시켜 주기도 했다.124) 이에 선조는 노비제도 혁파를 공언하기
에 이른다.

당초 사목(事目)을 내가 직접 써서 곡진(曲盡)하게 만든 것은 장차 우리나
라 만세(萬世)의 폐습을 없애 천인으로 하여금 사람마다 별종(別種)에서 스
스로 벗어나게 하려 함이다.125)

뿐만 아니라 서애는 군공을 세운 서자나 공·사 천인에게도 허통, 면
천의 혜택을 주어야 한다고 했다.126) 이런 법은 이미 임진왜란 10년 전

123) 夫科擧 名分雖重 而平時所論也 今宗社無托 神都淪沒 若此賊未退 則雖重科擧惜名分 何益
…… 況我國公私賤人甚多 良民日縮 兵額不多 今當變而通之(〈大兵退駐平壤後條列軍中事宜
狀〉, 《西厓集》卷 6 書狀).
124) 《宣祖實錄》卷 39, 宣祖 26年 6月 丁酉.
125) 當初事目 親自手革 無不曲盡 將以破東方萬世之弊習 使賤人 自拔於異類(《宣祖實錄》卷
65, 宣祖 28年 7月 丙戌).

부터 실시되어 왔으나, 1592년(선조 25) 12월에는 왜적 참수(斬首) 1급
(級)에는 허통, 종량(從良: 천민에서 양민으로 올라감)하는 등 군공청
(軍功廳)을 설치해 일일이 군공을 심사했다. 그리고 그 다음 해에는 서
얼은 참수 1급에 허통, 2급에 제직(除職)하며, 공·사 천인은 참수 1급
에 면천, 2급에 허통, 3급에 제직하는 것으로 바뀌었다.[127] 그러나 허위
보고가 많아 그 수가 기하급수적으로 늘어났다. 장수에게 공명홍패(空
名紅牌)를 주어 참적(斬賊)하면 즉시 주게 하기도 했다. 또한 전진(戰
陣)에서 죽은 사람의 아들 1명에게는 당상관의 경우 6품 실직(實職)을
주고, 당하관의 경우 역시 동반실직(東班實職)에 제수하며, 금군(禁軍)
과 양인은 그 아들 가운데 1인을 금군에 넣어 주고, 공·사 노비는 면천
키로 했다.[128] 서애는 전투에 참가한 장병들의 사기진작이 최우선이며,
군공을 세운 공·사 노비를 면천시켜 주는 것을 아까워해서는 안 된다고
했다.[129] 가히 전 국민의 무사화(武士化), 천인의 신분 파괴를 전제로
한 대개혁이었다.

[4] 훈련도감(訓練都監) 설치

1593년(선조 26) 10월 선조가 환도하자마자 훈련도감을 설치하고 서애
에게 도제조를 겸하게 했다(257). 이는 정병을 기르기 위한 조치 가운데
하나였다. 명나라 경략(經略)이 선조에게 "당신네 나라는 지금도 군사를
뽑아 훈련시키지 않는다."고 핀잔을 주었다. 이에 선조는 군사력 증강을
꾀하기 시작한다.

우리나라는 오직 적이 물러나기를 기다릴 뿐 별로 (군사를) 조련하는 일이

---

126) 趙慎基,〈西厓 柳成龍의 軍政思想〉,《釜山史學》第14·15 合集, 참조.
127) 《宣祖實錄》卷 40, 宣祖 26年 7月 己巳.
128) 趙慎基, 앞의 논문, 55쪽.
129) 趙慎基, 앞의 논문, 49쪽.

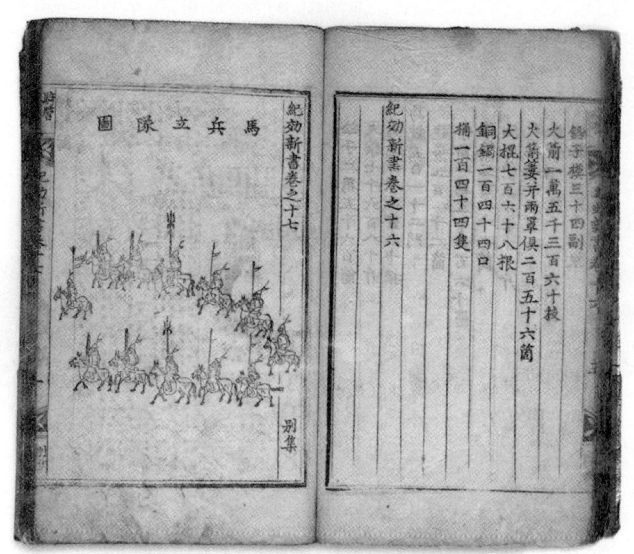

《기효신서》는 명나라 장군 척계광이 절강 지방에 출몰하는 왜구를 소탕하고자 저술한 병서
이다. '절강병법'이라고도 불렸다.

없으니 그 말이 매우 두렵고 부끄럽다. 지금 나라의 형세가 이 지경이니 남
정(男丁)은 모두 군사로 만들라.[130]

　1592년(선조 25) 4월 왜군이 침입하자, 준비가 없었던 조선군은 순식
간에 평양까지 밀렸다. 그러나 명나라 원병이 도착해 조・명 연합군이
평양성을 함락한 뒤로는 수세에서 공세로 돌아섰다. 서애는 1593년(선
조 26) 5월에 명군을 따라 서울로 돌아왔다. 명군은 좀처럼 왜군을 공격
하려 하지 않고 오히려 조선을 분할하려는 모의를 하고 있었다. 이러한
상황에서 벗어나려면, 정예 군사를 길러 독자적으로 전쟁을 수행할 수밖
에 없었다. 그런데 서울은 전화(戰禍)로 가시덤불이 성에 가득하고, 기

---

130) 趙楨基, 《西厓 柳成龍의 軍政思想》(I), 《서애 류성룡 선생 관련 자료집》, 西厓柳先生逝
　　世 四百周年 追慕事業 準備委員會, 2006, 35쪽.

민(饑民)이 떼를 지어 다니고, 시체가 산같이 쌓여 있었다. 조정에서 곡
식을 내어 구제하고자 했으나, 사람은 많고 곡식은 적어 다 구제할 수가
없었다. 거기다가 전염병이 돌고, 가는 데마다 도적이 봉기해 인심이 흉
흉했다.131) 심지어는 사람이 서로 잡아먹게 되어, 죽은 사람이 있으면
잠깐 동안에 살을 베어 가니, 피 묻은 고깃덩이가 여기저기 널려 있었
다.132)

　　서애는 선조에게 정병양성의 명을 받고 군사를 기르는 일에 몰두했다.
제읍(諸邑)의 누락된 군정(軍丁)을 모집하고, 체진(諸鎭)의 남는 군정을
긁어모았으나 약졸이라 식량만 허비하는 폐단이 있었다.133) 이에 서애는
서울에 5영(營)을 설치해, 영마다 2천 명씩을 배속시켜 절반은 도성 안에
서 훈련을 받게 하고, 절반은 도성 밖에 나가 둔전을 개간케 했다. 그러나
병조에서 즉시 실시하지 않아 실효를 거두지 못했다.134)

　　그는 명군이 평양전투에서 이길 수 있었던 힘이 종래 북방민족과 싸울
때 쓰던 기마와 활 위주의 병법이 아닌, 조총과 창검 · 권격(拳擊)을 위주
로 하는 척계광(戚繼光)의 절강병법(浙江兵法), 즉 기효신서법(紀效新書
法)을 도입한 데 있음을 간파하고 훈련도감에서 이를 채용하고자 했다.
그리고 정병의 모집은 기민구제(饑民救濟)와 연계하는 것이 바람직하다
고 주장했다.135)

　　이에 중국에서 가져온 군량 1천여 석을 풀어, 백성들 가운데 큰 돌을
들 수 있는 사람만 군사로 뽑아 매일 한 사람마다 2되[升]씩의 식량을 주

131) 時 灰燼之餘 荊棘滿城 以饑饉人民 死者相枕於道 朝廷雖發粟賑之 而人多穀少 不能遍民
　　處處盜賊蜂起 京城孤危 人心不固(《西厓全書》卷 3, 年譜 257쪽).
132) 今 爾國糧盡 人民相食 又何恃而請兵耶(265쪽) ; 李載浩, 〈임진왜란 관련기사〉, 《국역
　　징비록》, 서애선생기념사업회, 2001, 354쪽.
133) 今日之事 危如一髮 不可遠恃上國 而不爲自强之所 添兵之擧 一刻爲急 列邑見漏餘丁 更加詳
　　細抄發 諸鎭軍官 數外私帶者 亦令摘發赴戰 以助兵力(《宣祖實錄》卷 30, 宣祖 25年 9月 壬申)
　　; 務精不務多 選兵之要法 而軍糧已竭 多聚弱卒 徒費糧餉(《宣祖實錄》卷 31, 宣祖 25年 10
　　月 辛丑).
134) 李載浩, 〈訓練都監〉, 앞의 책, 356쪽.
135) 許善道, 〈西厓 柳成龍先生과 壬辰倭亂의 克服〉, 《西厓 柳成龍의 經世思想과 救國政策》
　　(上), 책보출판사, 2005, 411쪽.

었다. 그랬더니 응모자가 몰려들었고, 얼마 되지 않아 건강한 장정 수천 명을 얻어 조총과 창도(槍刀) 쓰는 법을 가르칠 수 있었다. 그리고 초관 (哨官)과 파총(把摠)을 두어 이를 통솔해 돌아가며 숙직을 서게 하고, 무릇 행행(行幸)이 있으면 이들로 하여금 호위(扈衛)하게 했더니 인심이 조금 가라앉았다.136)

그러나 재원(財源)이 문제였다. 이에 서애는 충청도 사사전(寺社田)을 훈련도감에 소속시켜 소작을 주어 받아들이는 곡식으로 군량에 충당하게 하자고 했다. 그리고 외방의 감사·병사·수령으로 하여금 군사를 모집해 화포 쏘는 법을 가르쳐서, 성적이 좋은 자는 포상하고 게으른 자는 벌을 주어 훌륭한 포수를 많이 기르게 했다.137)

한편, 지방군 증강을 위해 속오군제(束伍軍制)를 실시했다. 재지(在地) 향병조직(鄕兵組織)을 민생의 무리 없이 조직한 민방위체제로 양반부터 천인까지 모두 포괄하게 되어 있있다. 병농일치(兵農 致), 병출어농(兵 出於農)이라는 부병제(府兵制)의 원칙에 따라 인보작대(隣保作隊)한 향촌 중심의 자위적 조직이었다.138) 사실 조선 초기에는 양인만 군대에 갔지 양반과 천인은 군대에 가지 않았다. 속오군제는 이러한 틀을 깬 파격적인 개혁이었다고 할 수 있다.

그러나 정예 군사를 모으는 일은 쉽지 않았다. 이에 서애는 신분의 벽을 넘어 무예가 있는 자는 시험을 치러 관직을 주거나 면역·면천·허통·면죄시켜 주자고 다.139) 신분의 벽을 무너트리거나, 백성의 부담을 덜어 주거나, 지은 죄를 면해주지 않으면 정병을 모을 수 없다고 생각한 것이다. 그러나 이는 양반의 이익을 해치는 조치였으므로 그들의 반발이 심했

---

136) 先生又請 發唐粟米 一千石爲糧 募人一給人二升 應募者雲集 未久 得健兒數千人 教以鳥銃 槍刀之技 立哨官把摠以領之 分番直宿 凡有行幸 以此扈衛 人心稍有恃(257쪽).

137) 請忠淸道寺社位田 盡屬訓練都監 給民耕作 計數收入 以爲軍食 則軍糧可繼矣 且外方監兵 使及各官 各以人衆多寡 隨便招集 教習放砲 如有盡心訓誨 灼有成效者 別加褒賞 怠慢不勤 教誨無效者 輒施譴罰 則四方聞風 不多日內 砲手成群矣(262쪽).

138) 許善道, 앞의 논문, 413쪽.

139) 今宜下令 勇力武藝之士 皆許自詣行在 仍試其才 卽不待斬級 惑除顯職 或除禁軍 或免賤 或免罪 惑免役 各隨其人之貴賤而施之(《宣祖實錄》 卷 42, 宣祖 26年 9月 己未).

다. 앞에서 소개한 류조인의 상소는 그 대표적인 예이다.

서애는 모은 군사를 상·중·하 세 등급으로 나누어 상등은 군인으로 삼고, 중·하등은 봉족(奉足)과 같이 군량을 대게 했다.[140] 1597년(선조 30) 6월에는 경기도 1,500명, 경상도 7,000명, 충청도 2,600명, 전라도 1,500명 등 육군 12,600명, 수군 5,000명, 도합 17,600명의 병사가 모였다.[141]

군의 편제는 《기효신서》 속오법에 따라 오(伍)·대(隊)·초(哨)로 나누어 초가 대를 통솔하고, 대가 오를 통솔하는데, 1오장이 통솔하는 군사는 4명이며, 1대는 6오, 1초는 3대를 거느리게 했다. 그리고 각 장들에게 연대책임을 지게 했다.[142] 그러나 조선 전기 5위체제 아래서는 오-대-여(旅)-총(統)-부(部)-위(衛)로 편제되던 것이 조선 후기 5영체제 아래서는 대-기(旗)-초-사(司)-영으로 바뀌었다. 전자가 기사(騎射)를 주축으로 하는 북방민족에 대비하는 편제였던 것과 달리, 후자는 화력을 주축으로 하는 남방민족에 대비하려는 편제였다.[143]

서애는 명나라 장수로 하여금 이렇게 모은 군병들에게 포 사격술, 진지 구축법 등을 가르치게 했고, 항복한 왜군[降倭]으로 하여금 왜국 검술을 가르치게 했다.[144] 특히 명나라 참장(參將) 낙상지(駱尙志)는 화포·장창·칼·조총 등 무기를 다루는 법을 부하를 시켜 훈련시켜 주었고, 본국으로 돌아갈 때에도 교관을 남겨두어 계속 훈련할 수 있도록 도와주었다(255쪽). 서애의 노력으로 훈련도감은 1593년(선조 26) 9월에 어느 정도 정비되었고, 다음 해 봄에는 하나의 군영으로 제도화해 조선후기 군제의

---

140) 海州各面 從其見在民丁 而勿論良人公私賤內奴庶孽 分等抄出 以年少壯健伶俐 可以訓習者 爲上等 依兵法束伍之規 …… 中下等民 則使之專力農事 而有用軍之事 則各出糧米 以爲軍人之糧 如常時奉足之例 似爲便當(《宣祖實錄》卷 65, 宣祖 28年 7月 庚辰).

141) 《宣祖實錄》卷 89, 宣祖 30年 6月 甲戌.

142) 今訓鍊之軍 以哨統隊 以隊統伍 一伍長所率 則只是四人也 一隊所統 則所操者約 而所給自廣 此軍政之大綱也(《宣祖實錄》卷 50, 宣祖 27年 4月 己未).

143) 許善道, 앞의 논문, 413쪽.

144) 操鍊一事 一刻爲急 我國之技 不過控絃射失而已 須及唐將在時 多抄年少可合之人 必學傳精銳 日日鍊習(《宣祖實錄》卷 42, 宣祖 26年 9月 己未).

기간이 되었다.

훈련도감의 군인은 의무병인 정병(正兵)이 아니라 급료병(給料兵: 직업군인)이었고, 병종(兵種)도 포수(砲手)·사수(射手)·살수(殺手)의 삼수병(三手兵)으로 구성되어 있었다. 포수는 화력을 다루는 군인이고, 사수는 기사병(騎射兵)이며, 살수는 백병전을 하는 군인이다. 이 가운데 포수가 가장 중시되고 다음이 사수였다.[145]

서애는 군사적 긴장과 충돌이 있을 때는 직업군인제로 바꿀 수밖에 없다고 생각했다.[146] 부병제는 재정 부담이 적고 반란 위험이 적으며 국민개병(國民皆兵)이라는 장점이 있었으나, 전시나 비상시국에는 실효가 없었다. 농(農)에서 병(兵)이 나오는 부병제에서, 농과 병을 구분해 병이 농을 보호하는 직업군인제로 바꾼 것이다.[147]

조총은 휴대가 간편하고 명중률이 높아 육전에 유리했던 것과 견주어 보면, 화포는 무겁고 운반수단이 발달하지 않은데다가 금비책(禁秘策)까지 있어서 육전보다는 해전에 유리했다. 이순신이 해전에서 승리한 것도 판옥선(板屋船)과 대포 덕분이었다.[148]

훈련도감과 관련해 간과할 수 없는 것은 서애가 지은《군국기무》(軍國機務)라는 책에 실린 〈전수기의10조〉(戰守機宜十條)이다. 척후(斥候), 장단(長短), 속오(束伍), 약속(約束), 중호(重壕), 설책(設柵), 수탄(守灘), 수성(守城), 질사(迭射), 통론형세(統論形勢) 등의 주제를 다룬 글이다.[149] 군사정보를 중시하고, 장병(長兵)과 단병(短兵)을 효과적으로 겸용하고,《기효신서》의 속오법을 군사편제의 원칙으로 하고, 화살을 끊임없이 쏘거나, 참호·목책·수탄·수성에 대한 전략을 담고 있어서 조선

---

145) 許善道, 앞의 논문, 412쪽.
146) 李憲昶,〈西厓 柳成龍의 經濟政策論〉, 4쪽.
147) 李憲昶, 위의 논문, 4쪽.
148) 李憲昶, 위의 논문, 4쪽.
149) 萬曆22年 冬 進軍國機務 一冊 …… 啓曰 臣抱病呻吟 公務稍暇 竊不勝其憂國之念 收拾亂離以後 耳目所及 思慮所得者 彙爲十條 一曰 斥候 二曰長短 三曰 束伍 四曰 約束五曰中壕 六曰 設柵 七曰 守灘 八曰守城 九曰 迭射 十曰 總論形勢 云云(269쪽).

후기 전법의 기초가 되었다.

[5] 진관체제

진관체제는《경국대전》에 수록되어 있는 기본군사조직이었다. 도 단위
로 진관을 두고 그 밑에 군현 단위의 진관을 편성하여, 전국의 방위체제를
획일적으로 편성하는 전략이다. 일이 생기면 진관이 속읍(屬邑)을 통솔하
고 적을 막게 했는데, 한 진관이 무너지면 다음 진관이나 좌우의 진관이
비늘처럼 차례로 싸우거나 지키게 된다. 예컨대 경상도의 김해·대구·상
주·경주·안동·진주 등 6진관 가운데 한 진관이 무너지더라도 차례로
다음 진관이 굳게 지키면 되는 것이다(239쪽).

그런데 1555년에 을묘왜변(乙卯倭變)이 일어나 그 전후에 왜구가 상습
적으로 침범하는 지역이 생기자 진관체제의 맹점이 드러나게 되었다.150)
이에 을묘왜변 뒤에 김수문(金秀文)이 전라도에서 분군법(分軍法)을 실
시해 도내 제읍(諸邑)을 순변사(巡邊使), 방어사(防禦使), 조방사(助防
將), 도원수(都元帥), 병마절도사(兵馬節度使), 수군절도사(水軍節度使)
등에게 나누어 소속시키고 이를 제승방략이라 했다. 그랬더니 다른 도도
모두 이를 모방해 진관체제가 유명무실해지게 되었다(239쪽).

제승방략은 적이 일시적, 또는 부분적으로 침공했을 때 기동타격대처럼
적을 방어하는 데는 효과적이었지만, 임란과 같이 전면전에 대비하는 방
위체제로서는 적당치 않았다.151) 일이 생기면 장수가 없는 군대가 들판에
먼저 모이는데, 천리 밖에서 장수가 오기 전에 적이 쳐들어오면 싸워 보지
도 못하고 궤멸되는 약점이 있기 때문이었다. 군사가 궤멸되면 뒤늦게 장
수가 온들 아무런 소용이 없다. 임란 초에 이일(李鎰)이 상주에 내려갔으
나 군사가 없었던 일이나, 신립(申砬)이 요해처(要害處)인 조령을 버리
고, 초여름에 소택지(沼澤池)가 된 달천평(達川坪)에서 싸우다가 대패한

---

150) 許善道, 앞의 논문, 414쪽.
151) 許善道, 앞의 논문, 415쪽.

2. 사 상 97

것이 그 좋은 예이다.152) 서애는 임진왜란이 일어나기 전부터 이미 진관
체제로 돌아갈 것을 주장했으나, 오래 시행된 제도를 바꿀 수 없다는 반대
여론 때문에 실시되지 못했다(262쪽). 그러나 임란을 겪으며 군사조직 개
편의 필요성이 드러났고, 1593년(선조 26) 3월에 진관체제가 복구되었다.
또한 각 진관이 소속된 여러 고을의 군사를 훈련시키고 상벌하는 책임을
지게 했다.153)

　서애는 중국의 예를 들어 대적(大賊)이 쳐들어 올 때 진관체제가 유리
하다고 주장했다. 중국의 동진(東晉)과 남송(南宋)은 다 같이 강좌(江左:
장강 하류 연안지대)에 있던 나라였는데, 동진은 능히 유석(劉石)을 막아
냈으나, 남송은 몽고를 막아내지 못한 것은 무슨 까닭인가? 동진은 번진
(藩鎭)이 있어서 여러 군(郡)이 합쳐 하나의 큰 진(鎭)을 이루어 대장으
로 하여금 거느리게 하여 병력이 나누어지지 않은 까닭에 적을 막을 수
있었던 것과 달리, 남송은 5대(五代) 말기의 지방세력 할거를 막고자 번
진의 권한을 혁파해서 각 군현으로 쪼갰던 제도를 이어갔기 때문에, 적이
군사를 집중시켜 군현에 이르면 한 군현이 패하고, 또 한 군현에 이르면
또 패해서 오랑캐세력을 막지 못했다는 것이다. 이에 왕립신(汪立信)은
강회(江淮) 제군을 4대진(大鎭)으로 합치자고 했으나 받아들여지지 않았
고, 그 뒤 문천상(文天祥)이 같은 내용을 건의했으나 역시 받아들여지지
않았다고 한다(269~270쪽).

　서애는 도성이 천험의 요새라고 생각했다. 한강과 임진강이 앞뒤로 둘
러 있고, 동북쪽은 고산(高山)·대령(大嶺)이 가로막고 있다. 그리고 경
기도의 4진영(鎭管) 가운데 수원·광주 두 진관이 한강의 남쪽에 있고,
양주는 국도의 왼쪽에 있어서 동북쪽을 차폐(遮蔽)하고, 장단(長湍)은 그
뒤에 있어서 전적으로 북방을 대비한다. 강화·교동 두 읍은 바다 가운데
있어서 예속된 바 없이 전적으로 바다를 막는 데 힘쓴다. 충청도는 4진관
이 있는데, 충주는 죽령과 조령이 만나는 곳에 웅거하고 있어서 한강 상류

---

152) 許善道, 앞의 논문, 415쪽.
153) 李載浩,〈移平安道兵馬節度使文〉,《국역 군문등록》, 서애선생기념사업회, 2001, 42~43쪽.

를 호위하고, 청주는 조금 남쪽의 추풍령과 황간(黃澗)·금산로(金山路)
를 방비하며, 공주는 호남을, 홍주(洪州)는 서해를 방비한다. 강원도의 원
주는 충주와 함께 한강 상류를 지키고, 회양(淮陽)은 양주(楊州)와 함께
동북쪽을 막으며, 강릉(江陵)은 해변읍(海邊邑)으로서 동해(東海)를 막
는다(270쪽). 이와 같은 2중 3중의 방어 체제가 확립되면 나라를 지키는
데 문제가 없다고 주장했다.

속오군은 지방군의 재건이었고, 진관체제의 복구는 그 통솔계통의 재편
성이었다. 서애는 여기에 관방(關防)의 중요성을 강조해 전국에 있는 요
해처를 재점검하고 이곳을 중심으로 군사활동을 하고자 했다. 속오군의
편제는《기효신서》의 분군법(分軍法)을 따랐다. 대장의 통솔 아래 1영
(營)은 5사(司)를 통솔하고, 1사는 5초(哨)를 통솔하고, 1초는 3기(旗)를
통솔하고, 1기는 3대(隊)를 통솔하고, 1대는 화병(火兵) 11인을 거느린다.
사에는 파총(把摠)이 있고, 초에는 초관(哨官)이 있고, 기(旗)에는 기총
(旗總)이 있고, 대(隊)에는 대총(隊總)이 있다. 그러나 사람의 많고 적음
에 따라 4기, 5기도 둘 수 잇고, 4대, 5대도 둘 수 있으며, 1대가 6~7인으
로 편성될 수도 있다. 그리하여 습진(習陣)이나 군(軍)을 조발(調發)할
때 대장이 각 영의 영장(營將)에게 명령을 내리면 영장은 파총에게, 파총
은 초관에게, 초관은 기총에게, 기총은 대총에게 이를 전달해 대총이 각기
군사를 이끌고 시간에 맞추어 약속된 장소에 모이게 한다. 늦는 사람은 군
율로 다스렸다(274쪽).

속오군은 전국의 장정을 신분에 관계없이 동원하는 일종의 예비군 편
제였다. 물론 이들이 정규군은 아닐지라도 전시에는 전투에 투입되고, 전
투에서 공이 있는 사람들에게는 면역·면천·관직 제수, 홍패 제수, 공명
첩 제수, 상금 수여 등 파격적인 특혜를 주었다는 것은 이미 앞에서 지적
한 바 있다. 이는 결국 조선왕조의 신분체제를 해체시키고, 사회를 변화시
키는 원동력 가운데 하나가 되었다.

(3) 경제사상

[1] 식량확보

서애는 미증유의 전란을 맞이해 무엇보다도 급한 일이 민심을 안정시
키는 일이라고 생각했다. 그래야 백성들의 도움을 받아 농사를 지어 식량
을 마련하고, 군사를 뽑아 훈련시킬 수 있었기 때문이다. 1594년(선조 27)
4월 서애는 〈진시무차〉(陳時務箚)에서 민심 안정과 양곡 확보의 필요성
을 역설하였다.

> 오늘날 시급히 해야 할 일에 대해서는 여러 마디의 말이 필요하지 않습
> 니다. 오식 급히 백성들을 편하게 해주는 정책을 쓰고, 또 수시로 변통해
> 서 양식을 공급하고, 용감한 정예 군사를 불러 모아 주야로 훈련을 시키
> 는 것뿐입니다. 대개 먹는 것이 부족하면 사람을 모을 수 없고, 사람을 모
> 을 수 없으면 군사를 훈련시킬 수 없는 것은 필연의 이치입니다(261~
> 262쪽).

그리고 식량, 군병, 성지(城池), 기계(器械) 등 4대 전수대요(戰守大
要: 전투와 방어의 필수품) 가운데 식량이 근본이라고 하고, 차라리 병
(兵)은 버릴지언정 먹는 것은 포기할 수 없다고 했다.154) 식량이 없으면
백사(百事)가 될 일이 없기 때문이다. 이에 서애는 식량의 현황과 그 마련
할 방법을 다음과 같이 제안했다.

> 군량이 없는 것이 오늘날에 가장 절박한 걱정이니, 이것을 만약 조치하지
> 않는다면 달리 취할 만한 계책이 없을 것입니다. 이제 중앙에서는 경비가

---

154) 今日戰守之計 不過糧餉軍兵城池器械數事而已 然必須先備糧餉 然後他事次第可舉(李載浩,
앞의 논문, 26쪽).

엄청나게 들어서 태창(太倉: 廣興倉)에 저축된 것이 족히 서너 달의 용도
밖에는 지탱하지 못할 것이며, 지방에서는 관청에 저축된 것도 다 떨어졌
고, 민간의 저축도 또한 없어졌습니다. 명나라 군대와 우리나라 여러 군대
에게 군량을 조달하는 일도 모두 변통해 갖추어 낼 데가 없어서, 백성들이
다 무너져 흩어지게 될 걱정이 있사오니, 그 민망하고 절박함이 이보다 더
심하겠습니까.

그러나 양곡을 조치하는 일은 서너 조목(條目)에 지나지 않으니 첫째는 작미
(作米: 공물을 쌀로 받음)이고, 둘째는 수세(收稅: 조세 수입을 늘리고 활용
함)이고, 셋째는 모속(募粟: 민간에서 식량을 모집함)이고, 넷째는 무속(貿粟:
곡식 무역을 함)입니다. 이 네 가지 조목을 만약 적절히 헤아려 처리해 착실히
실행한다면, 어쩌면 양곡을 보급할 방도가 있을 것입니다.155)

네 가지 방책에 더해 구체적으로 각종 상번군(上番軍)과 그 봉족들에
게 병역의무 대신 쌀을 다섯 말씩 바치게 하고(약 10만여 석), 매년 전세
가운데 일정한 경비를 제외한 나머지를 오로지 군량으로 쓰도록 하며, 모
속의 내는 양을 줄이고 곡식을 바친 사람에게는 즉시 상을 주도록 하고,
중강개시(中江開市)에서 가을에 쌀값이 쌀 때 은을 내어 요동의 곡식을
사오도록 하자고 했다.156)

이 밖에도 둔전 경영, 노비신공작미(奴婢身貢作米), 조예번가미(皂隷
番價米), 자원납미(自願納米), 도염무곡(煮鹽貿穀) 등이 식량확보의 방
법으로 거론되었다.157) 서애는 군량의 중요성을 인식해 양향청(糧餉廳)
을 두고, 양향판관(糧餉判官) 한 사람을 두어 군량에 관한 일을 전담하게
했다.158)

---

155) 李載浩 역, 〈朝列措置糧餉啓〉, 《국역 근폭집》 II 啓辭, 서애선생기념사업회, 2001, 207쪽.
156) 李載浩 역, 위의 책, 207쪽
157) 李載浩, 〈移京畿黃海觀察使文〉, 《국역 군문등록》, 2001, 20쪽.
158) 金昊鍾, 〈西厓 柳成龍의 自强 經濟思想〉, 《서애 류성영 선생 관련 자료집》, 2006, 140쪽.

[2] 공물작미(供物作米)

공물작미에 관한 논의는 "중종 대 조광조는 공안개정(貢案改定)을 건의했고, 선조 조의 이이는 수미법(收米法)을 건의했으며, 임란 때 류성룡도 역시 수미법의 편리함을 제의했으나 모두 실시되지 못했다."159)고 되어 있다. 그러나 그 기사내용에는 사실과 어긋난 것이 있다. 조광조와 이이의 건의는 시행되지 못했으나 서애의 건의는 일시적 부분적이나마 실시되었다.160) 이는 대동법의 전신이라 할 수 있다. 정약용도

> 류문충(柳文忠: 류성룡)이 말한 것은 곧 대동(법)이다. 대동(법)에 관한 의론은 그 류문충에게서 시작된 것인져.161)

라고 해 대동법이 서애로부터 비롯되었다고 술회하고 있다

조선의 백성들은 기본적으로 조(租)·용(庸)·조(調)의 세 가지 부담을 졌는데 조(租)는 전세(田稅)이고, 용은 역역(力役)이고, 조(調)는 공물(貢物)이었다.162) 토지세인 조는 세종 대에 공법(貢法) 개정을 한 뒤로 부담이 그리 크지 않았으나, 역역과 공물·진상(進上) 등은 문제가 많았다. 역역은 대립제(代立制) 때문에, 공물은 불공정한 배분과 토산품이 아닌 물건을 상납하라고 배정하는 일 때문에 백성들이 고통을 받았다. 이에 대납(代納)·방납(防納)의 폐해로 백성들은 도탄에 빠지고, 국가재정은 부실하게 되었다.

---

159) 〈大同作貢條〉, 《萬機要覽》 財用篇 3.
160) 李樹健, 〈西厓 柳成龍의 社會經濟觀〉, 《西厓 柳成龍의 經世思想과 救國政策》 (上), 책보출판사, 2005, 163~164쪽.
161) 柳文忠所言 卽大同也 大同之議 其自文忠始乎(丁若鏞, 〈制賦貢制七邦賦考〉, 《經世遺表》 卷 11, 地官).
162) 國家田稅則 輕於什一 民情不以爲重 但稅外之事 如貢物進上 及各節方物被侵之事 甚多至於進上之弊 病民益甚 今若卽未變通 則民生更無蘇息之望.丁若鏞(위의 글).

그리하여 이미 중종 대에 호조판서 고형산(高荊山)이 공물작미를 부분적으로나마 실시한 바 있다.163) 서애도 임란 이전에 이이가 공물개정을 주장했을 때 찬성한 바 있었으나 실현되지는 못했다.164) 그런데 임진란이 일어나 국고가 바닥났고, 전쟁을 계속하려면 군량을 마련할 비상수단을 강구해야 했다. 이에 1594년(선조 27) 정월에 공안개정을 통해 공물의 부담을 줄이고, 토산물이 아닌 것은 부과하지 않도록 했다.165)

공물에는 전결공물(田結貢物)과 원공물(元貢物)이 있었다. 전결공물은 수전(水田)에는 쌀을, 한전(旱田)에는 콩을 내게 되어 있었고, 원공물은 수전, 한전을 막론하고, 면포(綿布) · 마포(麻布) · 유밀(油蜜) 등 필요한 물건들을 거두게 되어 있었다. 그리고 그 이외에 또 수전, 한전을 막론하고 각사(各司)의 필요한 잡물(雜物)들을 납부하게 되어 있었는데, 일찍부터 이런 물건들을 서리(胥吏)들이 대신 납부하고 백성들에게 과중하게 물리는 방납이 널리 유행하고 있어서 그 폐해가 컸다.166) 이에 영의정 이준경(李浚慶)이 정공도감(正貢都監)을 설립해 이러한 폐해를 고치려 했으나 시행되지 못했다.167)

서애는 〈진시무차〉에서 공물 대신 토지 1결당 쌀 2말씩을 거두어 군수에 충당하면 해마다 7만여 석을 거둘 수 있고, 백성의 부담도 줄어들 수 있다고 건의했다. 그의 계산에 따르면 군역부담자 가운데 기 · 보병 상번병(上番兵)과 그 봉족(奉足) 122,000명, 갑사(甲士) · 정로위(定虜衛) · 별시위(別侍衛)의 정군(正軍) · 봉족 23,600명, 이 밖의 각사노비(各司奴婢) 37,000여 명, 이 밖에 각사 제원(諸員) 2,177호(戶), 봉족 각 2인, 각

---

163) 李樹健, 앞의 논문, 164쪽.

164) 《宣祖修正實錄》 卷 17, 宣祖 16年 4月 壬子, 율곡은 收米法보다는 貢案改定에 더 무게를 두었다 ; 李憲昶, 앞의 논문, 7쪽, 율곡은 〈萬言封事〉에서 貢物制度의 문란은 1501년(연산군 7)의 貢物加定에 있었다고 했다.

165) 《宣祖修正實錄》 卷 27, 宣祖 27年 正月 庚辰.

166) 國制收租 水田納稻米 旱田納豆 其納豆而未盡者 收其綿布麻布及油蜜凡百應用之需 此所謂田結貢物也 此外又通水田旱田結卜 計出雜物 納于各司者 謂之元貢物 自前皆爲胥吏防納 本色于其司 而私收米布于民 所出什伯於本色 民間大困(《西厓全書》 卷 3, 年譜, 263쪽).

167) 《西厓全書》 卷 3, 年譜, 263쪽.

사 조예(皀隷) 3,628명, 봉족 각 1인, 장예원(掌隷院) 악공(樂工) 700명, 봉족 각 2인, 악생(樂生) 300명, 봉족 각 2인을 합치면 1만여 명은 된다. 그 당시는 병란 시기였으니 그 액수가 줄어들겠지만 삼남지방과 강원도는 어느 정도 복구되었으니, 여기에 경기 · 황해도를 합치면 10만여 명은 확보할 수 있었다. 이 가운데 정군 1인당 쌀 한 섬을 제외하고 모두 군량에 충당한다면 백성들도 좋아할 것이고 군량도 해결될 것이라고 주장했다. 그 뒤에 서울에서 1만 정병을 뽑아 5천명은 훈련을 시키고 5천 명은 둔전을 경작하게 해 병작반수(竝作半收)하면 재정이 충실해지리라는 것이다.168)

또한 각도에서 공물이 처음 부과된 총계를 내어 도내 전결수(田結數)에 따라 방물가(方物價)를 쌀 · 콩 · 베(布) 어느 것으로나 내게 하면, 백성들은 방물이 있는지도 모를 정도로 가볍게 여길 것이고 국가에서는 필요한 물건을 사서 쓰면 되므로, 이로써 국가는 부자가 되고 백성은 편안히 여긴다는 것이다.

그는 명나라의 예를 든다. 명나라에서는 외방진상(外方進上)이 없고, 다만 13도(道)의 속은(贖銀)을 광록사(光祿寺)에 두고 모든 진공물(進供物)을 다 사서 썼다. 그리하여 먼 곳에 사는 사람들이 물건을 나르는 수고를 하지 않을 뿐 아니라, 사방 공장(工匠)들의 물화(物貨)가 다 경도(京都)로 몰려 구할 수 없는 물건이 없을 정도이다.169) 이 때문에 상품생산이 활발해지고, 시장이 활기를 띠게 되었으니, 우리나라도 이것을 빨리 배워야 한다고 주장했다(264). 월(越)나라는 생취(生聚: 生財聚民, 재정을 확보하고 백성을 어루만짐)한 뒤에 훈련하고, 훈련한 뒤에 (오나라에) 복수했으니 생취가 없으면 아무리 좋은 계책이 있어도 장차 무엇을 가지고 실시하겠다는 것이냐는 것이다. 그러므로 우리도 잡사(雜事)를 버리고, 부문(浮文)을 줄이고, 본실(本實)을 돈독히 하고, 10년을 기한으로 오직 식량을 확보하고, 군사를 훈련하는 데 노력한다면 원수를 갚고, 어려움을

---

168) 《西厓全書》卷 3, 年譜, 263쪽.
169) 《西厓全書》卷 3, 年譜, 263쪽.

극복할 수 있다고 했다(264쪽). 이른바 안민부국론(安民富國論)이다.[170]

서애는 공물작미를 통해 수공업 생산을 발달시키고, 시장을 활성화해 상업을 일으키려 했다. 실학자들이 뒷날 주장한 상공업 장려를, 사실은 서애가 이미 실천에 옮기고자 했던 것이다. 그러나 사대부들의 부론(浮論)이 일어나 실천에 옮겨지지는 못했다(264쪽). 이후에도 서애는 계속 공물작미를 주장했고, 부분적으로 실천된 것으로 보인다.

[3] 염철도련(鹽鐵煮鍊)

서애는 기민(饑民)을 구제하고, 군량(軍糧)을 마련하는 데 소금[鹽]과 쇠[鐵]를 국가에서 전매할 필요가 있다고 했다. 이 두 가지는 서애가 전란 초기부터 가장 긴급하게 해결해야 한다고 여기던 일이다. 서애는 소금을 굽는 이익을 다음과 같이 말했다.

> 소금은 인생 일용에 빼놓을 수 없는 물건입니다. 그 수용(需用)에 긴절(緊切)한 것이 오곡(五穀)과 같고, 산곡민(山谷民)으로서 해변에서 조금 멀리 떨어진 곳에서는 소금이 금과 같아서, 진실로 능히 조치할 방법이 있어서 소금의 이익을 유통시킨다면, 노력하지 않고도 백성들이 편해지는 공이 많을 것입니다. 근래에 조정의 의론에 따라 염철사(鹽鐵使)를 두기로 했는데 그 뜻이 우연이 아닙니다. 그러나 부론(浮論)이 분분히 일어나 결국 두지 않기로 했으니 참으로 한스럽습니다. 대저 염리(鹽利)를 흥하게 하는 것은 따로 다른 방법이 없습니다. 다만 해변 염호(鹽戶)를 불러모아서 그 잡역(雜役)을 면제해주고 침탈하지 못하게 하고, 더불어 소금을 구운 날짜와 달수를 계산해 그 일부를 거두어들이고 나머지는 스스로 팔아서 먹고살게 하면, 염호가 다 해변에 모여들어 염분(鹽盆, 소금을 만드는 가마)이 날로 많아져서 관에서 거두어들이는 것도 불평하지 않을 것입니다.

---

170) 李憲昶, 앞의 논문, 5쪽.

그리고는 각처의 선척(船隻)으로 강 길을 따라 실어 옮겨서 시가(市價)에 따라 흩어서 판다면, 육지의 백성들이 제휴(提携)해서 바다에 들어가는 폐단이 없어서 환호하는 소리가 사방에서 일어날 것입니다.

금년에 해상의 역(役)이 고달파서 소금을 얻기가 어려운데, 만약 능히 소금값이 오르고 내리는 때를 잘 파악하여 판매한다면, 오직 이 한 일만 가지고도 군량과 종자곡(種子穀) 천만 석(千萬石)을 얻을 수 있을 것입니다 (269쪽).

즉, 국가에서 염리사를 두고 염호를 관리하면, 공염(公鹽)이 많이 생긴다는 것이다. 그러면 천만 석의 군량과 종자곡을 얻을 수 있으며, 염호로 하여금 국가에 바치는 소금 이외의 나머지 소금을 스스로 팔게 한다면, 관민(官民)이 다 잘 살 수 있다는 것이 서애의 주장이었다.

그는 소금의 국가진매의 사례를 중국의 예에서 찾았다.

옛적에 제환공(齊桓公)이 관중(管仲)에게 나라 다스리는 일을 묻자, 관중은 염책(鹽策)으로써 대답했으며, 그 뒤에 한·당·송으로부터 명에 이르기까지 이것으로 재물을 다루어 유리하게 운영하고, 식량을 충분히 마련하는 근원으로 삼지 않은 나라가 없었습니다. (중원의)《요동지》(遼東誌)를 보면, 염분 몇 곳, 염군(鹽軍) 몇 명으로 기재되어 있는데, 오늘날에도 다만 모읍(某邑)에 염호가 몇이며, 염분이 얼마인가를 알고 있으면 되니, 그 일이 어찌 간략해 시행하기 쉬운 것이 아니겠습니까?[171]

소금은 해변에서 얼마든지 구울 수 있고, 소금이 있으면 기민구제(飢民救濟)에 큰 도움이 될 수 있다고도 주장했다.

소금의 전매제도를 강구해 잘 활용하면 백성들이 생활하는 데 편리를 주게

---

[171] 李載浩, 〈請開鹽鐵之路 以足國用啓〉, 《국역 근폭집》 啓辭, 서애선생기념사업회, 2001, 147쪽.

되고, 많은 노력을 들이지 않고서도 거두는 공리(功利)는 클 것입니다. 하물
며 경기・황해・충청・전라도에서 경상・강원・함경도에 이르는 해변은
어느 곳이든지 소금의 산지가 아닌 곳이 없습니다. 바닷물에서 얼마든지 나
오니 그 이득을 어찌 헤아릴 수 있겠습니까? …… 또한 지역이 해변에서 멀
리 떨어져 있으면 소금을 귀하게 여기는 것이 황금과 같으니 굶주린 백성이
초목의 잎을 따서 끓여먹으려 해도 함께 넣어서 끓일 소금이 없기 때문에
목구멍으로 넘어가지 않습니다.[172]

소금을 얻는 것은 어렵지 않았다. 다만 관리들이 착취하고 괴롭혀 염호
가 다 달아나는 것이 문제였다.

대개 연해(沿海) 지방 곳곳에는 본디 염호가 있어 소금을 한없이 생산했는
데, 다만 여기에 따르는 부역(賦役)이 번거롭고 무거우며 가혹한 정치로 피
해를 보는 까닭에 염호는 날로 점점 흩어져 버렸으니, 염호가 흩어져 버린
까닭에 염분(鹽盆)의 수효가 줄어들고 소금은 금과 같이 귀하게 되어 조정
과 백성이 서로 고통을 받게 되었습니다.
이제 부산하게 벌여놓은 일들을 죄다 제거해버리고 다만 그 염호의 부역을
감면해 주어 (이들이) 안심하고 모이도록 하고, 날마다 소금을 만드는 것을
보아서 서로 약속해 몇 석(石)은 공염(公鹽)으로 하고 그 나머지는 자기들
이 취하도록 한다면, 1년 동안에 공염은 그 수량을 능히 기록할 수 없을 정
도로 많아질 것입니다.[173]

그런데 권세가와 수령들이 무뢰배들로 하여금 도염관(煮鹽官)을 맡게
해 염호를 괴롭히게 되자, 염철사(鹽鐵使)를 폐지하고 이 일을 호조로 넘
겼다. 관리를 할 만한 사람이 하지 않고, 무뢰배들이 작폐를 일으키며, 신

---

172) 柳成龍, 〈請煮鹽賑救飢民狀 八月〉, 《西厓全書》 本集 卷 6, 書狀, 西厓先生紀念事業會,
    1991, 129쪽.
173) 李載浩, 앞의 책, 148쪽.

료들의 의식도 올바르지 않아 제대로 운영되지 않았기 때문이다.

> 우리나라 사람들은 사물을 대수롭지 않게 여기는 일에 길들여져서, (소금과
> 쇠를 다스리는 일의) 긴요한 점은 알지도 못하면서 (이것을) 눈여겨보지 않
> 고 데면데면 보고서 대수롭지 않고 이롭지도 않은 일이라 여겨, 잠시 해보
> 다가 이내 폐지해 (마치) 장난치는 것처럼 되어버렸으니 실로 미편(未便)하
> 게 되었사오나, 이제는 소금과 쇠에 관한 임무를 호조에 돌렸으니 이것은
> 과연 체통을 얻은 일입니다.174)

소금 전매제도에 불편을 느끼는 수령들이 염철사의 비리를 문제 삼아
1594년(선조 27)에 염철사를 없애고, 1595년(선조 28)에는 수령이 어염
(魚鹽)을 관장하는 방식으로 바뀌었다가 이때 호조로 이관된 것 같다. 그
러나 선조 27~28년에 풍년이 들어 국영사업의 필요성이 줄어들어 중단
되었다가 왜란 직후, 병자호란 직후에 절박한 국가재정을 해결하기 위해
국영으로 염업을 재개했으나 오래 계속되지는 않았다.175)
  서애가 국영염업을 건의하기 이전에 소금 전매제도가 시행된 적이 있
었다. 고려의 충선왕은 소금에 대한 징세제도를 폐지하고, 소금의 전매제
도를 시행한 적이 있었다. 그러나 이 전매제도는 고려 말에 염호의 도망,
관리들의 부정, 권세가의 불법 염분 점유 등으로 붕괴되고, 염세제도(鹽稅
制度)로 복귀했다. 조선 정부에서는 일부 신역(身役) 부담자를 통해 공염
(貢鹽)을 흡수하고 사적인 소금의 생산, 판매도 허용하면서 조세를 징수
했다. 세종 때에는 기근을 구제할 곡식을 마련하고자 국영염업을 확대하
는 의염법(義鹽法)을 시행한 적이 있었으나, 조정이 백성과 이익을 다툰
다는 비판을 받고 폐지되었다. 15세기 중엽부터 염세제도로 복귀했으나
염세가 제대로 걷히지 않아 염업은 재정적으로 별 도움이 되지 못했다. 임
진왜란을 당해 국영염업을 주장하는 인사들이 늘었는데 서애가 이것을 정

---

174) 李載浩, 앞의 책, 148쪽.
175) 李憲昶, 앞의 논문, 11쪽.

책적으로 구현하는데 주도적인 역할을 한 것이다.176)

국영염업을 반대하는 사람들은 운영상의 문제점을 들고 있다. 1595년 (선조 28)에 서애가

옛날 태공(太公)이 상업을 권장하고, 제염업·어업의 이익을 개발했기 때문에 제나라가 부강해 졌습니다. 우리나라는 소금의 이익이 가장 많으니, 소금의 이익을 북돋우려면 먼저 염호의 역을 완화시켜 주고 배로서 운반해 무역하는 것을 상평창(常平倉)의 규정대로 해야 하는데, 전에는 종사관들이 잘 다스리지 못했습니다. 지금의 걱정거리는 오직 군량 한 가지 일뿐인데, (군량이) 거의 떨어졌으니 시급히 조치해야 합니다.177)

라고 하자 선조는

우리나라는 무슨 일을 할 수가 없다. 염철 등의 일은 백성들도 달가워하지 않는다고 한다.178)

고 부정적으로 답변하고 있다 이에 서애는

그것은 다 봉행하는 자들이 잘 다스리지 못하기 때문입니다. 둔전의 일을 옛 사람도 이르기를 "의논이 정해지면 흔들리지 않아야 행할 수 있다."고 했습니다. 마땅히 6~7년을 기한으로 정하고, 만일 그 일을 맡은 자가 잘하지 못하면 그 사람을 바꾸어도 그 일은 그만두어서는 안 됩니다. 해마다 비축해 나가면 나라 일이 잘 될 것입니다.179)

---

176) 李憲昶, 앞의 논문, 11쪽.
177)《宣祖實錄》卷 64, 宣祖 28年 6月 壬寅.
178)《宣祖實錄》卷 64, 宣祖 28年 6月 壬寅.
179)《宣祖實錄》卷 64, 宣祖 28年 6月 壬寅.

라고 했으나, 선조는 "호조는 필시 해내지 못할 것이다. 만약 현인을 얻어 전임시켜 독책한다면 가망이 있을 것이다."라고 유보적인 태도를 보였다. 서애는 거듭 전매의 필요성을 건의했다.

> 태공이 제나라를 다스릴 때 어염의 이익을 말했고, 당나라의 유안(劉晏)도 소금으로 이익을 얻어 그 나라를 부강하게 했습니다. 우리나라에서 은은 캐는데 수고는 많아도 이익은 적어서 할 수 없으나, 소금은 그와 달리 팔아서 곡식을 살 수도 있고, 백성들도 편리하게 여깁니다. …… 이익을 말하는 신하는 군자가 취하지 않으나, 촉(蜀)의 유패(劉沛)도 이익을 일으켜서 나라를 풍족하게 했습니다. 중국은 세입이 매우 많습니다. 한 해 동안에 먹는 것이 8백만 석이나 되는데, 모든 사람이 관염(官鹽)을 사서 먹으므로 그 돈이 다 관가에 들어옵니다.180)

서애는 명나라 장수들이 군량수급책으로 은광·소금 개발을 권유하자 이를 받아들였으나, 은광은 채산이 맞지 않는다고 보아 은보다는 철, 철보다는 소금에 더 관심을 가졌다. 이에 소금 전매의 이점을 강조하고, 유능한 관리자를 잘 선별해 6~7년을 한정해서 장기적으로 실시해 보아야 한다고 주장했다.

백성과 이익을 다툰다느니[與民爭利], 관리자가 엉망이라 공염제도를 실시할 수 없다느니 하는 것은 주자학 근본주의자들의 상투적인 논조였다. 수기치인(修己治人)만 잘하면 되지, 이익을 따지는 것은 치도(治道)의 본령이 아니라고 생각한 것이다. 그러니 서애의 안민부국론이 잘 먹혀들어갈 리가 만무했다.

이것은 다음과 같은 사관의 논평에도 잘 나타나 있다.

> 가령 세금을 거두어들이는 법이 폐단이 없어 많은 소금을 얻어서 곡식과 바

---

180) 《宣祖實錄》 卷 65, 宣祖 29年 6月 甲寅.

꾼다 하더라도, 반드시 민간인이 출납하는 즈음에 서리가 간악한 짓을 하게 될 것이니, 소금은 구경도 하지 못하고 곡식만 바치는 백성이 매우 많을 것이다. 이것이 어찌 소금으로 곡식과 바꾸는 뜻이겠는가? 난리를 치른 이후로 모곡(募穀)하는 관원이 고을과 마을을 막론하고 없는 곳이 없다. 한 사람의 모곡이 몇 백, 몇 천 석인지는 알 수 없으나 공가(公家)에 돌아가는 것은 겨우 10분의 1이고, 개인에게 돌아가는 것이 10분의 9를 차지하고 있다. …… 정말로 한 사람이라도 지극히 인자한 마음을 본받아, 오늘 한 가지 폐단을 제거하고, 내일 또 한 가지 폐단을 개혁해 배고프고 목마른 백성들로 하여금 그 고통을 풀어주는 은혜를 입게 하는 자가 있으면, 윗사람에게 친절히 하는 마음과 그를 위해 목숨을 바치는 의리가 하루아침에 확 일어나서 막을 수가 없게 될 것이다. 진실로 이렇게 된다면 병사가 겁낼까 걱정할 것이 없고, 식량이 떨어질까 걱정할 것이 없고, 도적이 넘볼까 걱정할 것이 없고, 옛 것을 되찾지 못할까 걱정할 것이 없다. 아! 계책이 이런 데서 나오지 않고 우리 임금을 한무제(漢武帝)의 폐정(弊政)으로 인도했다고 하니 아! 하늘이 우리나라를 돕지 않으시려는 것인가?181)

도덕 지상주의의 면모를 여실히 읽을 수 있다. 얼마나 우활(迂闊)한 주장인가? 이런 도덕주의가 지배하는 사회에서 실용적인 개혁은 설 자리가 없다. "옛 것을 되찾지 못할까 걱정할 것이 없다.", "우리 임금을 한무제의 폐정으로 인도했다."는 표현에 그러한 사상이 여실히 드러난다.

그럼에도 서애는 세정개혁을 하지 않을 수 없었다. 전시에 재정을 확보할 뾰족한 길이 없었기 때문이다. 거두어 놓은 세곡(稅穀)은 전쟁으로 다 불타고, 백성은 풍비박산되어 기아와 질병으로 죽어가고 있었으니, 이들을 구조하고 명나라 원병의 군량을 조달하려면 식량확보에 비상수단을 쓰지 않을 수 없었다. 이러한 상황은 비단 서애뿐 아니라 모든 신료들이 다 알고 있는 터였다. 그 때문에 전쟁기간에 국가의 운명을 걸머진 서애가 비

---

181)《宣祖實錄》卷 105, 宣祖 31年 5月 乙未.

2. 사 상 111

상수단으로서 과단성 있는 개혁을 주장해도 면전에서 정면으로 반대하지는 못한 것이다. 그러나 이런 저런 이유를 들어 기득권을 지키고 구습에 안주하려는 주장이 고개를 들어 개혁정책을 실시하지 못한 경우도 있고, 실시하더라도 중도에, 또는 서애가 실각한 뒤에 흐지부지되기도 했다. 마침내 왕안석(王安石)처럼 실패한 개혁자로 매도당했고, 서애는 물론 그의 정파까지도 정계에서 완전히 추방당하게 되었다.

[4] 중강개시(中江開市)

서애는 임란 전에 이미 양계(兩界, 평안도·함경도) 연변에서 국경교역을 하자고 주장한 바 있었다. 남도에서 양곡을 실어오는 번거로움을 덜고자 함이었다.182) 그러나 본격적인 중강개시 건의는 임진왜란 때 나왔다.

압록강 중강에 시장을 열자! 당시에 흉년이 들어 기근이 날로 심해져서 굶주려 죽는 자가 들에 가득했다. 공사가(公私家)의 비축된 곡식은 바닥이 났고 기민을 구제할 방책이 없어서, 나는 요동에 공문을 보내 중강에 시장을 열 것을 제의했는데, 중원에서도 역시 우리나라에 기근이 심한 것을 알고 황제에게 아뢰어 이를 허락했다. 이에 요동 왼쪽 지방의 미곡이 우리나라로 많이 흘러들어 왔다. (그리하여) 평안도민이 먼저 그 이익을 받고, 경성민(京城民)도 뱃길로 서로 통해, 이로 말미암아 살아난 자가 그 수를 헤아릴 수 없다. 대개 그때 우리나라의 면포(綿布) 1필(疋) 값이 겉곡식[皮穀] 1말도 안 되었는데 중강에서는 그 값이 20여 말이나 되었고, 은·동·수철(水鐵, 鑄鐵)은 그 10배의 이익을 얻었으니, 옛 사람이 통상을 '황정(荒政, 흉년에 백성을 구하는 정책)의 요체'라고 한 것도 이 때문이다.183)

---

182) 李樹健,〈西厓 柳成龍의 社會經濟觀〉,《西厓 류성룡의 經世思想과 救國政策》(上), 책보출판사, 2005, 173쪽.
183) 柳成龍,〈中江開市〉,《西厓全書》本集 卷 16, 西厓先生紀念事業會, 1991, 324쪽.

우리나라의 면포나 은·동·수철로 겉곡식을 사오면 국내에서 사는 것
보다 20배, 또는 그 이상의 곡식을 사올 수 있으니 국제무역의 이익을 톡
톡히 보는 셈이었다. 요동에 풍년이 계속되어 곡식 가격이 쌌기 때문이다.
중강개시는 1593년(선조26) 12월에 시작되었는데 이는 비변사에서 건의
한 것이었다. 그러나 당시의 비변사 건의는 대개 서애가 대표로 올린 것이
니 서애의 주장이라고 해도 지나친 말은 아니다.

서애는 되도록 요동의 곡식을 많이 사오고자 은·철·소금의 양산을 꾀
했다.[184] 그리고 함경도 등지에서 캐낸 은은 모두 중강에 보내어 곡식으
로 바꾸어 왔다.[185] 이것은 최초의 조명무역(朝明貿易)이었고, 중강개시
를 열게 된 것은 전적으로 서애의 무곡정책(貿穀政策)에서 나온 것이었
다. 국제무역을 통해 국내의 난제를 해결한 좋은 예라 할 수 있다. 그러나
1601년(선조 34)에 중강개시는 폐지되었다.[186]

[5] 설보둔전(設堡屯田)

왜란이 일어나자 겨우 몇 달도 안 되어 국토가 초토화하고 백성들이 흩
어져 수복할 방법이 묘연했다.

> 각도 군읍의 공·사 저축(貯蓄)이 모조리 없어지고 남은 것이라고는 아무것
> 도 없으니 백만의 생령(生靈)이 장차 모두 구렁을 메우게 되었습니다. 이들
> 을 구휼할 계책이 없고, 또한 가는 곳마다 왜적이 들끓어 날마다 노략질을
> 하니, 백성들은 모두 집을 버리고 산으로 올라가거나 혹은 숲속에 숨어서
> 당장 구차하게 살아갈 생각만 할 따름이며, 능히 장구한 계획을 세우지 못
> 합니다.[187]

184) 義州中江 方爲開市 遼東之穀 頗有轉輸之路 量發銀兩 乘秋來穀賤時 多數貿得 積置州倉事
　　(柳成龍,〈條列措置糧餉啓〉,《懲毖錄》卷 4, 芹曝集).
185)《宣祖實錄》卷 68, 宣祖 28年 10月 丙寅, 乙未.
186) 李樹健, 앞의 논문, 175쪽.
187) 柳成龍,〈乞措置海島狀〉,《西厓全書》卷 3, 本集 卷 6, 書狀, 西厓先生紀念事業會, 1991,

전란 뒤에 거듭되는 기근과 전염병으로 천 리 안에 인가라고는 없고, 두어
달도 못되어 사람들이 거의 다 죽었으니, 일의 원통하고 박절함이 이보다
더한 것이 없습니다.[188]

이에 서애는 흩어진 백성들을 모아서 군사를 기르고 황폐해진 농토를
개척해서, 굶주리고 병들어 가는 피란민들을 소생시키고자 속오군을 만
들고 이들에게 둔전을 경작시키려고 했다. 일석삼조의 효과를 노린 구급
책(救急策)이었다.

그는 둔전을 세 가지로 분류했다. 변경둔전(邊境屯田), 초민둔전(招民
屯田), 사민둔전(使民屯田)이 그것이다.

둔전 한 가지를 말하는 사람은 매우 많으며, 시세(時勢)로 헤아려 보더라도
또한 시행하지 않을 수 없습니다. 다만 둔전하는 일에는 세 가지가 있으니,
그 하나는 변방 땅에 둔병해 전쟁을 하지 않는 여가에 그 주둔한 군사들로
써 힘을 합쳐 농사를 짓게 한다면 내지까지 군량을 운반하는 폐단을 덜게
될 것이니, 곧 예전의 조국충(趙忠國)과 제갈무후(諸葛武候)가 시행한 방식
입니다. 다른 하나는 전란 뒤에는 논밭과 들이 황폐해지고 유민이 매우 많
아지는데, 이들을 한 곳에 불러 모아 밭을 나누어주고 종자도 주며, 또 농사
지을 동안의 양식과 그리고 농기구나 농우(農牛)를 대어주고 또한 주관할
수 있는 사람을 얻어서 맡기는 일이니, 조조가 조지(棗祗)로 하여금 허창
(許昌) 아래에 둔전을 시행하여 곡식 수만(數萬) 곡(斛)을 얻고, 마침내 천
하를 병탄(倂呑)한 방식입니다. 그 하나는 평원과 습지 등 토지의 적성을
살펴서 백성으로 하여금 경작하도록 하고, 그 세를 거두기를 요사이 백성들
에게 경작을 허용하는 예와 같이 해야 할 것입니다. 이 세 가지 일 밖에는
다른 좋은 계책이 없는데, 앞의 두 가지 조항은 반드시 농사를 지을 양식이

115쪽.

188) 柳成龍, 〈請裁省民役以紓民力啓〉, 《西厓全書》 卷 1, 懲毖錄 卷 3, 芹曝集, 西厓先生紀念事
業會, 1991, 622~623쪽.

있어야만 백성들을 모으고 군사를 모을 수가 있을 것이나, 뒤의 한 가지 조
항은 비록 농사지을 양식을 가지지 않더라도 백성들 스스로가 경작하므로
이익도 또한 많을 것입니다.189)

훈련도감군의 경비를 해결하고자 둔전을 실시하기도 했다.

(훈련도감의) 1만 명의 군사도 마땅히 2개의 번, 10개의 영(營)으로 나누어
영마다 1천 명씩을 남겨두고, 그 나머지 (5영의) 5천 명은 별도로 경기지방
의 놀고 있는 기름진 땅에서, 농기구나 농우·종자 등을 대대적으로 준비해
둔전을 구획하고 농사를 짓게 하되, 조조가 허현(許縣) 아래에 둔전을 설치
하던 법과 같이 해, 그들 자신이 그 절반을 취하도록 하고 관청에서 그 절반
을 징수하도록 한다면, 식량을 생산하는 길이 날로 넓어지고 군대에 응모할
사람들도 서로 잇달아 구름처럼 많이 모여들 것입니다.190)

훈련도감의 군사 가운데 절반을 풀어 둔전을 경작하게 하고 그 소출의
절반을 병사 개인에게 주어 급료를 대신하게 한 것이다. 이때 농기구와 농
우·종자는 국가에서 대는 것으로 되어 있다. 그렇게 하면 백성들이 점차
로 모여들어 1명이 10명이 되고, 10명이 100명이 되며, 100명이 1000명
으로 늘어난다는 주장이다.191) 두 번째 방법에 해당하는 둔전이다.
  둔전을 잘 실행한 신충원(辛忠元)의 예를 보자. 신충원은 관직도 없고
신분도 낮은 사람인데, 맨몸으로 군민을 모아 조령을 지키고자 근처의 기
름진 땅에 둔전을 개간해, 나중에 서애의 추천으로 수문장—절도사를 지냈
다.192) 조령은 충주를 지키는 요새이고, 충주는 한강을 지키는 어귀이니

---

189) 柳成龍, 〈陳屯田事宜啓〉, 《西厓全書》 卷 1, 懲毖錄 卷 3, 芹曝集, 西厓先生紀念事業會,
    623쪽.
190) 柳成龍, 〈陳時務箚〉, 《西厓全書》 卷 1, 本集 卷 5 箚, 甲午 四月, 西厓先生紀念事業會,
    1991, 96쪽.
191) 柳成龍, 〈措置沿江屯堡箚〉, 《西厓全書》 卷 1, 本集 卷 5, 箚, 101쪽.
192) 柳成龍, 〈措置沿江屯堡箚〉, 《西厓全書》 卷 1, 本集 卷 5 箚, 101쪽.

이곳에 둔전을 개설해 적병을 막는다면 매우 효과적이었다. 임진왜란 초기에는 이곳이 무너졌기에 서울이 빨리 떨어졌다. 서애는 신분이 낮은 신충원을 발탁해 이곳에 둔전을 개설하여 서울 방위에 도움이 되고자 했다. 첫 번째 방법에 해당하는 둔전이다.

또한 서애는 각 지역 섬에서도 둔전을 시행하자고 주장했다.

> 또 해도(海島)의 둔전은 이를 시행하면 반드시 이익이 있을 것이며, 서울에 사는 백성들에게도 다같이 도움이 있을 것이나, 다만 농사를 지을 사람이 없으니 이것이 참으로 염려가 됩니다. 그러나 섬에 있는 국영 목장에서 마소를 먹이는 사람은 많으나, 감목관(監牧官)이 사사로이 점유해 백성을 침해하고 있을 따름입니다. …… 만약 섬에 있는 개간할 만한 땅을 가려 10명씩 조를 짜서, 농기구를 주고 물에나 뭍에 맞는 종자를 주어 그 땅의 높고 건조한 곳과 낮고 습기 있는 곳을 가려 농사를 짓도록 한 뒤에, 관청에서 수확의 절반을 가져가고 농사지은 사람이 절반을 먹도록 한다면, 관청이나 민간이 모두 편리할 것입니다.[193]

역시 두 번째 방법에 해당하는 사례이다. 서해안은 이순신의 승전으로 강화 · 교동 · 선천(宣川) · 신미도(身彌島) · 풍천(豊川) · 추도(楸島) · 해주(海州) 등지에 성을 쌓고 둔전을 경작해[設堡屯田], 피난민들을 안전하게 모아들일 수 있었다.[194] 이순신도 군량을 조달하고자 정경달(丁景達)을 시켜 한산도 가까운 곳에서 둔전을 시행하여, 전투를 하지 않는 여가에 군사 5~10명씩 짝을 지어 기장[黍] · 차조[秫] · 콩[菽] · 조[粟] 등의 곡식을 심었다고 한다.[195]

그리고 충주의 달천(達川) 들판은 토지가 비옥해서 곡식이 다른 곳의 배나 생산되니, 만약 둔전을 하기를 원하는 사람이 있으면 개간을 장려하

---

193) 李載浩,《국역 근폭집》, 서애선생기념사업회, 2001, 116~117쪽.
194) 李樹健, 앞의 논문, 176쪽.
195) 李載浩, 위의 책, 287쪽.

고, 부유한 백성으로서 씨앗과 농우(農牛)를 바치려는 사람이 있으면 실
직(實職)을 제수하자고 했다.196) 세 번째 방법에 해당하는 둔전이다.

이렇게 시행된 군영의 둔전은 임진왜란 뒤에도 대부분 지속되었다.197)

(4) 유학사상

서애는 누가 무어라 해도 퇴계의 제자임에 틀림없다. 그러나 다른 점이
있다면 도학뿐 아니라 양명학 · 불교 등에도 해박한 지식이 있었고, 재상
으로서 폭넓은 행정실무의 식견을 가지고 있었다는 점이다.

서애는 퇴계를 찾아가기 이전에는 가학(家學)을 이어받아 독학으로 4
서 3경을 거의 다 읽었다. 198) 21세가 되던 1562년(명종 17) 9월에야 도
산(陶山)으로 퇴계선생을 찾아가 몇 달 동안《근사록》(近思錄) 등 성리
학 서적을 읽고 퇴계학도가 되었다.199)

한편, 서애는 서울에 처가를 두었기에 일찍부터 서울생활을 하여 중국
에서 들어오는 최신정보를 접할 수 있었으며, 17세 때에는 아버지의 임지
(任地)인 의주(義州)에 머물렀는데 당시 중국에서 귀국하는 사은사 일행
이 압록강 가에 버린 짐 보따리 속에서《양명집》(陽明集)을 처음 보고 기
뻐해 베껴두고 탐독했다고 한다.200)

그 뒤 1569년(선조 2) 10월에 성절사(聖節使)의 서장관(書狀官)으로
명나라에 갔을 때 명나라 태학생(太學生)들이 왕수인(王守仁)과 진헌장

---

196) 李載浩, 앞의 책, 342쪽.
197) 金昊鍾,〈西厓 柳成龍의 自强 經濟思想〉,《서애 류성룡 선생 관련자료집》, 西厓柳先生
　　逝世四百周年追慕事業準備委員會, 2006, 142쪽.
198) 서애는 6세에 從祖 柳公奭에게서《大學》을 배웠고, 8세에 아버지로부터《孟子》를 배
　　웠다. 그리고 13세에는 東學에 들어가《中庸》을 배웠으며, 14세에는 아버지의 任 地인
　　義州에 가서 공부하기도 하고(217쪽), 19세에는 冠岳山에 들어가《孟子》를, 20세에는
　　고향에 내려가《春秋》를 읽었다(218쪽).
199) 正德四十一年壬戌(先生二十一歲) 九月 拜退溪李先生于陶山 退溪先生見先生 大加嘉尙留
　　數月 授近思錄等書 自是潛心伊洛之學 講明踐履 必以聖賢爲指歸(218쪽).
200) 琴章泰,〈西厓 柳成龍의 哲學思想〉,《西厓 柳成龍의 經世思想과 救國政策》(上), 책보출
　　판사, 2005, 76쪽.

(陳獻章)을 도학종주(道學宗主)라고 하자 "진헌장의 학문은 정밀하지 못하고, 왕양명의 학문은 선학(禪學)에서 나온 것이니 오히려 설선(薛瑄:, 시호 文淸)을 종주로 하는 것이 어떤가?"라고 하여 칭송을 받은 바 있다(220쪽). 이는 서애가 이미 양명학을 이해하고 있었고, 퇴계 문하에 들어간 뒤부터 퇴계학의 관점에서 양명학을 비판한 것이라 할 수 있다.

서애는 퇴계학도로서 도학을 밝히는 데 앞장서기는 했지만, 때로는 불교나 육상산(陸象山)·왕양명의 책을 읽기도 했다. 30세 무렵 옥당(玉堂)에 있을 때 육상산의 이론을 초록해 가지고 다니기도 하고, 주자가 육상산을 너무 지나치게 공박한 것이 아닌가 의심하기도 했다. 그 뒤 32세부터 34세까지 부친상을 치르는 동안 《대혜어록》(大慧語錄)·《증도가》(證道歌) 등 불교서적을 읽고서 불교와 육상산의 학문이 비슷함을 발견하고, 비로소 육상산이 불교의 외형만 바꾸어[改頭換面] 유가의 학설로 꾸민 것을 알게 되었다.[201]

서애가 불교와 육상산의 책을 읽는다는 소문이 나자 고향 선배인 조목(趙穆)이 이를 비판했다. 이에 대해 서애는 이렇게 대답했다.

보내주신 편지에 싱룡이 근일에 불서(佛書)를 본다고 지적하셨는데 소문이 과하게 난 것 같습니다. 요즈음 이웃 중이 우연히 그 책을 가지고 왔기에 심심해서 한 번 보았으나 다 읽지 못하고 그만둔 데 지나지 않습니다. 그 가운데 선현의 논리에 병통이 있는 곳을 대단히 명백하게 밝힌 까닭에 친구들에게 대략 이를 언급했더니, 뜻하지 않게 흘러 퍼져서 장자(長者)께 근심을 끼쳐드렸습니다. 대저 불교의 잘못된 것은 성룡도 또한 잘 압니다. …… 대저 상산학[江西之學]은 비록 노맥(路脈)은 다르지만 몸과 마음으로 힘써 행한 공부는 역시 우연히 이루어지는 것이 아니며, 한가롭게 세월이나 보내는 자들이 미칠 바가 아닙니다.[202]

---

201) 琴章泰, 앞의 논문, 77쪽.
202) 柳成龍,〈答趙士敬〉,《西厓全書》卷 1, 本集 10 書, 西厓先生紀念事業會, 1991, 203쪽.

상산학도 성리학의 잘못된 점을 바로잡는 데 도움이 된다는 것이다. 그
리고 선학에 빠지지 말라는 김우옹(金宇顒)의 충고를 받고 다음과 같이
변명했다.

> 선학을 경계함이 매우 절실하나, 양명학에 대해서는 노선생[退溪]이 이미
> 진실로 십분 통렬히 비판해 유가(儒家)들이 대대로 지키고 있으니 지금 변
> 설(辨說)을 기다리지 않아도 명백해졌습니다. 그러나 심신(心神)에서 깨달
> 은 장점은 감출 수가 없어서, 옛 현인들도 또한 취했을 것이니 무엇이 잘못
> 된 것입니까?
> 대저 학문사변(學問思辨)과 성찰극치(省察克治)는 진실로 급무(急務)인데,
> 만약 심지간(心地間)에 배양·함양하는 힘이 없으면 또한 어찌 기댈 곳이
> 있겠습니까? 보통 친구들과 더불어 학문을 논할 때 이같이 말했는데, 친구
> 들 사이에 또한 내 본뜻을 살피지 못하고 매양 선학을 믿는다며 기롱(譏弄)
> 하여 늘 우습게 여겼습니다. 편지에서 말씀하신 것도 또 이같은 것이 아닙
> 니까? 그러나 마땅히 스스로 통렬히 반성하겠습니다.203)

양명학에 대해서는 퇴계선생이 이미 변파(辨破)했으니 더 말할 것도
없지만, 마음을 함양하는 데는 양명학도 일정한 도움이 된다는 답변이다.
그러나 서애는 붕당이 유행하는 당시에 퇴계학파로서 사설(師說)을 따
르지 않을 수 없었고, 양명학을 이해는 하지만 비판하지 않을 수 없었다.
붕당이란 스승이 같고 도학이 같은 집단이고, 서애는 본의든 아니든 영남
학파인 동인, 또는 남인의 영수였기 때문이다.
양명에 따르면, 지(知)와 행(行)은 하나이다. 지는 행의 목적이요, 행은
지의 수행(遂行)이며, 또 지는 행의 시작이요, 행은 지의 완성이다. 다시
말해, '지즉행'(知卽行)이라 하여 지와 행은 동시에 일어나는 의식 활동이
라는 이론, 곧 '지행합일'(知行合一)을 주장하고 있다. '알고도 행하지 않

---

203) 柳成龍, 〈答金肅夫宇顒〉, 《西厓全書》 卷 1, 本集 11 書, 西厓先生紀念事業會, 1991, 216쪽.

음'[知而不行]은 '알지 못하는 것'[不知]이요, '진정한 앎'[眞知]은 '직접
몸으로 겪은 지식'[體驗知]이라는 것이다.204) 이에 반박하여 서애는 지행
병진설(知行竝進說)을 주장했다. 대상, 즉 객관이 없는 주관만으로는 결
코 지식이 성립될 수 없다는 주장이다. 눈·귀·입의 기능은 오관의 세계
에 속하니 만큼 그것의 대상이 있어야만 제 구실을 할 수 있다. 양명이 양
지(良知)만을 확신하는 것은 대상 없이 주관만으로 지식이 이루어진다는
주장과 같으며 이러한 양지만능(良知萬能)은 허구라는 것이다. 주관[知]
과 객관[行]의 관계에서 지식이 이루어짐과 같이 지와 행은 같이 진행되
어야 한다는 것이 서애의 관점이다.205) 이것을 다른 말로 하면 체용겸전
(體用兼全)이다.206) 이 체용겸전, 지행병진은 서애사상의 특징이다. 정자
와 주자는 지선행후설(知先行後說)을, 양명은 지행합일설을 주장한 것과
달리, 서애는 퇴계의 학설을 따랐다고 볼 수 있다.

그러면 양명은 왜 이같은 양지, 치량지설(致良知說)을 주장했는가? 서
애는 이를 '세상에 널리 퍼진 폐습을 바로잡으려다가 도리어 정도를 잃게
된 것'[矯枉過直]이라고 지적했다.

> 왕양명의 의도는 대개 시속의 학문이 밖의 사물에 과대하게 치우치고 있는
> 것을 경계해, 이에 한결같이 본심[良心]을 주안점으로 삼아 무릇 마음으로
> 정성을 들여서 연구해 도를 찾는 것은 모두 행이라 했으니, 생각건대 '세상
> 에 널리 퍼진 폐습을 바로잡으려다가 도리어 정도를 잃게 된 것'[矯枉過直]
> 이다.207)

불에 화액(禍厄)을 당한 사람을 보고 물에 뛰어들라고 가르친다. 물과 불이

---

204) 宋兢燮, 〈西厓先生의 陽明學 批判〉,《西厓 柳成龍의 經世思想과 救國政策》(上), 책보출
판사, 2005, 118쪽.
205) 〈言行通述〉(鄭惟一 撰),《退溪言行通錄》卷 1, 16~17쪽, 退溪 선생도 知行竝進을 주장
한 바 있다.
206) 〈言行通述〉(鄭惟一 撰),《退溪言行通錄》卷 1, 132쪽.
207) 李載浩, 〈議·辨·論·說 知行合一說〉,《국역 잡저》V, 서애선생기념사업회, 2001, 304
쪽.

비록 다르기는 하지만 사람을 죽이는 데는 마찬가지이다.208)

서애는 이(理)는 만물에 있고 그것을 구명하기 위해서는 독서, 수양, 견문 등 궁리(窮理), 즉 인위적인 노력이 필요하다고 했다.209) 이는 스스로의 마음 속에 구비되어 있는 양지만 깨달으면 모든 것을 알 수 있다는 양명의 이론을 반대하고 궁리를 강조한 주자나 퇴계의 견해를 지지했다고 볼 수 있다.

그러나 행보다는 지를 중시한다든지, 경전공부에 신의(新意)를 중시한다든지, 이론보다는 현실을 중시한 점 등은 서애사상의 특성을 나타내 주는 것이라 하겠다.

3. 서애를 어떻게 평가할 것인가?

그러면 서애에 대한 후세의 평가는 어떠했나?

서애는 임진란이라는 우리 역사 미증유의 국가적 위기를 맞아, 한 몸을 던져 도탄에 빠진 백성을 구제하고 명군의 군량을 조달했을 뿐 아니라 도체찰사로서 왜적을 반도에서 몰아내는 데 성공한 위인이다. 그러나 전후에는 당쟁의 결과로 화의의 책임을 뒤집어써서, 본인은 말할 것도 없고 영남 남인의 몰락을 불러오고 말았다.

기자헌(奇自獻)·이이첨 등 북인들이 편찬한 《선조실록》(宣祖實錄)에서 사관(史官)은 류성룡에 대해 다음과 같이 평하고 있다.

사관이 말한다. (류)성룡은 나라를 망친 큰 원수이다. 적과 더불어 강화하고자 하면서도 임금이 기뻐하지 않을 것을 두려워해 말하기를 "마땅히 기미

---

208) 柳成龍, 〈雜著 王陽明〉, 《西厓全書》卷 1, 本集 15, 西厓先生紀念事業會, 1991, 301쪽.
209) 宋兢燮, 앞의 논문, 133쪽.

(羈縻)해서 화방(禍方)을 완화해야 한다."고 했다. 고양겸(顧養謙)이 강화하는 일을 가지고 호택(胡澤)을 보내 주본(奏本)을 올리라고 재촉했다. (류)성룡이 말하기를 "주문(奏文)을 짓는데 '화의'라는 두 글자는 없다."고 했지만 글 한 편에 그런 뜻이 다 숨겨져 있다. 먼저 우리나라의 병력이 단약(單弱)해서 결단코 적을 막을 형편이 못된다고 말하고, 명나라가 왜국을 책봉해주는 것을 허락하면 적이 돌아갈 뜻이 있다고 했다. 장차 지은 주문을 호택에게 보여주려 할 때, (류)성룡은 스스로 자신이 한 일이 알려지면 죄를 받을 줄 알고 병을 칭탁한 후에 기초문[草稿]이 황졸(荒拙)하다는 핑계로 다른 사람으로 하여금 개찬(改撰)하도록 하고, 그 초고는 가지고 가서 마침내 내보이지 않았다. (그리고는) 윤근수(尹根壽)로 하여금 짓게 했다. (윤)근수가 역시 짓기를 어려워했는데, 마침 동료 가운데 (류성룡의 초고를) 한 번 보고 능히 다 기억하는 사람이 있어서 (류)성룡이 지은 초고를 알려주니 (윤)근수가 그것을 모방해서 글을 엮었다. (류)성룡은 일찍이 퇴계 이황 문하에 출입해 유자(儒者)의 이름이 있었으나, 조정에 선지 수십 여 년에 재상으로서의 업적이 별로 볼 만한 것이 없고 처사(處事)가 매양 이와 같았다. 왜변을 만난 이후에는 생민을 구하는 것을 교훈으로 삼지 않고, 스스로 부존할 꾀만 내고 오직 상국(上國)에 다급함을 고하는 것만 일삼으며, 적을 토벌하고 복수를 하는 논의는 하지 않았다. (그리고) 왕에게 경계할 것을 말하면서 기미(羈縻)로서 적을 물리치는 것을 계책으로 삼았다. 옛날의 이른바 기미는 적이 내부(來附)했을 때 그 요구를 들어주는 것을 말하는데, 지금의 기미는 도리어 사직이 뭉개지고 능침(陵寢)이 파헤쳐져서 의리로 보아 같은 하늘 아래 있지 못할 적과 강화를 하고자 하는 것이니, 거의 성 아래 맹서(항복)가 아니겠는가? 임금 앞에서 아뢸 때도 화의는 잘못된 것이라 하여 화의를 주장하지 않는 사람처럼 속였다. 군부(君父)를 속이고 한 세상[一世]을 속이고 후세를 속이려고 하였다. 그러나 군부는 혹 속이더라도 한 세상은 속일 수 없는 것이며 한 세상은 혹 속이더라도 어찌 후세까지 과연 속일 수 있겠는가?210)

또한 같은 《선조실록》의 졸기에는 이렇게 평하고 있다.

> 본래 류성룡은 천자(天資)가 고르고 영리하며, 기상이 단아해 책을 읽어도
> 그 책 뒤에 숨은 뜻을 완전히 깨달았으며, 학문상의 의문점이 생기면 모든
> 힘을 기울여 독력으로 기어코 구명(究明)하고 말았다. …… 그러나 마음과
> 생각이 좁아서 그 지론(持論)이 넓지 못하고, 당파심을 떠나지 못해 자기와
> 다른 의견을 용납하지 않았으며, 대신으로서 풍격이 없었다.

이와 달리 북인인 이이첨에 대해서는 《선조실록》에서 아래와 같이 극
찬하고 있다.

> 사관이 말한다. 이이첨은 바른 사람[正人]이다. 문예에 뛰어나고, 포부가 크
> 고 조행(操行)이 뛰어나며, 사람됨이 단아하다. 명쾌한 판단력과 옥 같은 얼
> 굴, 쇳소리와 같은 목소리를 가지고 있다. 친상(親喪)을 당해서는 6년 동안
> 죽만 먹고 연명했으며, 소금과 장(醬)과 과일과 채소를 먹지 않아 안색이
> 수척해지고, 곡하고 우는 애처로움에 비록 몽매한 백성이라도 모두 감동했
> 다. 벼슬을 하면서는, 홀로 조정에 서서 위태로운 말과 곧은 논조로 재상(宰
> 相)들을 억제하는 데 앞장서서, 간사한 권력자들의 간담이 떨어지게 했다.
> 무릇 어버이를 모시는 데 효도하고, 임금을 섬기는 데 충성하는 것 가운데
> 하나도 쉽게 할 수 없는데 하물며 두 가지를 겸한 자라면 어떻겠는가? 그런

---

210) 史臣曰 成龍亡國大讐 欲與敵講和 而恐上之不悅也 乃曰 宜羈縻以緩禍方 顧養謙以講和事
遣胡澤催上本也 成龍曰 製奏文 雖無和議二字 而一篇皆藏頭說 先言我國兵單力弱 決難禦
敵之狀 而以天朝許其封款 使賊掃歸之意結之 將書示胡澤 成龍自料己之爲此必有知而罪之
者 托稱病後 起草文甚荒拙 可令他人改撰 遂取其草稿而去 竟不出示 使尹根壽製之 根壽亦
難於下筆 適卽僚中有一覽而能盡記者 示成龍所製 根壽乃倣而綴文 成龍早遊李滉門下 有儒
者之名 而立朝數十餘年 相業別無可觀 而處事每如此 逮遭倭變以後 不以生聚敎訓 爲自保之
計 而惟事告急於上國 不以討賊復讎之議 陳戒於上而惟羈縻爲退敵之策 古之所謂羈縻 敵來
而許其納款也 今之羈縻 反與夷社稷堀陵寢 義不可共一天之賊 欲爲講和不幾於城下之盟乎
至於楊前所啓 以和議爲是非 陽若不主和議者 然而一世不可瞞 一世雖或爲所瞞 一世欲瞞 後世
君父雖或爲所瞞 而一世不可瞞 一世雖或爲所瞞 而後世果可得瞞耶(《宣祖實錄》卷 53, 宣祖 27
年 7月 丙申).

까닭으로 지금의 첫째 가는 사람이라 한다.211)

　북인 정객들이 정치적인 목적으로 스스로를 치켜올리면서 서애는 평가 절하한 내용이다. 북인은 남인인 서애를 쫓아낸 당파이기 때문이다. 그들의 주장에 따르면, 서애는 겉으로는 화의를 반대하는 척하면서 실제로는 화의를 부추겼다는 것이다.

　실상은 다르다. 서애는 국제정세를 잘 아는 유능한 재상이었다. 문약해질대로 문약해진 조선왕조를 구하고자 맹방인 명나라를 끌어들인 것은 사실이다. 그러다 보니 명과 왜국 두 나라가 조선에서 싸우게 되었고, 그들은 조선을 배제한 채 화의를 한 것이었다. 조선이 말린다고 될 노릇이 아니었다. 명나라에서 석성과 정응태 양파가 권력투쟁을 했다. 석성 등은 왜군이 오랫동안 물러가지 않고, 본국에서도 무작정 병력을 더 보낼 수 없으니 조공을 받고 화의를 하자는 의견을 주장하였다.

　이와 달리 명나라의 급사중(給事中) 위학증(魏學曾)은 조선 분할론을 제기했다.

　　조선은 이미 왜적의 침범을 방어하지 못해 중국의 근심을 끼쳤으니 마땅히
　　나라를 두세 개로 나누어 왜적을 방어할 만한 사람에게 맡겨 그로 하여금
　　조치하도록 해 중국의 울타리가 되도록 하겠다.212)

　물론 석성은 반대했다. 윤 11월에 경략 송응창은 탄핵을 받아 본국으로 돌아갔고, 병부시랑(兵部侍郞) 고양겸(顧養謙)이 대신 요동에 왔다. 명나라 황제는 행인(行人) 사헌(司憲)을 보내 조선을 더 이상 도와 줄 수 없다고 유시(諭示)했다. 사헌의 접반사(接伴使) 윤근수(尹根壽)가 위학증

211) 史臣曰 李爾瞻正人也 善文藝 雄富麗藻 爲人端藏 明斷玉色金聲 持親喪 六年啜粥以連名
　　不喫鹽醬果采 其顔色之戚 哭泣之哀 雖艮民皆知感動 及仕 獨立朝 危言讜論 首及抑台未死
　　權奸 瞻已落矣 夫事親孝事君忠 有一於此 猶不易得 況筴之乎 故曰當今第一人也(《宣祖實
　　錄》卷 117, 宣祖 32年 9月 丙寅).
212) 李載浩 譯,《국역 징비록》, 서애선생기념사업회, 2002, 289쪽.

의 주본(奏本) 내용을 선조에게 비밀리에 보고하자, 선조가 사헌에게 병을 이유로 왕위에서 물러나겠다고 했다. 서애는 사신을 설득해 이를 무마시켰다.[213] 다음 해 4월에 고양겸이 참장 호택을 보내 조선에 유시를 내리게 했다. 대략의 내용은 다음과 같다.

> 왜적이 무단히 너희 나라를 침범해 그 기세가 파죽과 같아, 황상께서 혁노 (赫怒)하사 군사를 일으켜 한 번 싸워 2천여 리의 땅을 수복했으나 소비된 돈도 적지 않고 군사와 말도 적지 않게 죽었다. 조정의 속국을 대접하는 은의(恩義)가 여기에 이르렀다. 이제 군량을 다시 운반하기도 어려워졌고, 병사도 다시 쓸 수 없게 되었고, 왜노(倭奴)도 두려워해 항복을 하고 봉공(封貢)을 청하니 천조(天朝)에서는 마땅히 허락하고자 한다. 왜를 몰아 바다를 건너가게 하고, 분을 풀고 병사를 쉬게 하는 것은 너희 나라를 위한 꾀이다. 지금 너희 나라의 양식이 다하고 인민이 서로 잡아먹는 판에, 또 무엇을 믿고 병사를 보내달라고 하느냐? 이미 너희 나라에 병사와 양식을 줄 수 없는 상황이니, 또 왜노의 봉공을 거절한다면 (그들이) 반드시 노해서 다시 쳐들어오게 되어 너희 나라는 반드시 망할 것이다. 어찌 가히 일찍이 스스로 계획해야 하지 않겠는가? 옛날에 구천(句踐)이 회계(會稽)에서 곤경에 빠졌을 때, 어찌 부차(夫差)의 살코기를 씹고 싶지 않았겠느냐마는 짐짓 치욕을 참고 기다렸다. 자신은 신하가 되고 처(妻)는 첩(妾)이 되었는데, 하물며 왜노가 중국의 신첩(臣妾)이 되겠다고 청하니 스스로 관대히 해 주고 서서히 도모하는 것이 구천의 군신(君臣)보다 낫지 않은가? 이렇게 본다면 참지 못하는 자는 복수설치(復讐雪恥)의 영웅(英雄)이 아니다. 너희 (나라)가 명에 봉공할 것을 왜에 청하고 왜에서 이를 들어준다면 왜적은 반드시 조선의 덕으로 군대를 거두어 돌아갈 것이다. 왜군이 돌아가고 너희 나라 군신은 와신상담해서 구천의 사업을 닦는다면, 천도(天道)가 좋게 돌아가서 왜에 보복할 날이 없을지 어찌 알 수 있겠느냐?(265)

---

213) 李載浩 譯, 앞의 책, 292~294쪽. 선조가 병을 핑계로 왕위에서 물러나려고 하자 서애는 戚繼光의 조카 遊擊 戚金과 담판해 이를 무마했다.

이 유시를 놓고 조정의 의견이 정해지지 않고 선조도 결단을 내리지 못했다. 이때 서애는 병이 나서 몇 달 동안 일어나지 못하고 있었다. 그러나 사안이 사안인 만치 가만히 있을 수도 없었다. 이에 다음과 같은 차자를 올렸다.

며칠 전 김명원(金命元)이 신에게 전하기를 "호참장이 말하기를 나는 너희 나라의 큰일을 위해 왔는데 각로(閣老)들은 혹은 병을 핑계로 나와 보지 않으니 이것은 도리(道理)에 어긋남이 심하다."고 하기에 미안함을 이기지 못해 사람을 시켜 글을 보냈더니 참장이 곧 답장과 아울러 고양겸 군문(軍門)의 제소(題疏) 2책과 선유부고(宣諭付稿) 1록(錄)을 보내 왔습니다. 신은 병중이라 자세히는 보지 못했으나 유첩(諭帖) 내용 가운데 대단히 따르기 어려운 것이 있었습니다. 우리나라가 왜로 하여금 명에 공물을 바치도록 청한다는 한 구절입니다. 그러나 그윽이 시랑의 뜻을 살펴보면 재작년 김수(金粹)의 사행(使行) 때에도 많이 거론된 것이고, 작년 6월 이후 왜군의 흉역(凶逆) 패만(悖慢)함이 북경에 알려진 것이 고시랑(顧侍郞)이 요동으로 나온 뒤입니다. 그런데 황조(皇朝)의 과도관(科道官: 監察官)이 주본(奏本)을 분긴하지 못하고 이 날짜로 탄핵하는 글을 올리고, 아울러 고 총독(總督)에게 보낸 것입니다. 석성 또한 동사지인(同事之人)으로 소(疏)를 분긴하지 못하고 바야흐로 탄핵하는 자들에게 곤혹을 당한 까닭에 우리나라로 하여금 자세히 보고하라고 한 것입니다. 올해 정월 고(顧) 시랑(侍郞)이 요동으로 온 뒤에 적세가 명백해, 상주(上奏)한다면 명나라 조정에서 공격받는 것을 면할 수 있으니, 이는 아마도 그 본래의 사정이고, 우리도 역시 반드시 굳게 반대할 일이 아닙니다. 송경략(宋經略, 應昌)과 고시랑의 처치득실(處置得失)은 알 수가 없고, 고시랑의 사람됨은 대개 소창(疎暢)하고 명백(明白)해 일을 맡으면 감히 해내는 사람이라, 송시랑의 행동이 음암(隱暗)한 것과 비할 수 없습니다. 하물며 석상서(석성)는 충성스럽고 어질기로 천하에 이름이 났고, 우리나라에 사변이 일어난 초기에 깊이 우려하고 불쌍히 여기는 마음이 있어서 한 집안 일처럼 여길 뿐 아니라 무릇 요청하는 것은 들어주지 않음이 없었습니다. 우리나라가 오늘날까지 이른 것도 다 석상서의 힘이니 어찌 이 은혜를 잊을 수가 있겠습니까? 지금 탄핵하는 사람들이 능히 스스로 보존하지 못하고 고시랑으로 하여금 기어이 돌아가게 한다면 누가 우리나라를 위해 일할 사람이 있겠습니까? 지금 송경략·이제독(이여송)은 이미 다 돌아가고 고시랑은 겨우 왔는데 말하는 바의 일을 일체 굳게 거절한다면, 본래 대국에 기대어 회복을 꾀하려던 것이 마침내 대국의 일을 맡은 사람들이 모두 뒷짐지고 같은 마음으로 하기를 좋아하지 않게 될 것이니, 우리나라의 형세가 더욱 고단하게 되지 않겠습니까? 듣건대 호참장이 재신(宰臣) 한 사람을 데리고 가기를 원한다고 하는데 이 역시 따르지 않을 수 없습니다. 따로 명민한 재상을 택해 달려가서 그 말을 듣고 요즘의 사정을 자세히 말씀드려 재작년의 주본(奏本)은 긴박하여 장황한 뜻을 늘어놓은 것이라 해야 합니다. (그리고) 고시랑이 극력 소방(小邦)의 뜻을 구해준 데 대해 치하하면, 고시랑의 마음도 반드시 풀려서 앞으로는 난처한 일이 없어질 것입니다. 지금 호참장(胡參將)이 제독의 명을 받고 나왔습니다. 잔치를 베풀어 위로하는 일 등을 물자가 모자라지 않는 한 해 주고, 여러 재상들로 하여금 날마다 돌아가면서 참견해 낙망하지 말도록 해야 합니다. (그리고 이것은) 아마도 명나라 관료를 공경하는 체통에도 부합할 것입니다. 조정에서 반복해서 숙의해 일이 지나쳐서 후회해도 소용이 없는 데 이르지 않는다면, 신은 가히 눈을 감고 땅 속에 들어갈 수 있을 것입니다(265～266).

선조도 이 의견에 따라 진주사(陳奏使) 허항(許項)을 보내 이를 명나라에 보고했다. 명나라에서는 왜의 사신 고니시(小西飛)를 명나라 서울로 불러 다음과 같은 세 가지 요구를 했다.

1) 봉작(封爵)만 요구하고, 조공은 요구하지 말 것.
2) 왜병은 한 사람도 부산에 남겨두지 말 것.
3) 앞으로 영구히 조선을 침범하지 말 것.

그리고 도독첨사(都督僉事) 이종성(李宗誠)을 책봉왜국사(冊封日本
使)로 임명해 부산 왜국 진영에 보냈으나 가토(加藤淸正)에게 쫓겨 왔다.
도요토미 히데요시(豊臣秀吉)도 심유경(沈惟敬)에게 속은 것을 알고 정
유재란(丁酉再亂)을 일으켰다.214)

1594년(선조 27) 6월에 명나라가 조선을 직접 통치하는 직할통치론이
처음 대두되었다. 이를 제기한 사람은 요계총독(遼薊總督) 손광(孫鑛)이
었다. 그는 정동행성(征東行省)을 두고 명의 순무(巡撫)를 파견해 조선을
직접 통치하자고 했다.215) 이러한 직할통치론은 그 뒤에도 계속 제기되었
다. 태학사(太學士) 장위(張位)와 심일관(沈一貫) 등이 그 대표적인 주창
자들이었다. 그들은 개성과 평양에 명의 관부(官府)를 두고 조선인을 직
접 가르치고 훈련시키며, 둔전을 설치하고 은광을 개발해 군량을 조달하
자고 했다.216) 1597년(선조 30) 8월에 이순신이 한산도에서 패하자 조선
국왕에 대한 신뢰가 급격히 떨어져, 조선을 좀 더 확실하게 장악한 뒤 전
쟁을 치르자는 의견이 높았다..

그런데 선조는 국권(國權)보다 왕권(王權)을 소중하게 생각했기에, 명
의 이와 같은 요구를 묵인하려고 했다. 선조로서는 자신을 의주까지 쫓겨
가게 한 조선군을 믿을 수 없었고, 피란 가는 자신에게 돌을 던지는 백성
들은 더욱 믿을 수 없었다. 오직 믿을 것은 명군뿐이라고 생각했다.

지금 나라의 걱정은 왜병이 온다는 데만 있는 것이 아니다. 성안에서 무슨
변이 일어날지도 모른다는 것이 역시 큰 걱정이 아닐 수 없다. 사방을 둘러
보면 화란(禍亂)이 일어날 수 있는 소지가 끝도 없이 도사리고 있다. 이제
는 명군이 우리 경계 안을 누르고 있어야만 간사한 무리들이 난동을 부려도
막을 수가 있다. 명군이 물러나면 민심의 우려를 다스릴 길이 없다. 서울에

---

214) 李載浩 譯, 앞의 책, 288~296쪽.

215) 孫(鑛)之意 則設征東行省 遣一巡撫 …… 只治其人民而租稅等物 皆巡撫次知 陪臣皆屬於行
    省云矣(《宣祖實錄》 卷 32, 宣祖 27年 6月 乙丑).

216) 開城平壤二處 開府入鎭練兵屯田 …… 莫若倣中國之治 …… 就朝鮮之人 齊之以漢法 敎之
    以漢戰(《宣祖實錄》 卷 87, 宣祖 30年 4月 癸酉)

는 믿고 의지할 것이라곤 아무것도 없다. 장수는 모두 영남으로 내려가 있고, 무기는 모두 탕진되어 남은 것이 없다. 지킬 병사는 어디 있는가? 내가 걱정하는 바는 무엇 하나 조치할 수가 없다는 것이다.[217]

그래서 선조는 서울이 수복된 지 6개월만에야 돌아왔다. 그러나 서애는 조선 스스로 군대를 키워야 함을 계속 주장했다.

명군을 계속 청해서 부르면 지금 우리 힘으로는 그들의 보급을 다 책임질 길이 없습니다. 우리 군대를 기르고 조련하는 것만이 오직 가할 따름입니다.[218]

자주(自主)와 의타(依他)의 대결이었다. 왕권은 그대로 두고 통치권만 명나라가 행사하는 것이 선조로 보아서는 오히려 안전하고 믿을 만하다고 생각한 것이다. 그런데도 화의의 책임을 서애에게만 뒤집어 씌울 수가 있는 것인가?

서애는 전쟁 상황을 누구보다도 잘 알고 있었다. 이런 상황에서 강대국끼리 휴전을 하겠다는데 막을 길이 없다는 것도 잘 알고 있었다. 오히려 이러한 대세를 거스르면 어떤 결과가 올지를 우려했을 것이다. 그래서 당시의 정황으로서는 명나라의 요구에 따르는 것이 최선이라고 생각한 것이다. 그 당시에 화의를 추진하는 주체는 명나라와 왜국이었지, 조선은 주체가 아니었다. 화의를 반대하는 주장은 제기할 수 있을지 몰라도, 화의를 강력히 주장할 처지는 아니었다. 이와 같은 정세는, 한국전쟁(6.25전쟁)을 수습하는 과정에서 휴전 회담의 주체가 유엔군과 인민군이었기에 한국이 반대했음에도 결국 휴전이 성립되어버린 상황과 비슷하다.[219]

---

217) 我國今日之憂 不但在於倭奴之復來 城中之變 亦不可不慮 目今四方 …… 禍亂之作 其伏地無窮 今則天兵壓境 雖有姦人 莫之敢動 天兵撤還之後 不可不致人心慮也 京城少無恃 …… 予之過慮 不一而留意措置(《宣祖實錄》 卷 39, 宣祖 26年 6月 丁酉).
218) 成龍曰 請天兵來 無以支供 自我國可以調兵云矣(《宣祖實錄》 卷 84, 宣祖 30年 正月 甲寅).
219) 李載浩, 〈壬亂時 柳西厓의 對明外交의 實狀〉, 《西厓 柳成龍의 經世思想과 救國思想》

그런데도 반대파들은 정치적인 목적을 가지고 서애의 이러한 판단을 비난하고 나섰다. 1597년(선조 30)부터 1598년(선조 31)까지 강경 자주론자인 이이첨 등이 서애가 화의를 주도했다고 공격한 것이나 월천(月川) 조목(趙穆)이 "선생이 성현의 책을 읽고 결국 한 일이 '주화오국'(主和誤國) 네 자인가?"[220]고 힐책한 것이 그 예이다.

조선의 관료를 대표해 임란에 대처해 온 서애는 나라 안팎의 사정을 고려해 명나라의 요구를 거절할 수만은 없음을 알았을 것이다. 명분보다는 실리를 중시한 것이다. 물론 의견은 다를 수 있으나, 국난을 극복하는 문제를 가지고 정쟁의 자료로 악용하는 것은 바람직하지 않다. 이는 국익을 도외시한 지나친 명분주의의 소산이요, 당쟁의 해독이기도 하다. 이와 달리, 서애는 자기 한 몸의 이해관계를 떠나, 국익을 위해서 비난을 무릅쓰고 자기의 주장을 객관적으로 감연(敢然)히 관철시킨 애국자였다고 할 수 있다. 류성룡의 주장에 따라, 조선은 충실하게 전쟁 준비를 하여 명나라와 힘을 합쳐 정유재란을 이겨냈고, 명나라와 토요토미의 막부(幕府)는 무너졌어도 조선은 한 푼의 배상금도, 한 뼘의 땅도 내주지 않고 300년을 더 버틸 수 있었던 것이다.

(공저, 《류성룡과 임진왜란》, 태학사, 2008, 6.)

(上), 서애선생기념사업회, 2005, 267쪽.

220) 至丁酉戊戌間 李爾瞻諸奸 乃以主和攻先生 趙月川穆抵書先生 有曰相國讀聖賢書 畢竟得主和誤國四字耶(266쪽).

충장공(忠壯公) 남이흥(南以興)의 생애와 군공(軍功)

1. 들어가는 말

성은(城隱) 남이흥(南以興: 1576~1627)은 원래 문관이 되려고 준비하던 선비였다. 그러나 임진왜란에서 전사한 아버지의 원수를 갚고자 무관이 되었다. 벼슬길에 나아가 일곱 번 고을살이[七佩郡符], 세 번 군지휘관[三指閫鉞]이 되어 직임을 충실히 이행하고, 드디어 이괄의 난을 평정해 정1품에 진무(振武) 1등공신까지 오르게 되었다.

그러나 남이흥의 시련은 이때부터 시작되었다. 안으로는 공신을 비롯한 문사들의 시기와 의혹이 늘어가 심한 기찰(譏察)의 대상이 되는가 하면, 밖으로는 모반을 꾀하던 사람들이 남이흥을 대장으로 삼겠다며 암약하고 있었다. 출세한 무관의 운명일지도 모른다. 게다가 인조반정, 정묘호란, 이괄의 난과 같은 내우외환을 맞아 목숨을 걸고 싸움터에 나가야 했다. 이러한 정국 아래서 남이흥은 한결같이 청렴결백, 진충보국의 길을 걸었으나, 존명사대를 내세우며 즉위한 인조와 공신들의 배금정책으로 빚어진 정묘호란을 맞아, 안주전투에서 허무하게 산화(散花)하고 말았다.

그의 죽음이 과연 그 자신의 전략 실패 때문인가, 아니면 인조정부의 부적절한 대내·외 정책 때문인가는 따져 보아야 할 일이다. 이것은 정묘호란의 역사적인 맥락을 구명하는 일이기도 하지만, 고금을 막론하고 인간사회에 있을 법한 권력투쟁, 심리상태의 한 단면을 알아볼 수도 있다는 점에서 흥미롭다. 이 글을 쓰는 까닭도 궁극적으로는 여기에 있음을 밝혀 둔다.

2. 생 애

충장공 남이흥의 자는 사호(士豪)요, 호는 성은(城隱)이요, 본관은 의
령(宜寧)이다. 아버지는 나주목사를 지낸 유(瑜)요, 어머니는 대사간 류
헌(柳軒)의 증손녀요, 형조판서 류훈(柳塤)의 딸인 전주 류씨로 1576년
(선조 9) 7월 27일에 서울에서 태어났다.[1]

의령 남씨의 시조는 영의공(英毅公) 민(敏)이라 한다. 일설에는 본명이
김충(金忠)이었는데, 755년(신라 경덕왕 14)에 일본에 안렴사(按廉使)로
갔다 오다가 태풍을 만나 경상도 영해 땅(경북 영덕군 축산도 죽도)에 표
류해 왔다고 한다. 이때 신라왕이 그가 남쪽에서 왔다고 해 남씨성을 하사
하고 이름을 민(敏)으로 고치게 한 다음, 영양현(英陽縣)을 식읍(食邑)으
로 주어 영의공(英毅公)으로 봉했다고 한다. 그리고 다른 일설에는 9세기
후반 당나라 희종 때 일이라고도 하고, 또는 중국의 봉양부(鳳陽府) 여남
(汝南) 땅 사람이어서 남씨라 했다고도 한다. 그 후손으로 척(倜) · 익
(翼) · 겸(謙) · 숙손(淑孫) · 지탁(之卓) · 혁(弈) · 진용(鎭勇) 등 일곱 사
람이 족보에 단선(單線)으로 기재되어 있다.[2] 그러나 약천(藥泉) 남구만
(南九萬)이

---

1) 沈麐撰, 《忠壯公遺事》 上, 行狀, 3~5쪽. 《충장공유사》는 남이흥의 후손인 南益華가 1721
년(경종 1) 9월에 간행한 책이다. 上 · 下 두 책으로 되어 있다. 이 책은 비록 남이흥
자신의 글은 아니지만 정묘호란 때 그와 함께 순국한 金浚 · 朴命龍 등 10여 명의 家狀
및 行錄을 수집해서 엮은 것이다. 上卷에는 沈麐의 남이흥 行狀과 李景奭의 請諡狀, 許
穆의 神道碑銘, 任相元의 墓地銘과 年譜 형식의 해적이가 사환기와 사적기로 나누어 수
록되어 있다. 下卷에는 忠愍祠圖 · 忠愍祠正堂位次圖 · 南九萬의 安州忠愍祠碑銘 등이 수
록되어 있다. 그리고 끝에는 [忠壯公遺事附錄]이라 해 정묘호란 때 순국한 朴命龍 · 金
浚 · 李尙安 · 李希健 · 金良彦 · 李德榮 · 金彦壽 등 10 여명의 행장과 사적을 수록하고
있다. 내용마다 근거를 밝혀 놓고 있어서 당시의 정황을 객관적으로 이해하는 데 많은
도움이 된다.
2) 南豊鉉, 〈남씨의 내력〉, 《곧은골 南氏의 歷史記錄》, 宜寧南氏直洞文集刊行會, 2004, 198쪽.

천보(天寶) 년대에 중국의 신하가 일본에 사신으로 갔다가 신라에 표류해
왔다는 기록은 중국이나 우리나라의 역사책에 없고, 안렴사(按廉使)라는 벼
슬도 당나라 때에는 없었으니 이것은 후대 사람이 말로만 전한 것이어서 고
증할 수 없다.[3)]

고 한 것처럼 후세에 만들어진 설화에 불과하다. 이런 사례는 다른 문
중에도 얼마든지 있다.

그러나 고려 충렬왕 대에 시조의 4세 진남(鎭勇)의 세 아들 홍보(洪甫)
· 군보(君甫) · 광보(匡甫) 가운데 군보가 의령 남씨의 시조라는 것은 믿
을 만하다. 고려시대에 호족들이 자기의 가문을 다른 사람과 구별하고자
본관을 자칭하는 경우가 많았기 때문이다.[4)]

군보는 혁지(赫旨)와 익지(益旨) 두 아들을 두었다. 혁지는 4대 뒤에
손이 끊어졌으나, 익지의 자손은 번성했다. 익지의 아들이 천로(天老)요,
그는 을번(乙蕃) · 을진(乙珍) · 을경(乙卿)의 3형제를 두었다. 을번은 고
려의 밀직부사, 조선의 문하시중을 지냈으며, 을진은 고려의 참지문하부
사를 지냈으나 조선에 귀의하지 않고 사천(沙川) 봉황촌(鳳凰村)에 숨어
나오지 않았다. 그래서 뒤에 사천백(沙川伯)으로 봉했디 한다. 을번은 재
(在) · 은(誾) · 실(實) · 지(贄) 4형제를 두었다.[5)]

재는 남이흥의 8대조이다. 그는 목은(牧隱) 이색(李穡)의 제자로, 문과
에 급제한 뒤 이성계의 위화도회군 때 공을 세워 회군 3등공신이 되었다.
이성계가 조선왕조를 창건하자 개국 1등공신이 되었다. 이때 본래 이름은
겸(謙)이었는데 반대파에게 죽임을 당하지 않고 살아남아 태조가 "在"로
이름을 고쳐 주었다고 한다. 방원(芳遠)이 명나라에 사신으로 갈 때는 부
사(副使)가 되어 동행했으며, 정종 때에는 방원에게 왕위를 선양하자고
공언(公言)해 아우인 은(誾)이 제1차 왕자의 난으로 제거될 때에도 잠시

---

3) 南豊鉉, 앞의 책, 198쪽.
4) 南豊鉉, 앞의 책, 198쪽.
5) 南豊鉉, 앞의 책, 200쪽.

유배되었을 뿐 살아남아 좌의정·영의정까지 역임했고, 의령부원군에 봉
해졌다. 시호는 충경(忠景), 태조의 묘정(廟庭)에 배향되었다. 글을 잘 했
을 뿐 아니라 산수(算數)에도 밝아 남산(南算)이라 했다고 한다.6)

은(誾)은 정도전(鄭道傳)·심효생(沈孝生)과 함께 방석(芳碩)을 도운
3인방의 한 사람으로, 제1차 왕자의 난 때 방원에게 숙청당했다. 그는 성
격이 호매하고 활달했으며, 우왕 때 급제해 삼척에 침입한 왜적을 물리치
고, 위화도회군을 주장해 공을 세웠으며, 정도전 등 52인과 함께 이성계를
왕위에 추대하는 데 앞장섰다. 그리하여 개국 1등공신이 되고 의성부원군
(宜城府院君)에 봉해졌다. 1422년(세종 4)에 태조묘정에 배향되었으며,
시호는 강무(剛武)이다.7)

재는 경문(景文)과 경무(景武) 두 아들을 두었다. 이 가운데 경문이 남
이흥의 7대조로, 병조의랑(兵曹議郎)을 지냈으며, 경문은 지(智)·간(簡)
·훈(暈) 세 아들을 두었는데, 이 가운데 지가 남이흥의 6대조이다. 지는
어려서부터 총민해 글을 한꺼번에 7줄씩 읽어 내려갔다고 하며, 세종 대
에 좌의정을 지냈다. 의성부원군(宜城府院君)에 봉해졌으며, 시호는 충간
(忠簡)이다. 훈은 태종의 딸인 정선공주(貞善公主)와 혼인해 손자 이
(怡)를 두었다.8)

5대조는 내섬시(內贍寺) 부정(副正) 칭(偁)으로 지(智)의 둘째 아들이
다. 벼슬은 높지 않았으나 자손이 번성해 부정공파는 남씨 가운데서도 가
장 화려한 지파(支派)를 이루었다. 고조는 삭령군수(朔寧郡守)를 지낸 변
(忭)으로 호조참판에 추증되었다. 증조부는 예조참판을 지낸 세건(世健)
으로, 그의 형 세웅(世雄)은 문과에 급제해 병조참판을, 세준(世準)은 이
조참판을 지냈다.9)

조부는 문과에 급제해 공조참의를 지낸 응룡(應龍)으로 호는 이요당

6) 南豊鉉, 앞의 책, 200~201쪽.
7) 南豊鉉, 앞의 책, 200~201쪽.
8)《宜寧南氏族譜》, 2~3쪽.
9) 朴能緒,〈宜寧南氏〉,《韓國系行譜》人, 寶庫社, 1992, 2142쪽.

(二樂堂)이요, 퇴계 이황과 함께 호당(湖堂)에 뽑힌 바 있었다.10) 아버지
는 무과에 급제해 나주목사로서 충무공 이순신과 함께 노량해전(露梁海
戰)에서 순국한 유(瑜)이다. 자는 시망(時望)이요, 1552년(명종 7)에 태
어나 1579년(선조 12)에 무과에 급제해, 1597년(선조 30) 정유재란(丁酉
再亂) 때 전사했다. 1592년(선조 25) 임진왜란 때에는 부평부사로 있다가
정유재란 때 어머니가 돌아가자 상을 치르고 있었는데 나주목사로 기복
(起復: 상중인 사람을 관직에 부름)시켜 좌영장(左營將)을 겸임케 했다.
이때 통제사 이순신은 불타고 남은 병선을 수습해 나주 보화도(寶化島)에
주둔하고 있었다. 그는 명의 제독 유정(劉綎)·진린(陳璘)과 협력해 이순
신과 함께 노량(露梁)에서 왜적을 대파했으나 이순신이 적탄에 맞아 순국
하고, 그도 3일 뒤인 1598년(선조 31) 11월 22일에 전사했다. 이에 조정
에서는 좌의정을 추증하고, 의천부원군(宜川府院君)에 봉했으며, 충신정
려(忠臣旌閭)를 내렸다. 그리고 백성들은 노량에 유허비(遺墟碑)를 세우
고, 순국한 180년 뒤에 조정에서 다시 대제학 서명선(徐命善) 찬(撰)으로
노량유허비(露梁遺墟碑)를 세웠다.11)

남이흥 가문의 세계를 정리한 것이 다음 쪽에 나오는 〈의령남씨 남이흥
세계표〉이다.

그는 어려서부터 체격이 크고 기질이 뛰어났다. 5~6세쯤 되었을 때부
터 아이들과 놀면 반드시 높은 곳에 올라앉아 아이들을 이끌었으며, 잘못
한 아이는 크게 꾸짖었다. 아이들도 그를 두려워해 감히 거역하지 못했다
한다.12) 6살 때 외가에서 있었던 일이다. 외종형이 아이들과 놀다가 우물
에 빠질 위기에 놓였다. 이때 나이 어린 남이흥은 형의 소매를 잡고 두 발
로 축대에 버티고 서서 큰 소리로 사람을 불렀다. 그리하여 사람들이 달려
들어 구출했다. 이를 본 외할아버지(柳塤)는 앞으로 반드시 나라의 위태
로움을 구할 재목이 될 것이라 했다고 한다.13)

---

10) 朴能緒, 앞의 책, 2142쪽.
11) 宜川府院君露梁遺墟碑 序文 및 碑文 참조(국역 《忠壯公南以興將軍遺事》 9~13쪽).
12) 沈薦 撰, 《忠壯公遺事》 上, 行狀, 16쪽.
13) 앞의 책, 16~17쪽.

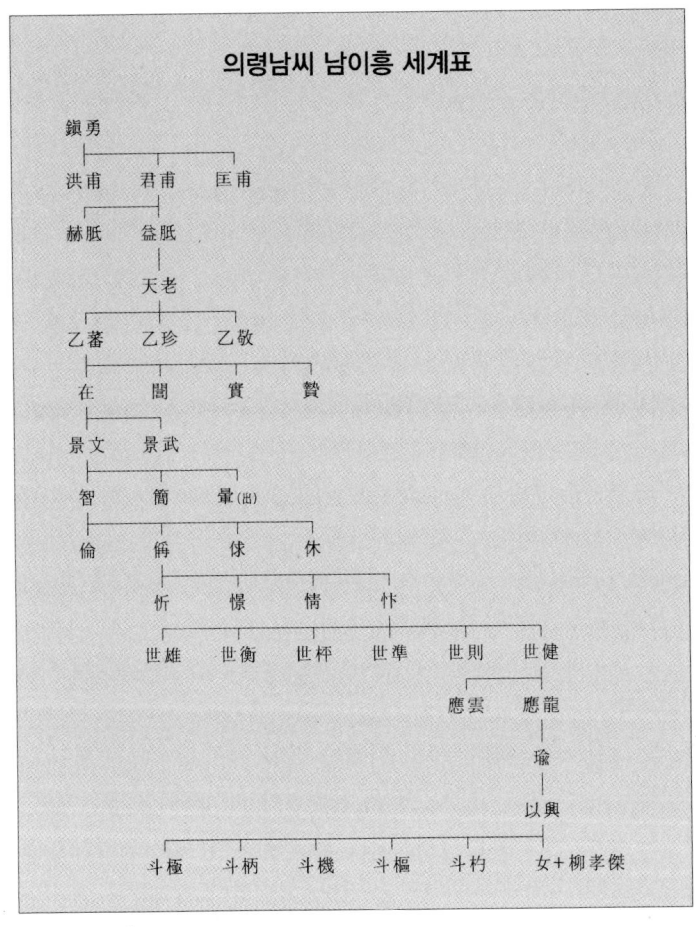

15세가 되어서는 문한가(文翰家)에 장가를 들어 글공부를 했다. 그 즈
음 아버지가 준마(駿馬)를 기르고 있었는데 아무도 그 말을 훈련시키지
못했다. 그러나 오직 남이흥만 매일밤 말을 훈련시키면서 앞으로 전쟁 때
쓰일 것이라 하더니 과연 임진왜란이 일어나자 부평부사로 있던 아버지가
왜군과 전투를 하다가 그 말 덕분에 위험에서 빠져 나왔다고 한다.14)

---

14) 李景奭, 국역《忠壯公南以興將軍遺事》請諡狀, 63쪽.

남이흥이 17살이 되었을 때였다. 어머니를 모시고 부평에 와 있던 남이흥은 서울 본가에 놔두고 온 세전가장(世傳家裝)을 가지고 오지 못해 걱정하는 어머니의 말씀을 듣고 건장한 하인 몇 명을 거느리고 성내로 들어갔다. 그리하여 물건들을 챙겨 가지고 돌아오는데 무뢰배들이 피란민들을 무자비하게 약탈하는 것이었다. 남이흥은 선두에 선 도적들을 활로 쏘면서 큰 소리로 호령하니 무리들이 다 달아났다. 이에 피란민들은 모두 그를 쫓아오기 바빴다 한다.15)

그러나 그가 23세 되던 1598년(선조 31)에 아버지가 노량 앞 바다에서 왜적과 싸우다가 전사했다. 남이흥은 아버지의 원수를 갚고자 붓을 버리고 말타기, 활쏘기 등 무술을 익히기로 결심했다. 그리하여 1602년(선조 35) 9월 9일에 문묘를 다시 지은 기념으로 실시한 알성무과(謁聖武科)에 급제했다.16)

무과에 급제한 뒤 남이흥은 선전관 겸 비변사낭청(1603), 장연현감(長淵縣監: 1604), 비변랑(備邊郞: 1607), 의주판관(1608), 용천군수(1610) 등 관직을 거쳤다. 장연현감으로 있을 때는 가혹한 정사를 바로잡고, 교활한 아전들을 엄히 다스려 안문어사(按問御使) 이지완(李志完)의 장계로 승급했다.17) 그리고 의주판관으로 3년 동안 있을 때는 의주부윤 이이첨(李爾瞻)이 그를 극진히 대우했다. 의령남씨는 당색이 북인이었다. 북인의 젊은 맹장인 남이공(南以恭)이나 남이웅(南以雄)·남이신(南以信)이 모두 남이흥의 6촌형제였기 때문이다.18) 그 때문에 북인정권이 주도했던 광해군 대에 같은 북인인 이지완·이이첨과 돈독한 관계를 가질 수도 있었을 것이다. 남이흥의 육촌형제 관계는 다음 쪽에 나온 표와 같다.

1611년(광해군 3) 남이흥은 관직을 그만두고 백사(白沙) 이항복(李恒

---

15) 沈曆 撰,《忠壯公遺事》上, 行狀, 18쪽.
16) 위의 책, 19쪽.
17) 정성희,〈丁卯胡亂 時期 安州城 전투와 南以興 將軍〉,《당진문화》24, 당진문화원, 2005, 37쪽.
18) 李成茂,〈宜春君 南以興과 廣川君 李克墻〉,《한국역사의 이해》6, 집문당, 2006, 132쪽.

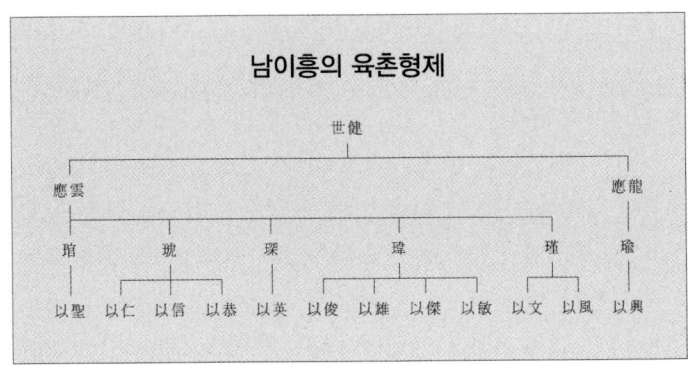

福)의 체찰부(體察府)에 참여했다. 이항복이 군권을 가지고 있었기 때문이다. 그러나 이해 체찰부의 천거로 다시 부령부사로 임명되었다. 그는 병기를 가다듬고, 군량을 많이 마련해 1613년(광해군 5)에는 암행어사의 보고로 당상관에 올랐다.[19] 부령부사로 있을 때 올린 치적을 인정받아 1614년(광해군 6) 2월 23일에는 서울로 불려 올라와 종2품 가선대부로 승진하고 부총관 겸 포도대장 · 군기시제조에 제수되었다. 그 뒤 승승장구해 1615년(광해군 7)에는 공홍병마절도사(公洪兵馬節度使)가 되었다. 이즈음 간리(奸吏) 두 명이 이이첨(李爾瞻)의 권세를 믿고 양민을 괴롭히는 것을 남이흥이 엄벌로 다스려 두 아전을 장살(杖殺)하기에 이르렀다. 그러자 이이첨의 사주를 받은 대간들이 들고일어나 탄핵을 했으나 광해군이 묵살해 직위만 박탈되는 데 그쳤다.[20]

　이때 주민들은 그가 떠나는 길에 10리에 걸쳐 백의(白衣)를 깔아 존경을 표했다 한다. 이 지방 연안김씨의 한 처녀(여란)는 이이첨의 종자들이 횡포를 부려 부모까지 잃었는데 남이흥이 이를 척결해 주자, 자청해서 부실(副室)로 들어와 일생동안 그의 곁을 지켰다.

　42세가 되던 1617년(광해군 9)에 다시 경상우도병마절도사 겸 진주목사가 되었다. 그는 임진왜란 때 불탄 촉석루(矗石樓)[21]를 다시 짓고, 비

19) 沈礪 撰,《忠壯公遺事》上, 行狀, 9쪽.
20) 위의 책, 9쪽.

봉산(飛鳳山) 가운데 있는 의곡사(義谷寺)를 산승(山僧) 성간(性侃)을
시켜 복원토록 했다. 정충신(鄭忠信)의 《북천록》(北遷錄)에 따르면 남이
흥은 사람을 보내 북청(北靑)에 귀양가 있는 이항복에게 선물을 보냈다
한다. 존모(尊慕)의 뜻을 표하고자 함이었다.22) 그러나 진주목사로 있으
면서도 정인홍(鄭仁弘)을 한 번도 찾아보지 않을 뿐 아니라 정인홍이 손
자를 보내 한번 보자고 청해도 병을 핑계로 만나지 않았다.23) 반면에 광
해군에게 미움을 받는 이원익(李元翼) · 신흠(申欽) · 한준겸(韓浚謙) 등
과는 잘 알지 못하는 사이임에도 사람을 시켜 문안했다.24) 서인인 이항복
에게는 선물을 보내면서 같은 북인인 정인홍은 만나주지 않은 것은, 북인
의 실정(失政)에 환멸을 느껴 그 나름의 옳은 길을 가고자 했기 때문인
듯하다. 남이흥은 광해군이 펼친 후금에 대한 유화정책에 필요한 사람이
었다. 지휘력도 있으면서 후금의 사신을 응대하는 능력도 뛰어났기 때문
이다. 그래서 북인 실세들도 그를 함부로 대하지는 못했다.25)

이때 서북지방이 시끄러워지자 아무도 그곳 수령으로 가려고 하지 않
았다. 그러나 남이흥은 자원해서 구성부사(龜城府使) 겸 방어사를 맡았
다. 당시 구성은 토질이 척박하고, 인구가 적어 산적이 들끓었다. 그러나
그가 부임하자 한 달도 안 되어 평안해지자 1620년(광해군 12) 3월에 백
성들이 송덕비(頌德碑)를 세웠다. 그 비문에는 "(부임한 지) 한 달도 되지
않았는데, 은혜의 무거움은 백 년이나 됩니다."(未滿一朔 恩重百年)라는
문구가 들어가 있었다.26)

45세 되던 1620년(광해군 12)에 안주목사 겸 방어사가 되었다. 이때

---

21) 矗石樓는 임란 뒤에 중건되었으나 옛 모습대로 복구된 것은 아니었는데 1618년(광해
  군 10)에 병사 겸 목사 남이흥이 새로 지어 영남에서 제일 가는 누각이 되었고, 시인
  묵객들이 이 일을 많이 읊었다(《忠壯公遺事》上, 97쪽).
22) 沈麔 撰,《忠壯公遺事》上, 行狀, 23쪽.
23) 위의 책, 10쪽.
24) 李成茂,〈宜春君 南以興과 廣川君 李克增〉,《한국역사의 이해》6, 집문당, 2006, 127쪽.
25) 정성희,〈丁卯胡亂 時期 安州城 전투와 南以興 將軍〉,《당진문화》24, 당진문화원, 2005,
  38쪽.
26) 沈麔 撰,《忠壯公遺事》上, 行狀, 23쪽.

요동(遼東)과 광동(廣東)에 난리가 일어나 중국에서 강을 건너 안주 땅
으로 피란 오는 사람들이 많았다. 남이흥은 이들을 차별 없이 은혜로서
보호하고, 법으로 공정하게 다스려 고맙고 두렵게 여기도록 했다. 그래서
어린애가 울다가도 "남영감"[南老爺]이라고 하면 그쳤다고 한다.27) 이러
한 선정(善政)의 덕으로 1622년(광해군 14)에 자헌대부(정2품)로 승진
했다.28)

  1623년(인조 1)에 인조반정이 일어나자 광해군 조에 중용된 인사들은
모두 파직되었다. 남이흥도 예외가 아니었다. 더구나 남이흥은 군권을 가
지고 있는 무장이었으므로 반정공신들의 견제 대상이었다. 시기하고 헐
뜯는 사람도 많았다. 남이흥이 인조반정 직후 안주목사에서 해임되어 집
에 있는데 홀연히 무사 두 사람이 찾아와 사람을 물리라고 하고, 거사를
일으키려는데 당신을 대장으로 삼고자 한다고 했다. 남이흥은 거짓으로
승낙하고 거사 참여자 명단을 보자고 했다. 무사가 다음날 가져오겠다고
하자, 그 다음날 건장한 종 여덟 사람을 무장시켜 벽 뒤에 숨어 있게 했
다가 큰기침 소리와 함께 그 두 사람을 체포하고 명단을 정부에 보고해
박홍구(朴弘耉) 부자 등을 일망타진한 일이 있었다.29) 당시에는 남이흥
을 두려워하고 질시하는 사람이 많아서 심지어는 잡아들이자는 의론까지
있었다 한다.30) 그러나 평소에 그의 인품과 능력을 잘 아는 도원수 장만
(張晩)이 왕에게 청해 중군(中軍)을 삼음으로서 위태로운 상황을 모면할
수 있었다.31)

  1624년(인조 2)에 부원수 이괄(李适)이 난을 일으켰다. 이괄은 장만의
수하 장수 가운데 중군 남이흥, 별장 류효걸(柳孝傑), 별장 박진영(朴震
英)만 제거하면 된다고 생각했다. 그리하여 서족질(庶族姪) 남두방(南斗

---

27) 沈廌 撰《忠壯公遺事》上, 行狀, 10쪽.
28) 위의 책, 11쪽.
29) 위의 책, 84~85쪽.
30) 癸亥 公自安州罷歸 嫉公者 乘間搆誣 至有按律之議(沈廌 撰《忠壯公遺事》上, 84~85쪽).
31) 국역《忠壯公南以興將軍遺事》, 24쪽. 장만은 반정공신 가운데 실세인 遲川 崔鳴吉의 장
    인이었고, 都元帥를 맡고 있는 巨木이었다.

傍)을 시켜 남이홍에게 은밀히 서찰을 보냈는데 사연인즉, "흉한 무리들이 조정에 가득해, 성명(聖明)한 군주 옆에서 흉모(兇謀)와 작간(作奸)을 일삼고 있어 악한 일들이 끊이지 않는다"는 것이었다.32) 남이홍은 이 서찰을 뜯어보지도 않고 도원수에게 올렸다. 도원수 장만은 이들을 조정과 이간질하려는 술책으로 여기고 그 이후는 남이홍을 더욱 신임했다. 그리하여 장만이 병이 나자 군부의 모든 일을 남이홍과 정충신(鄭忠信)에게 맡겼다.33)

장만이 남이홍에게 반란군은 강하고 관군은 약한데 어떻게 하면 이길 수 있느냐고 물었다. 남이홍은 적장 가운데 류순무(柳舜懋) · 이신(李愼) · 이윤서(李胤緒) 등은 비록 적진에 있으나 이괄에게 동조할 사람들이 아니니 글을 보내어 회유하면 귀순할 것이라 했다. 그리고 은밀히 사람을 보내 설득하니 많은 부하들을 이끌고 귀순해 왔다.34)

이괄은 관군의 기세가 높은 것을 알고 사잇길로 몰래 평양으로 달아났다. 장만은 남이홍으로 하여금 추격하도록 했다. 남이홍군은 황주 신교(薪橋)에서 적군을 만나 대치했다. 남이홍은

> 너희들은 나라에서 보낸 자들로서, 불행히도 적의 꾀임에 빠져 이 모양이 되었으나, 개과천선(改過遷善)해 관군과 더불어 순리에 복종하고 항복하면 후일을 기약할 수 있고, 부귀도 또한 도모할 수 있을 것이다. 만약 그렇지 않고, 미혹에서 벗어나지 못한다면, 너희들은 반드시 돌이킬 수 없는 화를

---

32) 南斗傍은 본래 이괄과 친척뻘이 되어 알고 지내는 사이였다. 그는 張晩의 막하에 있었는데 寧邊에 볼 일이 있어 갔으나 부원수 겸 영변부사인 이괄을 찾아보지 않고 기생집에 머물고 있었다. 그런데 별안간 이괄의 부하들에게 잡혀 이괄 앞에 끌려갔다. 이괄은 그를 兵房軍官에 임명하고 편지를 써 주면서 남이홍에게 전하라고 했다. 남두방은 그대로 있다가는 잡힐 것 같아 기생의 생질 4명에게 도움을 받아 성의 낮은 곳을 넘어 안주를 거쳐 평양에 가서 편지를 전했다. 남이홍은 뜯어보지도 않고 이를 도원수 장만에게 주었다. 장만은 자기와 남이홍을 이간하려는 술책으로 알고 남두방에게 손수 서장(書狀)을 써 주어 조정에 보고하게 했다. 이때 이괄의 난을 토벌하러 간 장수들이 동조했다는 소문이 나돌아 그 자제들 가운데 서울에 있는 사람들을 체포해서 장차 죽이려 했는데 남이홍의 중자(仲子) 두병도 그 가운데 포함되어 있었다. 남두방은 사실을 말하고 그를 빼냈다 한다(앞의 책, 87~90쪽).

33) 앞의 책, 25~26쪽.

34) 앞의 책, 25~26쪽.

먼키 어려울 것이며, 후회를 천추에 남기게 될 것이다.35)

라고 호통을 쳤다. 이 말을 듣고 허전(許銓) · 송립(宋岦) 등 적장과 항
왜(降倭: 임진왜란 때 항복한 왜군 출신 병사)를 합해 100여 명의 장졸들
이 투항해 왔다. 두 장수는 일찍이 이괄이 심복으로 양성한 선봉장들이었
다. 그리고 항왜들은 안주에서 남이흥이 진심으로 보살펴 주었으므로 감
복해서 절대로 남영감[南爺爺]을 해쳐서는 안 된다고 다짐하며, 살려준
은혜에 감사했다.36)

남이흥은 패주하는 이괄의 군대를 추격해 평산에 이르렀다. 그는 결사
대를 조직해 밤중에 적진을 급습했다. 그리고 패한 적을 추격해 마탄(馬
灘)에 이르렀다. 반란군이 이중로(李重老) 등 여덟 장수의 목을 베어 보
내니 관군이 동요되었다. 이에 남이흥은 웃으면서 거짓으로 "이른바 여덟
사람은 내가 평소에 잘 아는 사람들인데, 이 수급 가운데는 아무도 그런
사람이 없다. 이것은 죽은 졸병들의 목을 보내어 나를 속이려는 것이다"라
고 해 진중을 진정시켰다.37)

이괄의 군대는 계속 쫓기면서도 임진강을 건너 서울로 진격했고, 조정
은 분조(分朝)를 해 인조는 공주로, 소현세자는 전주로 옮겨갔다. 남이흥
은 정충신과 함께 안현(鞍峴)에 진을 치고 고개 아래에서 공격해 오는 반
란군을 섬멸했다. 이괄과 한명련(韓明璉) 등은 수십 기를 거느리고 광주
(廣州)를 거쳐 이천(利川) 묵방리(墨坊里)까지 달아났다가 기익헌(奇益
獻) · 이수백(李守白) 등 부하들에게 목이 잘려 공주 행재소(行在所)에
바쳐졌다.38)

반란이 평정된 뒤에 남이흥은 장연(長淵) 땅에 피란가 있는 어머니를
직접 모시고자 했다. 이에 인조는 그를 연안부사 겸 방어사에 임명하고,

---

35) 앞의 책, 26~27쪽.
36) 앞의 책, 27쪽.
37) 앞의 책, 28쪽.
38) 앞의 책, 29~30쪽.

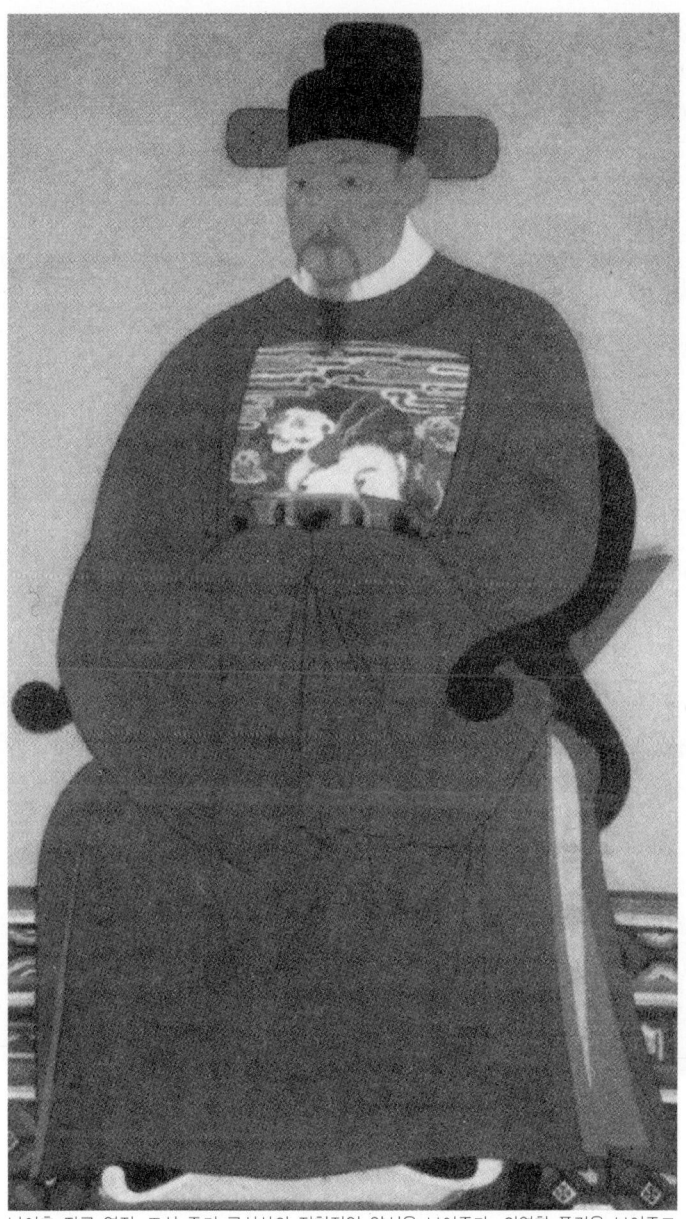

남이흥 장군 영정. 조선 중기 공신상의 전형적인 양식을 보여준다. 의연한 품격을 보여주고 있어 초상화로서 격조 높은 작품이다.

갈성분위출기효력진무1등공신(竭誠奮威出氣效力振武一等功臣)에 봉했
으며, 3자(三資)를 특진시켜 숭록대부(정1품)로 올려주었고, 의춘군(宜春
君)에 봉하는 한편, 노비와 전택(田宅)을 하사했다.

　그러나 얼마 안 있어 서울로 불려 올라와 비변사당상을 겸대했고, 마침
서북지방이 불안해지자 변경의 일을 잘 알고 서북사람들에게 은혜를 끼친
남이흥을 평안도병마절도사 겸 영변부사양서순변사로 임명해 구성(龜城)
을 지키게 했다.39)

　1627년(인조 5) 정월에 후금이 침입했다. 후금군은 삽시간에 의주를 점
령하고, 3일도 안 되어 청천강을 건너 안주(安州)까지 밀려들어 왔다. 당
시 그에 대한 반정공신들의 감시와 간섭이 심해 군사를 제대로 모으고 훈
련하기가 어려웠다. 더구나 구성을 지키고 있는데 적이 안주로 들이닥치
니 준비가 소홀할 수밖에 없었다. 남이흥은 부랴부랴 안주로 가서 군사를
모으고 민간인과 노약자까지 긁어모았으나 3,000여 명밖에 되지 않았다.
그는 안주목사 김준(金浚)과 함께 성을 사수하기로 결심했다. 그리고 둘
째 아들 두병(斗柄)으로 하여금 장계(狀啓)를 가지고 서울로 올라가 왕에
게 정황을 보고하고 어머니를 모시도록 했다. 그는 장계에서 "일만 번 죽
는다 해도, 죽는 도리밖에 없습니다."고 했다. 죽을 자리를 찾은 것이다.
당파가 다르다는 이유로, 평양감사 윤훤(尹暄)은 구원병을 보내지 않았던
것이다.

　후금군 총사령관 아민(阿敏)이 후금으로 간 강홍립(姜弘立)·박난영
(朴蘭英)·한윤(韓潤)40) 등을 시켜 항복하라고 협박했지만, 남이흥은 끝
까지 싸우다가 중과부적(衆寡不敵)으로 화약을 터트려 자결했다. 1627년
(인조 5) 정월 21일이었다. 편비(偏裨) 정연록(鄭延祿)과 관노(官奴) 애
남(愛男)도 함께 죽었다.41) 이해 8월 시체가 없어 의복장(衣服葬)으로 광

---

39) 沈鏝 撰, 《忠壯公遺事》上, 行狀, 16~17쪽.,
40) 韓明璉의 아들 韓潤은 이괄난이 실패하자 도망가서 龜城에서 해를 넘겼는데 구성부사
　　趙時俊이 듣고 체포하고자 했으나 기미를 알고 후금으로 달아나 후금과 姜弘立·朴蘭
　　英 등을 부추겨 정묘호란을 일으키게 했다(위의 책, 127쪽).
41) 위의 책, 47~49쪽.

주군(廣州郡) 음촌리(陰村里) 선영에 묘좌지원(卯坐之原)에 장사지내고, 1971년 3월 1일에 충남 당진군 대호지면(大湖之面) 도리리(桃李里)로 이장했다.42) 인조는 남이흥의 충절을 기리고자 대광보국숭록대부의정부좌의정 겸 경연사의춘부원군을 봉증(封贈)했다. 또한 아버지와 함께 정려(旌閭)를 내리고, 불천위(不遷位)가 되게 했다. 그 뒤 1663년(현종 4)에는 충장(忠壯)이라는 시호를 내리고, 1680년(숙종 6)에는 안주에 충민사(忠愍祠)를 지어 남이흥을 주벽(主壁)으로 하고 당시에 함께 싸웠던 사람들을 배향했다.43) 안주백성들은 북신사(北神祠)를 세워 남이흥의 화상을 그려놓고 가뭄이나 전염병이 들면 이곳에 와서 빌었다고 한다.44) 뿐만 아니라 남이흥이 거쳐간 고을이 10군데나 되는데, 그 가운데 송덕비가 세워지지 않은 곳은 두세 곳뿐이었다고 한다.45)

부인은 세종 대에 영의정을 지낸 정인지(鄭麟趾)의 6세손인 승지 희적(熙績)의 딸인 정경부인 하동 정씨이다. 1657년(효종 8)에 죽어 부군과 합장했으나 이혈(異穴)이었다. 향년 82세. 5남 3녀를 두었는데 장자는 사재감 첨정을 지낸 두극(斗極)이요, 차자는 약관(弱冠)에 무과에 급제해 공조판서, 어영대장, 3도도통사를 거친 두병(斗柄)이요, 3남은 첨지중추부사를 지낸 두기(斗機)요, 4남은 사포서별좌(司圃署別坐)를 지낸 두추(斗樞)요, 5남은 장수현감을 지낸 두표(斗杓)요, 장녀는 남이흥과 함께 진무2등공신(振武二等功臣)이 된 절도사 진양군(晉陽君) 류효걸(柳孝傑)에게 시집갔고, 차녀는 감역(監役) 김진성(金振聲)에게 시집갔다.46)

남이흥은 형제가 없고, 자매는 있었으나 일찍이 죽었다. 그리고 서제(庶弟) 둘과 서매(庶妹)가 있었는데 차별하지 않고 자기 몸처럼 돌봐 주었다.47)

---

42) 앞의 책, 55~56쪽.
43) 앞의 책, 49쪽. 충장사 비명은 1710년(숙종 36)에 증손인 宣川府使 爀이 세웠는데, 中樞府事 南九萬이 짓고, 영의정 崔錫鼎이 篆書를 썼으며, 이조판서 趙相愚가 글씨를 썼다.
44) 許穆,〈忠壯公神道碑銘〉, 국역《忠壯公南以興將軍遺事》, 95쪽.
45) 沈鷹 撰,《忠壯公遺事》上, 53~54쪽.
46) 위의 책, 56~57쪽.

두극은 찰방 정광보(鄭光輔)의 딸과 혼인해 남매를 두었는데 아들은 영(泳)이요, 딸은 참봉 홍림공(洪霖恭)에게 시집갔다. 두병은 첨지 하경호(河景灝)의 딸과 혼인했으나 절손되어 첨지의 아들 오(澳)를 양자로 삼았다. 측실에 아들 하나가 있었는데 이름이 언(漹)으로 일찍 죽었고, 두 딸이 있었는데 하나는 문영발(文榮發)에게, 하나는 허매(許禖)에게 시집 갔다. 두기는 주부 김순(金循)의 딸과 혼인해 3남 1녀를 두었는데, 장남 옥(沃)은 무과에 급제해 남포현감(藍浦縣監)이 되었고, 차남은 속(洓)이요, 3남은 오(澳)인데 두병에게 양자로 갔다. 딸은 김기(金頎)에게 시집갔고, 세 딸은 문인성(文仁聖), 권덕겸(權德謙), 김흥진(金興珎)에게 각각 시집갔다. 두추는 현령 이윤경(李允卿)의 딸과 혼인해 딸 하나를 두었는데 김만세(金萬世)에게 시집갔고, 변충원(卞忠元)의 딸을 재취해 2남 1녀를 두었는데, 장자는 징(澄)이요. 차자는 연(淵)이다. 두표는 현감 최복명(崔復明)의 딸과 혼인해 1남 1녀와 서자 하나를 두었는데, 아들은 택(澤)이고, 딸은 진사 이중하(李重夏)에게 시집갔다. 유효걸은 3남을 두었는데, 장남 호연(浩然)은 진사로서 김포군수가 되었고, 차남 혁연(赫然)은 무과에 급제해 승지, 병·형·공 3조참판, 비변사당상을 역임한 효종 대의 유명한 무장이 되었고, 3남 탁연(卓然)은 진사로 수운판관이 되었다. 내외 자손이 90여 명이었고 그 가운데 현달한 사람도 많았다.[48]

남이흥은 벼슬할 때 절대로 티끌만큼도 자기를 더럽히는 일이 없었고, 친구의 빈곤을 보면 정성을 다해 도와주었으며, 집에 와서는 친척과 화목하게 지냈다. 그는 술을 잘해 함께 마시고 토하거나 혼절하지 않는 사람이 없었다. 그러면서도 재판할 때에는 명석한 판결을 내려, 간사한 아전들이 취했다고 감히 넘보지 못했다. 휘하를 대할 때도 술잔을 잡고 노래를 하기도 하고, 투호(投壺)나 박혁(博奕)을 하기도 하며, 존비상하(尊卑上下)를 가리지 않고 밤을 새워 즐기며 놀았다. 그러나 의관을 정제하고 당(堂)에 오르면 늠름한 풍채를 감히 우러러 볼 수 없을 정도로 근엄했다. 활을 잘

---

47) 沈廘 撰,《忠壯公遺事》上, 55쪽.
48) 앞의 책, 56~58쪽.

쏘아 다른 사람이 한 번 쏠 때 두세 번을 쏘아 맞히지 않는 경우가 없었
다. 시문을 자주 짓지 않았으나 한번 지으면 사람들을 놀라게 했으며, 편
지를 쓰는데도 한번 붓을 잡으면 멈춤이 없이 끝을 냈고, 말을 할 때는 폭
포처럼 빨라 아전들이 받아 쓸 겨를이 없었다. 평생 집안일을 돌보지 않아
벼슬을 한 지 30년에 두어 칸 되는 집조차 마련하지 못했으며, 두어 두룩
밭도 사지 못했다. 관에 있으면 관사에 살고, 파직되면 남의 집을 빌려 살
았으며, 조석으로 양식을 빌려 와도 편안히 여겼다 한다. 이괄의 난을 평
정하고 공신의 몫으로 집 한 채를 받았는데, 이를 팔아서 성의 서쪽 한 모
퉁이에 겨우 집을 한 칸 마련해 비로소 살 집이 생겼다고 한다.[49]

부인 연일 정씨의 범절도 대단했다. 어머니를 극진히 모셨으며, 음식이
생기면 이웃에게 나누어주었다. 종을 부리는 데도 은의(恩義)로서 하고,
남편이 손님들에게 술대접을 할 때는 옷을 팔아 어려운 빛이 없이 술을
마련했다. 그리고 집안에서 큰 소리를 내는 법이 없었다고 한다.[50]

어머니도 나이 82세에 아들이 죽었다는 소식을 듣고 주야로 가슴을 치
며 울부짖으면서

> 무술년(1598)에는 아버시가 전쟁터에서 죽더니, 징묘년(1627)에는 이들미
> 저 전쟁터에서 죽어, 30년 사이에 부자가 모두 나라를 위해 죽었다. 두 사람
> 의 죽음은 모두 영광된 것이라 무슨 한이 되랴만, 많은 사람이 그 화로 말미
> 암아 불귀의 혼이 되고, 안주 · 영변 두 고을 백성과 전몰 군사들이 모두 잿
> 더미 속에 묻혔으니 이것이 통탄스럽다. 나라가 어찌하여 이 지경에 이르렀
> 으며, 우리 가족들이 어찌하여 이렇게 되었는가?[51]

라고 한탄했다고 한다.

---

49) 沈䎘 撰 《忠壯公遺事》上, 53~54쪽.
50) 위의 책, 56쪽.
51) 위의 책, 55쪽.

3. 군 공(軍功)

(1) 이괄의 난

1623년(광해군 15) 3월에 존명사대(尊明事大)와 주자학 지상주의를 내세워 서인의 인조반정(仁祖反正)이 일어났다. 1623년 3월 13일 밤 반정군이 홍제원(弘濟院)에 집결했으나 대장으로 추대된 김류(金瑬)가 나타나지 않자, 이괄(李适)을 새로운 대장으로 뽑았다. 김류가 뒤늦게 도착하자 이괄이 김류를 베려고 했으나, 이귀의 설득으로 무마되었다.[52]

이괄은 본관이 고성이고, 자는 백규(白圭)로 병조참판 육(陸)의 후손이다. 선조 때 무과에 급제해 형조좌랑, 태안군수 등의 관직을 거쳤다. 1623년에 북병사(北兵使)에 임명되어 부임하려는 차에 김류·이귀(李貴) 등이 반정에 가담할 것을 제의하자 쾌히 승낙했다. 반정에 성공한 이튿날, 새로 즉위한 인조 앞에 이귀가 이괄을 병조판서에 제수하기를 제안했다. 그러나 이괄은

> 신에게 무슨 공적이 있겠습니까? 다만 일을 피하지 않았을 뿐입니다. 어제 대장인 김류가 약속시간에 오지 않아서 이귀가 신에게 그를 대신하게 했는데, 김류가 늦게 왔으므로 그를 베고자 했으나 이귀가 극력 말려서 시행하지 못했습니다.[53]

라고 퍼부었다. 김류는 "이경(二更)으로 시간을 정했으니, 병법으로 논한다면 미리 온 자를 마땅히 참형에 처해야 합니다"라고 억지논리를 폈다.

---

52) 李成茂, 《조선시대당쟁사》 I, 동방미디어, 2000, 195쪽.
53) 李肯翊, 〈이괄의 변〉, 국역 《연려실기술》 인조조고사본말, 고전국역총서 권 24, 민족문화연구회.

그 뒤로 이괄은 사사건건 김류와 충돌했다. 인조가 모화관에서 반정군을 호궤(犒饋)할 때 호위대장(護衛大將)인 이귀가 북쪽에, 거의대장(擧義大將) 김류가 왼쪽에, 그리고 나머지는 동서로 나누어 앉았다. 이괄은 자기 자리가 김류의 아래인 것에 노골적으로 불만을 표시했다.[54]

그뿐이 아니었다. 그의 아우 수(邃)는 문과에 급제했는데도 벼슬을 얻지 못했고, 그의 아들은 반정에 참여했는데도 논공행상(論功行賞)에서 김류의 아들인 김경징(金慶徵)의 아래에 있었다. 더구나 이괄 자신도 반정에 늦게 참여했다는 이유로 2등공신에 올라 한성판윤에 임명되었을 뿐이었다. 이것은 내응한 공이 있는 이수일(李守一)의 공조판서보다 낮은 것이었다. 여론도 좋지 않았다.

> 박원종(朴元宗) 등이 중종반정을 일으켰을 때, 유자광은 처음 계획에는 참여하지 않았으나 반정하던 날에 그의 계책을 썼으므로 1등공신이 되었다. 오늘날 이괄이 한 일이 유자광과 같은데, 공을 책정하는 데는 그보다 오히려 낮추었다.[55]

그런데 그해 5월, 여진족이 순농할 기미를 보여, 장만(張晩)을 도원수, 이괄을 부원수 겸 평안병사로 임명했다. 쫓겨가는 느낌이라 이괄은 불쾌한 기색이 역력했다. 장만은 평양에, 이괄은 영변에 주둔하게 했다. 이때 이괄의 휘하에는 훈련된 군사 1만 2천 명과 항왜 130명이 있었다.[56]

이런 상황에서 1624년(인조 2) 1월 14일에 문회(文晦), 이우(李佑), 김광소(金光燒) 등이 기자헌(奇自獻), 현즙(玄楫), 이괄과 그의 아들 이전(李旃), 한명련과 그의 아들 한란(韓瀾), 한윤(韓潤) 등이 반란을 획책하고 있다고 고변했다.[57] 공신들 사이에도 이괄이 반역하지 않을 것이라는

---

54) 李成茂, 앞의 책, 200쪽.
55) 李成茂, 앞의 책, 200쪽.
56) 李成茂, 앞의 책, 201쪽.
57) 李肯翊, 앞의 책.

김류의 의견과, 반역할 것이라는 이귀·최명길의 견해가 대립되어 있었다. 인조는 이괄은 놔두고 그의 아들과 한명련·기자헌 등 30인을 체포하게 했다.58)

사실 이괄이 반드시 공신책봉에 불만을 가지고 반란을 일으킨 것은 아닐지도 모른다. 반정 초기의 불안정한 정국 속에서 자주 일어나는 고변사건의 희생자일 수도 있다. 실제로 모반에 연루되었다는 기자헌·이시언·한여길·유공량(柳公亮)·이성·김원량(金元亮)·현즙 등을 문초했지만, 증거가 불충분해 오히려 고변자를 처벌하려 했으나 이귀의 반대로 무산되었다.59)

17일에 인조는 선전관 김지수(金智秀)·의금부 가도사(假都事) 심대림(沈大臨)·고덕창(高德昌) 등을 보내어 이괄의 아들 이전과 한명련을 잡아오도록 했다. 이들이 영변에 도착하자 이괄은 다음과 같이 말하며 선전관과 금부도사를 죽였다.

내게는 오직 아들 하나밖에 없는데, 그 애가 잡혀가서 장차 죽을 것이니 어찌 아비가 온전할 수 있는가? 일이 이미 급해졌으니 남아가 죽지 않는다면 모르거니와, 잡혀 죽으나 반역하다 죽으나 죽기는 일반이니 어찌 머리를 숙이고 죽음을 받겠는가?60)

이괄은 22일에 근처 수령들을 소집했다. '시급한 군무(軍務)로 상의할 일이 있으니 밤낮을 가리지 말고 급히 오라'는 핑계였다. 이괄이 직속부하 가운데 날랜 자를 뽑아 여러 장수들에게 파견해 "경성에 변이 생겼으니 군사를 이끌고 들어가 구원해야겠다"고 했다. 그런데 정주목사 정호서(丁好恕)는 그 말을 의심하고, 사자를 죽이고 군사를 이끌어 장만에게로 갔다.61)

---

58) 李成茂, 앞의 책, 202쪽.
59) 李成茂, 앞의 책, 202쪽.
60) 李肯翊, 앞의 책.

이때 남이흥의 부하 군관인 남두방(南斗傍)이 사사로운 일로 영변에 갔다가 이괄에게 잡혔는데, 이괄이 풀어주면서 편지를 하나 써주고 남이흥에게 전하라고 했다. 남이흥은 편지를 장만 앞에 가지고 가서 뜯었다. 병사 남이흥, 별장 유효걸(柳孝傑)·박진영(朴震英)을 회유하는 내용이었다. "밝은 임금이 위에 계신데 흉악한 무리가 조정에 가득 찼으니 임금 옆의 악한 무리를 숙청해야 하지 않겠느냐?"는 명분이었다.[62]

장만은 도원수이기는 하지만 군사가 수천 명 밖에 되지 않아 병력에서 밀리고 있었다. 그리하여 남북의 감사와 병사에게 명해 군사를 거느리고 모이도록 했다. 그리하여 중화부사 유대년(柳大年)은 군사 1천을 거느리고 오고, 성천부사 정두원(鄭斗源)은 군사 100여 명을 거느리고 왔으며, 자산군수 안몽윤(安夢尹), 삼화현령 유대일(兪大逸), 강동현감 최응일(崔應逸), 상원군수 이숙(李琡), 용강현령 신유(申晴), 강서현령 황익(黃瀷), 증산현령 장돈(張暾), 광양첨사 장훈(張曛) 등이 잇달아 달려왔다. 그리고 본도감사 이상길(李尙吉), 본도도사 김진(金搢), 용천부사 이희건(李希建), 곽산군수 민여검(閔汝儉), 선천부사 김경운(金慶雲), 정주목사 정호서(丁好恕), 선사포첨사(宣沙浦僉事) 이택(李澤), 복수장(復讐將) 김양언(金良彦), 삭주부사 민인걸(閔仁吉), 영원군수 안준(安俊), 덕천군수 이후여(李厚興) 등도 잇달아 달려왔다. 안주방어사 정충신은 숙천부사 정문익(鄭文翼)에게 안주를 지키게 하고, 자기는 원수부로 갔다. 장만이 이를 문책하려 하자 "적의 계획은 빨리 서울로 진군하는 것이므로 거기에 있어 봐도 아무 소용이 없다"고 대답했다.[63]

실상 이괄은 관군이 있는 평양·평산을 피해 서울로 직행했다. 한명련은 자기를 잡으러 온 금부도사를 죽이고(이괄이 항왜를 시켜 구원했다고도 한다), 30명의 기병을 거느리고 이괄에게로 갔다. 그리고 중군 김호신(金孝信)과 강작(康綽)에게 군사 천백 명을 거느리고 뒤 따르라 했으나,

---

61) 李肯翊, 앞의 책.
62) 李肯翊, 앞의 책.
63) 李肯翊, 앞의 책.

숙천에 이르러 김효신은 한명련이 반역한 것을 알고 강작을 죽이고 귀순했다.[64]

도원수 장만은, 반란군 가운데 훈련된 군사가 수만에 이르는데, 수가 적고 훈련이 안 된 관군을 가지고 어떻게 이길 수 있는가를 걱정했다. 이에 남이홍은 적장 가운데 유순무(柳舜懋)·이신(李愼)·이윤서(李胤緖)는 비록 적진에 있으나, 이괄에게 동조할 자가 아니니, 글을 보내 회유하면 귀순해 올 것이라 했다.[65] 이에 장만이 이윤서의 종 효생(孝生)을 불러 이윤서에게 편지를 전해서 귀순하게 하면 천금을 주겠다고 했다. 효생은 "주인을 살리는 것이 중요하지 상금이 무슨 필요가 있느냐"하면서 상금을 거절했다. 이윤서는 군사 600명을 거느리고 귀순했고 유순무·이신 등도 3,000여 명의 군사와 함께 귀순했다. 그러나 이윤서는 당초에 죽지 못했음을 한탄하며 칼에 엎어져 자살했다.[66] 이괄이 결사대 8명을 보내 장만과 평양감사를 찔러 죽이려 하다가 체포되었는데 장만은 그들에게 술까지 대접하고 풀어주었다. 평양에 준비가 되어 있음을 보여주고자 함이었다. 장만은 또한 김기종(金起宗)을 시켜 언문(諺文)으로 된 격문(檄文)을 길가에 붙여, 사람들로 하여금 장만이 반란에 가담했다는 소문이 거짓임을 알게 했다.[67]

28일에 반란군이 평양을 거치지 않고 남쪽으로 출병한 것을 알고 장만은 관군을 재편해 추격하게 했다. 정충신(鄭忠信)을 전부대장(前部大將), 박영서(朴永緒)를 전봉장(前鋒將), 유효걸(柳孝傑)·장돈(張暾)을 좌·우 협장(左右協將), 남이홍을 계원장(繼援將), 조시원(趙時瑗)을 돌격장(突擊將), 평양판관 진성일(陳誠一)을 전후장(殿後將), 안몽윤(安夢尹)을 관향관(管餉官), 최응일(崔應一)을 향도장(嚮導將), 정주천총 홍침(洪沈)을 척후장(斥候將), 박진영(朴震英)을 별군장(別軍將)으로 삼아

---

64) 李肯翊, 앞의 책.
65) 국역 《忠壯公南以興將軍遺事》行狀, 25~26쪽.
66) 李肯翊, 앞의 책.
67) 李肯翊, 앞의 책.

1,800여 명을 거느리고 적을 추격하도록 했다.68) 독전어사(督戰御使) 최현(崔晛)이 평산에 이르러 장만에게 빨리 진격하라고 재촉했다. 관군이 적을 추격해 황주의 신교(薪橋)에서 이괄의 군대와 싸웠으나 전세가 불리했다.69) 남이흥은 사람을 시켜 반란군을 회유하자 안륵(安勒)·허전(許銓) 등이 부하를 거느리고 귀순해 왔는데, 공격받는 것으로 생각한 관군이 겁을 먹고 스스로 무너지는 꼴을 보이기도 했다.70)

이괄의 군대는 마탄(馬灘)에서 관군을 대파했다. 2월 2일 관군 30여 명이 죽고, 척후장(斥候將) 오섬(吳暹)이 포로가 되었으며, 선봉장 박영서(朴永緖)가 포위되어 죽었다. 이날밤 장만이 황주에 와서 군병을 점검해 보니, 황해병사 변흡(邊潝)이 아직 도착하지 않아 성에 주장(主將)이 없었는데, 관향사(管餉使) 남이웅(南以雄)이 들어와 사수해 위기를 모면했다.71) 반란군은 전해 8월부터 훈련해 왔던 것과 달리, 관군은 급작스럽게 모아서 훈련이 부족했고 투항해 오는 적의 진위를 분간하기 어려웠던 것이 패인이었다.72) 반란군은 이중로(李重老) 등 여덟 장수의 머리를 베어 보내왔으나, 남이흥은 군대의 사기가 내려갈까 우려하여, 이괄이 졸병의 머리를 보냈다며 웃어 넘겼다. 덕분에 군사들의 마음을 조금 안정시킬 수 있었다.73)

장만이 패전 장계를 올리자 도성은 인심이 흉흉해졌다. 이에 인조는 비빈과 대신들을 데리고 공주로 피란갔다. 조정에서는 다급한 나머지 2월 7일에 기자헌 등 이괄과 연루된 피의자 49인을 조사도 제대로 하지 않고 의금부 문 밖에서 처형했다.74) 영의정 이원익과 우찬성 이귀가 종루 근처

68) 李肯翊, 앞의 책.
69) 李肯翊, 앞의 책.
70) 국역《忠壯公南以興將軍遺事》行狀, 26-27쪽.
71)《忠壯公遺事》上, 108쪽.
72)〈仁祖와의 對話〉, 국역《忠壯公南以興將軍遺事》, 35쪽.
73) 李肯翊, 앞의 책.
74) 李肯翊, 앞의 책. 李貴는 奇自獻이 仁穆大妃의 폐비를 반대하다가 귀양갔으니 죽여서는 안 된다고 반대했으나 뜻을 이루지 못했다. 金瑬는 사형을 고집했다. 이에 宰臣 權怗이 "冠玉(김류의 자)은 자손이 끊어질 것이고, 玉女(이귀의 자)은 자손이 반드시 번창할 것이다"라고 했다고 한다.

에서 군사를 모집해 보았으나 10여 일이 지나도록 한 명도 구하지 못했다. 오히려 훈련도감군 가운데 3분의 1이 달아났다.[75]

9일 오후에 이괄의 기병 30여 인이 서울에 도착해 "도성 사람들은 놀라 동요하지 마라. 새 임금이 즉위하셨다"고 선무했다. 새 임금은 홍안군(興安君) 이제(李瑅)를 말한다. 이괄은 경복궁 옛터에 주둔했고, 경기방어사 이흥립(李興立)이 항복해 오자 그를 대장으로 삼아 새 임금을 호위하게 했다. 이괄은 "백성들은 각각 자기 직업을 지키라"고 방을 붙였다. 그리고 도성에 남아있는 친구들을 불러 벼슬을 주어 조정을 구성했다. 이에 세력을 잃었던 사람과 무뢰배들이 몰려들었다.[76]

10일 새벽 장만이 혜음령(惠陰嶺)에 이르러 여러 장수들과 의논했다. 장만이

> 오늘의 계책은 두 가지가 있다. 하나는 지금 백성들 모두가 적을 따르지는 않을 것이고, 간혹 성패를 관망하는 자가 있을 것인데, 만약 하루 이틀 더 지체하면 모두 적에게 붙을 것이므로, 뜻이 굳어진 후에는 공격하기가 쉽지 않다. 그러니 속전속결(速戰速決)해야 한다. 다른 하나는 이서(李曙)의 군사로 동쪽 길을 지키고, 신경진(申景禛)의 군사로 남쪽 길을 지키게 해, 사방의 길을 차단해서 그 양도(糧道)를 끊고, 여러 도의 군사가 도착하기를 기다려 힘을 합쳐 공격하는 계책이다. 어느 방법을 택할까?[77]

라고 묻자 정충신이

> 이미 죽도록 힘을 다했으나 적을 격파하지 못해 임금께서 파천(播遷)하셨으니, 우리들의 죄는 만 번 죽어도 마땅한데, 사세가 이미 다급한데도 적을 바라만 보고 있을 수 없으니, 승패를 가리지 말고 일전을 해야 합니다. 또한

---

75) 李成茂, 앞의 책, 203쪽.
76) 李肯翊, 앞의 책.
77) 李肯翊, 앞의 책.

북쪽 산을 먼저 점령하는 편이 이긴다는 옛 장수의 사적(事績)을 본받아 안령(鞍嶺)을 점거해 진을 치면 도성을 내려다보고 누를 것이니 적이 싸우지 않을 수 없을 것이요, 싸우게 되면 반군은 올려다보고 공격하고 우리는 높은 곳에서 공격하게 되니 적을 이길 수 있습니다.78)

라고 하자 남이흥 등이 적극 찬동해 그 의견에 따르기로 했다.

정충신(鄭忠信)79)이 연서(延曙)에 도착해 김량언(金良言)으로 하여금 가만히 안산 봉우리에 올라가 봉졸(烽卒)로 하여금 전일처럼 봉화를 올리게 하고, 날이 저물어서 대군이 그곳에 진을 쳤다. 정충신·유효걸·이희건·김경운·최응일·신경원 등이 먼저 진을 치고, 남이흥·변흡 이하 여러 장수들이 잇달아 진을 쳤으며, 이수일이 뒤를 옹호했다.80) 정충신의 부하인 박상(朴瑺)·이휴복(李休復)·성대훈(成大勳)·김경운(金慶雲) 등이 선두를 서고, 남이흥·변흡(邊潝)은 영(嶺) 안을 지키게 하고, 김완(金完)은 영의 서쪽, 신경원(申景瑗)·이정(李靖)은 영의 북쪽을 지키게 하고, 황익(黃瀷)·안몽윤(安夢尹)·최응길(崔應吉)·이경정(李慶禎)을 중견사(中堅使)로 삼았다. 이확(李廓)은 포수(砲手) 1백 명을 거느리고 상암(裳巖) 골짜기에 잠복해 창의문 길을 막도록 했다.81)

11일에야 이괄은 관군이 안령을 점령한 것을 알았다. 어떤 사람이 이괄에게 정예병은 모두 선봉에 속해 있고, 도원수 장만은 고립된 군사를 거느리고 뒤에 있으니, 일부 군사와 항복한 왜병을 이끌고 창의문에서 둘러서 공격하면 장만을 잡을 수 있고, 장만을 잡으면 관군이 전의를 상실해 단번에 이길 수 있을 것이라고 건의했다고 한다. 그러나 이괄은 앞의 관군을

---

78) 李肯翊, 앞의 책.
79) 錦南君 鄭忠信은 천한 출신이었는데 1624년(인조 2)에 안주목사로서 남이흥과 협력해 이괄의 난을 진압해 당시의 재상들도 다 자(字)를 부르며 서로 인정했다. 그러나 남이흥은 끝까지 제배(儕輩)로 인정하지 않았다. 그래서 남이흥이 죽은 다음에 공사(公事)를 논하면서 헐뜯는 경우가 많았다 한다(《忠壯公遺事》上, 94쪽).
80) 위의 책, 94쪽.
81) 위의 책, 94쪽.

보니 "이기기 쉽겠구나! 여러 말 할 것 없다"하고는 "이것들을 격파하고
나서 밥을 먹자"고 했다. 이괄이 군사를 두 길로 나누어 산을 오르게 하
고, 구경꾼들이 성 위에서 구경했다. 한명련이 항복한 왜병을 데리고 선봉
에 서고, 이괄이 중군을 이끌고 싸움을 독려했다. 이때 동풍이 불어 적탄
이 비오듯이 쏟아졌으나 관군이 산 꼭대기에 있었으므로 잘 맞지 않았다.
그러나 반란군의 공격이 워낙 거세어 관군이 수십 보를 물러섰다. 남이흥
은 발을 호상(胡床)에 묶고 싸움을 독려하고, 김경운(金慶雲)·이희춘(李
希春)은 앞에 나가 싸우다가 탄환을 맞고 죽었다. 이때 바람의 방향이 바
뀌어 서북풍이 불었다. 먼지와 모래가 이괄군의 얼굴에 몰아쳤다. 그러자
관군이 묘시(卯時)부터 사시(巳時)까지 맹렬히 공격했다. 이괄군의 장수
이양(李穰)이 탄환을 맞아 죽고, 한명련이 부상했다. 때마침 이괄이 자리
를 바꾸려고 기(旗)를 움직이자 남이흥이 "이괄이 패했다"고 외쳤다. 이에
이괄군은 대패해서 성중으로 달아났다. 정충신이 추격하려 하자 남이흥이

> 오늘의 승리는 하늘 덕분이다. 며칠 안 있으면 적의 괴수의 머리가 올 것인
> 데 무엇 때문에 끝까지 추격하리오. 도성 안에는 좁은 거리가 많으니 만약
> 복병이 있으면 어쩌려는가?

고 해 그만두었다.[82] 김기종(金起宗)이 생포한 포로 수십 명을 죽이지
않으면 후환을 자초한다고 하자, 남이흥은 "저들도 우리 백성이다. 그대는
협종망치(脅從罔治: 협박으로 따르는 자는 다스릴 수 없다)라는 말을 들
어보지 못했는가?"하면서 풀어주니 모든 사람이 마음 속으로 감복했다고
한다.[83] 처음에 정충신과 남이흥이 서로 사이가 좋지 않았는데 이 일을
계기로 화합해 반란군을 쉽게 무찌르게 되었다.[84]
  밤 이경(二更)에 이괄과 한명련이 기병 수백 명을 거느리고 흥인문(興

---

82) 위의 책, 94쪽.
83) 국역 《忠壯公南以興將軍遺事》, 行狀, 29~30쪽.
84) 《忠壯公遺事》上, 124쪽.

仁門)을 몰래 빠져나와 12일에 삼전도(三田渡)를 거쳐 광주(廣州)를 지나 이천 묵방리(墨坊里)로 도망갔으나, 수하인 이수백(李守白)·기익헌(奇益獻)·이선철(李先哲)에게 목이 잘려 행재소에 바쳐졌다. 이때 바쳐진 목은 이괄과 이전(李㮳) 부자, 이괄의 아우 이수(李遂), 한명련과 그의 조카 한모(韓某)와 그의 부하 원종경(元宗慶) 등의 것이었다.[85]

3월에 남이흥은 장만·정충신과 함께 갈성분위출기효력진무1등공신이 되었다.[86] 3일에는 연안부사 남이흥, 안주목사 정충신, 통재사 구인후(具仁垕)를 인조가 자정전(資政殿)에서 인견(引見)했다.

인조: 이번에 역도들을 토평(討平)한 것은 오로지 경 등의 큰 공이라. 더욱이 안현(鞍峴)에 진을 친 것은 실로 깊고 놀라운 계략이었소.

정충신: 당초에 장병들이 적들을 쉽게 토벌하지 못한 것은 터럭을 모두 뽑아도 모자랄 죄이오며, 소신이 적의 수중에서 벗어 나온 것도 망극하신 성은의 덕이오며, 종시 곡절을 보존해 온 것도 역시 은혜를 입은 것이오니, 입이 있어도 다시 아뢸 말씀이 없사옵니다.

남이흥: 소신이 군사를 거느리고 길가에서 성상을 뵙고자 했으나, 고을을 다스릴 일이 급한 바 있어 조급히 내려갔다가, 오늘에 이르러 겨우 탑전(榻前)에서 뵙게 되오니 실로 죄송하기 그지 없사옵니다.

인조: 황주싸움에서는 관군이 싸워보지도 않고 스스로 무너졌다는데 어찌 된 연유였던고?

남이흥: 훈련도 받지 못한 군사로 수 또한 모자랄 뿐 아니라, 투항해 오는

---

85) 李肯翊, 앞의 책.
86) 振武功臣 29인은 다음과 같다.
　1등 張晩·鄭忠信·南以興(3인)
　2등 李守一·金起宗·邊瀷·柳孝傑·金慶雲·李希建·趙時俊·朴瑌·成大勳(9인)
　3등 南以雄·申景瑗·金完·以愼·李休復·宋德榮·崔應一·金良彦·金泰屹·吳珀·崔應水·池繼潅·李珞·李應禎·李澤·李靖·安夢尹(17인)
　*뒤에 文晦·李佑·金光燻 등 上變人 세 사람이 3등에 추가되어 진무공신은 32인이 되었다. 부체찰사 李時發·종사관 金時讓·독전어사 崔睍·원수부 종사관 李敏求도 거론되기는 했으나 포함되지 않았다. 그리고 安功·黃漢·李元老·安澈 등 70여 인은 加資 또는 賞職되었다(《忠壯公遺事》上, 114~115쪽).

자들의 진위(眞僞)를 분간하기 어려워 잠시 망설였던 까닭이며, 안현에서는 목숨을 걸고 싸웠사오나, 그 또한 성상의 높으신 성덕으로 이기게 된 것이옵니다.

정충신: 우리 군은 언제나 그들에게 원만하게 대해 저들로 하여금 역순(逆順)의 도리를 깨우치게 함으로써 포수 1천 2백 명이 투항했기로 관군은 잠시 물러섰던 것이옵니다.

인조: 적병도 타국군이 아니고, 또한 우리 농민들이니 훈련을 하지 않았다고 해서 피차 다를 바 없지 않겠느냐?

남이흥: 적병은 작년 8월부터 늘 싸움을 익혀 왔던 자들입니다.

인조: 비록 훈련을 했다 하더라도 반년이 못되었는데 그렇게도 대적하기 어려웠소?

정충신: 적은 미리 편성되었고, 관군은 창졸간에 모인 것이 황주 뒤의 일이오라, 또한 어쩔 수 없었던 것이옵니다.

인조: 적병도 또한 관망하는 형세는 없었던고?

정충신: 적병도 또한 관망했던 것이 마탄(馬灘) 뒤의 일이옵니다. 적병들은 교병(驕兵: 교만한 군사)이 되어서 섬멸하기 수월했습니다.

남이흥: 소신의 숨은 군사가 전진하는 것을 적이 알지 못했던 것도 이기게 된 연유의 하나라 하겠습니다.

인조: 알지 못하는 자 족히 두려울 것이 없으니, 반란군이 작은 승리 뒤에 교만해져 패하게 되었던 것이 분명하구나.

정충신: 군사는 세(勢)인데, 세를 뺏기게 되면 감히 뒤를 돌아보지도 못하고 도망하게 되는가 합니다.

인조: 혹자의 말로는 아직도 적이 수천은 남았다 하던데, 그것이 사실이오?

정충신: 수구문으로 빠져나갈 때는 겨우 수백뿐이었다 하옵니다.

인조: 적의 형세는 크게 궁해졌도다.

남이흥: 적이 삼전포(三田浦)를 건너서 이괄과 합세하니 싸움을 맡고자 했사오나 항복한 왜병이 모두 달아났다는 소문을 듣고, 이보령(利甫嶺)을

날으듯이 넘었사온데 또다시 이경립(李景立)이 다른 마음을 품었다 해 신경원(申景瑗)으로 하여금 군사를 거느리고 벌아(伐兒)를 넘게 했었던 것이옵니다.

인조: 안현싸움에서는 관군의 선봉이 몇이었던고?

정충신: 박상(朴瑺)이 포수를 거느렸고, 김경운(金慶雲)이 사수(射手)를 거느렸는데 그 때의수는 확실하게 알 수 없아옵니다.

인조: 김경운이 힘껏 싸우다 죽었으니 참으로 슬픈 일이거니와, 그날의 교전에서 죽은 자가 지극히 소수라 했으니 그것이 사실인지 지극히 의심스럽구려.

정충신: 적진은 바람에 거슬렸기 때문에 감히 감전(酣戰)할 수가 없었으며, 관군이 적게 죽었던 것이옵니다.

인조: 관군이 반드시 많이 죽었을 것으로 생각했는데 어떻게 적게 죽었다 하시오.

정충신: 지형이 높아서 탄환이 넘어가고, 밀려서 맞는다 해도 적게 상했으나, 경포아동대(京炮兒童隊)가 바위 뒤에 숨어서 포를 쏘았기 때문에 김경운이 탄환에 맞아 죽었습니다.

인조: 적병 가운데 고개에 오른 자는 몇이나 되있딘고?

남이흥: 중턱에 오른 자가 겨우 3·4백 명이었고, 먼저 싸우던 자가 죽으면 그 뒤로 군사가 기어올라 왔습니다.

인조: 이괄은 언덕에 오르지 않았소?

정충신: 이괄은 고개 중턱의 바위 가에 서 있었고, 한명련은 그날 싸움에서 무릎에 탄환을 맞았습니다.

인조: 탄환을 맞았으면서 어찌 말을 탔는고?

정충신: 성 안으로 들어서자 기절했다고 합니다.

인조: 정탐을 해도 향한 바를 알지 못했던 것은 무슨 까닭인고?

남이흥: 적들은 풀 속으로 뱀이 달아나듯 잠적했으므로 향한 바를 알지 못했사옵고, 민망했던 것은 적들이 달아나면서 분탕(焚蕩)질을 했기에, 관군으로 하여금 접숙(接宿)할 수가 없었사옵니다.

인조: 처음 듣는 말인데 분탕을 하지 않았던 곳도 그 피해가 심했는가?

남이흥: 피해가 막심했사옵니다

정충신: 한명련이 일찍 기린로(麒麟路)를 통해 옛 주인을 찾아 관군의 동정을 탐문하면서 복장까지도 같게 했으므로 분별하기가 지극히 어려웠사옵니다.

인조: 적이 관군을 탐지했다면 관군은 어찌 그들을 알지 못했으며, 의복을 서로 같이 했다면 적들은 어찌 서로 섞일 것을 근심하지 않았을고?

남이흥: 우리는 적을 공격하는 자가 되고, 적은 우리를 피하는 자가 되었기 때문에 그들은 항상 샛길을 이용해 출몰했던 것입니다.

인조: 박영서(朴永緖)는 끝까지 굴하지 않고 절의를 지켜 죽었으니 지극히 가상하도다.

남이흥: 광주(廣州) 목사 임회(林檜)도 또한 사절(死節)했사옵고, 한효충(韓孝仲)의 말을 듣건대 임회는 적을 꾸짖고 죽었다 하오며, 또한 처음부터 지방을 떠나지 않았다 하옵니다.

인조: 도성 사람 가운데 성 위에서 관망하는 자들을 영기(令旗)로 불렀는데도 달려오는 자가 적었다 하던데 과연 그러했나?

남이흥: 오는 자는 지극히 적었사옵니다.

인조: 당초에 오는 자가 없었나?

남이흥: 당초에 오는 자가 없었사옵니다.

정충신: 이수백(李守白)이 바른 사람[正人]을 칼로 죽인 것은 참으로 용서할 수 없는 일입니다. 당초에 적이 영변에 있을 때 이수백이 칼을 빼 들고 여러 사람 앞에 선언하기를 "한마디 말이라도 차가 생긴다면 사생을 결단하겠다"고 했다 합니다. 그는 처음부터 의주 별장이 되어 이괄의 중병(重兵)으로서 마침내 그와 함께 모반을 했다 합니다. 기익헌(奇益獻)도 처음에 비밀편지로 몰래 통하고 적과 더불어 상의해, 우리 군사의 계책을 늦추게 했습니다. 그 뒤 그는 적과 같이 있으면서 적의 괴수의 목을 베어 온다고 했던 것입니다.

남이흥: 이 무리들을 베게 된다면 서쪽에서 온 군사들이 통쾌한 일로 여

3. 군 공 163

길 것입니다. 또한 이선철(李先哲)도 강동(江東)에 있을 때 도원수의 전령
(傳令)을 보고도 적에게로 간 것은 영변에서 협박받은 자들과는 다릅니다.

　인조: 여러 사람의 의논이 이와 같다면 당초 조정에서 약속이 있었을 것
이니 이제 식언(食言)은 할 수 없다.

　정충신: 이수백이 만일 살아있고, 이괄도 오히려 살아있다면 그 처자를 가
히 용서할 수 있고, 저것은 가히 용서하지 않을까 두려운 일입니다.

　남이흥: 신등은 두 적과 더불어 어깨를 같이 했던 것이 부끄러울 따름입
니다.87)

　길지만 인견(引見) 내용을 전부 소개한 것은 이를 통해 당시의 정황을
더 정확하게 알 수 있기 때문이다. 이수백과 기익헌은 당초 반란에 참가했
으나 이괄·한명련 등의 목을 베어 바치고 항복한 공을 인정받아, 잠시 귀
양을 갔다가 수년 뒤에 대사령(大赦令)으로 사면되었다. 그러나 이중로
(李重老)의 아들 이문웅(李文雄)과 박영신(朴榮臣)의 아들 박지병(朴之
屛) 등이 각각 아버지의 원수를 갚는다고 대낮에 서울 거리에서 이수백의
머리를 베고 자수했다. 김류 등은 그 효성을 칭찬했으나, 인조는 이렇게
공론을 예상하고 살인하는 것을 용서한다면 아버지 원수를 갚는다는 명목
으로 살인할 사람이 많을 것을 우려해 처벌하려 했으나, 이중로가 반정공
신이었음을 참작해 결국 용서해 주었다.88)

　이괄의 난을 평정한 공으로 남이흥은 공신이 되었을 뿐 아니라, 영정
(影幀)을 그려 후세에 전하게 되었으며, 부모와 처자에게도 각각 3계(三
階)씩을 가자(加資)해 주었다. 공신직위는 적장자에게 세습하게 해 그 녹
(祿)을 잃지 않게 하고, 죄를 짓더라도 영원히 벌을 받지 않게 하며, 반당
(伴倘) 10인, 노비 13구, 구사(丘史) 7명, 전(田) 150결(結) 은(銀) 50냥
(兩), 표리(表裏) 1단(段), 내구마(內廐馬) 1필(匹)을 하사했다.89)

---

87) 〈仁祖와의 對話〉, 국역 《忠壯公南以興將軍遺事》, 34～40쪽.
88) 李肯翊, 앞의 책.
89) 〈竭誠奮威出氣效力振武功臣 崇祿大夫 行平安道兵馬節度使 宜春君 南以興에 내린 教書〉,

남이홍은 이괄의 난을 평정함으로써 반정공신들의 견제와 사찰을 잠시나마 피할 수 있었고, 인조의 두터운 신임을 받게 되었다. 이괄의 난 평정은 남이홍에게는 국가에 진충보국(盡忠報國)한다는 무인의 사명감을 달성한 것이기도 했지만 개인적으로 붕당의 대립 속에서 스스로를 지키는 결과를 낳기도 했던 것이다.

(2) 안주성(安州城) 전투

여진족은 건주(建州)·해서(海西)·야인(野人)으로 나뉘고, 다시 그 밑에 크고 작은 부락으로 갈려져 있었다. 16~17세기에 이르면 건주·해서여진은 인구가 늘어나고 생산력도 발전해 농업사회로 전환하고 있었다. 한족들을 시켜 농기구를 개발하고, 농토를 개간했으며, 명·조선과 교역을 진행해 부를 축적하여 국가를 건설하고 강역을 넓혀 갔다. 또한 임진왜란에 조선·명·일본이 전쟁을 하는 동안 만주지역의 여진족 세력이 급속히 성장하게 되었다.[90]

특히 건주좌위의 누루하치(奴兒哈赤: 1559~1626)는 남만주에서 동해에 이르기까지 여진족의 여러 부족을 합병해 후금국을 세우고 기울어 가는 명을 압박하고 있었다. 따라서 조선과 여진족(후금)의 관계도 달라지게 되었다.

조선은 임진왜란 때 명나라에게 재조번방지은(再造藩邦之恩)을 입어, 존명사대(尊明事大) 사상을 따르고 있었는데 그때까지 오랑캐로 보고 있던 여진족이 은인인 명나라를 치겠다니 가까이 할 수 없는 형편이었다. 임진란 때 누루하치가 조선을 돕고자 출병하겠다는 것을 서애(西厓) 류성룡(柳成龍)이 거절한 적도 있었다.[91]

국역 《忠壯公南以興將軍遺事》, 42~43쪽.

90) 국사편찬위원회 편,《신편 한국사》29, 조선 중기의 외침과 그 대응, II. 정묘·병자호란, 211쪽.

91) 《宣祖實錄》卷 30, 宣祖 25年 9月 辛未.

명은 약해지고 후금은 강해지는 동아시아의 정국에서 광해군은 등거리 외교를 통해 비교적 관계를 잘 유지해 왔다. 그러나 존명사대의 명분을 따르던 사대부들은 광해군의 외교 정책을 용납할 수 없었기에, 인목대비 유폐 사건과 명에 대란 의리를 내세워 1623년(광해군 15) 3월에 인조반정이 일어났다. 서인이 주도한 인조 대의 조정은 철저한 친명배금(親明排金) 정책을 폈고, 후금에 대한 척화을 표방했다.

후금의 누루하치는 1625년(인조 3)에 수도를 요양(遼陽)에서 심양(瀋陽)으로 옮기고 성경(盛京)이라 했으며, 요서지방으로 진격해 산해관(山海關)을 공격목표로 삼았다. 그러나 영원성(寧遠城)을 공격하다가 명장(明將) 원숭환(袁崇煥)에게 패해 이듬해에 등창이 나서 죽고, 그의 여덟 번째 아들 황태극(皇太極: 洪太主, 洪歹是)이 즉위해 청(淸) 태종(太宗)이 되었다.92)

청 대종이 즉위한 다음해인 1627년(인조 5), 후금군이 조선에 쳐들어왔다. 이를 정묘호란이라 한다.

후금이 정묘호란을 일으킨 것은 다음과 같은 원인이 있었다.

1) 조선에 대한 강경론자인 청태종의 등장이다. 청 태종은 사르호(薩爾滸)의 승전 이후 조선이 명과의 관계를 들어 매번 화의에 응하지 않는다고 불만을 가지고 조선장병을 모두 없애버리자고 불만을 터뜨렸다. 그리고 조선은 화의를 말하지만 믿을 수 없으니, 요동(遼東)을 치기 전에 먼저 조선을 제압해 배후를 안전하게 해두려고 했다.

2) 누루하치는 칸(汗)으로서 그 밑에 이른바 4대왕(四大王: 代善·阿敏·莽古爾泰·皇太極)을 두고 있었다. 그런데 이 가운데 황태극이 즉위해 누루하치가 고집하던 8기(八旗) 연정체제(聯政體制)를 버리고 권력집중을 해 전제정치를 하고자 했다. 이에 대하여 아민과 망고타이는 대단한 불만을 가지고 있었다. 청 태종은 자신의 중앙집권정책에 불만을 가진 아

---

92) 국사편찬위원회 편, 신편 《한국사》 29, 236쪽. 누루하치가 죽을 때 둘째 아들 귀영개(貴榮介)를 세자로 세우도록 했다. 그러나 그는 아우인 황태극(皇太極: 弘他時, 弘太始)에게 양보했더니, 조금도 사양하지 않고 바로 즉위했다고 한다.

민을 출정시켜 충성심을 시험해보고자 했다. 만약 아민이 원정 과정에서 실수를 하면, 그를 제거할 기회가 될 수도 있었다.

3) 1627년(인조 5)에 일어난 대기근도 정묘호란을 부른 원인 가운데 하나였다. 기근이 계속되자 농업생산의 기층인 한인(漢人)들이 도망가거나 반란을 일으켰다. 돈이 있어도 물건을 살 수 없고, 심지어는 사람을 잡아먹을 정도였다고 한다. 강화를 맺은 뒤 쌀 3천 석을 요구한 것도 이와 무관하지 않다.

4) 모문룡(毛文龍)의 등장이다. 1621년(광해군 14) 모문룡은 요동이 함락될 때, 광령순무(廣寧巡撫) 왕화정(王化貞)의 명으로 연병유격(練兵遊擊)에 임명되어 요동의 회복을 꾀했다. 그는 3백 명 병력으로 압록강 하류의 가도(椵島: 철산)에 진을 쳐서 후금을 견제하고, 조선을 핍박해 군사적인 지원을 받았다. 이것이 조선정벌의 빌미가 된 것이다.

5) 이괄의 난 이후, 한명련의 아들 한윤(韓潤)이 후금으로 도망쳐 이렇게 권했다.

> 모문룡의 군사는 오합지졸이요, 그곳에는 재화가 많으며, 의주성이 함락되면 안주도 쉽게 무너진다. 광해군 때에는 사절이 끊이지 않았는데 새 왕(인조)은 모문룡을 믿고 사자를 보내지 않는다. 지금 먼저 화의의 글을 보낸 다음 군사를 평양에 진주시켜 인조에게 항복을 권하면 응할 것이다. 인조는 즉위 이래 인심을 잃었고, 백성들은 광해군을 그리워 한다. 우리 아버지와 이괄이 겨우 3천 명을 거느리고 서울을 뺏었는데 인조를 따르는 사람이 없었다. 지금 대금국의 한(汗)이 조선 관원을 거느리고 왔다고 하면 누가 항복하지 않겠는가?[93]

또 강홍립(姜弘立) 등에게는 이렇게 충동질했다.

---

93) 국사편찬위원회 편, 앞의 책, 237~238쪽.

본국에서는 변란이 일어나 당신들의 처자를 모두 죽였다. 원컨대 나에게 만주군사를 빌려 주어 복수하게 해 달라.[94]

이러한 이유로 청 태종은 1627년(인조 5) 정월 8일에 강홍립·박난영(朴蘭英)·한윤 등을 길앞잡이로 세우고, 대패륵(大貝勒) 아민(阿敏)을 대장으로 삼아

제1군 패륵 아민(阿敏)의 기·보병 6천 명

제2군 패륵 지르갈랑(濟爾哈朗)의 기·보병 6천 명

제3군 패륵 아지개(阿濟格)의 기·보병 6천 명

제4군 패륵 데두(杜度)의 기·보병 6천 명

제5군 패륵 요트(岳託)의 기·보병 6천 명

제6군 패륵 서이트(碩託)의 기·보병 6천 명

등 3만6천 명을 이끌고 조선을 침공하게 했다.[95]

후금군은 13일 의주를 함락하고, 대관 8명과 병사 1천 명을 남겨 지키게 하고, 일부 병력으로 철산의 모문룡을 공격해 신미도(身彌島)로 달아나게 했다. 이어서 후금군은 정주(定州)를 거쳐 곽산(郭山)에 이르러 능한산성(凌漢山城)을 함락하고, 20일에 청천강을 건너 안주성(安州城)에 도착했다.[96]

후금의 장수가 서신을 보내와 다음과 같이 힐책했다.

너희 나라에게는 4가지 죄가 있다. 천가한(天可汗: 누루하치)이 죽었는데도 조문하지 않았고, 선천(宣川) 전투에서 우리는 하나도 살육하지 않았는데도 사신을 보내 사례하지 않았으며, 모문룡은 우리의 큰 원수인데도 너희 국내로 맞아들여 먹을 것을 주어 위로했고, 요(遼)의 백성은 나의 적자(赤子)인

---

94) 李肯翊, 〈정묘년의 虜亂〉, 국역 《연려실기술》 인조조고사본말, 고전국역총서 권 24, 민족문화연구회.

95) 朴商健, 〈의춘부원군 충장공 남이흥(南以興) 장군〉, 당진문화 제 18호, 당진문화원.

96) 국사편찬위원회 편, 앞의 책, 239쪽.

데 그 망명자를 부르고 반란한 자를 받아들였으니 내가 매우 한스럽게 여기
노라.97)

이에 조선에서는 병조판서 장만(張晩)을 도원수로, 이경필(李景弼)을
종사관으로 삼아 김기종(金起宗)·정충신(鄭忠信) 등을 이끌고 평안도로
가게 했다. 그리고 각도에서 근왕병을 모집했다. 정충신이 평안도로 갈 때
장유(張維)가 교외로 나가 전송했다. 이때 정충신이 "오늘날 오랑캐가 처
들어 온 것은 그 뜻이 화친을 요구하는데 있으니, 모름지기 화친만 하면
곧 돌아갈 것이다"라고 예단했는데 그대로 되었다. 그가 오랑캐의 사정을
잘 알고 있었기 때문이다.98)

21일에 적 기병 3만 명이 안주성 아래에 이르렀다. 전년 12월 15일에
남이흥은 평안도병마절도사 겸 영변부사 양서(兩西)순변사에 임명되었다.
그는 변경의 일을 잘 알 뿐 아니라 그곳 주민들에게 신망이 있어, 후금의
침입에 대비하는 데 적임자였기 때문이다.

무장이 변방을 지키는 것은 당연한 일임에도, 이괄의 난에 혼이 난 공
신들은 무장들을 심하게 사찰해 군사를 모을 수도, 훈련시킬 수도 없게 했
다. 패전에 직면해서 남이흥은 "공신의 무리들이 나를 시기해 사람을 시켜
사찰하니 이렇게 되지 않을 수 없다"99)며 한탄했다고 한다.

남이흥은 안주방어사 김준(金浚)의 아들 유성을 왕에게 보내 장계를
올리려 했다. 그러나 그는 나라를 지키는 임무를 버리고 갈 수 없다고 버
텼다. 할 수 없이 남이흥은 자기의 둘째 아들 두병(斗柄)에게 장계를 써서
보내고, 할머니와 어머니를 모시고 있게 했다.

장만과 남이흥은 평안병사가 안주를 지켜야 한다고 하고, 이귀(李貴)는
성곽도 없는 구성(龜城)을 지켜야 한다고 했다. 인조는 이귀의 편을 들었

---

97) 李肯翊, 앞의 책.
98) 李肯翊, 앞의 책.
99) 李肯翊, 앞의 책. 처음에 남이흥은 군사와 백성을 보살피지 않고 자못 형벌을 가해 죽
    이는 것만을 일삼아 국방에 대한 대책은 전혀 염두에 두지 않는다는 유언비어(流言蜚
    語)가 나돌 정도로 공신들에게 비방을 받았다.

다. 그러다가 정묘호란이 일어나 후금군이 안주성 앞 맹주(孟州) 벌판에
나타난 뒤에야 부랴부랴 안주성으로 가는 착오를 범하게 되었다.100) 전쟁
을 준비할 틈이 없었던 것이다. 변방의 일은 변장(邊將)에게 맡겨야 할 일
이다. 변경의 사정을 알지도 못하면서 간섭하고, 변장을 사찰이나 하면 전
쟁에 패할 것은 뻔한 노릇이었다.

　장만은 할 수 없이 구성에 주둔하고 있는 남이흥을 제1방어선인 안주로
투입했다. 안주성은 서북지방의 군사요지로 고구려 때 내성을 쌓았다. 읍
성은 둘레가 4,255척이며, 높이는 12척에 타원형으로 쌓은 평지의 돌성이
다. 성 안에는 18군데의 우물과 샘이 있으며, 중앙에는 군창이 있었다. 안
주는 1369년(공민왕 18)에 도호부로 승격되었다가 뒤에 목으로 개편되고
세조 때 진을 두었으며, 고려 때부터 청천강 남안의 가장 중요한 군사적
거점이었다. 그리고 612년(고구려 영양왕 23)에는 수나라 30만군을 격퇴
한 곳이기도 했다.

　정월 18일에 강계·개천·증산·태천·맹산·영유·박천 등 7읍의 군
사와 황해도 별승군 천 7백 명을 비롯해 도합 3천여 명의 병력을 안주성
에 집결시켜 방어선을 구축하는 한편, 평안감사 윤훤(尹暄)에게 지원병을
요청했다. 윤훤은 본래 안주방어선에 대한 후방지원 업무를 맡았고, 안주
방어선이 돌파되면 평양성을 지켜 후금군의 남하를 저지하게 되어 있었
다. 그리고 도원수 장만은 평산에 지휘소를 세워 안주·황주 일대의 방어
군을 총괄 지휘하는 한편, 봉산–재령을 잇는 방어선을 구축해 개성과 서
울 방면으로 진출하는 후금군을 저지하게 되어 있었다. 또한 국왕은 안주
의 제1차방어선이 뚫리면 강화도로 몽진하게 되어 있었다.101)

　윤훤은 안주성이 이미 도륙되었고, 평양성에도 이미 적이 들어왔다는
소문이 퍼져, 군사와 백성이 동요해 밧줄을 타고 성을 넘어 달아나는데도
막지 못했다. 그리하여 그는 화약궤짝을 앞에 놓고 적이 성으로 들어오면

---

100) 李成茂, 앞의 책, 129~130쪽.
101) 정성희, 〈丁卯胡亂 時期 安州城 전투와 南以興 將軍〉, 《당진문화》 24, 당진문화원,
　　 2005, 40쪽.

터트려 죽으려고 했다. 종사관 홍명구(洪命耉)가

> 군사도 없이 텅 빈 성에 앉아 죽음을 기다리는 것은 소용이 없습니다. 마땅
> 히 잠깐 산으로 들어가서 산골 군사를 모아야 합니다. 불러놓은 북관(北關)
> 의 병사들이 며칠 안으로 모일 것이니, 적이 지나가는 것을 기다렸다가 그
> 뒤를 습격하면 능히 기이한 공을 이룰 수 있습니다. 그렇지 않으면 일전을
> 불사하고 죽어도 늦지 않을 것입니다.

라고 하자 그 말을 따랐다. 그러나 22일 윤훤이 성천(成川)의 남창(南
倉)에 이르러 3경(三更)에 벼락이 친 다음 그가 체포되었다 한다.[102]
　23일 윤훤의 형인 영의정 윤방(尹昉)이 아우가 평양을 지키지 못했으
니 다른 장수로 교체해야 한다고 주장했으나, 병조판서 이정구(李廷龜)가
길에서 들은 소문으로 교체하기는 어려우니 결과를 보고 조치하자고 했
다. 그러나 최명길(崔鳴吉)이 윤훤을 엄하게 다스리지 않으면 장차 다른
사람을 징계할 수 없다고 하여 잡아다 문초하기로 했다.[103] 윤훤은 강화
에서 사형에 처해졌다. 황주를 버리고 달아난 황해병사 정호서(丁好恕)도
잡혀와 유배를 갔으나 처형되지는 않았다.
　후금군은 강홍립(姜弘立) · 박난영(朴蘭英) · 한윤(韓潤) 등을 성 앞에
보내

> 성문을 열고 죄 없는 병사들을 밖으로 내보내라. 성 안의 여러 장수들도 무
> 기를 버리고 항복하면 우리도 군사를 움직이지 않겠다. 너희들의 항복을 기
> 다리고 있겠다.[104]

라며 회유했다.

---

102) 李肯翊, 앞의 책.
103) 李肯翊, 앞의 책.
104) 정성희, 앞의 논문, 41쪽.

이에 남이홍은

나 남이홍은 왕명을 받고 성을 지키는 신하로서, 한 번 싸워서 죽음으로 결
단하는 것이 나의 직책이어늘, 어찌 나라를 팔아서 구차스럽게 삶을 도모하
는 조갈구(燥羯狗, '썩은 냄새나는 去勢한 양과 개'라는 말이며 오랑캐를 의
미함)와 같은 무리가 될 수 있을까보냐?105)

라고 대응했다. 후금군은 다시

오늘의 일은 오로지 광해군을 위해 복수하려는 것이다. 일이 이루어진 뒤에
는 각도의 군사들에게 10년 동안 납세와 부역을 면제해 줄 것이다.106)

라고 꾀었다. 이에 앞서 여러 장수들이 의논해 성안의 집들을 모두 불
태웠다. 결전의지를 보이고자 함이었다. 이에 적병이 "사람의 집이란 지극
히 귀중한 것인데 너희들은 어찌하여 스스로 불태우는가?"107)라고 했다.
성중에서는 한 사람을 중군(中軍)이라고 칭하고 성문을 나가 적장을 만나
보게 했다. 그가 가보니 후금의 두 장수가 강홍립과 함께 의자에 앉아 있
고, 박난영 등은 땅바닥에 앉아 있었다 한다. 후금의 장수가 다음과 같이
꾸짖었다.

이웃 나라와는 신사(信使)를 통하지 않고 국교도 닦지 않는가? 더욱이 3리
(里)의 성안에 있는 수만 명의 백성에게 무슨 죄가 있다고 너희의 망령된
항거 때문에 어육(魚肉)이 되어야 하느냐? 너희 나라는 어찌하여 천시를
살피지 못하고 감히 큰 나라와 원수가 되려 하는가? 어서 빨리 나와 항복하
고 화친하기를 약속하라.108)

---

105) 沈鷹 撰, 《忠壯公遺事》上, 行狀, 47쪽.
106) 李肯翊, 앞의 책.
107) 李肯翊, 앞의 책.

그러고는 사자에게 술 석 잔을 먹이고 돌려보냈다. 이에 안주목사 김준 (金浚)은 팔뚝을 걷어붙이며

> 군부(君父)께서 우리에게 작록(爵祿)을 주시고 국방의 책임[干城]을 맡겨 주셨으니, 마땅히 힘을 다해 자기 한 몸을 내 던져야 할 것인데, 어찌하여 하루아침에 난을 당해 모두 구차하게 살 마음을 갖는가?[109]

라고 하였고, 남이흥은 통역관을 성 위에 올려보내 "우리는 다만 싸우는 것과 죽는 것을 알따름이요, 항복과 화친은 모른다"고 하자, "그러면 내일 너희들을 도륙할테니 후회하지 말라."하는 후금군의 대답이 돌아왔다.[110]

정월 21일 새벽 안개와 연기가 자욱한 가운데 나팔을 불고 북을 치면서 후금의 1만 기병이 밀려들어 왔다. 나머지 만 4천여 명의 보병은 성벽을 기어올랐다. 그리고 긴 사다리를 가지고 와서 성에 걸쳐놓고 기어올라 육박전을 벌였다. 성안에서는 화살과 대포로 사격을 가해 후금군을 저지하려고 애썼다. 후금군의 사상자가 늘어나자 정오 무렵에 일단 공격을 중지하고, 병력을 안주성에서 5리 정도 뒤로 철수한 다음, 부대를 재정비했다.[111]

오후가 되자 후금군의 공격이 재개되었다. 후금군은 전후 3차례에 걸쳐 파상공격을 해 왔다. 신시 무렵 후금군은 조선군의 맹렬한 저항을 뚫고 마침내 안주성 동남방에 운제(雲梯: 구름다리)를 거는데 성공했다. 이를 타고 후금군은 성 안으로 들어와 백병전을 벌였다. 성 동남 지역을 맡은 방어군이 성 중앙의 관아 부근으로 밀리게 되었다. 안주성 서북·동북방 성벽에도 운제가 걸렸다. 성 안으로 들어 온 후금군은 4대문 문루에 불을 지

---

108) 李肯翊, 앞의 책.
109) 李肯翊, 앞의 책.
110) 李肯翊, 앞의 책.
111) 정성희, 앞의 논문, 42쪽.

르고 주력부대를 불러들였다. 병력 수에서 밀린 조선군은 사상자가 속출하고 패색이 짙어갔다.112)

이때 영변부사 남이흥과 안주목사 김준은 남문의 성루를 지키며, 몰려드는 후금군에게 화살을 쏘아댔으나 당해낼 수 없자, 성 중심부에 있는 관아까지 후퇴했다. 다른 장병들도 관아로 모였다.113)

후금군은 일부 병력으로 성안을 수색하는 한편, 관아를 포위하고 다시 사자를 보내 항복을 권유했다. 일부 장병들은 남이흥에게 항복하고 후일을 도모하자고 건의했다. 그러자 한 수령이 벌떡 일어나 "신하의 도리가 이와 같은 것인가? 우리가 나라의 은혜에 보답할 자리는 바로 이곳이다"라고 외쳤다. 그러나 이 수령이 누구였는지는 알 수 없다.114)

남이흥과 김준 등 장병들은 최후까지 싸우다 죽기로 결심했다. 이때 선전관이 왕명을 받들고 왔다. 남이흥은 "왕명을 받든 사람이 여기 있으면 안 된다"고 하면서 혈서로 다음과 같은 장계를 써서 왕에게 보냈다.

> 지금 외로운 이 성이 적에게 포위당해 함몰되려 하고 있습니다. 이제는 더 이상 지탱하기가 어려운 지경에 이르렀습니다. 만일 주장이 군사를 독려해 달려와서 구원해 준다면 신등은 함몰되는 것을 면할 수 있을 것이온데, 감사 윤훤은 군사를 거느리고 하루면 달려올 거리에 있는데도 앉아서 보고만 있으니, 신 등에게는 오직 죽음이 있을 뿐입니다.115)

이때 선전관은 휴암(休庵) 백인걸(白仁傑)의 손자인 백현민(白賢民)이었다고 한다. 뒷날 이 장계로 말미암아 윤훤은 효수(梟首)당했다.

후금군은 남이흥에게 항복할 의사가 없음을 알고, 이날 유시 무렵 안주 관아에 대한 총공격을 개시했다. 남이흥과 김준 등 조선 장병들은 몸에 화

---

112) 정성희, 앞의 논문, 43쪽.
113) 정성희, 앞의 논문, 43쪽.
114) 정성희, 앞의 논문, 43쪽.
115) 정성희, 앞의 논문, 43쪽.

약포대를 감고 초루(譙樓)116)에 올라가 관아의 담장에서 버티며, 몰려드
는 후금군을 향해 활과 총포를 쏘면서 항전했다. 마침내 안주 관아의 방어
선마저 무너지자 남이흥은 되도록 많은 후금군을 화약고로 유인해 준비했
던 횃불로 화약고 주변에 쌓인 섶에 불을 질렀다. 이윽고 요란한 폭음과
함께 안주 관아는 순식간에 불기둥으로 변하고 남이흥 등은 장렬하게 순
국했다.117) 1627년(인조 5) 정월 21일이었다.

화약을 터트릴 때 편비(偏裨) 정연록(鄭延祿)은 영남 사람으로 영변에
서부터 심복이었고, 관노(官奴) 애남(愛男)도 충복이었다. 물러가라고 해
도 통곡하면서 "공은 나라를 위해 죽고, 우리들은 공을 위해 죽겠습니다."
라고 말하며 함께 타 죽었다.118) 성이 함락될 때, 우후 박명룡, 강계부사
이상안, 개천군수 전상의, 증산현령 장돈, 태천현감 김양언, 맹산현감 송
덕영, 영유현령 송도남, 박천군수 윤혜, 북영장 한덕문 등이 함께 죽었다.
이들은 1680년(숙종 6)에 안주 충민사(忠民祠)에 함께 봉안되었다.119)

후금군 총대장 아민은 안주관아가 폐허가 된 것을 보고 머리를 조아려
곡을 하면서

조선은 충의의 나라라더니 내 이제 그 참모습을 두 눈으로 보았도다.

고 하며, 포로로 잡힌 백성들을 석방하면서 고향에 돌아가 안심하고 생

---

116) 이 譙樓는 남이흥이 안주목사로 있을 때 지은 것인데 중영(中營)이라 했다. 남이흥이
    성이 함락되는 날 이곳에서 싸우다 죽었다(《忠壯公遺事》上, 93쪽).
117) 《忠壯公遺事》上, 93쪽
118) 沈廣 撰, 《忠壯公遺事》上, 行狀, 48~49쪽.
119) 李肯翊, 앞의 책. 안주의 忠愍祠에는 평안병사 宜春君 남이흥을 主壁으로 하고, 다음
    장수들이 봉안되었다.
    西廡에 안주목사 겸 방어사 金浚   東廡에 평안우후 朴命龍
          구성부사 全尙毅   강계부사 李尙安
          영유현령 宋圖南   용천부사 李希建
          박천군수 尹 惠   개천군수 張 暾
          증호조좌랑 咸應秀   태천현감 金良彦
          동지사중군 梁晉國   증호조참의 金彦壽
          천총 林忠恕   훈련봉사북영장 韓德文

3. 군 공 175

업에 종사하라고 했다고 한다.120)

1627년 봄에 남이웅(南以雄)이 배를 타고 명나라에 갔는데, 옥하관(玉
河館)에 머물렀다. 그런데 황도(皇都)로 통하는 길 위에 붉은 종이를 높
이 달아매어 도성 사람들이 구경하고 있었다. 남이웅도 가까이 가서 보았
더니 남이홍의 이름이 쓰여 있었다. 옆의 사람에게 물어 보았더니

> 이 사람은 당신네 나라에서 성을 지키다가 죽은 남이홍이라는 신하요. 우리
> 나라에서는 무릇 절의(節義)가 있는 사람은 그 이름을 붉은 종이에 써서 사
> 람들에게 보여주는 것이 중국의 표창하고 권장하는 방법이요.121)

라고 했다. 이 말을 듣고 남이웅은 비로소 남이홍이 안주에서 순절했음
을 알고 통곡했다. 그리고 남이웅이 남이홍의 가까운 친척인 것을 알고 그
들은 더욱 정중하게 위로했다고 한다.122)

남이홍에게는 대광보국숭록대부의정부좌의정 겸 경연사의춘부원군이
봉증되었고, 충장공(忠壯公)이라는 시호가 내렸다.

인조는 남이홍이 순국했다는 소식을 듣고, 슬퍼하며 장례 때에는 입었
던 옷을 벗어 친히 관 뚜껑을 덮어주면서 애도했다.123) 1626년(인조 4)에
어머니가 영변에서 상경해 집에 와 있다가 다음 해 정월 금천(衿川)으로
피란갔을 때 남이홍이 죽었다는 소식을 들었다. 이에 아들들이 안주로 가
서 시신을 수습하려 했으나 찾지 못하고 다만 옥관자(玉貫子) 하나와 남
은 의복을 찾아다가 장사지냈다. 그의 어머니는 남이홍의 3년상을 마친
뒤에도 살아 있었는데, 인조는 해당 고을 수령으로 하여금 매월 식량과 반
찬을 대주고, 병이 나면 아뢰게 했다. 그리고 장자 두극(斗極)에게 용안현
령(龍安縣令)을 제수했다.124)

---

120) 정성희, 앞의 논문, 44쪽.
121) 忠壯公에 관한 기록 其一, 承旨 南就明(以雄)의 記錄, 국역《忠壯公南以興將軍遺事》11.
122) 위의 책.
123) 朴商健,〈의춘부원군 충장공 남이홍(南以興) 장군〉, 당진문화 제 18호, 당진문화원. 25
쪽.

남편과 자식을 차례로 잃은 어머니 하동 정씨는

> 아버지는 무술년(1598)에 나라를 위해 싸우다 죽고, 아들 또한 나라를 위해 싸우다 죽으니, 30년 사이에 부자가 모두 나라를 위해 죽었구나! 두 사람의 죽음은 모두 영광된 것이니, 옛 사람에 비해 부끄럽지 않다.125)

고 했다고 한다.

남이흥은 무관으로서 공신이 되고, 정1품에 올랐으나 전쟁과 당쟁의 소용돌이 속에서 이순신이 그랬던 것처럼 안주를 죽을 자리로 삼았던 것 같다. 어지러운 시절에 무관으로 현달한 사람의 운명일지도 모른다.

남이흥은 체구가 크고,126) 풍채가 의연해서 위엄하게 보이지 않으려 해도 위엄 있어 보이고, 자제들이 모시고 있을 때도 종일토록 고개를 들지 못했다. 이러한 풍모를 화가들도 제대로 그려내지 못했다. 뿐만 아니라 서리(胥吏)들도 두려워했고, 도적을 다스리는 데 엄격해 가렴주구(苛斂誅求)를 용서치 않았다 한다.127)

양주(楊州) 화첩동(花諜洞)에는 남이흥의 9대조인 경열공(敬烈公) 을번(乙蕃)과 8대조 충경공(忠景公) 재(在)의 무덤이 있다. 화첩동의 주봉(主峯)은 불암산(佛巖山) 석봉(石峯)이 갑주(甲冑)와 같아서 명장(名將)이 많이 날 형세라고 했다. 그래서 재의 현손인 병조판서 남이(南怡)와 5대손인 한성판윤 남치근(南致勤)·8대손인 남이흥(南以興)이 태어났다는 것이다. 그리고 남이흥의 5대조 내섬부정(內贍副正) 남칭(南偁)의 묘가 광주(廣州) 음촌(陰村)에 있는데, 지관이 말하기를 이 산은 자손 가운데

---

124) 李成茂, 앞의 논문, 130쪽 ;《忠壯公遺事》上, 95쪽.
125) 李成茂, 앞의 논문, 130쪽 ;《忠壯公遺事》上, 95쪽.
126) 남이흥이 입던 녹피(鹿皮) 바지가 종가에 보존되어 오고 있는데 길이가 2척 8촌 5푼이요 넓이가 1척 3촌이요, 바지 길이가 2척 2촌 5촌이요, 허리 둘레가 2척 3촌 5푼이나 되어 장대한 사람이 입어도 품이 너무 크고 바지가 땅에 끌린다고 한다(《忠壯公遺事》上, 96~97쪽)
127)《忠壯公遺事》上, 96쪽.

마땅히 장상(將相)이 날 자리라 했는데 과연 남이웅(南以雄)이 좌의정이 되었다고 한다.128)

그러나 남이흥은 무관으로서 겪는 고충을 자제들에게 털어놓기도 했다.

내가 비록 품계가 높고, 중망(衆望)을 받아서 영광스럽고 귀하다고 하지만 오히려 문사(文士)들에게 눌려 일마다 제지되어 내 뜻을 펼 수가 없으나 만약에 불행한 일이 생기면 죽음이 있을 뿐이다. 내가 활 쏘는 것을 한(恨)스럽게 생각해 이 팔을 자르고 싶으나 그리 할 수 없다. 너희들은 나를 징험(徵驗)으로 삼아 절대로 무관이 되지 마라.129)

비록 아버지의 원수를 갚고자 무관이 되었지만 문신들에게 견제와 탄핵을 받아 언제 쫓겨나고 죽음을 당할지 모르는 신세를 한탄한 것이다.

4. 맺는 말

지금까지 남이흥의 생애와 군공에 대해 살펴보았다. 문관이면 당연히 사상을 살펴보아야 할 터인데 그가 무관이고 무관으로서 공적을 남겼기 때문에 군공을 살피기로 했다.

그의 본관인 의령남씨는 무관도 많았지만 문관도 많았다. 저명한 문관과 무관을 들자면 다음과 같다.

문관
乙蕃: (高麗 密直副使, 敬烈公, 宜寧府院君)
乙珍: (叅知門下, 沙川伯, 不事二君)

---

128) 위의 책, 92쪽.
129) 《忠壯公遺事》上, 93쪽.

在: (領議政, 開國功臣, 宜寧府院君, 太宗廟廷配享)

誾: (判尙書事, 開國功臣, 剛武公, 太祖廟廷配享)

智: (左議政, 宜城君, 忠簡公)

孝溫: (贈吏曹判書, 文貞公, 《秋江集》 지음)

暉: (宜山尉, 昭簡公 太宗貞善公主駙馬)

袞: (領議政, 文敬公, 湖堂)

以雄: (左議政, 文貞公 振武三等功臣, 春城府院君)

以信: (兵曹叅判)

以恭: (吏曹判書)

夏正: (處士, 《東巢漫錄》 지음)

彦經: (隱逸, 吏曹叅議)

泰耆: (禮曹判書, 靖僖公)

泰齊: (吏曹判書, 靖獻公)

九萬: (領議政, 文衡, 文忠公, 肅宗廟廷配享)

二星: (禮曹判書, 文簡公)

龍翼: (禮曹判書, 文衡, 文憲公)

有容: (刑曹判書, 文衡, 文淸公)

公轍: (領議政, 文衡, 文獻公, 純祖廟廷配享)

秉哲: (禮祖判書, 文衡, 文貞公)

무관

怡: (兵曹判書)

致勤: (漢城判尹, 武襄公)

瑜: (羅州牧使)

以興: (平安兵使, 振武1等功臣, 宜春君)

斗柄: (工曹叅判, 訓練大將)

斗北: (富平府使, 保社功臣, 宜豊君)[130]

남이홍은 수령 일곱 군데와 병사 세 군데를 거치면서 목민관으로서 성실하게 업무를 처리해 두세 곳만 빼고 다 선정비가 설 정도였다. 이러한 치적을 바탕으로 그는 조정의 인정을 받아 무관으로서 가장 중요한 서북지역의 병마절도사를 맡게 되었다. 그러나 당시는 반정과 전란이 교차되는 위험한 시기였으므로, 남이홍은 이러한 난국을 타개하고자 여러 가지 노력을 했다. 처음에는 같은 북인이었던 이이첨과 가까이 지내다가, 북인의 전횡이 계속되자 이이첨 · 정인홍과 거리를 두는가 하면, 반대파인 이항복 · 이원익 · 한준겸 등과 가까이 지내려고 애쓰기도 하고, 상사에게 선물을 주거나 접대를 하기도 하면서 정국을 관망하고 있었다.

그러나 시국은 남이홍의 편이 아니었다. 목숨을 걸고 이괄의 난을 진압해 진무1등공신까지 되었으나 그를 시기하거나 견제하는 사람이 많았다. 특히 반정공신들이 군권을 가진 남이홍을 시시각각으로 사찰을 하고, 견제를 하는 통에 군사의 징발이나 훈련을 자유롭게 할 수 없었다. 안주에 갔을 때도 인조와 이귀가 개입해 현지 사정도 모르면서 성곽도 없는 구성을 지키게 하다가 후금군이 안주성에 도달한 뒤에야 아무런 준비 없이 안주성으로 옮기는 촌극을 벌였다. 약 3천 명의 군 · 민의 오합지졸을 데리고 3만의 후금의 정예군과 싸우라는 것이었다. 가까이 있는 평안감사 윤훤은 당파가 다르다고 지원군을 보내지 않았다. 죽는 길 밖에 다른 방도가 없었다. 남이홍은 죽기로 결심하고 장렬하게 싸우다가 자폭으로 최후를 맞았다. 이순신처럼 성공한 무관의 말로란 이런 것인가?

조정에서는 적을 막을 실력도 없으면서 척화론을 떠들다가 남이홍이 죽은 직후에 화의에 겨우 합의해 원수부를 통해 알려 왔다. 화의를 조금만 일찍 서둘렀어도 남이홍은 죽지 않았을 것이다. 후금군은 애초부터 화의를 맺고자 쳐들어 왔기에, 명나라를 치는 데 조선이 중립을 지키겠다는 약속을 하면 물러가려 했고, 그러한 뜻을 여러 번 보였다. 그러나 조선에서 계속 존명사대와 척화를 내세우자, 신흥 대국과 정면대결로 치

---

130) 朴能緒, 〈宜寧南氏〉, 《韓國系行譜》 人, 寶庫社, 1992, 2142~2164쪽.

닫게 되었다. 싸우려면 대적할 준비를 단단히 했어야 했다. 그렇지 않고 말로만 자주를 떠들면 망하는 길 밖에 없다. 정묘호란에서 여실히 보여 준 조선의 무력한 외교 역량은 나라를 풍비박산으로 만들 병자호란의 씨앗을 이미 품고 있었던 것이다.

지천(遲川) 최명길(崔鳴吉)의 생애와 사상

1. 들어가는 말

　조선시대에도 여러 차례 국난이 있었다. 그 가운데 임진왜란과 병자호란은 가장 큰 국난이었다. 임진왜란 때는 명나라의 지원을 받아 침략을 물리쳤으나, 병자호란은 조선이 청의 신하 나라가 되는 굴욕을 당하고서야 마무리되었다. 이때 나라를 대표해 국난을 극복하려던 경세가(經世家)들이 있었다. 임란 때 영의정이면서 도체찰사였던 서애(西厓) 류성룡(柳成龍)과 병자호란 전후 시기에 영의정을 지낸 지천(遲川) 최명길(崔鳴吉), 백헌(白軒) 이경석(李景奭) 같은 사람이 그들이다.

　필자는 국난 당시 훌륭한 지도력을 발휘해 국가를 누란(累卵)의 위기에서 구한 사람들을 골라 연구해 보고자 했다. 서애 류성룡과 백헌 이경석에 대해서는 이미 논문을 쓴 적이 있으나 지천 최명길에 대해서는 논구(論究)할 기회가 없던 차에, 지천선생기념사업회가 조선시대사학회와 공동으로 최명길에 대한 학술회의를 계획하여 필자도 참여하기로 했다.

　최명길은 어릴 때부터 사계(沙溪) 김장생(金長生), 백사(白沙) 이항복(李恒福), 상촌(桑村) 신흠(申欽) 등에게 글을 배워 경전공부가 상당한 수준에 이르렀고, 19세인 1605년(선조 38)에 이미 문과에 급제했으나 광해군 대에 뜻을 얻지 못하다가, 1623년(광해군 15) 3월에 인조반정에 가담해 정사(靖社) 1등공신이 되었다. 그리하여 정권의 핵심으로 인사권을 장악해 새 정권에 맞는 인재를 많이 발탁했다. 그 가운데 뒤에 척화파가 된 일반 사람들도 많이 포함되어 있었다.

 1636년(인조 14)에 병자호란이 일어나자, 공론이 척화(斥和) 쪽으로 쏠려 있는 상황에서 화의를 주장[主和]하였고, 목숨을 걸고 청나라 진영에 들어가 인조가 남한산성으로 달아날 시간을 벌어 주고 나라와 백성을 구했다. 급한 대로 나라의 보존[國存]을 달성한 후에 존명(尊明)을 하자는 논리에 따른 행동이었다. 그리하여 조선은 비록 청에게 항복은 했지만 국가를 보존할 수 있었고, 한 치의 땅도 잃지 않을 수 있었다.

 조선과 청이 군신관계를 맺은 뒤 최명길은 체면이 손상될 정도로 비난을 받았다. 그러나 그는 계속 중용되었고, 나중에는 두 차례에 걸쳐 청의 원병요청을 몸소 막았으며, 명과 몰래 연락하여 장래를 도모하려다가 발각되어 청의 사형수를 가두는 북관(北館)에 갇히는 신세가 되었다. 그는 당시의 당로자로서 그 책임을 다른 사람에게 미루지 않고 자진해서 처벌을 받고자 했다. 청이 북경을 함락한 뒤 소현세자 · 봉림대군과 함께 풀려나기는 했으나, 목숨을 건 충성이었다고 할 수 있다.

 나라에 대한 그의 충성이 이와 같았는데도, 최명길은 후세에 제대로 평가를 받지 못했다. 효종이 즉위한 뒤 북벌운동이 일어나 사림의 명분론이 승리했기 때문이다. 그리하여 실록에서조차 정국을 거꾸로 푼 독재자로 매도되거나, 기껏해야 양시론(兩是論)에 따라 김상헌도 옳고, 최명길도 옳다는 어중간한 평가를 받고 있다.

 이런 점에서 인조반정, 정묘 · 병자호란 당시 주화론 · 척화론의 실상을 소상히 밝힘으로써 최명길에 대한 올바른 평가를 내릴 필요가 있다고 생각하여 이 글을 쓰게 되었다.

2. 세계(世系)

 최명길의 자는 자겸(子謙)이요, 호는 지천이며, 본관은 전주(全州)이다.

전주 최씨는 신라 6촌성(六村姓)에서부터 비롯되었는데 전주를 본관으로 하게 된 것은 완주부(完州府) 개국백(開國伯) 최언위(崔彦撝)1) 때부터 이다. 전주 최씨의 중시조는 최순작(崔純爵)이다. 옛날 사보(私譜)에는 완산백(完山伯) 문영공(文英公) 최언위가 시조로 되어 있었는데 목은(牧隱) 이색(李穡)이 완산군(完山君) 문정공(文貞公) 최재(崔宰)의 묘지명을 쓸 때 좌시중(左侍中) 겸 완주백(完州伯) 문열공(文烈公) 최순작(崔純爵)으로 중시조를 삼았다.2) 그 윗대의 기록이 부실하기 때문이었다. 지천 최명길의 세계를 중시조 최순작부터 그려보면 다음 쪽에 나오는 〈지천 최명길의 세계표〉와 같다.

최순작은 최언위의 후손으로, 고려 정종(靖宗) 대부터 벼슬하다가 문종 대에 등제(登第)해 문학(文學)으로 신임을 받아 수년이 못 가서 문병(文柄)을 잡아 중서시랑(中書侍郎)에서 시중(侍中)으로 승진했다. 뿐만 아니라 무략에도 뛰어나 여진을 토벌할 때 공훈을 세웠다. 그리고 기자묘(箕子廟)를 세우는 데 찬동했다. 숙종 대에 벼슬을 내놓고 완주(完州)로 물러나니 나라에서 완주부 개국백을 봉했다. 완주에서 처사 곽여(郭輿)와 함께 속세를 초탈한 친구로 사귀었는데, 곽여는 나중에 정부에 불려 올라가 벼슬을 했지만 그는 여생을 벼슬하지 않고 계속 은둔했다. 그리하여 사람들이 "곽처사는 대궐 안의 신선이요, 최완주(崔完州)는 옥동(玉洞)의 재상"이라고 했다. 여진을 토벌할 때는 그에게 윤관(尹瓘)을 보내어 방책을 물었다고 한다. 1108년(고려 문종 3)에 세상을 뜨자, 조정에서 문열(文烈)이라는 시호를 내렸다. 성품이 활달하고, 도량이 커 출장입상(出將入相)하기를 20여 년에 청백(淸白)을 숭상하고, 정치를 잘했다. 벼슬이 검교신호위상장군(檢校神虎衛上將軍), 완주백(完州伯)에 이르렀다. 《융경

---

1) 崔彦撝는 신라 사람으로 성품이 너그럽고, 글을 잘했으며, 18세에 당 나라에 유학해 급제하고 42세에 신라로 돌아와 서문원(瑞文院) 학사(學士)가 되었다. 신라가 고려에 귀부하자 최언위도 따라와 삼한벽상공신(三韓壁上功臣) 겸 태자(太子)의 스승으로 한림(翰林)의 책임을 맡고 있었다. 그 공으로 그는 시중(侍中) 겸 평장사(平章事)로서 월성(月城)에서부터 전주(全州)로 이사했다. 그리고 완산부 개국백(完山府開國伯)에 봉해졌으며, 시호는 문영(文英)이다(《全州崔氏十修世譜》 首卷, 16쪽).

2) 〈崔氏定始祖事蹟〉, 《全州崔氏十修世譜》 首卷, 回想社, 2003, 17쪽.

지천 최명길의 세계표

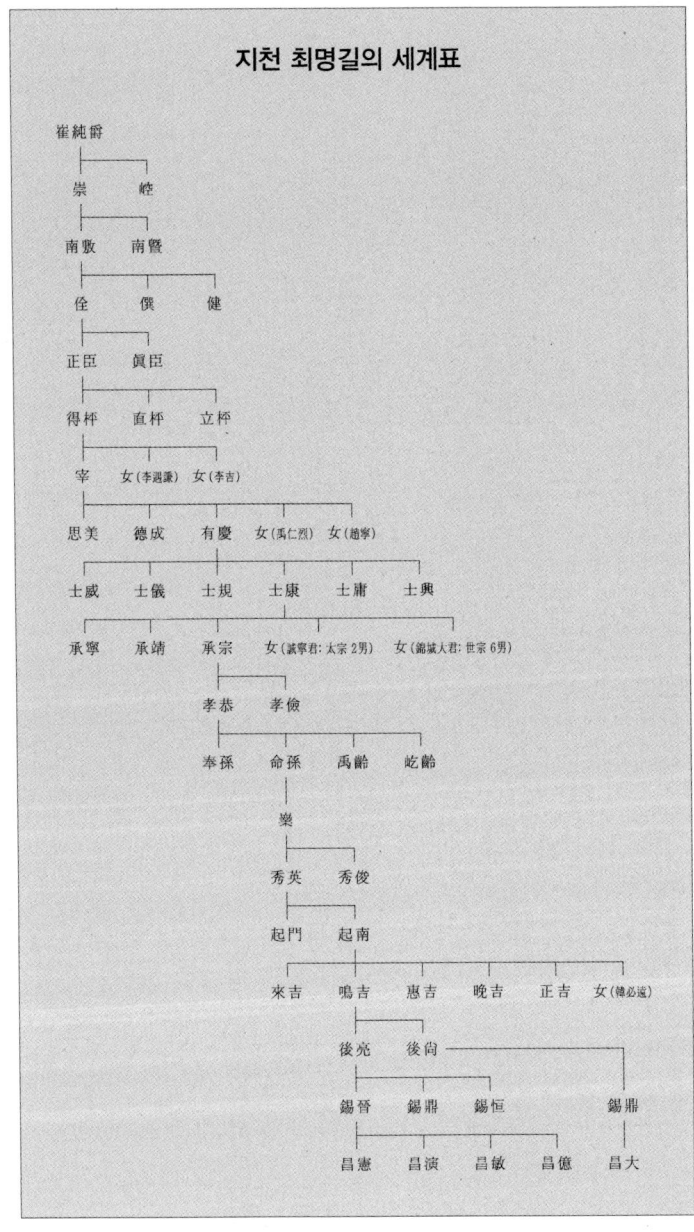

보》(隆慶譜)에는 추충재리평수척지진국공신(推忠在理平成拓地鎭國功臣)을 받고, 검교대부문하좌시중정당좌복야보문각태학사지병부상서(檢校大夫門下左侍中政堂左僕射普文閣太學士知兵部尙書)로서 치사(致仕)한 것으로 되어 있다. 묘는 전주 북면 송강동구(松岡洞口) 건너편에 있다.[3]

2세 최숭(崔崇)은 숙종 대에 등제(登第)해 예종 대에 이부시랑(吏部侍郎), 인종 대에 상서판호부사(尙書判戶部事)를 역임하고, 판례부사(判禮部事)에 이르렀으며, 1151년(고려 의종 5)에 별세했다. 다만 정지상(鄭知常)이 척준경(拓俊京)의 죄를 탄핵할 때 처음에는 함께 하기로 했으나 나중에 참여하지 않아 겁쟁이라는 비난을 받은 일이 있다. 무략이 뛰어나 의종 초에 중랑장에 임명되었다가 4년 뒤에 죽었는데, 성품이 깨끗하고 청렴했다 한다.[4]

3세 최남부(崔南敷)는 의종 대에 급제했으나 당시에 정중부(鄭仲夫)의 난이 일어나 문신의 기가 꺾여 있을 때였다. 그는 정중부가 사람을 많이 죽이자 서경(西京)으로부터 돌아와 경대승(慶大升)과 결탁해 정중부를 몰아냈다. 최충헌(崔忠獻) 집권 시대에 병권을 내놓고 전주로 돌아가니 국가에서 전주백(全州伯)을 제수했다. 1200년(고려 신종 3)에 죽으니 시호가 문강(文康)이다.[5]

4세 최전(崔佺)은 조정에서 여러 차례 벼슬할 것을 권했으나 나아가지 않았다. 1207년(고려 희종 3)에 비서소윤(秘書少尹)을 시키니 한 차례 사은(謝恩)하고는 고향으로 돌아 왔다. 아버지가 최충헌(崔忠獻)의 전횡을 걱정해 병을 핑계로 물러나니 곧 난이 일어났다. 선견지명이라 할 수 있다. 곧 그도 선인의 옛 집을 지키겠다며 물러났다.[6]

5세 최정신(崔正臣)은 1226년(고려 고종 13)에 급제해 좌우정언(左右正言), 전중어사(殿中御使)를 역임하고, 중정(中正), 시랑(侍郎)을 거쳐

---

3) 〈全州崔氏世譜 上系〉, 《全州崔氏十修世譜》首卷, 1쪽.
4) 〈本傳(禮部尙書 諱 崇)〉, 《全州崔氏十修世譜》首卷, 23쪽, 卒記는 《高麗全史》에 있다.
5) 〈本傳(全州伯文康公 諱 南敷)〉, 《全州崔氏十修世譜》首卷, 24쪽. 卒記는 《高麗全史》에 있다.
6) 〈郎將公(諱 佺) 家傳事蹟〉, 《全州崔氏十修世譜》首卷, 25쪽.

삼사간의부사(三司諫議副使)로서 최항(崔沆)의 잘못을 탄핵했다가 북방으로 유배되었다. 그러나 그 이듬해 최의(崔竩)가 주살되자 돌아와 병부시랑(兵部侍郎)이 되고, 원종 대에 보문각학사(普文閣學士)가 되어 임연(林衍)을 공격하다가 다시 남방으로 귀양을 갔다. 그래서 사람들이 그의 정직하고 강개한 태도에 감탄했다고 한다.[7) 가문의 내력인 것 같다.

6세 최득평(崔得枰)의 초명은 계보(季寶)다. 아버지 중랑장 정신과 우복야(右僕射) 조공보(趙公輔)의 딸인 어머니 배천 조씨(白川趙氏)의 큰 아들로 1200년(고려 신종 3)에 태어나 75세의 수를 누렸다. 18세 되던 1217년(고려 고종 4)에 원릉직(元陵直)이 되고, 1219년(고려 고종 6)에 사경원판관(寫經院判官), 1224년(고려 고종 11)에 군기주부(軍器主簿), 1227년(고려 고종 14)에 위위주부(衛尉主簿), 1231년(고려 고종 18) 4월에 당후관(堂后官), 6월에 권지통례문지후(權知通禮門祗侯), 1232년(고려 고종 19)에 남경부사(南京副使), 1235년(고려 고종 22)에 권지감찰사(權知監察史), 1237년(고려 고종 24) 7월에 충간당사인랑(忠諫堂司印郎), 12월에 전중시사(殿中侍史)를 거쳤다. 그러나 전중시사로 있을 때 집정근신(執政近臣)을 공격하다가 파직되었으나 1241년(고려 고종 28)에 통례지후로 복직되었다. 그리고 그해 11월에 종묘령(宗廟令)으로, 12월에 군부시랑(軍部侍郎)으로, 1245년(고려 고종 32)에 전라도안렴사(安廉使), 통례문령(通禮門令)으로, 1246년(고려 고종 33)에 감찰시사(監察侍史)로, 1248년(고려 고종 35)에 전농사승(典農司丞)으로, 1249년(고려 고종 36)에 의부직랑(議部直郎)으로, 1250년(고려 고종 37)에 총부직랑(總部直郎)으로, 1251년(고려 고종 38)에 종부부령(宗部副令)으로, 1252년(고려 고종 39) 2월에 삼사부사(三司副使)로, 11월에 민부의랑(民部議郎)으로, 1253년(고려 고종 40)에 선부의랑(選部議郎)으로, 1254년(고려 고종 41)에 사정판관(司定判官)으로, 그해 6월에 시내부령(試內府令)으로, 1265년(고려 고종 42) 8월에 선부직랑(選部直郎)으로, 1256년(고려

---

7) 〈侍郎公(諱 正臣) 家傳事蹟〉, 《全州崔氏十修世譜》首卷, 26쪽.

고종 43)에 민부의랑(民部議郞)으로, 1258년(고려 고종 45) 정월에 선부의랑(選部議郞)으로, 그해 6월에 다시 내부령(內府令)으로, 1259년(고려 고종 46) 정월에 판전객사사(判典客司事), 상주 목사로, 4월에는 지김해부지사로 각각 옮겨갔다. 그러나 성격이 강개(慷慨)해 다른 사람들의 미움을 잘 사는 바람에, 임기를 채우지 못하고 그만두는 경우가 많았다. 그리하여 청주 북면(北面)에 복거(卜居)했다. 왕이 충의가 있다는 것을 듣고 선부전서(選部典書)·상호군에 임명했으나 물러나 영천사(靈泉寺)를 중창하고 불교를 독실하게 믿었다. 1259년 7월 4일에 병으로 세상을 뜨자, 9월 19일에 청주 방정촌(方井村) 동산(東山) 남록(南麓)에 장사지냈다. 부인 곽씨는 감찰대부 곽예(郭預)의 딸이다. 1남 3녀를 두었는데, 아들은 전리판서(典理判書)를 지낸 최재(崔宰)이고, 1녀는 동지밀직사사(同知密直司事) 이우겸(李遇謙)과 혼인했고, 2녀는 소부전부사(少傅典副事) 이길(李吉)에게 시집갔으며, 3녀는 혼자 지냈다.8)

7세 최재는 자가 재지(宰之)요, 1303년(충렬왕 29) 4월에 태어났다. 1330년(충숙왕 17)에 급제해 단양부(丹陽府) 주부, 중부령(中部令), 감찰지평(監察持平)을 역임하고, 충목왕이 즉위하자 정법정랑(典法正郞), 지홍주사(知興州事), 전객정랑(典法正郞), 경상도안찰사(慶尙道按察使), 전객부령(典客副令), 지양주사(知襄州事), 감찰장령(監察掌令), 복주목사(福州牧事)를 두루 거치면서 인망이 높았다. 그 뒤 감찰집의(監察執義)로 보문각 학사를 겸하게 하더니 전민변정도감(田民辨正都監)의 도감을 지냈다. 그는 전답 분배를 공정히 해 송사를 줄였다. 1356년(공민왕 5)에 상서우승(尙書右丞)이 되고, 다음 해에 55세로서 판대부사(判大府事)로 승진했으며, 창고를 잘 관리해 공민왕으로부터 크게 칭찬을 받았다. 1359년(공민왕 8)에 공주목사(公州牧使), 상주목사(尙州牧使)가 되었고, 다음 해 봄에 복주(福州)로 피란갔다가 들른 공민왕을 정성껏 모셨다. 그 뒤 전법판서(典法判書)로 임명되어 서울로 올라갔으며, 1364년(공민왕 13)에

---

8) 〈通憲大夫選部典書上護軍致仕崔公墓地銘〉,《全州崔氏十修世譜》首卷, 27~30쪽.

감찰대부(監察大夫), 진현각(進賢閣) 제학(提學) 동지춘추관사(同知春秋
館事)가 되고, 그해 겨울에 완산군(完山君)으로 봉해졌으며, 다음 해 전
리판서(典理判書), 그 다음 해에는 개성윤(開城尹)이 되었다. 1371년(공
민왕 20)에 복주목사(福州牧使)가 되었으나, 1374년(공민왕 23) 가을에
나이를 먹었다며 고향으로 돌아가기를 청했다. 그해 9월에 공민왕이 승하
했다. 우왕이 밀직부사(密直副使), 상의(商議)를 맡기려 했으나 사양하고
고향으로 돌아갔다. 1378년(우왕 4) 10월에 세상을 뜨자 집 동쪽 산에 장
사지냈다.[9] 오늘날의 청주 북쪽 대율리(大栗里)이다.[10] 묘지명은 이색
(李穡)이 썼다.

8세 최유경(崔有慶)의 자는 경지(慶之)요, 호는 죽정(竹亭)으로 1343
년(충혜왕 복위 4) 4월에 아버지 최재와 군부정(軍簿正) 박윤유(朴允蓼)
의 딸인 어머니 무안 박씨 사이에서 3남으로 태어났다. 1355년(공민왕
4)에 공부를 시작했는데 총명이 절륜했다고 한다. 1360년(공민왕 9)에
밀직사사(密直司事) 김달상(金達祥)의 딸인 일선 김씨에게 장가들고, 그
해 9월에 청백(淸白)과 학행(學行)으로 선인관직(宣仁館直)에 제수되었
으나 18세 되던 1362년(공민왕 11)에 일선 김씨가 죽어 1369년(공민왕
18)에 판이부사(判吏部事) 김앙(金昻)의 딸인 상락(上洛) 김씨에게 다시
장가갔다. 12월에 공부산랑(工部散郎)으로 옮겨 비어대(緋魚袋)를 하사
받았다. 1371년(공민왕 20)에 민부산랑(民部散郎), 다음 해에 판도좌랑
(版圖佐郎)이 되었다. 이때 각 도에 염창(鹽倉)을 둘 것을 의논했는데, 그
는 상소를 올려 호족들이 차지하고 있던 염분(鹽盆)을 염창(鹽倉)에 속하
게 했다. 12월에 행전양시승(行典養寺丞)이 되고, 1374년(공민왕 23)에
강원도 안렴부사가 되었다. 이때 공민왕이 노국대장공주(魯國大長公主)
의 식포(息布)를 각 도로 나누어주고 매년 그 이자를 경미(粳米: 멥쌀)로
받아내 백성이 괴로워하자 그가 조정에 알리지 않고 백성에게 되돌려 주
었다. 12월에 사헌부 장령(掌令)으로 불려 올라가자 백성들이 자기 부모

9) 李穡, 〈大匡完山君諡文貞崔公墓地銘〉, 《全州崔氏十修世譜》 首卷, 42~45쪽.
10) 崔錫鼎, 〈書完山君墓碑後〉, 《明谷集》.

를 잃는 것과 같이 애석하게 여겼다고 한다. 대각에 있으면서, 총애를 믿고 교만방자한 환관 윤충좌(尹充佐)를 탄핵했다. 1375년(우왕 1)에 전법총랑(典法摠郎)이 되었는데 이사충(李思忠)의 가노(家奴)가 그 주인을 찔러 죽이려다 실패한 의옥(疑獄)이 있었다. 그는 심하게 매질하지 않고 천천히 심문해 범죄를 실토하게 했다. 1376년(우왕 2)에 군부총랑(軍簿摠郎)이 되고, 1377년(우왕 3)에는 양광·경상·전라 삼도도원수 이성계(李成桂)가 그의 충의(忠義)와 강직(剛直)함을 알고 부원수로 삼았다. 그는 조금도 군율을 어기지 않아 군사들이 모두 그를 두려워했다. 그 뒤 사재령(司宰令)·종부령(宗簿令)·지전법사(知典法事)를 지냈으나, 권신들이 그를 꺼려 지전법사(知典法事)의 직위를 해임하고 청주로 돌려보낼 것을 요구했다. 1378년(우왕 4) 12월에 아버지 최재(崔宰)가 죽어 청주 북쪽에 장사지냈고, 다음 해에 재취부인 상락 김씨가 죽었다. 1382년(우왕 8)에 공주 목사(公州牧使)가 되고, 검교시중 이숭(李崇)의 딸에게 세 번째로 장가를 갔다. 1385년(우왕 11)에 봉익판서(奉翊判書) 임견미(林堅味)가 실각하자 그를 양광도안렴사로 삼아 권간(權奸)을 추죄(推罪)하게 했다. 여름에 우왕이 요동(遼東)을 공격할 때 그를 서북도안렴사 겸 운량사(西北道安廉使兼運糧使)를 삼아 참여하게 했다. 우군도통사(右軍都統使) 이성계가 위화도(葳化島)에서 회군하자 모두 이성계를 따랐으나, 최유경만은 성천(成川)으로 달려와 회군 사실을 왕에게 보고하고, 왕을 따라 개경으로 돌아왔다. 이성계가 최영(崔瑩)을 귀양보내자 사람들이 그도 위태로워질 것이라고 여겼으나, 그는 조금도 두려워하지 않았다고 한다. 이성계도 그의 충의로움을 알고 전라도관찰사에 임명했다. 이에 그는 적을 보고 피하는 도순문사 최운해(崔雲海)를 가두고 죄를 청해 수령과 장졸들이 두려워했다고 한다. 그리고 장흥(長興)·보성(寶城) 등에 왜구의 침입 때문에 기근이 들자 그는 창고를 열어 진휼(賑恤)했다. 1389년(공양왕 1)에 조정에서 동지밀직사사 겸 전법판서(同知密直司事兼典法判書)로 소환했으나 세상을 구할 수 없음을 알고 청주로 퇴거했다. 조선왕조가 열린 뒤, 1393년(태조 2)에 태조가 도성영조도감(都城營築都監)의 일을 맡겨 명에 따랐으나, 공신(功臣)이나 전민(田民)은 받지 않았으며 곧 벼슬을 그만두고 돌아가고자 했다. 그러자 태조가 다음과 같이 당부했다.

> 단지 도성(都城) 영조를 감독한 것으로 책임을 면했다며 둘러대고 문득 사직하여 돌아간다면, 이에 불신(不臣)의 마음이 아니겠는가? 내가 경에게 끌린 것은 삼도부원수 때부터이다. 경이 나를 싫어해 스스로 달려가 (회군 사실을) 알린 날에 경에게 끌리는 것과 경이 나를 싫어하는 것이 어찌 애충(愛忠)·격충(激忠)에서 나온 것이 아니겠는가? 그러나 지금에 이르러 상전(桑田)이 벽해(碧海)가 되어 경이 의롭게 생각하는 것이 어찌 정몽주(鄭夢周)와 다르겠는가? 경은 고향으로 돌아갈 것을 알았고 정몽주는 조정에 벼슬했으니, 이 때문에 생사가 이미 판가름이 났다. 옛날의 진퇴가 오늘날 무슨 관계가 있는가? 옛날의 죽은 것도 또한 충(忠)이요, 산 것도 또한 충이라 말할 수 있다. 또 나가는 것도 또한 충이요, 물러나는 것도 또한 충이라 말할 수 있으니 경이 전조(前朝)에서 관직을 사퇴한 것은 기미(幾微)를 안 것이요, 오늘날 몸이 나아가는 것은 의로운 마음을 좇는 것이다. 내가 이미 경으로 하여금 예로써 충의의 신하가 되기를 허락했으니 경 또한 한 번 과인의 조정에 서야 한다. 마땅히 체퇴(遞退)하지 말아야 한다.

이에 그는 눈물을 삼키며, 차마 벼슬을 거절하지 못하고 중추원사(中秋院事) 및 도평의사사(都評議使司)의 직책을 맡았다. 1398년(태조 7)에 태조가 평주(平州) 온정(溫井)에 가다가 개경에 들러 유후(留後)의 정령이 능이(陵夷: 능력이 예전같이 않음)하다는 이유로 해임하고 그에게 직임을 맡겼다. 그는 왜 정릉(貞陵)에는 제사를 정성껏 지내면서 제릉(齊陵)에는 그렇지 않느냐고 진언했다. 태조는 유사가 고하지 않아서 그렇다고 한 뒤, 도당(都堂)에 명해 바로잡도록 했다. 가을에 경기도 관찰사(京畿道觀察使)에 임명되었고 1401년(태종 1) 9월에 명나라에 사신으로 다녀왔다. 태종은 그를 참찬 겸 군자(贊粲兼軍資)에 특배했다. 1402년(태종 2)에 다시 참찬(粲贊)으로서 공조(工曹)를 겸해 명나라에 하정사(賀正

使)로 다녀온 다음, 1403년(태종 3) 4월에 판사평부사(判司評府事), 1404년(태종 4)에 한성판윤(漢城判尹)이 되었다가 그해 12월에 청주로 돌아갔다. 그러나 왕이 의정부를 맡을 사람을 천거하라고 하자 모두 그를 추천해 그해 윤 7월에 참찬의정부사(參贊議政府事)에 임명되어 8년 동안 근무하다가 1413년(태종 13) 6월 24일에 병으로 집에서 세상을 뜨니 향년 71세였다. 묘는 사패지(賜牌地)가 있는 경기도 용인현 자봉산(紫鳳山) 구동(駒洞)에 있다. 그의 인품은 강명(剛明)·과단(果斷)하고, 선을 좋아하고 악을 싫어했으며, 할 말은 하는 성격이었다. 관직에 나아가서는 법강(法綱)을 떨쳐 일으키고, 효도가 지극해 6년 동안 여묘(廬墓)살이를 했다. 관직생활 20년에 사람들이 청직(淸直)하다고 했다. 강직하고 할 말을 하는 그의 성격이 최명길에게 이어진 것이 아닌가 생각된다. 그는 죽은 뒤에 청백리(淸白吏)로 뽑히고, 세종 조에 효성이 지극하다고 해 정려(旌閭)가 세워졌으며, 1695년(숙종 21) 4월에는 충청도 유림들의 상소로 송천서원(松泉書院)에 주벽(主壁)으로 모셔졌다. 시호는 평도(平度: 布綱治紀曰 平 心能制義曰度)이다. 부인은 셋을 두었는데 첫째인 일선군부인(一善郡夫人) 김씨는 한성판윤 사위(士威)를 낳고, 둘째인 상락군부인(上洛郡夫人) 김씨는 판돈령부사(判敦寧府事) 사의(士儀)와 경력(經歷) 이좌(李佐)에게 시집간 딸 하나를 낳았으며, 셋째인 고성현부인(固城縣夫人) 이씨는 지평(持平)을 지낸 사규(士規)와, 우찬성 겸 이조판서(右贊成兼吏曹判書)를 지낸 사강(士康)과, 군기시판사(軍器寺判事)를 지낸 사용(士庸)과, 대흥현감(大興縣監)을 지낸 사흥(士興)을 낳았다.[11] 사흥은 효행으로 정려(旌閭)를 세웠고, 《삼강록》(三綱錄)에 실렸으니 효행이 집안의 내력으로 내려온 것을 알 수 있다.

9세 최사강의 호는 안국(安國)으로 1385년(고려 우왕 13) 3월 갑진일에 공주 관아 사택에서 참찬의정부사(叅贊議政府事) 최유경과 문하시중(門下侍中)을 지낸 이숭(李崇)의 딸인 고성 이씨(固城李氏)와의 사이에

---

11) 卞季良, 〈朝鮮參贊議政府事 諡平度公墓地銘〉, 《全州崔氏十修世譜》 首卷, 54쪽.

서 둘째 아들로 태어났다. 1411년(태종 11)에 음보(蔭補)로 교서관(校書
館) 고공랑(考工郎)이 되고, 예조(禮曹)·병조(兵曹)·호조(戶曹)에서
좌랑(佐郎)·정랑(正郎) 등을 거쳐 세자익위사(世子翊衛司) 시직(侍直)
이 되었다. 1413년(태종 13)에 아버지 죽정공(竹亭公)이 죽자 상기(喪期)
를 마치고 판훈련사(判訓練事), 무비사(武備司)에 특배되었다. 그 뒤 예
조·호조 정랑을 맡았다가 세종 초에 승정원(承政院)의 동부승지, 우부대
언, 좌부대언을 거치고, 예조참의, 경기·영남관찰사, 대사헌, 호·병조참
판, 이조참판, 홍문·예문관제학, 세자좌·우부빈객 등을 차례로 맡았다.
그가 관직에 종사한 10년 동안 한 번도 서울을 떠나지 않았으니 왕이나
재상들의 신임이 두터웠음을 알 수 있다. 1431년(세종 13)에 병조참판이
되었다가 곧 병조판서로 승진해 다음과 같은 상소를 올렸다.

> 남쪽의 왜구와 북쪽의 오랑캐는 무기[弓砲]를 사용하는 기술이 있는데, 우
> 리나라는 학문만 숭상하고 문치(文治)만 힘쓰니 나라를 오래 지탱하는 방
> 책이 못됩니다. 문치를 중시하되, 무(武)에도 힘써서 방어하게 하소서.

그는 어릴 때부터 병서(兵書) 읽기를 좋아해 병조에 6년 동안 있으면서
변방을 지키는 데 공헌했다. 김종서(金宗瑞)도 그의 방어책을 보고 몇 대
에 한 번 볼 수 있는 걸출한 인재라고 칭찬했다. 1432년(세종 14)에 왕이
그로 하여금 모든 관리에게 봉급을 18등급으로 균등하게 나누어주게 한
뒤, 그가 평소에 재물(財物)과 공물(貢物)에 대해 잘 알고 있는 것을 알게
되었다 한다. 1436년(세종 18)에 좌참찬, 1441년(세종23)에 우찬성 겸 이
조판서를 지내다가 1443년(세종 25) 4월 3일에 본가에서 세상을 떴다. 그
리하여 그해 6월에 용인 선영(先塋) 아래 장사지냈다. 시호는 경절(敬節)
이요, 6년 뒤에 좌의정에 추증되었다. 부인은 둘이었는데, 첫째부인은 정
승 강서(姜筮)의 딸인 진주 강씨로 2남 2녀를 두었다. 큰아들 승령(承寧)
은 군기시(軍器寺) 판관을 지냈고, 둘째아들 승정(承靖)은 1459년(세조
3)에 원종공신 3등에 책봉되었고, 군수를 지냈으며, 큰딸은 태종의 아들인

성령군(誠寧君) 인(裀)에게, 작은 딸은 지돈령부사(知敦寧府事) 권총(權聰)에게 시집갔다. 둘째 부인은 판결사(判決事) 이사치(李思恥)의 딸 양성(陽城) 이씨로 1남 2녀를 두었는데, 아들 승종(承宗)은 사옹원(司饔院) 첨정(僉正)을 지냈고, 첫째 딸은 금성대군(錦城大君) 유(瑜)에게, 둘째딸은 이조 판서 강순(姜循)에게 시집갔다. 승종의 딸도 세종의 4남 임영대군(臨瀛大君)에게 시집갔다.

10세 최승종의 자는 계장(季章)으로 1425년(세종 7)에 아버지 찬성(贊成) 최사강과 어머니 양성 이씨 사이에서 태어났다. 부인은 둘이 있었는데, 첫째 부인은 감찰(監察) 김경재(金敬哉)의 딸인 해양(海陽) 김씨요, 둘째 부인은 여성군(麗城君) 민무질(閔無疾)의 손녀딸인 여흥 민씨이다. 묘는 아버지 최사강의 묘 밖에 있었다고 하나 지금은 알 수 없다. 3남 1녀를 두었는데, 첫째 아들은 1479년(성종 1)에 관직이 선전관(宣傳官)에 이른 효공(孝恭)이요, 둘째 아들은 관직이 사도시정(司導寺正)에 이른 효검(孝儉)이요, 셋째 아들은 문과에 급제하고 관직이 사정(寺正)에 이른 효순(孝順)이다. 딸은 부사(府使) 유해(柳洨)에게 시집갔다.[12]

11세 최효공의 자는 영덕(令德)이요, 1453년(단종 1)에 태어나 1470년(성종 1)에 벼슬하기 시작해 관직이 선전관(宣傳官)에 이르렀다. 1531년(중종 26)에 죽어 과천(果川) 상초평(霜草坪) 언곡(彦曲)에 묻혔다. 7대손 최석정(崔錫鼎)이 지은 묘지명과 최석항이 지은 묘표가 있다. 그러나 1972년에 도시계획 대상지에 포함되어 양주(楊州) 회천면(檜泉面) 창암리(檜岩里) 조미현(祖未峴)으로 옮겼다. 부인은 현감 이일동(李一仝)의 딸인 전의(全義) 이씨이다.[13]

12세 최명손(崔命孫)의 자는 성천(性天)이요, 1470년(성종 1)에 사옹원첨정을 지낸 아버지 최효공과 현감을 지낸 이일동(李一仝)의 딸 전의 이씨의 사이에서 둘째 아들로 태어났다. 1470년(성종 1)에 태어나 종사랑(從仕郞) 품계를 얻었다. 신승선(愼承善)에 의해 경행(經行)으로 천거되

12) 〈全州崔氏世譜〉, 《全州崔氏十修世譜》 首卷, 23쪽.
13) 〈全州崔氏世譜 上系〉, 《全州崔氏十修世譜》 首卷, 23쪽.

었으나 벼슬을 하지는 못했다. 1498년(영산군 4) 8월 7일에 세상을 떠 양
주(楊州) 회암면(檜岩面)에 있는 아버지의 묘 아래에 묻혔다. 부인은 영
천군(鈴川君) 윤번(尹磻)의 딸인 파평 윤씨이다. 묘표는 최석정(崔錫鼎)
이 썼고, 묘지명은 최기남(崔基南)이 썼다. 1남을 두었는데 이름이 업(業)
이다. 외할아버지는 상당군(上黨君) 한명회(韓明澮)이다.[14]

13세 최업은 빙고별제(氷庫別提)를 지냈으며, 사헌부집의에 추증되었
다. 부인은 둘이 있었는데, 첫째는 신승조(申承藻)의 딸이었고, 둘째는 이
경온(李景溫)의 딸이었다. 아들은 수영(秀英)과 수준(秀俊) 둘이 있었
다.[15]

14세 최수준은 최명길의 할아버지로서 참봉, 승정원좌승지를 지냈고,
남상길(南尙吉)의 딸에게 장가갔다. 아들은 전첨(典籤)을 지낸 기문(起
門)과 목사(牧使)를 지낸 기남(起南)이 있다.[16]

15세 최명길의 아버지인 최기남은 자가 여숙(與叔)이요, 호가 만옹(晚
翁)이며, 우계(牛溪) 성혼(成渾)의 문인이다. 어머니는 증호조참의 남상
질(南尙質)의 딸 의령 남씨이고, 부인은 관찰사 류영립(柳永立)의 딸 전
주 류씨이다. 아버지는 그가 4세 때 60세로 별세했다. 아들은 5형제를 두
었으니 첫째는 몽길(夢吉)로 자신의 생일인 1592년(선조 25) 정월 15일
에 가족들과 윷놀이를 하다가 임진왜란을 예언하고 일찍 죽었고[17], 둘째
는 내길(來吉)로 한성부좌윤을 지냈고, 셋째는 명길(鳴吉)로 영의정을 지
냈으며, 넷째는 혜길(惠吉)로 문과를 거쳐 홍문관부수찬을 지냈고, 다섯
째는 김포군수를 지낸 만길(晚吉), 여섯째는 유복자로서 첨사를 지낸 정
길(正吉)이다. 딸 하나가 있었는데 승지 한필원(韓必遠)에게 시집갔다가
일찍 죽었다. 이 가운데 명길은 인조 반정공신인 정사공신(靖社功臣) 1등
이요, 내길은 3등이었다. 혜길도 공신에 책봉하려 했으나 한 집안에서 너

14) 〈全州崔氏世譜 上系〉, 《全州崔氏十修世譜》 首卷, 23쪽.
15) 朴能緒, 앞의 책, 1913~1920쪽.
16) 朴能緒, 앞의 책, 1913~1920쪽.
17) 崔秉稷, 增補譯註 《遲川先生集》 跋文 Ⅲ, 682쪽.

무 여러 명을 책봉해서는 안 된다며 사양했다고 한다.[18]

최기남은 1585년(선조 18) 사마시(司馬試)에 합격하고 성균관에 들어가 수학했다. 이때 호남 선비들이 임금의 뜻을 어겨 하옥되자 감연히 상소를 올려 출옥하게 했다. 그런데 1591년(선조 24)에 정여립(鄭汝立)의 옥사(獄事)에 연루되어 서인(庶人)이 됨으로써 과거에 응시하지 못했다. 임진왜란이 일어나자 노인들을 모시고 피란했으며, 1600년(선조 33)에 왕자들의 사부(師傅)가 되어 3왕자를 가르쳤다.

그 뒤 1602년(선조 35)에 알성시(謁聖試) 병과(丙科)에 급제해 성균관 전적(典籍)이 되었다가 병조좌랑, 지제교(知製敎)로 옮겼다. 이어 시강원 사서(司書), 형조·예조·병조정랑을 거쳤다. 1605년(선조 38)에는 교활한 사람들의 질시를 받아 함경북도평사로 좌천되었으나 태연히 취임했다가 한 해를 넘기고 돌아왔다.

최명길은 보통 사람들이 가기 싫어하는 북변에 9번이나 보내졌는데도 과감히 간 아버지의 용기에 대해 다음과 같이 칭송했다.

> 아무도 북막 길에 가려 하지 않았지만
> 부친께선 왕명을 받들어 크나큰 충성을 발휘하셨네.
> 멀리 오랑캐 땅을 바라보니 동관(潼關)이 침침하고,
> 전진(戰塵)을 쓸려하니 경성(鏡城) 요새가 뿌옇구나.
> 임금께서 아홉 번째로 임명하신 영광을 입어,
> 옛사람의 온갖 병법을 가슴속에 품었도다.
> 집 잊고 나라 위함이 비록 신하의 본분이라지만,
> 소자가 작별 인사 올리자니 온 우주가 아득하여라!

> 北幕諸君避計長
> 父爺承命菀忠腸

---

18) 崔錫鼎, 〈先祖領議政完城府院君文忠公行狀〉; 崔鳴吉, 增補譯註《遲川先生集》Ⅲ 外集 遺事, 474쪽).

遙瞻胡月潼關黑

笏掃腥塵境塞黃

聖主九除身上佩

古人萬甲意中張

忘家爲國縱臣分

小子拜辭宇宙茫

　그리하여 다시 예조 · 병조의 낭관(郞官)을 거쳐, 문학(文學)과 직강(直講)을 역임했다. 1608년(선조 41)에는 시강원 필선(弼善)으로 승급하고, 광해군 초에 사헌부 장령, 홍문관 수찬(修撰) · 교리(校理)가 되었다가 황해도에 암행어사로 다녀와서 예빈시정(禮賓寺正)에 임명되었다.

　그 뒤 시강원 필선 · 보덕(補德), 의정부검상(檢詳) · 사인(舍人), 홍문관부응교, 사헌부집의, 성균관사성, 승문원판교를 지냈다. 1612년(광해군 4)에는 정3품 통정대부로 승진되어 영흥대도호부사로 나갔다. 1613년(광해군 5) 인목대비(仁穆大妃) 폐비정청(廢妃庭請) 때에는 이이첨(李爾瞻)을 만류하다가 체포되어 옥고(獄苦)를 치르고, 관직에서 쫓겨나 7년 동안 은거하다가 1619년(광해군 11)에 숙환으로 별세했다.

　그는 성품이 근엄하고, 효성스러웠으며, 벼슬에 나아가서는 직임을 수행하는 데 진력했고, 역경(逆境)에 이르는 것을 피하지 않았다. 광해군 말에 패란(悖亂)이 심해지자 홍문관에 있으면서 6개 조항의 상소를 올렸다. 1) 상례(喪禮)를 극진히 하고, 2) 우애를 돈독히 하며, 3) 붕당을 없애고, 4) 인재를 소중히 여겨야 한다는 것 등이었다. 수상 이원익(李元翼)이 선혜청(宣惠廳)을 설치해 대동법을 실시하자고 주장하자 이에 동조했으며, 내직에 있기를 싫어해 자원하여 함경도 영흥으로 부임했다. 그곳에서 우수한 자제들을 선발해 가르치고, 전차를 만들어 야외에서 연습시켰다. 그러다가 1년 만에 직무를 마치고 돌아왔다.

　그리고는 가평(加平)에 물러가 만곡정사(晚谷精舍)를 짓고, 호를 만옹(晚翁)이라 고쳤다. 뒷날 아들인 최명길이 현달하자, 영의정을 증직받았

다. 묘는 처음 정한 곳이 불길하다고 해 옮겨 묻고, 부인도 같이 묻었다.[19)

16세 최내길(崔來吉)은 최명길의 형으로써 자는 자대(子大), 호는 희재(熙齋), 부사(府使) 최기남과 전주 류씨의 사이에서 첫째 아들로 1583년(선조 16)에 태어났다. 1606년(선조 39)에 사마시(司馬試)에 합격했고, 1611년(광해군 3)에 별시문과의 을과로 급제해 승문원을 거쳐 성균관 전적·직강·사예를 지냈다.

인조반정 때에는 반정에 가담해 정사공신(靖社功臣) 3등에 책록되었다. 1624년(인조 2) 이괄(李适)의 난이 일어나자 왕을 공주(公州)로 호종(扈從)해 완천군(完川君)에 봉해졌으며, 한성부의 좌·우윤, 형·공조의 참판을 지냈으며, 1630년(인조 8)에 장흥부사를 거쳐 청주·능주목사를 지냈다. 1636년(인조 14)에 병자호란이 일어나자 왕을 남한산성으로 호종했으며, 1645년(인조 23)에 오위도총부도총관에, 2년 뒤에는 경기감사, 1649년(인조 27)에 공조판서가 되었으나 곧 별세했다. 죽은 뒤에 영의정을 증직받았다. 아들은 문학(文學) 벼슬을 한 후윤(後胤)이요, 손자는 호군을 지낸 석삼(錫三)이다.

16세 최혜길(崔惠吉)의 자는 자적(子迪)이요, 호는 유하(柳下)·구원(九畹)으로, 아버지 최기남과 어머니 전주 류씨 사이에서 셋째 아들로 태어났다. 그는 1592년(선조 25) 10월 경술에 태어나서 1613년(광해군 5)에 사마시에 합격하고, 1623년에 인조반정이 일어나자 이에 참여해 공조좌랑이 되고, 익위사(翊衛司) 익찬(翊贊)을 거쳐 1625년(인조 3)에 문과에 급제해 예·병조좌랑, 사서(司書), 정언(正言)을 지냈다.

그러나 임금의 뜻을 거슬러 송화(松禾) 현감으로 좌천되었다가 다시 홍문관수찬, 사헌부지평에 지제교(知製敎)를 겸임했다. 그리고 홍문관교리를 거쳐 이조좌랑·정랑에 오르고, 문학(文學)을 겸임하다가 강원도암행어사, 의정부사인, 사헌부집의, 사간원사간, 성균관사성, 세자시강원필

---

19) 張維,〈贈領議政完興府院君晩谷崔公起南神道碑銘〉；崔鳴吉, 增補譯註《遲川先生集》Ⅲ
   外集 遺事, 237~243쪽).

선을 거쳤다. 그 뒤 1632년(인조 10)에 통정대부로 승진해 승정원승지가
되고, 여러 조(曹)의 참의(參議)를 하면서 동지사(冬至使)를 따라 명나라
에 다녀왔다. 1636년(인조 14)에 병자호란이 일어나자 남한산성으로 인조
를 호종한 공으로 가선대부(嘉善大夫)에 승진했다. 이때부터 도승지, 대
사성, 사헌부대사헌, 사간원대사간, 6조참판을 두루 지냈다. 또한 외직으
로 충주목사, 영해부사, 송도유후, 강원·경기관찰사를 지냈다. 1662년(현
종 3) 11월 16일에 서거했다. 향년 72세. 그리하여 이듬해 정월에 풍덕군
광대원면(光大院面) 해좌(亥坐) 언덕에 장사지냈다. 두 부인도 부장(附
葬)했다.

　　첫째 부인은 관찰사를 지낸 이춘원(李春元)의 딸인 함평 이씨요, 둘째
부인은 생원 안온(安溫)의 딸인 순흥 안씨이다. 함평 이씨는 두 아들을 두
었는데, 첫째 후정(後定)은 현감을 지냈고, 좌승지를 추증받았으며, 둘째
후량(後亮)은 최명길에게 입양되었고 생원으로 한성좌윤을 지냈다. 순흥
안씨는 1남 2녀를 두었는데 아들 후원(後遠)은 교관(敎官)을 지냈으나 일
찍 죽었고, 두 딸은 참봉 송이현(宋以鉉)과 진사 정선(鄭銑)에게 시집갔
다. 측실(側室) 소생이 셋이 있었으니 이정(以定)은 통덕랑이요, 이원(以
遠)은 찰방이요, 후장(後章)은 진사이다. 딸은 다섯을 두었는데 류실(柳
實)·한두명(韓斗明)·이훈악(李勛岳)·오임도(吳任道)·원만령(元萬
齡)에게 각각 시집갔다.[20]

　　17세 후량의 자는 한경(漢卿)이요, 호는 정수재(靜修齋)이다. 최명길과
옥성부원군(玉城府院君) 장만(張晩)의 딸인 인동 장씨의 사이에 아들이
없자 아우 최혜길의 둘째 아들을 양자로 맞이해 후사로 삼았다. 나중에 최
명길이 후실에서 친아들 후상(後尙)을 얻었지만 후량의 양자를 파하지는
않았다. 친어머니는 이조참판 이춘원(李春元)의 딸로서 1616년(광해군
8) 8월 20일에 태어났다. 그러나 3세에 어머니를 잃고, 9세에 최명길의 양
자가 되었으며, 12세에는 양모인 장씨 부인마저 죽었다.

---

20)　南龍翼, 〈嘉善大夫吏曹叅判贈左贊成崔公惠吉墓碣銘〉; 崔鳴吉, 增補譯註《遲川先生集》
　　Ⅲ 外集 遺事, 245~251쪽.

1636년(인조 14)에 병자호란이 일어났을 때 그는 약관(弱冠)을 겨우 넘었을 때였다. 아버지 최명길이 허린(許璘)의 딸인 양천 허씨를 재취로 얻었다. 전쟁이 일어나자 그는 새어머니를 모시고 강도(江都: 강화)로 피란갔으나 강도가 함락되자 성중의 남녀가 위험을 당했다. 그는 청나라 장수를 찾아가 자기가 최명길의 아들이라고 소개하고 가족들을 구해왔다. 이때 성중에서 풀려난 사람들이 많았다고 한다.

1642년(인조 20) 가을에, 승려 독보(獨步)를 명나라에 파견해 몰래 연락했다는 죄로 최명길이 심양(瀋陽)으로 잡혀가자, 스스로 세 번이나 심양에 찾아가서 백방으로 주선해 아버지를 석방시키는 데 성공했다. 1647년(인조 25) 5月 아버지 최명길이 죽자 예에 따라 장사를 지냈다. 1651년(효종 2)에 생원시에 합격해 1654년(효종 5) 남별전(南別殿) 참봉에 임명되었으나 병 때문에 취임하지 못했다. 다시 사산감역(四山監役)에 임명되었으나 얼마 지나지 않아 그만두었다. 50세 이후에는 옛 병이 도졌으나 1666년(현종 7)에 익위사(翊衛司) 시직(侍直), 귀후사(歸厚司) 별제(別提), 종부시(宗簿寺) 주부(主簿), 공조 좌랑(工曹佐郎), 충훈부(忠勳府) 도사(都事)를 역임하고, 1670년(현종 11) 봄에는 배천 군수(白川郡守)가 되었다.

인현왕후(仁顯王后)의 폐비를 논하는 정청(庭請)이 열린다는 소식을 듣고 눈물을 흘리면서 내가 병이 들었으나 죽지를 못해 이런 꼴을 본다고 차탄(嗟歎)했다. 1689년(숙종 15)에 통정대부로 강등되었으나 이해 세상을 뜬 뒤 복관(復官)되고 완릉군(完陵君)에 봉해졌다. 부인은 관찰사 안헌징(安獻徵)의 딸로 1621년(광해군 13) 9월 10일에 태어나서 1673년(현종 14) 4월에 죽었다. 향년 53세. 3남 2녀를 두었는데 장남 석진(錫晉)은 현령, 차남 석정(錫鼎)은 영의정, 삼남 석항(錫恒)은 좌의정을 지냈다. 최석정은 후상(後尙)에게 양자로 가고, 최석항은 혜길(惠吉)의 셋째 아들 후원(後遠)의 양자로 갔다.21) 장녀는 진사 윤제명(尹濟明)에게, 차녀는

21) 朴世堂,〈完陵君崔公後亮墓地銘〉; 崔鳴吉, 增補譯註《遲川先生集》III 外集 遺事, 251~253쪽.

신곡(申礐)에게 시집갔다.22)

17세 후상은 최명길의 친자로서 응교를 지냈다. 최명길은 처음에 아들이 없어 아우인 최혜길의 장자인 후량을 양자로 삼았으나, 뒤에 친자인 후상을 낳았다. 그러나 양자는 그대로 두기로 했다. 후상은 함릉부원군(咸陵府院君) 이해(李澥)의 딸을 부인으로 맞이했는데, 둘 사이에 아이가 없어 후량의 차남 석정을 양자로 들였다.23) 측실에서 딸 하나를 낳았는데, 첨지(僉知) 구횡(具鐄)에게 시집갔다.24)

18세 최석정의 초명은 석만(錫萬)이요, 최후량과 감사 안헌징(安獻徵)의 딸 광주 안씨 사이에서 둘째 아들로 태어났다. 그는 1646년(인조 24)에 태어나 1715년(숙종 41)에 70세를 일기로 세상을 떴다.

전하는 말에 따르면, 최명길이 일찍이 초헌(軺軒)을 타고 길을 가는 도중에 한 여자 종이 10여 세 된 처자를 업고 가는 것을 보았다. 바람이 불어 처자의 얼굴 가린 것이 벗겨져 그 얼굴을 보니 귀한 상이었다. 이에 그 집까지 따라가 보니 누추하기 짝이 없었다. 물어보니 안사예댁(安司藝宅)이라 했다. 최명길이 며느리로 맞이할 것을 약속하고 돌아와서 "내가 오늘 어진 며느리를 얻었는데 마땅히 귀한 아들을 많이 낳아 우리 집안을 일으킬 것이다."라고 했다. 그 뒤 과연 석진·석정·석항 3형제를 낳았다고 한다.

최석정은 남구만(南九萬)에게 글을 배웠으며, 1666년(현종 7)에 진사시에 장원으로 합격하고, 1671년(현종 12)에 문과에 급제해 대제학을 지냈다. 1697년(숙종 23)에 우의정이 되었다가 1701년 영의정으로 승진했으며, 만년에는 기로사(耆老社)에 들어갔다. 1701년(숙종 27)에 장희빈을 사사(賜死)하지 말 것을 간곡히 상소했다.25)

18세 최석항(崔錫恒)의 자는 여구(汝久)요, 호는 손와(損窩)이다. 1654년(효종 5) 8월 6일에 최후량과 광주 안씨 사이에서 셋째 아들로 태

22) 崔錫鼎, 〈先祖領議政完城府院君文忠公行狀〉; 崔鳴吉, 增補譯註《遲川先生集》 外集 遺事, 526쪽.
23) 朴能緒, 앞의 책, 人, 1920쪽.
24) 朴能緒, 앞의 책, 人, 1920쪽.
25) 朴能緒, 앞의 책, 人, 1920쪽.

어났다. 그는 처음에 공부를 열심히 하지 않았다. 반면에 처남은 나이가 같은데 재주가 있어서 성균관 시험계속 좋은 성적으로 뽑혀 부인인 광주 이씨가 부러워했다고 한다. 그러나 뒤에 오줌을 싸도 일어나지 않을 정도로 열심히 공부해 성공하게 되었다고 한다.26)

1673년(현종 14)에 부인 광주 이씨가 죽었다. 그 후 1679년(숙종 5)에 진사시에 합격하고, 다음 해에 정시(廷試) 문과에 급제해 예문관·승문원 직에 임명되고, 1682년(숙종 8)에는 예문관의 검열·대교·봉교, 승정원주서를 거쳤다. 다음 해에 성균관 전적으로, 1684년(숙종 10)에 병조좌랑, 사간원정언, 1686년(숙종 12)에 평안도안렴사, 사헌부지평으로 옮겼다. 1687년(숙종 13)에 송시열(宋時烈)이 미촌(美村) 윤선거(尹宣擧)를 공격하는 상소를 올리자, 미촌의 제자 나양좌(羅良佐)가 그의 스승을 변명하다가 죄를 받는 사건이 일어났다. 이에 최석항은 항의하는 의미로 사직했다.

그러나 곧 사헌부지평, 동학교수(東學敎授) 겸 교서관교리에 임명되었다. 1689년(숙종 15)에 홍문관부수찬, 다음 해에 양천(陽川) 현령, 그 다음 해에 고양군수를 거쳤다. 그러나 1693년(숙종 19)에는 생부 최후량(崔後亮)이 죽어 3년상을 마치고 다시 시강원 보덕(補德), 홍문관부수찬, 의정부사인, 승정원동부승지·좌부승지, 옥천(沃川) 군수를 차례로 지냈다. 이어서 1699년(숙종 25) 2월에는 우부승지, 대사간, 6월에 형조참의, 대사간이 되었다. 이때 그는 구언상소(求言上疏)로 소진 5사(疏陳五事)를 올렸다. 그 내용은 1) 입대지(立大志), 2) 성전학(誠典學), 3) 극기사(克己私), 4) 회성량(恢聖量), 5) 화조론(和朝論) 등이다.

다음 해 겨울에는 경상감사가 되어 백성을 위해 묵은 폐단을 개혁하고,

---

26) 始文忠公爲完陵公擇婦 常乘招軒過路中 見一婢負處子行 年可十餘歲 以衣蔽面 而風忽開公 瞥見而驚異之 遂跡其後 至一家則 僻巷席門 陋屋數間而已 問之則乃安司藝宅 蓋觀察使公時 爲司藝 文忠公卽入見 定婚而歸 喜謂家人曰 吾今日得賢婦 當多生貴子興吾家 其後果生公兄 弟云 孝宗五年甲午八月六日酉時生 公淸羸善病 至十餘歲猶不授書 而公內弟安公某 與公同 年生 才名甚早 連登泮序 安夫人深歎羨之 完陵公笑曰 彼雖才藝早成 氣稟不過一措大 終必 不達 吾兒大器也 其後安公年老窮不第 而公果貴 公晩始就學 勤苦刻勵 夜以繼日 常坐於一 隅終不起 至忘溺便袴爲之腐 於是詞學日進 述作精工(《全州崔氏十修世譜》首卷, 九代孫 崔 秉稷,〈損窩相公行狀〉拔萃, 258∼259쪽).

재판을 명쾌히 해 왕으로부터 경제지재(經濟之才)가 있다는 칭찬을 들었
다. 1703년(숙종 29) 5월에는 개성유수, 9월에 평안감사가 되었다. 평양
은 부정이 심한 곳이었으나, 그가 부임한 뒤에 서리(胥吏)의 부정을 척결
하고 군오(軍伍)를 정비해 크게 다스려졌다고 한다. 1705년(숙종 31)부터
1708년(숙종 34)까지 대사간, 우부승지를 지내고, 다음 해에는 부제학, 동
의금 부총관(同義禁副總管), 대사성, 이조참판, 예문관제학·부제학, 와서
(瓦署)·교서관제조, 비변사당상, 대사헌, 호·병·공조참판, 형조판서 등
의 청요직(淸要職)을 거쳤다. 그 뒤 1709년(숙종 35)에는 형인 최석정이
영의정이 되자 이조판서를 사임한 대신, 형·병·호조판서, 사복시(司僕
寺)·제용감(濟用監)·선공감(繕工監) 제조, 선혜청(宣惠廳) 당상, 좌참
찬을 지냈다. 그리고 1713년(숙종 39)부터 1721년(경종 1)까지 좌참찬,
예문관제학, 경기도관찰사, 이·병조 판서등 재상급 관직을 두루 거쳤다.

1722년(경종 2)에는 세제(世弟)의 대리청정(代理聽政) 명령을 회수해
줄 것을 한밤중에 상소해 그 뜻을 관철했다. 다음 해에는 우의정이 되었
다. 그는 반대파인 노론 4대신 가운데 이이명(李頤命)·김창집(金昌集)
은 선대왕의 중신이니 사사(賜死)를 보류해 줄 것을 요청했다. 1723(경종
3)에는 좌의정이 되었으나 같은 해 2월 24일에 별세했다.

그의 생김은 왜소했으나 정신은 온화하고 모나지 않았으며 치재(治才)
가 출중했다. 세상을 뜬 뒤에 왕세제가 조문할 정도로 인품이 높았다.[27]

후세의 기록에 따르면 전주 최씨 가문에서는 중시조 최순작(崔純爵) 이
후에 효도로 정려(旌閭)를 받은 사람이 28인, 열녀로 정려를 받은 사람이
18인, 공신이 4인, 종묘(宗廟)에 배향된 사람이 1인, 의정(議政) 3인, 대제
학(大提學) 2인, 서원(書院)에 배향된 사람이 3인, 청백리(淸白吏) 4인,
충신 7인, 사마시(司馬試) 230인, 문과(文科) 68인, 무과(武科) 268인 등
을 배출했다. 이와 같이 최명길의 가문은 일찍부터 명문이었지만 특히 인
조반정을 전후해 최기남·최내길·최명길·최혜길·최석정·최석항 등이

---

27) 〈輔國崇祿大夫議政府左議政崔公錫恒行狀〉, 《全州崔氏十修世譜》 首卷 ; 《朝鮮名臣錄》,
257~265쪽).

현달해 더욱 명문으로 부각되었다. 그리고 가문의 전통이 키는 작았지만 통이 크고, 청백(淸白)하며, 할 말은 하는 기질을 가지고 있었음을 알 수 있다.

3. 생 애

최명길의 자는 자겸(子謙)이요, 처음 호는 창랑(滄浪), 뒤의 호는 지천(遲川)[28]이다. 그는 1586년(선조 19) 8월 15일에 영흥부사(永興府使)를 지낸 아버지 최기남과 함경 감사를 지낸 류영립의 딸인 어머니 전주 류씨 사이에서 셋째 아들로 태어났다. 8세에 글을 배웠는데 하루는 스스로 이렇게 말했다.

오늘은 증자(曾子)가 되고, 내일은 안자(顔子)가 되고 또 다음날은 공자(孔子)가 되리라.[29]

이에 아버지가 기특하게 여겼다. 《논어》를 배우기 시작하면서 이미 문리가 나서 비록 알기 어려운 글도 바로 해석하고 막힘이 없었다.[30] 10여 세에 문장을 지었고, 한시(漢詩)도 잘 지었다.[31] 14세에 주자서(朱子書)와 성리서(性理書)를 배웠는데 종일 배우고 외우기를 그치지 않았다.[32] 15세에 성균관에 입학했는데 또래들이 그를 한번 만나보는 것만으로도 영

---

28) 최명길은 광해군 말에 아버지와 함께 전후로 관직에서 쫓겨나 강원도 가평군 대성리(大成里) 지천동(遲川洞, 지금의 遠川洞)에 낙향해 살았다. 그래서 호를 지천(遲川)이라 했다. 지천은 이곳에서 강 건너 양평땅 사기막골에 살던 동강(東岡) 남언경(南彦經)의 아들 용문처사(龍門處士) 남격(南格)에게 양명학을 배웠다 한다(崔鳴吉, 增補譯註《遲川先生集》III, 崔秉穆 跋文, 685쪽).

29) 崔鳴吉, 增補譯註《遲川先生集》III 附錄 지천선생 연보, 690쪽('앞으로는 '연보'라고만 표기 – 필자).

30) 연보, 690쪽.

31) 연보, 690쪽.

32) 연보, 690쪽.

광으로 여겼다. 1604년(선조 37) 문과 증광 초시 세 과장(科場)을 모두
통과했다.33)

1605년(선조 38) 2월에 생원시에 장원하고, 진사시에 8등을 했으며,34)
그해 가을에 증광시 문과 병과(丙科)에 급제해 승문원(承文院) 관원으로
뽑혔고, 1609년(광해군 1) 사관(史館)에 추천되었으나 나아가지 않았다.
최명길은 나이 17세에 비로소 백사(白沙) 이항복(李恒福), 상촌(象村) 신
흠(申欽), 사계(沙溪) 김장생(金長生) 문하에서 노닐었다.35) 신흠(申欽)
은 사람들에게 "자겸(최명길)은 비록 병약하나 틀림없이 세상에 이름을
날릴 그릇"이라 했다고 한다.36) 또한 다음과 같이 말하며 그를 사위로 삼
으려 했다.

　　최아무개는 비록 파리하며 질병을 끌어안고 살지만, 정신이 맑고 단련되어
　　정련된 금이나 아름다운 옥과 같다. 나중에 마땅히 세상에 이름을 떨칠 그
　　릇이 되리라.37)

그러나 10년 동안 최명길의 고질(痼疾)이 고쳐지지 않자, 후사를 잇기
어렵다고 여겨 포기했다고 한다.38)

그는 이시백(李時白) · 장유(張維) · 조익(趙翼)과 친해 4우(四友)라고
불리었다. 이 가운데 장유는

　　최군은 흡사 안영(晏嬰)과 비슷하니
　　체구는 작지만 재질은 뛰어나네
　　학문은 천인지제(天人之際)를 꿰뚫었고

---

33) 연보, 691쪽.
34) 《宣祖實錄》卷 184, 宣祖 38年 2月 戊午.
35) 〈與澤堂李汝固植〉, 《遲川先生遺集》 20(《遲川集》 17-16, 題書帖後에도 수록).
36) 〈領議政完城府院君文忠崔公神道碑銘〉, 《全州崔氏十修世譜》, 173쪽.
37) 增補譯註《遲川先生集》 III 外集 遺事, 430쪽.
38) 增補譯註《遲川先生集》 III 外集 遺事, 430쪽.

3. 생 애 207
여가를 이용해 음양의 이치도 통달하는 데 힘썼네39)

崔子似晏嬰
身短才則長
學貫天人際
餘力通陰陽

라고 해 최명길이 안자(晏子)와 같이 키는 작지만 재주가 뛰어나고 학
문도 겸통했다고 극찬했다. 그의 양자인 완릉공(完陵公) 최후량은 선친의
풍모를 이렇게 묘사했다.

> 선군(先君)께서 체간(體幹)은 잔소(孱小)했으나, 매번 보매 앉으신 모습은
> 건중(堅重)히서서 마치 금석산악(金石山岳)과 같으셨고, 정기(精氣)가 주위
> 의 여러 사람들에 두루 끼쳐서 자제들이 감히 쳐다보지 못했다.40)

최명길은 그 뒤 성균관전적, 사헌부감찰을 거쳐 1611년(광해군 3) 8월
에 공조좌랑이 되고,41) 다음 해 2월에 병조좌랑이 되었나.42) 1614년(광
해군 6) 이이첨(李爾瞻) 등이 수모론(讎母論)을 일으켜, 명나라 차관(差
官)이 모화관(慕華館)에 와 있었다. 이때 최명길은 병조 좌랑으로 공관
밖에 있었는데 유생 이홍임(李弘任)이 술에 취해 공관 앞을 지나가다가
군졸에게 잡혀 온 것을 풀어주었다. 광해군이 이를 듣고 최명길을 체포했
는데 이홍림이 나타나 해명해 주어 풀려났다.43) 이 무렵 동강(東岡) 남언
경(南彦經)의 아들 남격(南格)에게 계곡(谿谷) 장유(張維)와 함께 양명
학(陽明學)을 배웠다. 6월 15일 아버지가 별세했다.44)

---

40) 崔鳴吉, 增補譯註《遲川先生集》III 外集 遺事, 453쪽.
41)《光海君日記》卷 44, 光海君 3年 8月 癸未.
42)《光海君日記》卷 50, 光海君 4年 2月 丁亥.
43)《光海君日記》卷 74, 光海君 6年 正月 丁卯·辛巳.

1623년(인조 1) 3월 12일(壬寅)에 인조반정이 일어났다.[45] 최명길이 병조좌랑으로 있을 때였다. 반정은, 신경희(申景禧)가 능양군(綾陽君: 뒤에 인조)의 동생 능창군(綾昌君)을 추대하려다 죽음을 당한 사건을 계기로, 능양군의 인척(姻戚)인 신경진(申景禛), 신경유(申景裕), 신경인(申景禋) 등 평산 신씨와 구굉(具宏), 구인후(具仁垕), 구인기(具仁墍) 등 능성 구씨의 무신세력이 주도하고, 김류(金瑬), 이귀(李貴), 최명길, 김자점(金自點) 등 문신세력이 가담해 이루어졌다.[46] 신경진·구굉은 먼저 군사를 동원할 수 있는 무신 이서(李曙)와 체찰부사(體察府使) 장만(張晩)을 설득하고, 나아가 장재(將才)가 있는 김류, 이귀와 그 아들 이시백(李時白)·이시방(李時昉), 최명길, 김자점, 심기원(心器遠), 장유(張維), 장신(張紳) 등 문신들을 포섭한 다음 마지막으로 장신을 통해 훈련대장 이흥립(李興立)을 동참시켰다.[47] 인목대비(仁穆大妃)의 폐비정청(廢妃庭請)은 반정 분위기를 고조시켰다.

최명길은 시일을 오래 끌면 대사를 그르친다고 해 스스로 점을 쳐서 거사일(擧事日)을 정했다.[48] 그리하여 1623년 3월 12일 밤중에 반정군이 홍제원(弘濟院)에 모여 창의문(彰義門)을 거쳐 창덕궁(昌德宮)으로 밀고 들어가 반정을 성공시켰다. 광해군은 사다리를 타고 궁성을 넘어가 의관(醫官) 안국신(安國信)의 집에 숨었다가 잡혀 왔다.[49] 능양군은 3월 13일 인목대비를 복위하고 인목대비의 명으로 경운궁(慶運宮)에서 즉위했다. 그리고 광해군을 폐위하여 강화(江華)로 유배시키고 이이첨(李爾瞻) 등을 처형했다.[50]

반정이 성공한 뒤 3월 14일 이귀를 이조참판, 김류를 병조참판, 홍서봉

44) 崔鳴吉, 增補譯註《遲川先生集》III 外集 遺事, 692쪽.
45)《光海君日記》卷 187, 光海君 15年 3月 壬寅.
46) 李基淳,《仁祖·孝宗代政治史硏究》, 國學資料院, 1998, 36쪽.
47) 李基淳, 위의 책, 31~36쪽.
48) 〈領議政完城府院君武忠崔公神道碑銘〉,《全州崔氏十修譜》, 173쪽.
49)《光海君日記》卷 187, 光海君 15年 3月 壬寅.
50)《仁祖實錄》卷 1, 仁祖 1年 3月 癸卯.

을 병조참의, 최명길을 이조좌랑으로 삼아 반정공신들로 하여금 문·무관
의 인사를 맡도록 했다. 그리고 정사공신(靖社功臣) 1등 10인, 2등 15인,
3등 28인을 정했다.[51] 최명길은 1등 공신에, 그의 형 최내길은 3등 공신
에 책봉되었다. 동생 최혜길도 처음에는 녹훈(錄勳)에 끼었으나 한 집안
에서 너무 여러 사람이 공신이 되는 것이 바람직하지 않다고 사양했다.[52]
최명길도 "각기 제 집에 있으면서 몰래 서로 모의한 자들이야 그 공의 경
중을 어떻게 자세히 알 수 있겠습니까? 이시백(李時伯)과 이시방(李時
昉)은 드러난 공로가 있으므로 사람들의 이의가 없습니다만, 그 나머지
자제들은 수효가 너무 많아 한 집안에서 공신이 서너 명이나 되도록 하니,
이는 복된 것이 아닌 듯합니다."라고 했다.[53] 이때 최명길은 완성부원군
(完城府院君)에 봉해졌다.[54]

   최명길은 이조좌랑으로서 지방 수령들을 새 정권에 맞는 적합한 인물
로 교체하는 것이 급선무라고 아뢰었다. 그러나 인조는 300여 고을에 한
꺼번에 적임자를 물색하기가 어려우니 한 차례 전최(殿最) 기간을 주어
부적격자는 교체하는 것이 좋겠다고 했다.[55] 장령 김장생(金長生)이 최
명길 등에게 편지를 보내 이렇게 충고했다.

   국가가 불행해 적신(賊臣)이 날뛰어 2백년 예의의 나라로 하여금 모두 금수
   의 지경으로 빠지게 했는데, 일찍이 구국혁신의 대공이 이처럼 갑자기 공들
   의 손에서 이루어질 줄은 짐작하지 못했다. 이미 땅에 떨어진 기강을 바로
   잡고, 망해가는 국운을 부지했으니, 이는 실로 불세출의 의거이다.
   그러나 모든 일은 시작이 어려운 것이 아니고 유종(有終)의 미(美)가 어려
   운 것이니, 반드시 시종 선처해 인심을 흡족히 한 뒤에야 후세에 할 말이 있
   게 되고, 사우(師友)를 저버림이 없을 것이다. 조금이라도 잘못이 있어 인심

---

51) 李基淳, 위의 책, 38~41쪽.
52) 癸亥反正 隨二兄 密聞策故 初勘勳籍 公以盛滿爲戒 力辭(朴能緒,《韓國系行譜》人, 1920쪽).
53)《仁祖實錄》卷 3, 仁祖 1年 10月 乙巳.
54)〈領議政完城府院君文忠崔公神道碑銘〉,《全州崔氏十修譜》, 174쪽.
55)《仁祖實錄》卷 1, 仁祖 1年 3月 丙午.

에 차지 못하면, 훗날 말하는 자는 필시 오늘날의 의거가 나라를 위해 역적을 토벌한 것이 아니라 오로지 부귀를 위해 한 것이라 할 것이니 두려워하지 않을 수 있겠는가? 《서경》에 이르기를 "무한한 행복은 또한 무한한 걱정이다."고 했듯이 오늘날의 책임은 전부 공들의 몸에 있으니 삼가 공들을 위해 걱정하는 바이다.56)

집권체제를 안정시키기 위해서는 정권의 정통성을 인정받아야 했다. 따라서 이전 광해군 정권의 부도덕성을 널리 알릴 필요가 있었다. 인조의 즉위교서(即位敎書)에서는 다음과 같이 밝히고 있다.

······ 하늘이 돌보지 않았기 때문에 나쁜 운수를 만나 10여 년 동안 적신(賊臣) 이이첨(李爾瞻)이 임금의 마음을 어지럽히고 대비를 별궁에 유폐하여 모욕을 일삼아 왔다. ······ 게다가 부모같은 명나라의 은혜를 배반해 동방예의지국(東方禮義之國)의 풍모를 잃게 했으며, 이로 말미암아 삼강(三綱)이 땅에 떨어지기에 이르렀으니 어찌 차마 다 말할 수 있으랴! 다행히 두세 명의 충의로운 신하들이 종묘·사직의 위태로움과 인륜의 끊어짐을 걱정해, 대의를 일으켜 내란을 평정하고 대비를 복위하는 한편 나를 추대하기를 원했다.57)

다시 말해, 반정 명분이 유교적인 패륜과 대명의리(對明義理) 위배에 있음을 천명했다. 그리하여 광해군 대의 관료 가운데 40퍼센트를 처벌하고, 성학(聖學) 교육을 통해 성리학적 사회질서를 확립하고자 했다. 이에 김장생, 박지계(朴知誡), 장현광(張顯光), 김집(金集), 송시열(宋時烈), 송준길(宋浚吉) 등의 산림(山林)인사들을 불러들였다. 그리고 이들에게 줄 성균관사업(司業), 시강원진선(進善)·보덕(輔德) 직을 신설했다.58)

---

56) 《仁祖實錄》 卷 1, 仁祖 1年 3月 癸丑.
57) 《仁祖實錄》 卷 1, 仁祖 1年 3月 甲辰.
58) 李基淳, 앞의 책, 61~62쪽. 특히 정사공신 53인 중 7인이 사계(沙溪) 김장생(金長生) 문

최명길은 1624년(인조 1) 8월 11일에 이조참의로,[59] 11월 2일에 이조
참판으로 승진했다.[60] 그는 김류·이귀 다음으로 인조의 신임을 받았다.
그리하여 1년 동안에 이조좌랑에서 참판까지 승진할 수 있었다.[61] 최명길
이 인사를 이조판서 신흠(申欽)에게 물어서 해야 한다고 했더니 김류는
찬성하고, 이귀는 공신이 맡아서 해야 한다고 반대했다. 그런데 뒤에 보니
신흠이 다른 당의 사람을 쓰지 않고, 공신을 기피해 이귀의 말을 옳게 여
기게 되었다고 한다. 실록에서 이귀는 큰 의론을 좋아하지만 절목(節目)
에는 엉성하고, 김류는 신중하지만 큰 식견은 없다고 논평했다.[62] 좌찬성
이귀와 이조 참판 최명길은 의금부의 벼슬을 겸대하지도 않고 추국(推鞫)
에 참여하는 월권을 범하기도 했다.[63]

1624년(인조 3) 정월 24일에 이괄(李适)의 난(亂)이 일어났다. 이에 김
류가 총독(總督)으로, 최명길을 총독부사(總督副使), 이소한(李昭漢)을
종사관으로 삼아 대적했다.[64] 최명길은 일찍이 김류에게 편지를 써 "이괄
은 중앙정부에 임용해서 잘 달래 써야 할 인물이고 유능한 무장인데, 불만
있는 사람에게 군권을 맡겨 외방으로 파송함은 불가하다."[65]고 충고한 바
있다. 과연 이괄은 불만을 터뜨리고 난을 일으켰다. 이괄이 구성순면사(龜

인이었다.
59) 《仁祖實錄》卷 2, 仁祖 1年 8月 己巳.
60) 《仁祖實錄》卷 3, 仁祖 1年 11月 戊午.
61) 그러나 최명길이 권력자로서 비판을 받은 것도 사실이다. "사람됨이 영특하고 민첩해
재주가 있었는데, 공을 세우고 때를 만나 뭔가 일을 할 수 있다고 여겨 당시의 인재들
을 업신여기고 깔보았다. 그리하여 모든 인물의 진퇴와 국가의 정령에 대해 자신이 직
접 담당하지 않는 것이 없이 경장(更張)하는 데 깊이 관심을 쏟았다. 그러나 본래 그릇
이 작은 인물로서 재주와 공만 믿고 거리낌 없이 행동하며 간사하고 아첨하는 태도를
지녔으므로 사람들이 그가 불길한 사람이 될까 염려했다."는 평도 있다(《仁祖實錄》卷
3, 1年 11月 戊午). 최명길에 대해 사신(史臣)이 다음과 같이 논평한 말도 전한다. "판서
의 겸직을 체직하는 문제는 참판으로서 청할 성격이 못되니, 거리낌 없는 행동이라 하
겠다. 그리고 그가 인물의 장단점을 낱낱이 논하는 것을 보건대, 또한 한 시대의 인재
를 경시해 모두 자기보다 못하다고 여기고 있다고 하겠다."(《仁祖實錄》卷 3, 仁祖 1年
11月 辛酉).
62) 《仁祖實錄》卷 3, 仁祖 1年 11月 辛酉.
63) 《仁祖實錄》卷 4, 仁祖 2年 正月 甲戌.
64) 《仁祖實錄》卷 4, 仁祖 2年 2月 丙戌·戊子.
65) 崔鳴吉, 〈上金塰 第二書〉, 《遲川先生集》續集, 卷 3.

城巡邊使) 한명련(韓明璉)과 함께 군대를 동원하자, 이서(李曙)·신경진 (申景禛) 등 무장들은 오히려 교전하지 않고 산골짜기에서 배회하고 있었 는데, 최명길은 백면서생의 몸으로 군사가 무너졌음에도 불구하고 만사일 생(萬死一生)의 계책을 써서 임진강을 건넌 뒤 장인인 장만(張晩) 원수 (元帥)를 움직이게 해 사현(沙峴)의 승리를 이끌었다.66) 5월에는 충훈부 (忠勳府)에 둔전(屯田)을 두는 것을 반대했다. 훈신(勳臣)을 우대하는 것 은 좋지만 수입도 얼마 안 되고 실효가 없다는 것이었다.67) 아울러 5월에 호패법(號牌法)을 실시해 양반자제에게도 신역(身役)을 물려야 한다고 했으며,68) 7월에는 양전(量田)을 다시 실시할 것을 주장했다.69)

10월에는 호조참판 류순익(柳舜翼)이 최명길에게 여러 차례 편지를 보 내 아들의 벼슬을 청탁하자, 왕에게 아뢰어 처벌받게 했다.70) 그리고 이 괄의 난에 관련된 역적들의 재산을 진무공신(振武功臣)들에게 나누어주 자고 했다.71) 11월에는 대동법 시행을 반대하고, 공물을 직접 바치게 해 야 한다고 주장했다. 공물의 값이 일정하지 않다는 이유였다.72)

1625년(인조 3)에 최명길을 대사헌으로 옮기고 김류는 이조판서가 되 었다. 그런데 김류가 스스로를 사은사에 의망(擬望)했으나 인조가 정직하 지 못하다고 해 80 노모가 있는 김신국(金藎國)으로 바꾸었다.73) 김류가 권력을 잡은 뒤에, 사람들이 이리와 범처럼 두려워해 7증(七憎)이니, 5증 (五憎)이니 하는 비난이 잇달았다. 김류가 최명길에게 "공은 무슨 까닭으 로 여러 명사들을 모아놓고 나를 모함하려 하느냐?"고 하니 최명길은 "사 람들이 모두 영공을 사나운 범에 견주고 있다."고 했다.74) 사관(史官)이

---

66) 《仁祖實錄》 卷 4, 仁祖 2年 2月 壬寅.
67) 《仁祖實錄》 卷 6, 仁祖 2年 5月 己卯.
68) 《仁祖實錄》 卷 6, 仁祖 2年 5月 壬午.
69) 《仁祖實錄》 卷 6, 仁祖 2年 7月 丙子.
70) 《仁祖實錄》 卷 7, 仁祖 2年 10月 癸卯.
71) 《仁祖實錄》 卷 7, 仁祖 2年 11月 壬子.
72) 《仁祖實錄》 卷 7, 仁祖 2年 11月 癸丑.
73) 《仁祖實錄》 卷 8, 仁祖 3年 3月 乙丑.
74) 《仁祖實錄》 卷 9, 仁祖 3年 7月 戊午.

말하기를 "최명길은 체격이 왜소했으나 말을 잘하고 지략이 많았는데, 약
관에 급제해 이름이 났다. 광해군 때에 버림을 받아 도성 밖에서 살았는
데, 김류·이귀와 함께 모사해 거의(擧義)했다. 정사공신(靖社功臣)으로
1년 만에 지위가 재상의 반열에 이르러 권력을 행사하니, 출세하려는 젊
은이들이 그를 많이 따랐다. 이때에 김류가 오래된 명망을 지닌 원훈으로
서 정승의 자리에 있었으나 최명길이 굽신거리지 않았으므로, 이 때문에
두 사람의 사이가 벌어졌다."[75]고 했다.

5월에 최명길은 다시 부제학이 되어[76] 호패청(號牌廳) 당상을 겸하게
되었다.[77] 호패청 당상으로서 그는 외방이 소란할 군적(軍籍)을 당장 실
시하기보다는 우선 호패법(號牌法)을 실시하는 것이 실현 가능성이 높다
고 주장했다.[78] 12월에 인조의 생모인 계운궁(啓運宮)이 위독해지자, 영
의정 이원익(李元翼) 등이 상소하여, 인조가 대통을 이었으니 친부모에
대해서는 상복을 강복(降服)해 부장기(不杖朞: 한 해 동안 지팡이는 짚지
않고 상복만 입는 복상)로 정하려 했다. 그러나 최명길은 이귀와 함께 3년
상을 치러야 한다고 주장했다.[79] 인조는 조통(祖統)을 이어받고 방계(傍
繼)가 없으니 부모라는 명칭을 바꿀 수 없다는 이유였다.[80] 그러나 명정
(銘旌)을 금전(金篆)으로 쓰는 것은 안 된다고 했다. 금전은 국상에만 쓰
는 것인데 왕자의 부인에 불과한 연주부부인(連珠府夫人)의 상은 국상이
아니기 때문이었다.[81]

최명길은 옥당에서 "추숭(追崇)한 나라는 망하지 않았지만 아버지를
무시한 나라는 반드시 망한다."고 했는데, 이에 대해 신료들이 반박을 하
고 나섰으나 인조가 최명길의 의견을 따랐다.[82] 최명길은 추숭에 찬성하

---

75) 《仁祖實錄》 卷 9, 仁祖 3年 7月 戊午.
76) 《仁祖實錄》 卷 9, 仁祖 3年 5月 丙寅.
77) 《仁祖實錄》 卷 9, 仁祖 3年 7月 戊辰.
78) 《仁祖實錄》 卷 9, 仁祖 3年 8月 丁亥.
79) 《仁祖實錄》 卷 10, 仁祖 3年 12月 丙戌.
80) 《仁祖實錄》 卷 11, 仁祖 4年 正月 己未.
81) 《仁祖實錄》 卷 11, 仁祖 4年 正月 己未.
82) 《仁祖實錄》 卷 11, 仁祖 4年 正月 辛未.

며 이렇게 주장했다.

> 아버지는 사(士)이고 아들이 천자(天子)나 제후(諸侯)일 때 아버지를 사
> (士)의 예로 장사지내고, 제사는 천자나 제후의 예로 지내는 것인데, 이번
> 예식은 위에 말한 예법에 꼭 맞는 경우입니다.[83]

이와 달리 이귀는 추숭에 반대하면서 다음과 같이 최명길을 힐난했다.

> 지금 이 예법의 논의에 대해서는 공론이 이미 정해졌으므로 한두 사람의 그
> 릇된 소견으로 어긋나게 할 수 있는 것이 아닙니다. 부제학 최명길은 자신
> 이 경악(經幄)의 장관으로서 선한 일은 진달하고 사특한 일은 막아야 한다
> 는 본연의 자세를 망각하고 감히 이의를 창도해 위로 천청(天聽)을 번거롭
> 게 했으니, 신들이 체직을 청하는 거조(擧措)를 그만둘 수 없는 것입니
> 다.[84]

그러나 인조는 원로(元老)를 모멸한 죄가 더 크다고 하면서 오히려 최
명길을 두둔했다. 이에 우의정 신흠(申欽)은

> 신들이 차자(箚子)에서 아뢴 수천 마디의 내용을 자세히 살펴 보건대, 그
> 주된 뜻은 삼년상과 상주(喪主), 그리고 별묘 건립의 건이었습니다. 이에 대
> 한 신들의 어리석은 소견은 이렇습니다. 대원군(大院君: 定遠君)은 곧 선조
> 대왕의 지자(支子)인데 성명(聖明)께서 어지러운 세상을 바로잡으시어 선
> 조대왕의 대통을 곧바로 이으셨으니, 그렇다면 성명께서는 종묘의 주인이
> 되신 반면, 대원군은 그대로 선조대왕의 지자로 머무르게 된 것입니다. 제
> 후의 지자는 종묘의 차원에서 보면 소종(小宗)이니, 대종(大宗)에 중점을
> 두고 소종에 대해서는 강복(降服)하는 것이 예입니다.[85]

---

83) 《全州崔氏十修世譜》首卷, 174쪽.
84) 《仁祖實錄》卷 11, 仁祖 4年 2月 乙亥.

이리하여 계운궁에 대한 인조의 복은 장유(張維)의 견해를 따라 삼년
복도 부장기(不杖朞)도 아닌 장기복(杖朞服: 한 해 동안 지팡이를 짚고
상복을 입는 복상)을 입게 되었다. 86) 아울러 부제학 정경세가 최명길이
차자에서 자신을 공격했다고 사직을 청하자,87) 최명길도 사직을 청했
다.88) 예론 문제를 놓고도, 인조를 지지하는 공신세력과 반대하는 일반사
류로 갈려 정쟁을 한 것이다.

최명길의 장인인 장만도 비난을 많이 받았다. 그는 광해군의 신임이 두
터워 병조 판서까지 지냈고, 폐모정청에도 참여했으며, 이괄의 난 때 머뭇
거린 죄가 있었으나 사위인 최명길 때문에 8도도체찰사(八道都體察使)로
병조판서까지 겸하고 있었다. 그런데도 자숙하지 못하고 높은 가옥에 선
물꾸러미가 가득했다고 한다.89)

1626년(인조 4) 8월에 최명길은 형조참판이 되어,90) 호패와 양전을 통
해 군역법을 정비하고 포흠(逋欠)을 탕감해 주며, 병·수사(兵水使)가 수
령을 겸하게 하사고 건의했다.91)

1627년(인조 5) 정월 17일에 후금의 군대가 압록강을 건너왔다. 조정
과 온 국민이 술렁이며 두려워 떨고 있었다. 후금군이 평양에 이르러 화의
(和議)를 청했다. 최명길과 이귀는, 적의 기세가 강성하니 부드러운 말로
그들의 예봉을 피하고 화의를 맺자고 주장했다. 그리고 인조는 강화도로
피난갔다.92) 왕이 강화에 있을 때 후금의 사신이 와서 다시 화의를 청했
다. 그리하여 후금군도 형제의 맹약을 맺고 물러갔다. 그러자 일반사림인
대간은 다음과 같이 공격했다.

85)《仁祖實錄》卷 12, 仁祖 4年 3月 甲辰.
86) 李成茂,〈17세기의 예론과 당쟁〉,《朝鮮兩班社會硏究》, 1995, 457쪽.
87)《仁祖實錄》卷 12, 仁祖 4年 3月 癸丑.
88)《仁祖實錄》卷 12, 仁祖 4年 3月 癸丑.
89)《仁祖實錄》卷 12, 仁祖 4年 3月 辛未.
90)《仁祖實錄》卷 14, 仁祖 4年 8月 甲寅.
91)《仁祖實錄》卷 14, 仁祖 4年 8月 丁巳.
92)〈領議政完城府院君文忠崔公神道碑銘〉,《全州崔氏十修世譜》, 172쪽.

완성군 최명길이 군국의 정사를 마음대로 천단(擅斷)해 나라를 그르치고
일을 낭패시킨 죄가 한둘이 아닙니다. 서울을 떠나는 계책을 일찍 정한 것
과 임진강을 지킬 필요가 없다는 의도를 시종 주장한 사람도 최명길입니다.
자기의 견해를 실행하기 위해 공의(公議)를 억제함으로써 국사를 이렇게
막바지에 이르게 만들었으니, 어찌 통분하지 않을 수 있겠습니까? 지금에
이르러서도 또 화의를 자기의 책임으로 삼아, 이에 교활한 오랑캐를 믿을
만하다 하고 항복한 장수를 충절이라 하는가 하면, 온 나라의 힘을 다 기울
여 끝없는 욕심을 채워주고 천승(千乘)의 존엄함을 굽혀 견양(犬羊)의 무리
를 친히 접견하게 했으니, 이는 다 명길이 한 짓입니다. 무릇 혈기가 있는
사람이면 분개하지 않는 이가 없으니, 속히 찬출(竄黜)하도록 명해 대중들
의 분노를 통쾌하게 해 주소서.93)

　　이러한 공격을 받자, 최명길은 즉각 자신을 한직(閑職)으로 옮겨 달라
고 요구했다.94) 그러나 인조의 만류로 그대로 넘어갔다.
　　가을에 장릉(章陵: 인조 부친의 능)을 옮기는데 장례행렬이 도성 가운
데를 지나가야 한다고 했다. 여러 사람들이 사친(私親)의 장례행렬이 도
성의 가운데를 지나가는 것은 부당하니 백성을 징발해 성동(城東)의 가파
른 언덕에 길을 내야 한다고 주장했으나, 최명길은 그것이 백성을 수고롭
게 한다는 이유로 반대했다. 결국 대신들도 그 의견에 따랐다.
　　이때 최명길은 사사건건 김류와 대립했다. 1629년(인조 7)에 김류가 최
명길과 박정(朴炡: 朴世堂의 아버지)・유백증(兪伯曾)・나만갑(羅萬甲)
등 5~6인의 젊은 관료들을 붕당을 지었다는 이유로 귀양을 보내고, 장유
(張維)는 나주목사로 좌천시켰다.95) 김류의 노당(老黨)과 최명길의 소당
(小黨)의 대립이었다. 그러나 최명길은 곧 풀려 나와 부제학이 되었다
가96) 9월에 예조판서가 되었다.97) 아울러 10월에는 추숭도감(追崇都監)

---

93) 《仁祖實錄》 卷 15, 仁祖 5年 2月 庚戌.
94) 《仁祖實錄》 卷 16, 仁祖 5年 5月 壬申.
95) 〈領議政完城府院君文忠崔公神道碑銘〉, 《全州崔氏十修世譜》, 176쪽.

제조(提調)와 예문관 제학, 동지성균관사를 겸대하게 했다.98)

　인조와 반정공신들은 인조정권의 합법성을 확립하고자, 이미 죽은 인조의 생부 정원군(定遠君)을 왕으로 추숭하려고 했다. 비상수단으로 차지한 왕권을 종법상으로도 합리화시키려는 것이었다. 그리하여 이 문제는 반정 직후에 인조가 정원군 가묘(家廟)에 고유(告由)할 때 시작되어, 1626년(인조 4) 인조의 어머니 계운궁(啓運宮)이 죽었을 때 논란을 벌이다가, 1628년(인조 6) 계운궁 부묘례(祔廟禮)를 앞두고 본격적으로 논의되어 1632년(인조 10) 5월에 정원군을 원종(元宗)으로, 계운궁 구씨(具氏)를 인헌왕후(仁獻王后)로 추존해 별묘를 설치한 뒤, 1635년(인조 13) 3월에 종묘(宗廟)에 부묘(祔廟)함으로써 일단락되었다.99)

　최명길은 다음과 같이 별묘(別廟)를 설치할 것을 주장했다.

　　추숭을 거론하는 것은 그 예법이 명문에 없고 사안이 의(義)를 바로 세우는 데 관계가 있는데, 조종의 의론이 하나가 되지 않았는데도 천자에게 먼저 주청하려 하니, 조정에서 순순히 승복하지 않고 완강히 반대하는 것입니다. 예법논쟁이 있은 지 이미 9년이 됩니다. 나이든 대학자나 고명한 유가(儒家)들도 그 전범(典範)이 될 만한 조문을 두루 찾고 널리 인용하고 있으나, 모두 다 오늘날 적확한 증거가 될 수 없습니다. 오직 선비의 예로 장사지내고 제후의 예로 제사지내는 것이 가장 의거할만한 것으로, 신이 주장하는 것은 오직 이것뿐입니다.100)

　최명길은 처음에는 추숭론에 동조하지 않았으며, 나중에 별묘의 설치와 정원군 추숭에는 찬동했으나, 종묘가 아닌 별묘(別廟)에 봉안해야 한다고 했다.101)

---

96)《仁祖實錄》卷 24, 仁祖 9年 4月 己未.
97)《仁祖實錄》卷 25, 仁祖 9年 11月 己亥.
98)《仁祖實錄》卷 26, 仁祖 10年 2月 壬辰 ;《仁祖實錄》卷 26, 仁祖 10年 3月 庚戌.
99) 李成茂,〈17세기 禮論과 黨爭〉,《朝鮮兩班社會硏究》, 一潮閣, 1995, 445~446쪽.
100)《全州崔氏十修世譜》首卷, 177~178쪽.

1630년(인조 8)에 김류와 불화가 생겨 병을 핑계로 사직하고자 했으나 인조의 만류로 그대로 있었다. 최명길이 이조참판으로 있으면서 원두표(元斗杓)를 나주목사로 추천했는데 김류가 제동을 걸었다.[102] 결국 최명길은 홍문관부제학으로 옮겨갔다.[103] 부제학으로 있으면서 최명길은 관제를 고쳐 재상의 권한을 강화하고, 법전을 개수할 것을 요구했다. 그러나 인조는 일이 많아 갑자기 고칠 수 없다고 완곡하게 거절했다.[104]

1632년(인조 10) 9월에 인목대비가 죽어 건원릉(健元陵)의 다섯 번째 등성이에 신릉을 쓰고, 시호를 인목(仁穆)으로 정하여 최명길이 그 시책문(諡冊文)을 썼다.[105]

1632년(인조 10) 12월 17일에는 이조판서가 되고,[106] 양관대제학과 체찰부사(體察府使)를 겸하게 했다.[107] 1633년(인조 11) 8월에는《광해군일기》를 편찬하는 찬수청(撰修廳)의 도청(都廳)이 되고, 1635년(인조 13) 4월에 호조판서가 되었으나 병으로 그만두었다. 그러나 4월에 곧 병조판서에,[108] 8월에 예조판서에 임명되었으나[109] 병으로 물러났다가, 가을에 한성판윤이 되었다.

1636년(인조 14) 봄에 후금이 청(淸)으로 국호를 바꾸어 황제를 칭하고 사신을 보내왔다. 조정에서는 척화파와 주화파가 대립했다. 최명길은 화의를 주장했다. 그는 정묘호란 이후 10년을 지탱해 온 것은 화의(和議)의 덕이라 했고, 시독관 조빈(趙贇)은 호란 이후 자강(自强)하지 못한 것은 화의 때문이라며 서로 반대되는 주장을 폈다.[110] 최명길은 후금의 군

---

101) 李成茂, 앞의 논문, 456쪽.
102)《仁祖實錄》卷 8, 仁祖 3年 2月 丁酉.
103)《仁祖實錄》卷 8, 仁祖 3年 2月 庚子.
104)《仁祖實錄》卷 8, 仁祖 3年 3月 壬戌.
105)《仁祖實錄》卷 27, 仁祖 10年 9月 庚子.
106)《仁祖實錄》卷 27, 仁祖 10年 12月 庚辰·甲戌.
107)《仁祖實錄》卷 28, 仁祖 11年 5月 癸丑.
108)《仁祖實錄》卷 32, 仁祖 14年 4月 癸卯.
109)《仁祖實錄》卷 33, 仁祖 14年 8月 戊寅.
110)《仁祖實錄》卷 33, 仁祖 14年 8月 戊戌 ;《仁祖實錄》卷 33, 仁祖 14年 9月 乙巳..

주를 '청국한'(淸國汗)이라 불러야 하고111) 후금의 사신을 불러들여 만나
보아야 하며, 만약에 박대를 하면 뒤에 후회하더라도 소용이 없을 것이라
고 했다(제1차 병자봉사丙子封事).

최명길은 다음의 상소문을 올려 주화론을 재차 폈다(제2차 병자봉사).

요즈음 대각에서는 사람마다 모두 척화(斥和)를 주장하고 있으나, 유독 간
원(諫院)의 차자(箚子)만은 언론이 몹시 정당하고 방략이 채택할 만하니,
대중을 따라 부화뇌동하는 데 비길 바가 아닌 듯합니다. 참으로 묘당의 뜻
이 오로지 척화에 있다면, 회계(回啓)하는 말을 어찌 모두 몽롱하게 얼버무
려 한 가지도 시행함이 없게 한단 말입니까? 이것은 원래 정산(定算)이 없
고 다만 지연시키기 위한 계책에 불과할 뿐입니다.

대체로 간원의 의견을 받아들여 나가 싸우거나 물러나 지킬 계책을 결정하
지도 못하고, 또 신의 말을 받아들여 병화를 완화시킬 계책을 세우지도 않
으니, 하루아침에 오랑캐의 말발굽이 휘몰아쳐 오면 체신(體臣)은 강화도로
들어가 지키고, 수신(帥臣)은 정방산성(正方山城)에 물러가 있으면서 청북
(淸北)의 여러 고을을 버리어 도적에게 주는 수밖에 없을 것입니다. 그렇게
되면 필시 안주성(安州城)만 홀로 온전할 수 없어서 생령이 어육(魚肉)이
되고, 종사(宗社)가 파천(播遷)하게 될 것이니, 이런 지경에 이르면 그 잘못
은 누가 책임을 지겠습니까?

신의 어리석은 생각으로는, 대가(大駕)가 진주(進駐)하는 것은 경솔히 의논
할 수 없으나 체신과 수신은 모두 평안도에서 정무를 보고 병사(兵使)도 의
주에 들어가 거처해, 진격만 있고 퇴각은 없다는 것을 제장(諸將)들과 약속
하는 것이 공격하고 수비하는 보통의 전법에 부합되는 것입니다. 그리고 심
양(瀋陽)에 서찰을 보내어 군신의 대의를 모두 진달하고, 이어 추신사(秋信
使)를 보내지 못한 이유를 말해, 한편으로는 오랑캐의 정상(情狀)을 탐색하
고, 다른 한편으로는 저편의 답서를 관찰해, 저편이 다른 생각이 없고 그대

---

111) 《仁祖實錄》 卷 33, 仁祖 14年 9月 戊辰.

로 형제의 예를 지키면 호씨(胡氏)가 논한 것을 따라 우선 전약(前約)을 지키고, 안으로 정사를 닦아서 후일을 도모해 (옛날 거란에게 멸망한) 후진(後晋)의 전철을 밟지 않도록 힘써야 합니다. 만일 그렇지 않다면, 의주 용만(龍灣)을 굳게 지켜 성을 등지고 한바탕 싸워서 안위(安危)를 국경에서 결정짓는 것이, 혹 만전지책(萬全之策)은 되지 못할지라도 대책 없이 망하기만 기다리는 것보다는 낫다고 여겨집니다. 이것을 놓아두고 도모하지 않고, 기미(羈縻)할 계책을 말하고 싶으나 또 비방하는 소리를 들을까 두려워하니, 이러지도 저러지도 못해 진퇴가 분명치 않은 것입니다.

강물이 얼게 되면 화가 목전에 닥칠 것이며, 소위 "너의 의논이 결정될 때 나는 벌써 강을 건넌다."는 말은 허언이 아닐 것이니, 신은 매우 통탄스럽습니다. 지금 이미 늦기는 했으나 그래도 해볼 만하니, 삼가 바라건대 전하께서는 신의 이번 차자를 묘당(廟堂)에 내리시어 혹 지난번처럼 묻어두지 말고, 속히 의논하고 복계(覆啓)해 후회하는 일이 없게 하면 몹시 다행이겠습니다.112)

이에 대해 오달제(吳達濟)는 이렇게 반박했다.

지난번 최명길이 사신을 보내어 서신을 통하자는 의논을 화의(和議)를 거절한 후에 발론했고, 또 삼사의 공론이 이미 제기되었는데도, 오히려 국가의 사체(事體)는 생각지 않고 임금의 의중만 믿고서, 경연에 등대한 날 감히 황당한 말을 진달해 위로는 성상의 귀를 현혹시키고 공의(公議)를 견제했으며, 심지어는 탄핵이 제기되었더라도 한편으로 사신을 들여보내야 한다고 말을 했습니다. 아! "한 마디의 말이 나라를 망친다."는 이야기는 이를 두고 말한 것인가 봅니다. 그 말의 전도됨이 매우 해괴합니다. 옥당(玉堂)이 대면해 책망하고 중론이 격분해 일어나기까지 했으니, 명길은 의당 황공해하고 위축되어 물의(物議)를 기다리는 것이 도리일텐데, 오히려 태연하게

---

112)《仁祖實錄》卷 33, 仁祖 14年 9月 丙午.

차자를 올려 이치에 어긋나는 논리를 다시 전개해 오히려 강화하는 일이 끊
기기라도 할까 두려워하면서 의리가 어떠한지는 돌아보지 않았습니다.
　무릇 대각(臺閣)의 의논은 체면이 몹시 중한 것입니다. 비록 대신의 지위에
있더라도 감히 대항하지 못하고 책임을 지고 사직해 불안한 뜻을 보이는 것
인데, 명길은 어떤 사람이기에 유독 공론을 두려워하지 않음이 이처럼 극도
에 이른단 말입니까? 방자하고 거리낌 없는 죄를 바로잡지 않을 수 없습니
다. 신이 이런 의향을 본관(本館)에 함께 모인 자리에서 여러 번 발론했으
나 끝내 의견의 일치를 보지 못했습니다. 신이 이미 발론했으나 견제가 이
와 같으니 신을 파직하소서.113)

　이때 오달제의 척형(戚兄)이 되는 판서 이기조(李基祚)가 "자네가 최
명길을 맹렬히 공격하지만 그가 없어도 국사가 과연 걱정이 없고, 청나라
군대가 과연 다시 쳐들어오지 않겠는가?"하고 묻자, 오달제가 화를 내면
서 "청나라가 쳐들어온다는 말은 단지 겁을 주려는 것뿐입니다."라고 했
다. 이를 보고 이기조는 "오달제가 눈앞의 일만 보니 그 결말이 어떻게 될
지 걱정이다."라고 했다 한다.114) 당시의 젊은 언관들은 거의 오달제와 비
슷한 생각이었다. 척화론이 우세했던 것이다. 그러나 인조와 반정공신은
한 배를 탄 동지였다. 때문에 공신의 편을 들지 않을 수 없었다.

　대체로 사람에게 잘못이 있으면 그 잘못된 것만 책망하는 것은 옳지만 만약
경중을 살피지 않고, 또 지위의 높고 낮음을 가림이 없이 기회를 틈타 마음
내키는 대로 매도한다면 이는 몹시 옳지 못한 일이다. 판윤 최명길은 1품
중신으로 사직에 공이 있는 사람이다. 그의 말에 설사 맞지 않는 것이 있더
라도 절대로 멸시하고 욕해서는 안 되는 것인데, 젖비린내 나는 어린 사람
도 모욕을 주니 오늘날 국가풍습은 과연 한심스럽다 하겠다. 오달제를 우선
파직하라!115)

<hr>

113) 《仁祖實錄》 卷 33, 仁祖 14年 10月 壬申.
114) 崔鳴吉, 增補譯註 《遲川先生集》 III 外集 遺事, 466쪽 ; 崔昌大, 《昆侖集》遲川公遺事.

부교리 윤집(尹集)은 다음과 같은 상소를 올려 화의를 반대했다. 이 상소는 척화의 명분을 잘 보여준다.

> 화의가 나라를 망친 것은 어제 오늘의 일이 아니고, 옛날부터 그러했으나, 오늘날처럼 심한 적은 없었습니다. 명나라는 우리나라에게는 부모의 나라이니, 노적(虜賊)은 우리나라에게는 부모의 원수입니다. 신자(臣子)된 자로서 부모의 원수와 형제의 의를 맺고, 부모의 은혜를 저버릴 수 있겠습니까? 더구나 임진년의 일(임진왜란)은 조그마한 것까지도 모두 황제의 힘이니 우리나라가 살아서 숨 쉬는 한 은혜를 잊기 어렵습니다. 지난번 오랑캐가 형세를 크게 확장해 경사(京師)를 핍박하고 황릉(皇陵)을 더럽혔는데, 비록 자세히 알 수 없으나 전하께서는 이때 무슨 생각을 하셨습니까? 차라리 나라가 망할지언정 의리상 구차스럽게 생명을 보존할 수 없다고 생각하셨을 것입니다. 그러나 병력이 미약해 모두 출병시켜 정벌에 나서지 못했지만, 또한 어찌 차마 이런 시기에 다시 화의를 제창할 수 있겠습니까?[116]

임진왜란 때의 재조번방지은(再造藩邦之恩)을 내세운 철저한 존명사대(尊明事大) 사상이었다. 자국을 위한 척화가 아니라 부모의 나라인 명나라를 위한 복수(復讐)가 목표였다. 이것이 사림이 고수한 대외의식의 핵심이었다고 할 수 있다.

1636년(인조 14) 11월 6일에 화의를 주장했다는 이유로 최명길을 사판(仕版)에서 삭제해야 한다는 대간의 탄핵을 받고 한성판윤을 사직했다.[117] 11월 15일에 최명길은 제3차 병자봉사를 올렸다. 문신 당상을 추신사(秋信使)로 삼고, 박난영(朴蘭英)을 부사로 삼아 청국에 보내 화친을 유지해야 한다는 내용이었다.[118] 이 의견에 따라 추신사가 파견되었

---

115) 崔鳴吉, 增補譯註《遲川先生集》III 外集 遺事, 466쪽 ; 崔昌大,《昆侖集》遲川公遺事.
116)《仁祖實錄》卷 33, 仁祖 14年 11月 戊申.
117)《仁祖實錄》卷 33, 仁祖 14年 11月 丙午.
118)《仁祖實錄》卷 33, 仁祖 14年 11月 乙卯.

다.119) 이에 대해 이조참판 정온(鄭蘊)은, 승지와 사관을 물리친 채 오랑캐에게 사신을 파견한 데 대해 최명길을 맹렬히 공격했다.

> 아! 지난번 감군의 행차는 무엇 때문에 왔습니까? 척화했다는 소리가 천하에 들리니 황상(皇上)이 가상히 여기시고 특별히 윤음(綸音)을 내리시어 포장(褒獎)하시었는데, 그 먹물이 미처 마르기도 전에 도리어 이런 거조(擧措: 사신 파견)가 있으니 천하 후세에 어떻게 할 말이 있겠습니까? 설사 이 일로 말미암아 4, 5년 동안 무사하더라도 신의가 없으면 어떻게 나라를 다스리겠습니까? 더구나 이번에 신사(信使)를 통한 것은 애당초 불순한 싹을 꺾기에 충분치 못하고, 다만 오랑캐의 경멸하는 마음만 열어주게 되지 않겠습니까?
>
> 오늘날 의논하는 자들은 우리에게 자강지책(自强之策)이 없는데 기미(羈縻)할 계교를 하지 않는 것이 옳으냐고 하겠지만, 신은 진혀 그렇지 않다고 생각합니다. 전쟁이 일어난 지 10년이 되었으나 저들과 교전한 적이 없으니, 강약은 참으로 판명되지 않았고 승부는 아직 판결이 나지 않았습니다. 우리의 강하고 날쌘 군사로 힘을 합해 서변(西邊)으로 가 중국과 기각의 형세를 이루면, 저들은 항상 강하고 우리는 항상 약하리라고 단정할 수도 없고, 또 저들이 항상 이기고 우리가 항상 진다고 단정할 수도 없습니다.120)

12월 13일 병자호란이 터졌다. 도원수 김자점의 치계(馳啓)에 따르면, 적병이 이미 안주(安州)에 이르렀다는 것이었다. 이에 김류의 주청으로 징병을 실시하는 한편, 송경(松京)의 군사 1,600명을 원수부에 넘기고, 경기도의 군사를 소집해 인조를 호위하게 하고, 강화도로 피란갈 준비를 했다. 유도대장(留都大將)으로는 심기원(沈器遠)을 기복(起復: 부친상 중에 관직에 나아감)해 임용했다.121)

---

119) 《仁祖實錄》 卷 33, 仁祖 14年 11月 丙辰.
120) 《仁祖實錄》 卷 33, 仁祖 14年 11月 辛酉.
121) 《仁祖實錄》 卷 33, 仁祖 14年 12月 癸未.

12월 14일 대가(大駕)가 강화도로 출발하려 하자 호위병들이 다 달아
나고, 숭례문에 도착했을 때 적이 이미 양철평(良鐵坪: 홍제동)까지 왔다
는 소식이 왔다. 인조는 숭례문에 올라가 신경진(申景禛)에게 성 밖에 진
을 치도록 했다.[122] 최명길이 나서서 다음과 같은 방책을 말했다.

> 사태가 급박하니 더딤은 불가합니다. 신이 단기로 적장을 마중해 그들이 약
> 속을 어긴 것을 꾸짖겠습니다. 저들의 뜻이 만약 좋게 하자는 데가 없고 그
> 사나움을 피할 수 없으면 신은 그 칼 아래 죽으려니와, 만약에 신을 거절하
> 지 아니하고 주객으로 상대하게 되면 오고가고 실랑이하며 주저하는 사이
> 에 틈을 얻을 수 있을 것이오니, 서울에서 가깝고 견고한 남한산성으로 입
> 성하시어 형편이 변하는 것을 보소서.[123]

인조는 "계책은 좋으나 그대 홀로 목숨을 걸고 범의 입으로 들어가 임
금의 급함을 구하려하니 가상하다."고 했다. 최명길은 이경직(李景稷)과
금군(禁軍) 20명을 대동하고 갔으나, 금군은 도중에 다 달아나고 이경직
과 편비(褊裨) 지득룡(池得龍)만 데리고 모랫재(홍제동)에 도착해 청군
의 전초(前哨)를 만났다. 그는 청군에게 약속을 깨고 군사를 일으킨 까닭
을 물었다. 적장은 화친할지 또는 싸울지를 빨리 정하라고 했다. 최명길이
일부러 시간을 끌어 해가 저물었다. 이 틈을 타 인조가 수구문(水溝門)을
통해 남한산성으로 들어갔다. 기다리는 회답이 오지 않자 청군은 화가 나
서 최명길을 죽이려 했다. 그러나 화사(和事)를 이루지 못하고 사신을 먼
저 죽이면 안 된다고 해 다음 날 돌아올 수 있었다.[124]
영의정 김류가, 남한산성은 고립된 곳이니 과천(果川)·금천(衿川)을
통해 경기(輕騎)를 이용해 강화도로 옮기자고 했다. 그러나 뜻을 이루지
는 못했다.[125] 최명길이 돌아와 청이 왕제(王弟) 및 대신을 인질로 삼기

---

122) 《仁祖實錄》 卷 33, 仁祖 14年 12月 甲申.
123) 崔秉稷, 연보.
124) 崔秉稷, 연보.

를 요구한다고 전했다. 그리하여 15일에 능봉수(綾峯守)를 왕제라 칭하고, 판서 심집(沈輯)을 대신의 칭호를 주어 보내자고 했다.126) 청 장수 마부대(馬夫大)가 청진에 억류되어 있던 박난영(朴蘭英)에게 물으니 진짜라고 했다. 그러나 곧 거짓임이 들통나 박난영은 처형되었다.127) 그날 최명길은 윤휘(尹暉)·한여직(韓汝溭)과 함께 청군진영에 갔다.128) 인조가 세자를 인질로 보내자고 하자 양사(兩司)가 들고 일어나 반대했다. 인조가 행궁의 남문에 거동하자 전 참봉 심광수(沈光洙)는 화의를 주도한 최명길의 목을 베고 백성들에게 사과해야 한다고 했다.129) 인조는 주전론으로 돌아섰다.

20일에 호차(胡差: 청나라 사절) 3명이 성 밖에 도착했다. 김신국(金藎國)·이경직(李景稷)을 보내 들어보니 청 태종이 송경(松京: 개성)에 도착했으니 빨리 화친을 하자는 것이었다. 인조는 이를 거절하고 도원수·부원수에게 진격해 들어와 구원하도록 하고, 여러 고을에 통문을 보내 군대를 선빌해 석을 치라고 했다. 김경징(金景徵)에게는 하삼도(下三道: 충청·전라·경상도)의 수군을 전부 징집하라고 했다.130)

그러나 날씨는 춥고 성이 외부와 고립되어 있어 부득이 화의를 하자는 의견이 늘었다. 그리하여 우선 임금의 이름으로 비국낭청 위산보(魏山寶)를 보내 소와 술을 선물하고, 익위(翊衛) 허한(許偘)을 보내 화의를 논의하게 했다.131) 그러나 황제가 이미 왔으므로 선물을 받을 수 없다는 답을 받았다. 김류는 황제가 왔다는 것은 과장인 것 같다고 했으나, 최명길은 왔을 수도 있으니 사신을 다시 파견하자고 했다. 그리하여 홍서봉(洪瑞鳳)·김신국·이경직을 파견했다. 청 장수 마부달(馬夫達)은 황제가 성을

---

125) 《仁祖實錄》卷 33, 仁祖 14年 12月 甲申.
126) 《仁祖實錄》卷 33, 仁祖 14年 12月 乙酉.
127) 崔秉稷, 연보.
128) 《仁祖實錄》卷 33, 仁祖 14年 12月 乙酉.
129) 《仁祖實錄》卷 33, 仁祖 14年 12月 戊子.
130) 《仁祖實錄》卷 33, 仁祖 14年 12月 庚寅, 최명길이 갈 때마다 속여 위험하다고 해 김신국 등을 보낸 것이다.
131) 《仁祖實錄》卷 33, 인조 14年 12月 庚子.

순시하고 있으니 다음 날 아침에 오라고 했다.132)

홍서봉 등이 청제(淸帝)의 글을 받아 가지고 돌아왔다. 1) 청은 조선에 유감이 없었다, 2) 그런데 조선이 청군의 도망병을 명에 넘기고, 3) 명의 장수가 투항해 오면 길을 막고 끊었으며, 4) 명에게 배(船)를 대주고, 5) 청에서 명을 치고자 배를 요구할 때는 인색했다며 책망하는 글이었다. 청제의 글은, 조정에서 평안도 관찰사에게 보낸 밀서를 가로채 보니 정묘년에는 임시로 속박됨을 허락했다는 말이 있었기에 쳐들어 왔지만 순종하는 자는 해치지 않고 받아들이겠다는 위협으로 끝을 맺었다.133)

하는 수 없이 인조는 최명길을 시켜 국서(國書)를 썼다. 그 내용은 1) 조선은 정묘화약 이후 10년 동안 우의를 지켜왔다, 2) 명과는 부자관계라 도와준 적은 있으나 청에 대해서는 화살 하나도 겨눈 적이 없다, 3) 작년에 몇 가지 잘못한 것은 변신(邊臣)과 교감이 잘못되었기 때문이며 용서해주면 화친을 하겠다, 4) 그러나 용서해 주지 않으면 끝까지 싸우겠다는 것이었다.134) 그러나 이 국서가 할 말 못할 말을 가리지 않으며, 조선을 낮추고 청에 아첨하는 내용이라며 최명길을 벌해야 한다는 비난이 빗발쳤다.135)

청의 대답이 없자 다시 국서를 썼다. 그 내용 가운데 "임진년에 (명나라) 신종(神宗) 황제가 군사를 출동시켜 난리를 구원했다. 지금 만약 군사를 거두어 나라를 보존토록 해준다면 그 은혜가 (그때와) 다름이 없다."는 말을 가지고 대간들이 잘못되었다고 비판했다.136) 청의 역관 정명수(鄭命壽)에게 은 1천 냥을, 용골대(龍骨大)와 마부대에게 각각 은 3천 냥씩을 몰래 주기로 했다.137)

정월 16일에 최명길이 홍서봉·윤휘와 더불어 청의 진영에 갔다. 용골

---

132)《仁祖實錄》卷 33, 仁祖 14年 12月 辛丑.
133)《仁祖實錄》卷 34, 仁祖 15年 正月 壬寅.
134)《仁祖實錄》卷 34, 仁祖 15年 正月 癸卯.
135)《仁祖實錄》卷 34, 仁祖 15年 正月 甲辰.
136)《仁祖實錄》卷 34, 仁祖 15年 正月 辛亥.
137)《仁祖實錄》卷 34, 仁祖 15年 正月 癸丑.

대는 새로운 말이 없으면 다시 올 필요가 없다고 했다. 무조건 항복하라는
뜻이었다. 정월 17일에 황제의 사신이 서문 밖에 왔다. 귀순할지 싸울지
결정하라는 글을 가지고 온 것이었다.[138]

1월 18일 최명길이 비국(備局)에서 항복문서를 교정하고 있는데, 예조
판서 김상헌이 밖에서 들어와 그 글을 보고 통곡하면서 찢어버렸다. 그의
논리는 이러했다.

> 명분이 일단 정해진 뒤에는 적이 반드시 우리에게 군신(君臣)의 의리를 요
> 구할 것이니, 성을 나가는 일을 면하지 못할 것입니다. 그리고 한번 성문을
> 나서게 되면 또한 북쪽으로 행차하게 되는 치욕을 면하기 어려울 것이니,
> 신하들이 전하를 위하는 계책이 잘못되었습니다. 진실로 의논하는 자의 말
> 과 같이 이성(二聖: 왕과 왕비)이 마침내 겹겹이 포위된 곳에서 빠져나오게
> 만 된다면, 신 또한 어찌 감히 망령되게 소견을 진달하겠습니까? 국서를 찢
> 어 이미 죽을 죄를 범했으니, 먼저 신을 주벌(誅罰)하고 다시 더 깊이 생각
> 하소서.
> 신이 어리석기 짝이 없지만 성상의 의도가 어디에 있는지 압니다. 그러나
> 한번 허락한 뒤에는 모두 저들이 조종하게 될 테니, 아무리 성에서 나가려
> 하지 않더라도 소용없을 것입니다. 예부터 군사가 성 밑에까지 이르고서 그
> 나라와 임금이 보존된 경우가 없습니다. …… 이러한 지경에 이르게 되면,
> 전하께서 아무리 후회한들 무슨 소용이 있겠습니까?[139]

최명길은 찢어진 종이를 주워서 붙이면서 "국서를 찢는 사람도 없어서
는 안 되고, 또한 국서를 붙이는 사람도 없어서는 안 된다."(裂書者不可
無 而補書者亦宜有)라고 하면서 다시 썼다.[140] 그는 김상헌에 대해 "도

---

138)《仁祖實錄》卷 34, 仁祖 15年 正月 丁巳.
139)《仁祖實錄》卷 34, 仁祖 15年 正月 戊午.
140) 崔昌大,《昆侖集》遲川公遺事 ; 崔鳴吉, 增補譯註《遲川先生集》III, 467쪽. 金尙憲裂書痛
    哭 公拾之補之曰 不可無補書者(朴能緒,《韓國系行譜》人, 全州崔氏, 崔鳴吉). 국서는 李植
    · 張維에게 쓰도록 했으나 실제로는 최명길이 썼다. 李植은 자신이 쓴 국서가 채택되지

량이 편협하고 기개가 강직하여 좋은 곳에 들어가면 천 길 낭떠러지에 서 있는 기상이 있습니다. 하지만 잘못 들어간 곳에서도 뜻을 굽혀 고칠 생각을 하지 않으니, 식견이 모자라서인 듯합니다."라고 비난했다.[141] 이경석 (李景奭)이 국서에 타당하지 않은 곳이 많으니 내일 보내면 안 되느냐고 했다가, 최명길에게서 "그대들이 매번 조그마한 곡절을 다투고 분변(分辨)하느라 이렇게 위태로운 치욕을 맞게 되었다. 삼사는 단지 '신'(臣)이라는 글자에 대해 그 가부만 논하면 된다. 사신을 언제 보내느냐 하는 것은 묘당(廟堂)의 책임으로서 그대들이 알 일이 아니다."라는 질타를 받았다.[142] 정월 19일에 청의 사신이 서문 밖에 와서 빨리 사신을 보내라고 했다. 그리하여 최명길과 우의정 이홍주, 윤휘를 청의 진영에 보냈다.[143]

이조 참판 정온(鄭蘊)이 차자를 올렸다. 최명길이 국서에 '신'(臣) 자를 쓴 것은 잘못이라고 비판하고, 일전을 불사할 것을 강력히 주장했다.[144] 이에 최명길은 다음과 같이 반박했다.

사론(士論)을 견지하려는 자는 하루라도 늦추어 '신'이라고 일컬으려 하며, 계려(計慮)가 있는 자는 약조 맺기를 기다린 뒤에 일컬어 (명분을 바로잡을) 여지를 만들려 하는데, 신은 빨리 일컫는 것만 못하다고 여깁니다.[145]

1월 23일, 청에서는 척화신(斥和臣) 1, 2명을 잡아 보내라 했다.[146] 용골대·마부대가 최명길 등에게 황제가 내일 돌아가려 하니 성에서 나오지 않으려거든 사신을 다시 보내지 말라고 하고, 그 동안 받은 국서를 모두 돌려주었다.[147] 26일에 동성(東城)을 지키던 신경진(申景禛)의 훈련도감

않은 것을 자랑했다고 한다.
141) 연보, 727~728쪽.
142) 《仁祖實錄》 卷 34, 仁祖 15年 正月 戊午.
143) 《仁祖實錄》 卷 34, 仁祖 15年 正月 己未.
144) 《仁祖實錄》 卷 34, 仁祖 15年 正月 己未.
145) 《仁祖實錄》 卷 34, 仁祖 15年 正月 庚申.
146) 《仁祖實錄》 卷 34, 仁祖 15年 正月 庚申.
147) 《仁祖實錄》 卷 34, 仁祖 15年 正月 乙丑.

군과 남성(南城)을 지키던 구굉(具宏)의 어영청군, 남문을 지키던 수원부
사 구인후(具仁垕)의 군사가 대궐 밖에 몰려와 척화신을 청군에게 보내라
고 청했다.148) 조정에서 세자를 내보내겠다고 했으나, 청군은 국왕이 직
접 나오라고 요구했다. 그런데 강화도가 함락되었다는 소식이 왔다.149)
인조는 자결하고 싶었으나 비빈이 인질로 잡혀 있어서 그럴 수도 없다고
했다. 29일 최명길이 척화신 윤집(尹集)과 오달제(吳達濟)를 청군에 넘겼
다. 청병이 국경에 도착했을 때, 평양 서윤 홍익한(洪益漢)에게 이를 막으
라고 보냈는데 이미 청에 잡혔는지 알 수 없다는 소식이 들려왔다.150) 30
일 용골대 · 마부대 등이 성 밖에 와서 왕의 출성을 재촉했다. 왕은 그들을
인견(引見)하고 3정승, 판서 · 승지 각 5명, 한림, 주서 각 1명 등 시종(侍
從) 50여 명을 거느리고 삼전도(三田渡)에 나아가 3배 9고두례(三拜九叩
頭禮: 세 번 절하고 아홉 번 머리를 땅에 대는 의식)를 행했다. 왕세자 내
외와 대군 내외는 심양으로 잡혀가고, 인조는 용골대의 호위 아래 창덕궁
양화당(養和堂)으로 돌아왔다. 인조가 소파진(所波津)을 건널 때 배가 두
척 밖에 없었기 때문에 백관들이 다투어 건너려고 왕의 옷을 잡아당기기
까지 했다고 한다.151)

　　인조는 이 일을 비밀리에 (명나라 군사가 있는) 가도(椵島)에 통보하면
어떠냐고 했다. 최명길은 "형세가 중하고 힘이 달려 이 지경에 이르렀으
니, 이 뒤로는 형세상 사신을 통하기가 어렵다."고 말하고, 김류는 "지금
백성들이 모두 화친을 배척한 사람에게 죄를 돌리는데, 어떻게 명과 통해
시끄러운 단서를 일으키겠는가?"라고 했다. 이에 대해 실록에서는 이렇게
비판하고 있다.

　　김류가 도체찰사 임무를 담당해, 만약 국가의 병력으로는 그들을 감당하기

---

148) 《仁祖實錄》 卷 34, 仁祖 15年 正月 丙寅.
149) 《仁祖實錄》 卷 34, 仁祖 15年 正月 丙寅.
150) 《仁祖實錄》 卷 34, 仁祖 15年 正月 己巳.
151) 《仁祖實錄》 卷 34, 仁祖 15年 正月 庚午.

에 부족하다고 생각했으면, 어찌 그때에 기미책을 극력 주장하지 않고서 국
가가 망하고 난 뒤에야 "백성들이 모두 화친을 배척한 사람들에게 허물을
돌린다."고 말을 하는가? 아! 당시에 화친을 배척한 사람이 과연 누구였던
가? 그리고 최명길은 처음부터 끝까지 화친을 주장했는데, 지금에 와서 명
나라에 주문(奏聞)을 해야 한다고 하니, 이것이 과연 진정에서 나온 말인
가?152)

　　인조가 청에 항복하자 조사(朝士)들이 잇달아 휴가를 청하고 벼슬을
하지 않으려 했다. 인조도 "평소에는 직위에 있다가 변란이 발생하면 버리
고 떠나는 것이 어찌 사리이겠는가? 그러나 국가의 체모로 헤아려 볼 때
버리고 떠나는 사람을 하필 굳이 청해 머물게 할 것이 있겠는가?"라고 하
면서 새 인물로 교체하라고 했다. 최명길은 이조판서로서 특히 지방관을
바꾸는 데 앞장섰다.153)

　　1637년(인조 15) 4월 9일에 최명길은 우의정이 되었다.154) 4월 18일에
는 청나라 군대가 가도를 함락했다.155) 최명길은 포로의 속환가(贖還價)
를 100냥(兩) 이하로 제한하자고 했다. 화친을 할 때는 1인당 베 10필
(匹) 하던 속환가가 돈 있는 사람들로 말미암아 터무니없이 오르는 것을
막고자 함이었다.156)

　　최명길은 의정부서사제(議政府署事制)를 부활하고, 낭천제(郎薦制)를
혁파하자고 주장했다.

　　서사(署事)하는 규정은 중간에 폐지된 지 오래 되었으니 갑자기 회복하기
　　어렵습니다만, 역시 약간은 조정해 국사를 꾀하고 정치를 논하는 곳에 운용
　　의 기틀이 있게 한 다음에야 국사를 마침내 경영할 수 있을 것입니다. ……

---

152) 《仁祖實錄》 卷 34, 仁祖 15年 2月 己卯.
153) 《仁祖實錄》 卷 34, 仁祖 15年 4月 癸酉.
154) 《仁祖實錄》 卷 34, 仁祖 15年 4月 戊寅.
155) 《仁祖實錄》 卷 34, 仁祖 15年 4月 丁亥.
156) 《仁祖實錄》 卷 34, 仁祖 15年 4月 庚寅.

우리나라는 크고 작은 관리의 임명이 모두 전장(銓長)에게서 나오는데, 유
독 이조와 병조의 낭관(郎官)은 낭청(郎廳)에게 천거하게 하므로 당하(堂
下) 청망(淸望)의 임명이 모두 낭관의 손에서 나옵니다. 이 때문에 전랑(銓
郎)의 권한이 지나치게 중해 때때로 조정을 휩쓸고, 매번 낭관을 천거할 때
가 되면 나이 젊은 명류들이 기염을 토하며 서로 배격해 반드시 다투어야
할 곳으로 알고 있으니, 이것이 바로 당론(黨論)의 근원지입니다. 그래서 선
조께서 이 풍습을 매우 싫어해 특별히 명해 혁파하게 했으므로 지금 병조
낭청은 으레 성명을 기록해 본조에 비치하고 차례대로 의망(擬望)하며, 이
조에서는 그 기명록(記名錄)을 버려서 형적을 피하고 있습니다. 그러나 폐
단은 모조리 혁파되지 않아, 비록 낭관을 천거하는 형적은 없으나 실지로는
낭관을 천거하는 규정이 남아 있습니다. 신은 이 규정을 단호하게 혁파하지
않으면 당론은 종식될 때가 없을 것이며, 조정은 조용할 때가 없을 것이라
고 여깁니다.157)

인사권이 대신에게 있지 않고 낭관(郎官)에게 있는 관행을 고치자는
것이었다.
최명길은 세 차례 정축봉사(丁丑封事)를 올렸다. 1차는 4월 1일에 올
린 것으로 그 내용은 1) 강화도가 함락될 때 훼손된 종묘신주를 개조할
것, 2) 피폐한 농촌을 구제할 것, 3) 척화신에 대해 관용을 베풀 것, 4) 전
몰장사에게 포상할 것, 5) 달아난 병사에게 관용을 베풀 것, 6) 삼남의 병
· 수사를 유능한 사람으로 바꿀 것 등이었다. 2차는 5월 15일에 올렸으며,
그 내용은 항복하여 의기소침해진 인조를 면려(勉勵)하는 것이었고, 3차
는 6월 4일에 올렸으며, 그 내용은 1) 백성에게 거두는 세금을 줄일 것,
2) 호란 당시 도망친 군사들을 사면할 것, 3) 지방장관을 다시 임명할 것
등이었다.158)
6월 29일에는 청나라에서 명을 치는데 원병을 보내라고 하자 최명길이

157) 《仁祖實錄》卷 34, 仁祖 15年 5月 壬午.
158) 崔秉穆, 연보, 34쪽.

사은사로 가기로 했다. 그러나 그는 병이 나서 심양(瀋陽)에 남고 부사와 서장관이 속환인(贖還人) 780명을 데리고 왔다. 최명길은 병화(兵禍)를 당하여 백성이 피폐한데다가 가축들에 전염병이 돌아 원병을 보낼 수 없고, 조선은 명을 300년 동안 받들었으니 섬기던 나라를 치는 군병을 내기 어렵다며 황제를 설득해 파병을 면했다. 세자를 일시 귀국시켜 인목대비의 대상(大祥)을 치를 수 있도록 해줄 것을 요구했으나, 청에서는 세자를 돌려보낼 때가 되면 요구하지 않아도 돌려보낼 것이라며 거부했다.159) 최명길의 병이 위중해 인조가 어의(御醫)와 어약(御藥)을 보내기도 했다.160) 인조는 신경진(申景禛)을 사은사로 보내 파병을 면제해 준 데 대해 감사의 뜻을 표했다.161) 6월 29일 최명길은 좌의정에 임명되었다. 인조는 척화신들에 대해 이런 불평을 했다.

> 김상헌이 평소에 나라가 어지러우면 같이 죽겠다는 말을 했으므로 나도 그렇게 여겼는데, 오늘날에는 먼저 나를 버리고서 젊고 무식한 자의 앞장을 섰으니, 임금을 속인 것이 심하다.

최명길 또한 동의하여 다음과 같이 언급했다.

> 유식한 사람은 다 김상헌이 마음 쓰는 것을 압니다마는, 젊은 사람들 중에는 사모해 본받는 자가 많이 있습니다. 그가 스스로 목을 매어 죽으려 할 때 그 아이들이 옆에 있었습니다. 이러고도 죽을 수 있는 자가 있겠습니까? 또한 임금은 범의 굴로 들어가는데 그 신하는 북문(北門)으로 나가버렸으니, 고금 천하에 어찌 이런 도리가 있겠습니까? 김상헌이 죽음을 가장해 아름다운 이름을 얻으려 했으나, 인간 세상에 어찌 양주학(揚州鶴: 여러 가지 욕망을 모두 채우려는 것)이 있겠습니까? 신은 조금도 사사로운 뜻이 없이

---

159) 《仁祖實錄》 卷 35, 仁祖 15年 11月 癸巳.
160) 《仁祖實錄》 卷 35, 仁祖 15年 12月 己酉.
161) 《仁祖實錄》 卷 36, 仁祖 16年 正月 壬午.

나라 안에 시비를 밝히려 할 뿐입니다. 혹 김상헌의 처지를 두둔하는 자는 '문산(文山)의 뇌자(腦子)'(송나라 文天祥이 먹었던 독약)의 말을 끌어대기까지 하니, 더욱 우습습니다.162)

최명길은 왕이 유언비어에 혹하여 대신의 말을 받아들이지 않고 꾸지람을 내린다는 이유로 좌의정에서 사임하려 했으나, 인조는 비상시국임을 들어 만류했다.163) 그는 자기를 따르는 남이공(南以恭)을 이조판서에 기용했다. 남이공은 선조 때 전랑(銓郞)이 되어 사당(私黨)을 심었다는 이유로 왕의 신임을 잃었는데. 광해군 대에 류영경(柳永慶)이 거두어 써서 북인이 되었다가 이때 최명길에게 붙은 것이다.164)

1638년(인조 16) 3월 최명길은 포로로 잡혀갔다가 돌아온 부인들을 사대부 집안에서 내치지 말도록 해야 한다고 건의했다. 그러나 그 뒤로도 사대부 자제들은 장가를 다시 들어, 포로로 잡혔다가 돌아온 부녀들과 재결합하지 않았다고 한다. "절의를 잃은 사람과 짝이 되면 자신도 절의를 잃는다."는 생각 때문이었다.165) 3월 16일에 인열왕후(仁烈王后)가 승하한 지 3년이 지나 중전이 될 사람을 간택하려 했으나 지원자가 없었다. 오랑캐에 항복한 왕에게 딸을 주고 싶지 않다고 생각하는 사람들이 많아서 생긴 일이다. 최명길은 한성부와 각도 감사를 추고(推告)해야 된다고 했다.166)

3월 25일 좌의정 최명길은 강화도에서 절의를 지켜 자결한 150인을 국가에서 정표(旌表)해야 한다고 건의했다. 단, 난병(亂兵)에게 죽었는데 자결(自決)한 것처럼 되어 있는 경우를 철저히 규명한 다음에 정표해야 한다고 했다.167) 그리고 강화에 반대한 척화신들을 풀어주어 개과천선할

---

162) 연보, 745쪽.
163)《仁祖實錄》卷 36, 仁祖 16年 2月 丁巳.
164)《仁祖實錄》卷 36, 仁祖 16年 3月 辛未.
165)《仁祖實錄》卷 36, 仁祖 16年 3月 甲戌.
166)《仁祖實錄》卷 36, 仁祖 16年 3月 己卯.
167)《仁祖實錄》卷 36, 仁祖 16年 3月 戊子.

수 있게 해 주자고 건의하기도 했다. 인조는 부박(浮薄)한 무리들을 오래
지 않아서 풀어주는 것은 옳지 않으니, 담당관청으로 하여금 조사해서 처
리하게 했다.168)

5월 2일 최명길은 국가의 기밀문서를 사관(史官)이 보지 못하게 하자
고 했다. 이에 대해 사관은 다음과 같이 비판했다.

> 나라의 시비를 논하는 칼자루는 사관에게 있는데, 사관에게 숨겨서야 되겠
> 는가? 또한 일찍이 사관이 사전에 기밀을 누설해 일을 그르친 적이 있었는
> 가? 모든 국가의 기밀에 관한 일은 대신 스스로 때에 따라 잘 처리해 사전
> 에 누설되지 않도록 해야 하는데, 이것은 생각하지도 않고 도리어 사관을
> 의심해 참여하지 못하게 하니 도대체 무슨 의도인가? 최명길은 아첨으로
> 영합해 조정의 권세를 장악하더니 이제는 군국 기무에 관한 일을 비밀히 해
> 야 한다는 구실로 사관에게 숨기고자 장량과 진평이 한 고조에게 귓속말을
> 한 고사를 끌어다가 자기 뜻으로 삼고는, 소리를 낮추어 그 말을 기록하지
> 말도록 사관에게 은밀히 부탁했으니, 그 속셈을 알 만하다.169)

사관을 비롯한 사림의 선비들이 권력실세인 반정공신들을 얼마나 배척
하고 있었는지 알 수 있다. 그는 또한 군신 상하가 오직 노력할 것은 종사
를 온전히 하고, 동궁(東宮)을 돌아오게 하며, 징병(徵兵)을 면하는 데 있
다고 하며, 딸이 있는 사람들은 청(淸)의 요구에 따라 양녀(養女)를 내놓
는 것이 마땅하다고 했다. 자신을 비롯해 구굉(具宏)과 구인후(具仁垕)를
양녀를 내놓을 사람으로 선정했는데, 구굉이 마땅치 않게 생각해 이시백
(李時伯)으로, 이시백이 역시 싫어해 윤휘(尹暉)로 바꾸었다.170)

1638년(인조 16) 7월 24일 진주사(陳奏使) 홍보(洪霽)가 심양(瀋陽)
에서 의주로 돌아와 청의 징병요구를 담은 서찰을 보냈다. 그 서찰에 따르

---

168) 《仁祖實錄》 卷 36, 仁祖 16年 4月 己酉.
169) 《仁祖實錄》 卷 36, 仁祖 16年 5月 甲子.
170) 《仁祖實錄》 卷 36, 仁祖 16年 6月 丁未.

면, 무조건 군사 5천을 징발해 안주(安州)와 의주(義州) 사이에 주둔해 있다가 명을 받으면 즉시 오라는 것이었다.171) 이에 인조는 9월 18일 최명길을 심양에 보냈다.172) 1639년(인조 17) 7월 청에서는 사신을 보내 인조에게 입조(入朝)하라고 명했다. 조정에서는 이 요구가 협박에 지나지 않는지, 무슨 딴 의도가 있는지 몰라 전전긍긍했다. 거절하기도 어렵고, 선선히 승낙하기도 어려운 문제여서 칙사를 잘 대접하고 어물어물 넘어가고자 했다.173) 원병을 요구한 것에 대해서도 결론을 내지 못했다. 보내야 하는지 안 보내야 하는지, 보내면 얼마나 보내야 하는지 알 수 없었다. 한편으로는 강화도에 토성을 쌓고, 경기수사(京畿水使)로 하여금 이순신(李舜臣)의 거북선을 다시 제조해 시험해 보도록 하기도 했다.174)

1639년(인조 17) 11월 인조가 아프다는 소식을 듣고 청의 사신이 병문안 왔다. 조선에서는 11월 25일 최명길을 사은사(謝恩使), 이경헌(李景憲)을 부사로 심양에 파견했다.175) 그러나 최명길은 병 때문에 중간에 돌아왔다.176) 최명길은 거짓으로 인질을 보낸 죄로 파직되었으나,177) 용골대가 좋지 않게 여겨 다시 완성부원군(完城府院君)으로 임명되었다.178) 그리고 1642년(인조 20) 8월 3일에 다시 영의정이 되었다.179) 9월 18일, 최명길은 청의 2차 징집명령을 철회시키고자 목숨을 걸고 청나라에 가서 그 뜻을 달성했다.180)

10월 13일 최명길은 임경업(林慶業)과 상의해 중 독보(獨步: 본명은 申歇)를 명나라의 등래도독(登萊都督) 진홍범(陳洪範)에게 파견해 조선

---

171) 《仁祖實錄》卷 37, 仁祖 16年 7月 乙酉.
172) 《仁祖實錄》卷 37, 仁祖 16年 9月 丁丑.
173) 《仁祖實錄》卷 37, 仁祖 17年 7月 丁巳.
174) 《仁祖實錄》卷 39, 仁祖 17年 7月 己巳.
175) 《仁祖實錄》卷 39, 仁祖 17年 11月 戊寅.
176) 《仁祖實錄》卷 39, 仁祖 17年 12月 乙巳.
177) 《仁祖實錄》卷 40, 仁祖 18年 3月 庚寅.
178) 《仁祖實錄》卷 40, 仁祖 18年 6月 癸丑.
179) 《仁祖實錄》卷 43, 仁祖 20年 8月 庚子.
180) 연보, 752쪽.

의 사정을 알렸다. 잠상(潛商: 밀수꾼) 이계(李烓)는 명나라와 몰래 무역한 죄를 면하고자 "인조반정 이후 여러 신하들이 인조를 추대한 공을 믿고 국사를 농단하는데도 인조는 그들을 처리하지 못한다. 그 때문에 신하들이 방자해져서 명과 밀통하는데도 인조는 그것을 금지시키지 못한다."고 청에 밀고했다.181) 게다가 명군 지휘관 홍승주(洪承疇)가 청에 투항한 뒤 선천(宣川)에서 한선(漢船: 명나라 배)을 도운 일이 발각되어 영의정 최명길, 이조판서 이현영(李顯英), 예조참판 이식(李植) 등이 청국으로 소환되었다.182) 임경업은 명나라로 도망갔으며 최명길은 관작을 삭탈당했다.183) 그가 압록강을 건너기 전 잠시 의주관사에 머물렀을 때 참판 박황(朴潢)이 이렇게 건의했다.

> 이 일로 심양에 들어가면 다시 생환할 가망이 없습니다. 이 일은 의주부윤 임경업과 같이 하신 일인데 한 사람이 책임질 수 있는 일이고, 영상(領相) 께선 나라에 잠시도 없어서는 안 될 처지이니 중을 명나라에 보낸 일은 임경업에게 책임을 떠넘기십시오.

그러나 그는 다음과 같이 물리치고 잠을 청했다.

> 장부가 남과 더불어 의로운 일을 도모했다가 일이 불리하게 된 마당에 남에게 죄를 넘기는 비겁한 행동을 어찌 할 수 있겠는가?

이에 박 참판은 "큰 인물은 범인과 다르다."고 감탄했다고 한다.184)
1643년(인조 21) 정월 23일 최명길은 용골대의 심문을 받자, 다음과 같이 답변했다.

---

181) 한명기, 〈丙子胡亂 패전의 정치적 파장〉, 《東方學志》 135, 2006, 79쪽.
182) 《仁祖實錄》 卷 43, 仁祖 20년 10月 庚戌.
183) 《仁祖實錄》 卷 43, 仁祖 20年 11月 癸未.
184) 《完城遺事》.

귀국에 군사를 원조한 뒤로는 남조(南朝: 명나라)가 곧 우리의 적국이 되어
버려 그 화를 늦추어볼까 했으나, 국왕이 권모술수를 좋아하지 않기 때문에
나 혼자서 임경업과 의논해 중 한 사람을 보냈던 것이니, 이는 나라의 안전
을 도모한 계책이다. 황제가 금지한 것은 교통해 왕래하는 것을 말하니, 어
찌 적국과 서로 대치하면서 간첩을 보내는 것까지 폐할 수 있는가?185)

그리고 독보가 1639년(인조 17) 8월에 풍랑에 표류한 명나라 사람들을
만났는데, 본국[淸]의 생각을 몰라 바다 위에 머물게 했다가, 명나라의 의
심을 받을까봐 인삼과 쌀 200석을 주고 다시 명나라로 돌려보냈다고 했
다. 최명길은 이 일에 대해 왕은 전혀 모르고, 모든 것은 자신의 책임 아
래 했다고 답했다. 왕을 속이고 중을 파견했으니 죄가 없다고 할 수 없으
나, 다만 표류민을 받아들이지 않고 인삼을 주어 보낸 것은 좌의정 신경진
(申景禛)이 한 일이라고 답했다. 신경진은 청나라 통역관 정명수(鄭命壽)
와 친했기에 도움이 될까 하는 생각에서였다.186) 최명길은 사형수의 형옥
인 북관에, 김상헌은 대중을 현혹하고 나라를 그르쳤다는 죄목으로 동관
에 투옥되었다.187) 그러다가 1643년(인조 21) 4월에 남관(南館)으로 이
감되었다.188) 감옥에 있는 동안 그는 《중용》과 《주역》을 열심히 공부했
다. 청나라 사신이 조선에 파견되었을 때 도성의 백성들이 길을 막고 최명
길을 살려 줄 것을 간청해 그들을 감동시켰다.

1644년(인조 22) 정월에 비변사는 심양에 머물러 있는 최명길·김상헌
에게 철마다 집에서 짐 두 바리의 옷과 음식을 보내도록 했다.189) 그런데
12월 4일 청이 북경을 함락하자, 세자와 봉림대군(鳳林大君)을 조선으로
돌려 보내고, 3공 6경(三公六卿)의 질자(質子)와 이경여(李敬輿)·최명

---

185) 《仁祖實錄》 卷 44, 仁祖 21年 正月 戊午.
186) 《仁祖實錄》 卷 44, 仁祖 21年 正月 戊午.
187) 《仁祖實錄》 卷 44, 仁祖 21年 3月 戊午.
188) 崔錫鼎,〈先祖領議政完城府院君文忠公行狀〉; 崔鳴吉, 增補譯註《遲川先生集》III 外集 遺
事, 521쪽.
189) 《仁祖實錄》 卷 45, 仁祖 22年 正月 丁巳.

길 · 김상헌도 따라가게 했다.190)

1645년(인조 23)에 용골대가 와서 최명길과 김상헌을 불러 마당에 세우고 이렇게 훈계한 뒤에 풀어주었다.

> 너희들은 모두 죽을 죄가 있으나, 나이 많은 것이 불쌍하고 또 인명이 애석해 용서하고 죽이지 않았다. 이제 크게 용서하는 은전을 베풀어 특별히 모두 석방한다.191)

용골대가 서쪽을 향해 황제에게 절을 하라고 하니, 최명길이 김상헌을 끌어당기면서 함께 하자고 했으나 김상헌은 허리가 아프다는 핑계로 절을 하지 않았다. 최명길 혼자 4배(四拜)를 했다. 두 사람이 대문 안에 서 있는데 용골대가 지나가자 최명길은 무릎을 꿇고 감사의 예를 올렸으나 김상헌은 그 곁에 누워 있자, 용골대가 한참 동안 눈을 부릅뜨고 보다가 갔다. 이때 임경업의 가속들도 풀려났다.192)

최명길이 심양 관소에 4년 동안 갇혀 있을 때 김상헌에게 "그대의 마음은 돌과 같아서 마침내 구르기가 어렵고"(君心似石終難轉), "나의 도(道)는 가락지 같아서 시의에 따라 믿음이 바뀐다"(吾道如環信所隨)193)는 시를 보내기도 하고,

> 고요히 거처하여 온갖 움직임 살펴보니
> 정녕코 난만(爛漫)함으로 귀착하네
> 끓는 물과 얼음이 모두가 물이요
> 갖옷과 베옷 또한 옷 아님이 없도다
> 일 처리하는 방법은 때에 따라 다르지만

---

190) 《仁祖實錄》卷 45, 仁祖 22年 12月 戊午.
191) 《仁祖實錄》卷 44, 仁祖 21年 4月 戊寅.
192) 《仁祖實錄》卷 44, 仁祖 21年 4月 戊寅.
193) 朴能緖, 《韓國系行譜》人, 全州崔氏 崔鳴吉, 1914쪽.

마음이야 어찌 도(道)에 어긋나리오
그대가 능히 이 이치를 깨닫는다면
말하거나 침묵하거나 각기 하늘의 이치라네194)

靜處觀羣動
眞成爛漫歸
湯氷俱是水
裘葛莫非衣
事或隨時別
心寧與道違
君能悟斯理
語默各天機

라는 시를 지어 화운(和韻)하기를 청하자, 김상헌은 다음과 같이 화답
했다.

성패는 천운에 딸린 것이니
반드시 의리로 귀착하는지를 살펴야 하리
비록 그러나 아침 저녁으로 반성해보면
어찌 벼슬에 급급할 수 있으랴
권도(權道)란 혹 현자라도 그르치지만
상도(常道)는 응당 보통 사람도 어김이 없으리라
명예와 이익을 좇는 선비님께 말하노니
창졸간에도 신중히 기미를 헤아리게나195)

---

194) 崔鳴吉, 〈用前韻講經權〉, 增補譯註《遲川先生集》I, 元集 권 3 詩, 도서출판 선비, 2008.
   6. 25, 348쪽.
195) 《仁祖實錄》 卷 46, 仁祖 23年 2月 丙子.

成敗關天運
須看義與歸
雖然反夙暮
未可倒裳衣
權或賢猶誤
經應衆莫違
寄言名利子
造次愼衡機

최명길은 '일을 처리하는 방법이 때에 따라 경도(經道)와 권도를 쓸 수가 있지만 마음이야 어찌 도에 어긋나겠느냐'며 넌지시 이해를 구했으나, 김상헌은 '권도는 안 되고 항상 경도를 지켜야 한다'며 척화론의 정당성을 강조한 내용으로 화답한 것이다.

두 사람의 창화(唱和)에 대해 함께 남관(南館)에 갇혀 있던 백강(白江) 이경여(李敬輿)는 다음과 같이 논평했다.

> 두 노인의 경법(經法)과 권도가 각각 나라를 위한 것,
> 하늘을 받드는 큰 절개요 시국(時局)을 구한 공(功)이로다.
> 지금은 그 뜻이 농익어서 같은 땅에 갇혔으니,
> 모두가 남관(南冠) 쓴 흰 머리 노인일세.

> 二老經權各爲公
> 擎天大節救時功
> 如今爛漫同歸地
> 俱是南冠白首翁[196]

---

196) 崔鳴吉, 增補譯註 《遲川先生集》 III 外集 遺事, 450쪽.

두 사람의 행위가 경법과 권도로 다르긴 하나 다같이 나라를 위한 것이라고 칭송한 시이다.

두 사람은 청나라에 잡혀간 뒤 많은 시를 지어 뜻을 교환했으나, 최명길은 이해를 구하는 쪽이고, 김상헌은 의리를 고집하는 쪽이었다. 그러나 다음 시를 보면 서로의 충정을 이해한 듯싶다.

멀리서 그리워한 지 몇 해이던가
오늘에야 기쁘게 서로 만났네
스스로 돌아보면 둔하고 어리석기 짝이 없는데
그래도 너그러운 도량으로 용납하였네
주옥같은 말들은 하나하나 통하고
마음의 막이 한 겹 두 겹 걷히기에
좋은 술을 마시지 않더라도
참으로 도(道)의 기운이 짙어만 가네[197]

幾年勞遠憶
今日喜相逢
自顧駑頑極
還爲雅度容
談珠穿箇箇
心膜退重重
不待醇醪飮
眞成道氣濃

라는 최명길의 시에 김상헌은 다음과 같이 차운(次韻)했다.

---

197) 崔鳴吉, 增補譯註 《遲川先生集》 III 外集 遺事,

세상사한 본래 어긋남이 많지만

인생에는 만남도 있다네

어찌 반드시 득실을 비교할 필요가 있으리오

다만 종용(從容)하게 있는 것이 옳도다

술 떨어지고 돈도 부족한데

추위 누그러지자 취막(毳幕: 흉노의 천막)이 무겁게 여겨지네

새로 지은 시를 번갈아 서로 화답하니

병든 눈에도 먹물자국은 뚜렷이 보이도다198)

世事元多忤

人生會有逢

何須較得失

只可作從容

酒竭金錢乏

寒輕毳幕重

新詩遞相和

病眼墨花濃

　　적국의 감옥에서 다같이 사형수가 되어 많은 시199)를 주고받는 과정에
서, 서로 방법은 달랐으나 결국 나라를 위하는 마음에는 다름이 없음을 이
해하게 되었던 것이다. 그리하여 김상헌은 다음과 같이 술회하게 된다.

　　이로써 양세(兩世)의 좋은 인연 찾아서

　　백 년의 의심을 깨끗이 푸네

---

198) 崔鳴吉, 增補譯註《遲川先生集》Ⅲ 外集 遺事,

199) 최명길의 增補譯註《遲川先生集》Ⅰ 元集 卷 3, 詩 北扉酬唱錄과 卷 4·5, 北扉酬唱錄 續
稿, 增補譯註《遲川先生集》Ⅲ 外集 遺集 第 3, 詩와 遺事에 최명길이 김상헌에게 보낸
시 135수와 김상헌이 최명길에게 보낸 시 86수가 전한다. 北扉에 함께 갇혀 있던 白江
(鳳巖) 李敬興와 酬唱한 시도 많이 있다.

從尋兩世好

頓釋百年疑

이 시를 받고 최명길은 이렇게 화답했다.

황비(黃扉: 재상)의 덕업(德業)이 새로움을 우두커니 바라본다200)

佇見黃扉德業新

　1645년(인조 23) 2월 25일 최명길이 박천(博川)을 거쳐 돌아올 때, 백성들이 병자호란 때 청군에게 식량을 몽땅 약탈당해 관미(官米)를 빌려 먹었는데 갚을 길이 없어 죽게 되었으니 살려달라고 했다. 이에 최명길이 왕에게 청원해 해결해 주었다.201)

　최명길이 풀려나올 때 한 가지 얘기가 전한다. 독보를 보내 명나라와 밀통한 죄로 그의 아들 후량을 데리고 청나라에 소환되어 갈 때, 다시 돌아오지 못할 수도 있어 상구(喪具)를 마련해 가지고 갔다. 떠나는 날에 친구들이 송별금으로 수천 냥을 거두어 주었다. 후량이 그의 아버지를 구하고자 속전(贖錢)을 쓰려하다가 김상헌이 알까 두려워해 그를 찾아가 물었다. "산의생(散宜生: 周나라 四賢 가운데 한 사람으로 武王이 殷나라 紂王에게 미움을 사 감금당하자 뇌물을 써서 구출함)은 어떤 사람입니까?" "옛적의 현인(賢人)이지." "그러면 산의생이 한 일은 잘못이 아니겠군요?" "그럴 것 같다." 이 말을 듣고 후량이 청의 통역관 정명수에게 돈을 주고 최명길을 구해냈다고 한다.202)

---

200) 崔鳴吉, 增補譯註《遲川先生集》III 外集 遺事, 451~452쪽.

201) 연보, 768~769쪽.

202) 其時 遣獨步智臣 朝廷不得已執送林將軍 至平山亡命事 將不測 崔相乃自當 曰遣獨步事 林某與臣實出其謀 臣當往矣 遂與其子後亮 自行被中 蓋是行也 死生所關 故崔相家 悉具初終諸具 而以行日 屬府與親友送志 以銀者幾千餘兩 其時 淸陰亦往虜中 與崔相同囚一室 只隔日壁 後亮欲用其銀 以贖其父 而 但恐淸陰或知其事 乃往問淸陰 曰散宜生何人也 淸陰曰 古之賢人也 又問曰 然則散宜生所爲之事 無不可底事乎 淸陰曰 似然矣 後亮曰無憂 遂與其銀

최명길은 김상헌이 정말로 춘추의리(春秋義理)를 세우려는 이가 아니라 그저 이름을 내려는 사람으로 의심했는데, 함께 청나라 옥에 갇혀 죽을 자리에서도 절개를 지키는 것을 보고 그 의리 있음을 믿게 되었다. 이와 달리, 김상헌은 처음에 최명길을 진회(秦檜)[203]와 다름없다고 여겼으나, 청나라 감옥에 갇혀 끝내 굴복하지 않는 것을 보고 충정을 인정했다고 한다.[204] 그리하여 위와 같은 시를 주고 받았던 것이다.

최명길이 돌아오자 인조는 즉시 직첩을 돌려주고,[205] 완성부원군(完城府院君) 겸 어영도제조(御營都提調)에 임명했다.[206] 이해 가을에 진천(鎭川)의 용계(龍溪) 기슭에 초가를 짓고 잠시 묻혀 살다가 겨울에 왕의 부름을 받고 서울로 들어왔다.[207]

1646년(인조 24) 2월 인조는 탕약에 독을 탔다는 이유로 며느리인 강빈(姜嬪)을 폐출(廢黜), 사사(賜死)하고자 했다.[208] 이에 최명길은 우선 폐출하고, 신중히 생각해 사사해도 늦지 않다고 만류했다.[209] 인조는 최

鄭命壽 以紓其禍耳(朴能緒,〈全州崔氏 崔鳴吉〉,《韓國系行譜》人, 1914쪽).

203) 12세기 북송(北宋)이 금(金)의 침입을 받고 남천(南遷)하여 남송(南宋)을 세웠을 때, 악비(岳飛) 등 무장들이 반금투쟁(反金鬪爭)을 대대적으로 벌였으나, 진회는 남송과 금의 강화조약을 주도했으며 악비를 사형에 처했다. 이후 중국에서 '매국노'의 대명사로 일컬어져 왔으나, 최근 그에 대한 재평가 작업이 진행되고 있기도 하다 – 필자.

204) 其崔相初以淸陰非眞扶春秋之義 疑其有釣名紙心 及其同囚虜中 見其死生迫頭 而確乎不拔 遂信其義 而服其心 至於淸陰 初亦以崔相謂與秦檜無異矣 及在虜中 見其以死自守 不謂虜屈 亦由其心 本非爲虜 乃於同囚隔壁之中 相與酬唱詩話(朴能緒,〈全州崔氏 崔鳴吉〉,《韓國系行譜》人, 1914쪽).

205)《仁祖實錄》卷 46, 仁祖 23年 2月 庚辰.

206)《仁祖實錄》卷 46, 仁祖 23年 10月 辛卯.

207)〈領議政完城府院君文忠崔公神道碑銘〉,《全州崔氏十修世譜》首卷, 190쪽.

208) 인조는 비망기(備忘記)를 내려 "강빈이 1644년(인조 22) 봄에 청나라 사람과 의논해 장차 왕위를 교체하려 했다. 그리고 미리 홍금적의(紅錦翟衣)를 만들어 놓고, 내전(內殿)이라는 칭호를 썼으며, 세자를 동전(東殿), 강빈을 빈전(嬪殿)이라고 부르게 했다. 지난 가을에 왕 가까운 곳에 와서 분한 마음으로 시끄럽게 성내고, 문안을 폐한 지 오래 되었다. 이런 짓도 하는데 어떤 짓인들 못하겠는가? 이것으로 미루어 보면, 흉한 물건을 파묻고, 독을 넣은 것은 다른 사람이 한 짓이 아니다. 예로부터 난신적자(亂臣賊子)가 어느 시대나 없겠는가마는 그 흉악함이 이 역적처럼 심한 자가 없었다. 군부(君父)를 해치고자 하는 자는 천지 사이에서 하루도 목숨을 부지하게 할 수 없으니, 해당 부서로 하여금 율문을 상고해 처리하게 하라!"고 했다(《仁祖實錄》卷 47, 仁祖 24年 2月 庚辰).

209)《仁祖實錄》卷 47, 仁祖 24年 2月 丁酉.

명길이 "나라의 일이 우려되는 점이 많다."고 말한 것을 가지고 군부(君父)를 협박했다고 불쾌하게 생각했다.[210] 7월에는 이원익(李元翼)이 실시하자고 했다가 실패한 대동법을 양서(兩西: 황해도와 평안도) 지방에 실시할 것을 건의했다.[211]

이해 가을 최명길의 병이 심해지자, 인조는 어의를 보내 진찰하고 어찬(御饌)을 보냈으며, 그를 문병하는 이가 많았다.[212] 마침내 1647년(인조 25) 5월 17일에 62세를 일기로 서거했다. 인조는 5일 동안 고기를 들지 않고, 3일 동안 정사를 보지 않았다. 중사(中使)를 보내어 상사(喪事)를 돌보게 하고, 염하는 일이나 입관(入棺)하는 일을 관(官)에서 갖추어 주도록 했으며, 수의(襚衣)용으로 궁중에서 옷감을 보내왔다. 그해 8월 청주시 북쪽 대율리(大栗里) 자좌(子坐)에 장사지냈다. 유족에게 집과 3년 동안의 녹봉(祿俸)을 내렸으며, 애통히 여기고 부조(賻助)하는 바가 상례(常例)를 벗어났다.[213] 인조는 "최상(崔相)은 재주가 뛰어나고 진심으로 국사를 보필했는데 불행하게도 이 지경에 이르렀으니 진실로 애석하다. 이제 어디서 최완성(崔完城)같은 사람을 구할 수 있으랴."라고 탄식했다고 한다.[214] 실록의 졸기(卒記)에서는 최명길을 다음과 같이 평가했다.

명길은 사람됨이 기민하고 권모술수가 많았는데, 자기 재능에 대해 자부심을 가지고 일찍부터 세상일을 담당하겠다는 생각을 가졌다. 광해군 때에 배척을 받아 쓰이지 않다가 반정할 때에 대계(大計)를 협찬했는데, 공이 많아 드디어 정사원훈(靖社元勳)에 녹훈되었고, 몇 년이 안 되어 차서를 뛰어넘어 경상(卿相)의 지위에 이르렀다. 그러나 추숭과 화의론을 힘써 주장함으로써 청의(淸議)에 버림을 받았다. 남한산성의 변란 때에는 척화를 주장한 대신을 협박해 보냄으로써 사감(私感)을 풀었고, 환도 뒤에는 그른 사람들

---

210) 《仁祖實錄》 卷 47, 仁祖 24年 2月 戊戌.
211) 《仁祖實錄》 卷 47, 仁祖 24年 7月 癸亥.
212) 崔秉穆, 연보, 〈領議政完城府院君文忠崔公神道碑銘〉;《全州崔氏十修世譜》首卷, 190쪽.
213) 朴世堂, 最鳴吉神道碑銘 ;《全州崔氏十修世譜》首卷, 190쪽.
214) 朴世堂, 〈最鳴吉神道碑銘〉, 연보, 53쪽.

을 등용해 사류와 알력이 생겼는
데 모두들 소인으로 지목했다. 그
러나 위급한 경우를 만나면 피하
지 않고 앞장섰으며, 일에 임하면
칼로 쪼개듯 분명히 처리해 따를
사람이 없었으니, 역시 한 시대를
구제한 재상이라 하겠다.215)

지천 최명길 묘표(墓標)

일반사류인 사관이 쓴 사론(史
論)이기 때문에 비판적이기는 했으
나 그의 의지와 재상으로서 능력은
인정했다. 그와 가장 친했던 이시백
(李時白)은 그의 일생의 업적을 1)
인조반정에 참여해 나라를 중흥시
킨 것, 2) 원종추숭(元宗追崇)에서
예법을 논해 부자의 윤기(倫紀)를
밝힌 것, 3) 병자호란 때 단기로 적진에 들어가 그 예봉을 늦춘 것, 4) 비
방을 무릅쓰고 화의론을 주창해 종사(宗社)를 보존한 것, 5) 다시 청나라
에 가서 원병요청을 막은 것, 6) 명나라에 중 독보(獨步)를 보내고 죽을
각오로 스스로 책임을 진 것, 7) 인조가 정명공주를 무고(巫蠱)에 관련 있
다고 의심해 죄를 물으려 한 것을 왕의 노여움을 무릅쓰고 은혜를 온전히
하라고 한 것, 8) 붕당에 물들지 않은 것 등 8가지로 들었다.216) 장유(張
維)는 최명길이 "일편단심 나라를 위해 죽을 각오로 죽고 사는 것을 피하
지 않았으니 그는 정말로 사직을 지킨 신하다."라고 했으며, 이경여(李敬

---

215) 《仁祖實錄》卷 48, 仁祖 25年 5月 丁巳.

216) 李時白 號爲最知鳴吉 其言曰 遲天事業 擧其大者 則反正以贊匡復之業 一也 議禮 明父子
之倫 二也 出單騎赴敵 以緩兵峰 三也 冒謗主唱初議 以存宗社 四也 再入虎口 力拒徵兵 捨
命不渝 五也 送信于明 卒踐危機 以死自當 六也(朴能緖,《韓國系行譜》人, 寶庫社, 1992,
194쪽).

興)는 "굴원(屈原)의 충성도 지나쳤으나 최명길의 충성도 지나쳤다."고
했다.217)

최명길은 자질과 품성이 영특하고 총명했으며, 일의 가장 중요한 기틀
을 깊이 알고 먼 일을 잘 내다보았다. 큰 논의에 처하거나 큰 어려움에 당
해서도 차분하게 생각하고 얼굴빛이 변하지 않았다. 용감하게 앞으로 나
갔고, 양다리 걸치고 이리저리 왔다갔다 하지 않았다. 바라보면 체구가 작
아 몸이 옷을 이기지 못하고, 만나보면 목에서 쇳소리가 났다. 그는 태어
날 때부터 천품과 자질이 이와 같았다 한다.218)

최명길은 두 부인을 두었다. 첫째부인은 우찬성 장만(張晚)의 딸인 안
동 장씨요, 둘째부인은 종묘령(宗廟令) 허린(許嶙)의 딸인 양천 허씨로
그와 함께 묻혔다. 안동 장씨는 아들이 없어서 조카인 후량(後亮)을 양자
로 삼아 후사를 이었다. 그런데 뒤에 양천 허씨가 아들 후상(後尙)을 낳았
다. 당시에는 양자를 들인 뒤에 아들을 낳으면 친생자(親生子)가 제사를
맡게 하는 것이 상례였다. 그러나 최명길은 이미 부자를 정했으니 바꿀 수
없다고 조정에 청해, 후량이 제사를 맡게 했다. 이로 말미암아 그 뒤에는
이것이 법이 되었다.219)

그런데 최명길에 대한 재미있는 설화가 하나 전한다. 최명길이 어릴 때
안동부사인 외삼촌 류색(柳穡)을 찾아갔다. 새재[鳥嶺]를 지나가는데 한
여자가 자주색 옷을 입고 며칠 동안이나 앞서거니 뒤서거니 하면서 좌우
를 떠나지 않았다. 그 거처를 물으니, 그 여자가 가만히 말하기를 "나는
새재의 서낭신[城隍神]이다. 어떤 사람이 나를 위해 치마 하나를 지어서
나의 신묘 안에 걸어놓았는데, 안동 좌수(座首) 아무개가 훔쳐다가 자기
딸에게 입혔다. 내가 매우 노하여, 그 딸을 죽이고 치마를 찾아오려 한다."
고 했다. 이에 최명길은 "안동은 나의 외삼촌이 다스리는 곳이다. 그 죄가
비록 크지만 그 여자를 죽여서는 안 된다, 내가 당신을 위해 (치마를) 찾

217) 朴能緖, 《韓國系行譜》 人, 寶庫社, 1992, 193쪽.
218) 朴能緖, 《韓國系行譜》 人, 寶庫社, 1992, 191쪽.
219) 朴能緖, 《韓國系行譜》 人, 寶庫社, 1992, 191쪽.

아주겠다."고 하니, 그 여자가 고맙다고 했다. 안동에 들어오니 그 여자가 보이지 않았다. 최명길이 급히 좌수의 집에 가서 물어보니, 과연 그 딸이 급사해 집안이 온통 눈물바다였다. 최명길이 자초지종을 말하고 들어가 보니, 그 여자가 좌수의 딸의 가슴과 배를 누르고 있었다. 최명길이 그 치마를 뺏어 태워버렸더니 그 여자가 사라졌다. 좌수의 딸도 깨어나 군내에서 이상하게 여겼다. 돌아와 새재에 이르니 그 여자가 말 앞에 나와 마중했다. 명길이 묻기를 "내가 급한 일이 있어 당신과 말할 겨를이 없다. 왜 그랬느냐?"고 하자, 그 여자가 말하기를 "지금 천자가 만주에서 태어나서, 천제가 서낭신들에게 호위하라는 명을 내렸기에 가는 중이다."라고 했다. 최명길이 천자는 누구냐고 묻자 그 여자가 "성(姓)이 애신(愛新)인데 이 사람이 나오면 명나라는 망한다. 모년(某年)에 이르러 천자가 반드시 조선을 정복할 것이다. 이때 전적으로 화의를 주장해서 국가를 편안하게 할 사람은 당신이다. 노력하기 바란다."라는 말을 마치자 보이지 않았다. 과연 병자호란을 당해 최명길이 힘써 드디어 화의가 이루어졌다.220)

1676년(숙종 2) 7월 2일 허적(許積)은 최명길과 김육(金堉)을 인조묘정(仁祖廟廷)에 배향(配享)하자고 했다.221) 숙종도 다음과 같이 두 신하의 공적을 기렸다.

> 슬프다! 고(故) 상신(相臣) 최명길의 나라를 위한 충성은 옛날의 현상(賢相)에 부합하거니와 그가 병자년 호란에 이르러서는 능히 3백 년의 종묘사직과 수천 리 동토(東土)로 하여금 이미 멸망한 것을 다시 향유하게 했으니, 그의 원대한 우려와 훌륭한 계책이야말로 그 어느 것이 이보다 크다고 하겠는가? 또 고 상신 김육(金堉)은 학문과 도덕이 일세에 높이 뛰어나서 나라를 위하고 백성을 편안케 해 백대를 가도 존경할 만한지라, 묘정에 배향해 천추에 혈식(血食)하게 함이 옳지 않은 것이 없는데도 함께 참여하지 못해 내가 마음에 개석(慨惜)하게 여겼으나, 일찍이 추배(追配)하는 법규가

---

220) 朴能緖, 《韓國系行譜》 人, 寶庫社, 全州崔氏 崔鳴吉, 1992,
221) 《肅宗實錄》 卷 5, 肅宗 2年 7月 壬午.

없기 때문에 이루지 못했는데, 지금 태종 대의 고사를 보건대 또한 추배의 규정이 있으니, 예관(禮官)으로 하여금 대신들과 의논토록 하라.[222]

그러나 사간원(司諫院)의 강력한 반대로 최명길의 인조묘정 배향은 좌절되었다.[223] 다만 1681년(숙종 7) 12월 17일에는 최명길에게 문충(文忠)이라는 시호가 내려졌다.[224]

4. 화의사상(和議思想)

인조반정의 명분은, 광해군이 형인 임해군(臨海君), 동생인 영창대군(永昌大君)을 죽이고 어머니인 인목대비를 서궁(西宮)에 유폐한 패륜(悖倫)을 저질렀으며, 명의 재조번방지은을 저버린 채 오랑캐인 후금을 도왔다는 것이었다. 특히 존명사대는 이성계의 위화도회군 이후로 지켜온 국가의 가장 중요한 명분이었다. 사림은 중국 중심 세계관에 바탕을 두고 명나라에 대한 절대적인 신속(臣屬)을 숙명으로 여기고 있었다. 더구나 1592년(선조 25) 4월 임진왜란이 일어났을 때 명나라의 원병이 와서 왜군을 축출해 주었으므로 명은 부모의 나라로 여겨져 왔다. 그러므로 부모의 나라인 명나라를 치려는 후금은 곧 조선의 원수요 복수의 대상이되었다.

이러한 생각은 다음과 같은 인조의 즉위교서(卽位敎書)에 잘 나타난다.

　…… 하늘이 돌보지 않았기 때문에 나쁜 운수를 만나 10여 년 동안 적신(賊臣) 이이첨(李爾瞻)이 임금의 마음을 어지럽히고 대비를 별궁에 유폐하여

---

222) 《肅宗實錄》卷 5, 肅宗 2年 8月 壬子.
223) 《肅宗實錄》卷 5, 肅宗 2年 9月 甲申.
224) 《肅宗實錄》卷 12, 肅宗 7年 12月 丙申.

모욕을 일삼아 왔다. …… 게다가 부모같은 명나라의 은혜를 배반해 동방예
의지국(東方禮義之國)의 풍모를 잃게 했으며, 이로 말미암아 삼강(三綱)이
땅에 떨어지기에 이르렀으니 어찌 차마 다 말할 수 있으랴!

인조가 즉위한 뒤 후금은 정묘호란을 일으켜 형제관계를 강요하더니,
병자년에는 군신의 맹약을 맺으라며 재차 쳐들어 왔다. 조신들은 주화론
과 척화론으로 갈려 다투었을 때, 최명길은 주화론을 들고 나왔다. 그는
후금과 10여 년 동안 평화를 유지한 것은 화의(和議)때문이라고 했고, 시
독관 조빈(趙贇)은 정묘호란 이후 자강(自强)하지 못한 것은 화의 때문이
라고 했다.225)

최명길은 이때 제 1 · 2차 병자봉사(丙子封事)를 올려 후금이 정묘화약
을 지키면 현상유지를 하지만, 그렇지 않으면 변경에서 일전을 불사하자
는 주장을 폈다.226) 이는 입으로는 척화(斥和)를 주장하지만 강화도로 물
러나 지키기만 하자는 주장과는 다르다. 강화도만 지키면 청천강 이북은
적에게 내어주는 결과를 초래한다는 것이다.

이에 척화파인 오달제(吳達濟)는 최명길이 대간(臺諫)의 공론(公論)을
무시하고 화의를 강행한다고 비난하고, 부교리 윤집(尹集)도 최명길을 힐
난했다. 결국 나라를 보존하는 것이 먼저이냐, 명나라의 원수를 갚는 명분
이 우선이냐 하는 차이였다.

존명사대는 태조 이성계가 주도한 위화도회군의 대의명분이었다. 게다
가 조선은 임진왜란 때 명의 도움을 받아 기사회생한 재조번방지은이 있
었고, 인조반정의 명분도 존명사대였다. 따라서 조선의 사대부들은 중국
중심 세계관에서 자유로울 수 없었다. 결국 당시의 척화는 주체적인 입장
이 아닌, 명을 위해 복수(復讎)를 해야 한다는 의리 명분론이었다. 전쟁의
유 · 불리나 국가의 존망도 무관했다. "차라리 나라가 망할지언정 의리상
구차스럽게 생명을 보존할 수 없다."는 것이었다. 우활(迂闊)하기까지 한

---

225) 《仁祖實錄》 卷 33, 仁祖 14年 8月 戊戌 ; 《仁祖實錄》 卷 33, 仁祖 14年 9月 乙巳.
226) 《仁祖實錄》 卷 33, 仁祖 14年 9月 丙午와 각주 116. 참고

지나친 명분론이다.

이와 달리, 최명길은 우선 '나라를 살리는 것'[存國]이 먼저요, '명나라를 위하는 것'[爲明]은 그 다음이라고 했다.227) 명나라의 은혜를 생각하는 것이 경도(經道)이기는 하지만 위급할 때는 권도(權道)로써 나라를 구하는 일이 더 급하다고 생각했다.228) 그리하여 청에 항복해서 국가를 보존한 뒤에는 두 번 징병을 거절했고, 중 독보(獨步)를 세 번 명나라에 보내 내통하다가 청에 발각되어 북관의 사형수로 잡혀가기까지 했다. 그는 나라를 경영하는 당로자(當路者)로서 실용주의를 내세우지 않을 수 없었다. 그를 비롯한 김류 · 장유 · 홍서봉(洪瑞鳳) 등이 모두 주화론을 주장한 까닭도 여기에 있었다. 반정으로 세운 국가를 지키는 것이 급선무였기 때문이다. 최명길은 명분보다는 실리를, 형적보다는 마음을 중요하게 생각했다.

대저 명(名)이란 것은 실(實)의 그림사이니, 명에 따라 그 실을 책망한다면 잘못되는 경우가 많습니다. 적(迹)은 심(心)의 드러남이니, 적을 따라 그 심을 구한다면 역시 잘못된 경우가 많습니다. 그러므로 (武王이 紂를 친) 목야(牧野)의 정벌은 그 명은 역(逆)이지만 그 실은 천(天)을 받들어 토죄(討罪)한 것입니다. (齊나라 桓公이 패권을 행사한) 규구(葵丘)의 회합은 명은 옳은 것이지만 그 실은 인(仁)을 가차(假借)해 이익을 취한 것입니다. 적인걸(狄仁傑)이 무후(武侯: 측천무후)를 섬긴 것은 그 적은 실절(失節)에 가까운 것이지만 그 심은 당(唐)나라를 위한 것입니다. 풍도(馮道)가 오대(五代: 후량 · 후당 · 후진 · 후한 · 후주)의 재상을 번갈아 지낸 것으로 말하면, 그 적은 적인걸과 같은 것이지만 그 심은 부귀를 탐해 연연한 것일 뿐입니다. 어찌 한 가지 기준만을 고집해 논해서야 되겠습니까? 아아! 지금 세속에서 숭상하는 것은 명이지만, 신이 힘쓰는 것은 실입니다. 세속이 따지는

---

227) "存國爲明次等事"(《西行錄蒐穗》, 今秋西行 始得死所 到高陽有感), "初爲吾君終爲明"(《西行錄蒐穗》, 鳳城到次白軒李景奭) 등의 표현이 그 예이다(鄭良婉, 〈遲川先生의 詩世界〉, 《增補譯註 遲川先生集》 출판기념회, 遲川先生紀念事業會, 2008, 6~7쪽).

228) 漢陽錄蒐穗 送朴簹直以和使入瀋陽, 行權時維實 從經或叛虛(《增補譯註 遲川先生集》遺集 卷 3).

것은 적이지만 신이 믿는 것은 심입니다.[229]

그는 더 나아가서 천자를 위하기에 앞서 자기 임금을 먼저 위하는 것이 대의(大義)라고 했다. 그는 중제(仲弟) 혜길에게 이런 편지를 보내기도 했다.

신종(神宗)이 임진왜란 때 끼친 유택(遺澤)을 비록 잊을 수는 없다 하더라도 또한 태조께서 창업하신 신령스러운 이 터전 역시 차마 망하게 할 수 없는 것, 이것이 큰 의리이다. 그리고 해동 사람이라면 이미 동국의 신민인즉 우리 임금을 위해 우리나라를 망하지 않도록 하는 것이 옳지 않겠는가? 명나라를 위해 우리 임금에게 권해 나라를 망하게 하는 것이 옳은 것인가?[230]

어찌 자기 임금보다도 먼저 천자를 위하는 자가 있을 것인가? …… 자기 임금을 보존할 줄 모른다면 어떻게 천자를 보존할 줄 알겠는가?[231]

곧, 자기 임금을 먼저 본존한 다음에 천자를 생각해야 한다는 주장이다. 그리고 더 나아가서 영의정 김류(金瑬)에게도 당당히 주장했다.

《춘추》에서도 (각국이) 각기 자기 임금을 위한다는 대의(大義)를 안다면, 동국의 신자(臣子)된 자로서 지금 금로(金虜)에 대한 이 화의(和議)가 무엇이 그리 의리에 크게 어긋나는 것입니까?[232]

그는 임진왜란 때 우계(牛溪) 성혼(成渾)이 주장한 화의 논리를 빌어

---

229) 崔鳴吉, 〈論典禮箚〉 丙寅, 《遲川集》 8-14(편집자 주 - 丙寅은 仁祖 4년이다).

230) 崔鳴吉, 〈答仲弟叅判惠吉書〉 丁丑, 《遲川先生遺集》 卷 23.

231) 崔鳴吉, 〈答仲弟叅判惠吉書〉 四書, 《遲川先生遺集》 卷 23.

232) 崔鳴吉, 〈北渚金相國書〉 第三書 丙子, 《遲川先生遺集》 卷 22, 上(편집자 주 - 丙子는 仁祖 14년이다).

일에는 시비(是非)가 있고, 이해(利害)가 있는데, 시비를 위주로 하면 이(理)는 보이지만 물(物)이 보이지 않고, 이해를 위주로 하면 물은 보이지만 이는 보이지 않습니다. 그러므로 동중서(董仲舒)는 이르되, "그 의(義)를 바르게 하고 그 이(利)를 도모하지 않는다."고 했습니다. 그러나 조정의 일로 말하자면 혹 시비와 이해가 합쳐져 하나로 되는 수가 있습니다. 조정에서는 이해가 있는 곳이 곧 시비가 있는 곳입니다. …… 대체로 도(道)에는 경(經)과 권(權)이 있고, 일에는 경(輕)과 중(重)이 있는데, 시의(時宜)가 있는 곳에 의리 역시 따르는 것입니다.233)

라고 해 시의에 맞게 경과 권을 적절히 활용해야 한다고 했다. 김상헌의 시에 차운(次韻)한 시에도

끓는 물과 얼음이 모두가 물이요
갖옷과 베옷 또한 옷 아님이 없도다
일 처리하는 방법은 때에 따라 다르지만
마음이야 어찌 도(道)에 어긋나리오

湯氷俱是水
裘葛莫非衣
事或隨時別
心寧與道違

라고 해 경도든 권도든 도이기는 마찬가지라 했다.

이와 달리, 일반 사대부들은 주자학적 존주사상(尊周思想)에 입각해 청나라의 침입이라는 엄혹한 현실보다는 존명사대라는 명분을 과신해 척화론을 주장했다. 중화를 위한 사대는 중시하고, 주변 민족을 위한 교린(交

---

233) 崔鳴吉, 〈丙子封事〉第三, 《遲川集》 11-32-34.

隣)은 덜 중요하게 생각하는 대외의식의 일환이었다. 철저한 중국 중심 세계관이다. 그리고 이것은 명나라가 망했으니 이제는 우리가 중화문화의 중심이라는 우암(尤庵) 송시열(宋時烈)의 소중화론(小中華論)으로 발전해 갔다.

선조 대 이후에는 사림이 정치주체가 된 사림정치시대가 펼쳐졌다.[234) 사림의 공론으로 정치가 수행되는 공론정치 시대였다. 따라서 언론이 발달해 연소기예(年少氣銳)의 젊은 사림들이 대간(臺諫)에 포진해 대신들의 부정부패를 감시하고, 국가 이데올로기를 수호하며, 재야 원로 학자들이 산림(山林)으로서 이들을 이론적으로 뒷받침해 주고 있었다. 정부에서는 또한 산림을 징소(徵召)해 국정에 자문하도록 했다. 그리하여 성균관 사성(司成), 시강원의 찬선(贊善)·진선(進善) 등 산림직(山林職)이 신설되었고, 사헌부의 지평(持平)·장령(掌令)의 직위도 이들을 대우하는데 활용되기도 했다.[235)

인조반정의 경우도 예외는 아니었다. 반정공신 대부분이 율곡(栗谷) 이이(李珥)·우계(牛溪) 성혼(成渾)·사계(沙溪) 김장생(金長生) 등 서인 학자들의 제자였다. 이에 공신회맹(功臣會盟)에서 반정공신들이 피를 마시면서 정권을 유지하기 위해 "무실국혼"(毋失國婚)·"숭장산림"(崇奬山林)하여 정권을 유지하자고 부르짖었으며, 김장생(金長生)·박지계(朴知誡)·김집(金集)·송시열(宋時烈)·송준길(宋浚吉) 등 산림들을 많이 징소했다.

조정에서 산림을 징소하고 산림의 제자들이 정계로 진출한 결과, 공신세력과 대립하는 일반 사림세력이 대두했다. 이들은 공신세력에 의해 발탁되기는 했지만 그들과는 대립각을 세우는 부류들이었다. 이들은 대간직에 포진해 정권을 담당하던 공신들을 격렬히 비판했다. 공신세력의 주화파와 일반사림의 척화파가 대립한 것도 이러한 세력관계에 말미암은 것이었다.

---

234) 李成茂, 《조선시대 당쟁사》 1, 동방미디어, 2000, 110쪽.
235) 李成茂, 위의 책, 68~72쪽.

대간은 사림의 꽃이요 대변자였다. 사림정치의 구조에는 대간의 언론권과 전랑(銓郎)의 자대권(自代卷), 당하통청권(堂下通淸權)이 중심이었다. 대간의 청론(淸論)은 권신들의 발호를 예방하고, 사기(士氣)를 진작시켜 국가의 원기를 키우는 기능을 하고 있었다. 따라서 대간은 때로 목숨을 걸고 사론(士論)을 지키기 위해서 싸웠고, 사림들은 이를 장하게 여겼다. 척화론을 주장한 대간이나 신료들이 그러하다. 오달제의 다음과 같은 언급은 이러한 정황을 잘 나타내 준다.

> 대체로 대각(臺閣)의 의논은 체면이 몹시 중한 것입니다. 비록 대신의 지위에 있더라도 감히 대항하지 못하고 책임을 지고 사직해 불안한 뜻을 보이는 것인데, 명길은 어떤 사람이기에 유독 공론을 두려워하지 않음이 이처럼 극도에 이른단 말입니까?[236]

척화파들은, 남송이 여진[金國]에게 핍박을 당하자 주자학적 민족주의를 내세워 이를 배척한 것을, 모본으로 삼았다. 그리하여 비록 힘이 모자라 국가가 망하는 일이 있더라도 오랑캐와는 타협할 수 없다고 했다. 청이 5천 명의 원병을 보내라고 하자 김상헌(金尙憲)은 이렇게 반대했다.

> 자고로 죽지 않는 사람이 없고, 망하지 않는 나라가 없습니다. 죽고 망하는 것을 참을지언정 반역을 따르는 것은 할 수 없습니다. …… 사람들이 모두 말하기를, 저들의 세력이 바야흐로 강하니 어기면 화를 입는다고 합니다. 그러나 명의(名義)는 지중(至重)하고, 범하면 역시 재앙을 받습니다. 그럴 바에야 바른 것을 지키고, 하늘의 명을 기다림이 낫습니다. 무릇 순리를 따르면 민심이 즐거워하고 민심이 즐거워하면 근본이 단단해지니, 이것으로써 나라를 지키면 달성하지 못할 것이 없습니다. 지금 만약 명의를 버리고 은혜를 잊으면 마침내 천하 후세의 의론을 돌보지 않게 되는 것이니, 장차

---

236) 《仁祖實錄》 卷 33, 仁祖 14年 10月 壬申.

선왕을 지하에서 어찌 보겠습니까?[237)]

　싸우다가 안 되면 목숨을 초개와 같이 버리고, 나라가 망하더라도 명의를 지켜야 나라를 회복할 수 있다는 것이다. 문치주의 국가에서 군사력이 약한데 이런 의기(義氣)까지 없으면 나라를 보존하기 어렵다. 정신적으로라도 자주성을 지키는 것은 중요하다.
　그러나 부모의 나라인 명나라의 복수를 위해서라는 척화론의 전제가 문제이다. 나라 사이에 의리를 지키는 것은 중요하다. 그러나 그럴 형편이 되지 않아 나라가 망할 판인데 현실적인 대책은 강구하지 않고 원칙론만 내세우는 것은 납득하기 쉽지 않다.
　이와 달리 최명길은 청에서 두 번이나 원병을 보내라고 요구했으나 자신이 직접 가서 거절하고, 독보(獨步)를 시켜 명과 연락하려다가 청나라에 발각되어 죽을 뻔하지 않았는가? 애국하는 방법의 차이이다. 뻔히 나라가 망하는 것을 보면서도 원칙만 내세우는 척화론은 무책임한 점이 없지 않다. 국왕은 말할 것도 없이 전 국민이 어육(魚肉)이 되는데 자기 한 몸만 죽어서 끝날 문제는 아니다. 지도자라면 오히려 자기 일신을 버리더라도 무고한 백성을 살리고, 나라를 보존시켜 후일을 도모하는 것이 바람직하지 않겠는가?
　그러나 여기에는 용기가 필요하다. 그 길로 가면 사람들의 비난을 받고 후세에 두고두고 욕을 먹을 것이 뻔한데도 감연히 목숨을 걸고 나선 것은 최명길이 훌륭한 지도자로서 추앙받을 만한 점이라 하겠다. 그는 실지로 청군에 자원해 가서 담판을 하면서 시간을 끌어 인조로 하여금 남한산성으로 달아날 수 있게 하지 않았는가? 그리고 영의정의 몸으로 직접 청나라에 들어가 명나라와 통한 죄를 자임하고 죽을 각오를 하지 않았는가?
　그런데도 척화를 한 김상헌은 뒤에 대로(大老)로 추앙되고, 안동 김씨가 후세에 세도정치를 하는 영광을 누렸지만, 최명길은 실록을 비롯한 각

---

237) 《仁祖實錄》 卷 39, 仁祖 17年 12月 戊申.

종 기록에서 무자비하게 폄하당했고, 자손들도 손자 대 이후에는 별 볼일 없게 되었다. 명분주의가 극성했던 과거 한국사회의 한 단면을 여기서도 볼 수 있다.

5. 정치개혁

최명길은 반정공신으로서 정권의 핵심에 있었다. 그는 매사에 적극적이어서 인조의 신임을 받았다. 반정 거사일(擧事日)을 점(占)으로 택하여 거사를 밀어붙였다든지, 이괄의 난 때 문신의 몸으로 장인인 장만(張晩)을 도와 난을 제압하는 데 앞장섰다든지, 병자호란 때 단신(單身)으로 적진에 들어가 인조가 남한산성으로 달아날 시간을 벌어 준 것 등이 그 예이다.

최명길은 반정 직후 이조좌랑으로 정치개혁에 직접 참여했다. 새로운 정권에 맞는 인사를 기용하고 대신에게 권력을 집중하는 등의 조치를 취했다.

그가 인사권을 집중적으로 행사한 분야는 지방수령의 교체와 사림의 등용이었다. 반정 직후에 광해군 대의 관료 40퍼센트를 물갈이하고 이 자리에 반정에 동조한 인물이나 청신한 사림세력을 채워 넣어야 했다.[238] 최명길은 1623년(인조 1) 3월 반정 직후에 이조좌랑, 1624년(인조 2) 8월에 이조참의, 11월에 이조참판, 1632년(인조 10) 12월에 이조판서, 1635년(인조 13) 4월에 병조판서가 되어 10여 년 동안 이·병조의 인사권을 장악하고 있었다.

그가 맨 처음 한 일은 지방수령을 새 정권에 맞는 인물로 교체하는 것이었다. 그러나 300개가 넘는 군현의 수령을 한꺼번에 교체하기는 쉽지

---

238) 李基淳, 《仁祖·孝宗代政治史硏究》, 國學資料院, 1998, 61~62쪽.

않았다. 그리하여 인조조차도 한 차례 전최(殿最)를 거쳐 부적격자를 걸
러내자고 했다. 그러나 최명길은 정치개혁을 추진하기 위해서는 적임자를
엄선해야 한다고 했다. 이 과정에서 그는 김류(金瑬)와 대립해 김류의 노
당(老黨) 대 최명길의 소당(少黨)의 대립구도가 생기기도 했다.

최명길은 서인 위주로 등용하기는 했지만, (광해군 때 정권을 잡았던)
대북을 제외하고는 당파를 초월해 유능한 인재를 발탁하려고 애썼다. 가
까운 사람의 청탁도 들어주지 않았다. 예컨대 호조 참판 류순익(柳舜翼)
이 편지를 보내 아들의 벼슬을 청탁하자 왕에게 보고해 처벌받게 했으
며239), 정온(鄭蘊)이 아우의 인사를 청탁했을 때도 들어주지 않았다.

1627년(인조 5)의 정묘호란, 1636년(인조 14)의 병자호란이 일어난 뒤
는 척화파들의 공격이 있었음에도 재상이 되어 전권을 휘둘렀다. 척화파
들은 거의 그가 끌어들인 사림세력이었다. 사림의 여론을 달래기 위해 '숭
장산림'의 기치 아래 많은 사람들을 정계로 불러들였다. 그러나 그들은 공
신세력에게 우호적이지 않았다. 오히려 정치적으로 반대세력을 형성해 척
화파로 돌변한 것이다. 존명사대라는 명분론에 얽매여 최명길의 주화론을
맹공하고 나섰다. 그리고 인조가 청에게 항복하자, 사림 사이에는 출사(出
仕)를 기피하는 풍조가 번져 나갔다. 육경(六卿)이 되면 청에 질자(質子)
를 보내야 하는 것도 기피의 이유가 되었다.240) 인조는 이들을 다음과 같
이 비난했다.

> 요즘 연소한 조사(朝士)들을 보니 선조(先朝) 때의 풍습과 같지 않다. 대체
> 로 선조 때는 연소하고 의기가 날카로운 사람들이 모두 정성과 힘을 다해
> 나라를 위해 목숨을 바칠 뜻을 품었기 때문에 반드시 그들을 발탁해 쓰려고
> 했었다. 그런데 지금의 연소한 무리들은 나라 일에는 마음을 다하려 하지
> 않고 다만 진(晉)의 유습[淸談]만을 일삼고 있으니, 비록 이런 무리들에게

---

239) 《仁祖實錄》卷 7, 仁祖 2年 10月 癸卯.
240) 한명기, 〈丙子胡亂 패전의 정치적 파장-청의 조선 압박과 仁祖의 내응을 중심으로〉,
    《東方學志》135, 2006, 68~69쪽.

높은 벼슬을 주더라도 장차 어디에 쓰겠는가?[241]

젊은 사람들이 청나라에 항복한 조정에서 벼슬하지 않겠다며 숨어버린
풍조를 개탄한 것이다.

다음으로 최명길이 치중한 것은 권력의 집중, 곧 재상권의 강화였다. 최
명길은 1637년(인조 15) 4월에 우의정이 되었고, 다음 해 9월에 영의정이
되었다.

그는 정국을 타개해 나가려면 강력한 지도력이 필요하다고 생각했다.
그러지 않고서는 거국적으로 일어나는 척화론을 잠재울 수 없다고 여겼
다. 이를 달성하고자, 그는 과감한 제도 개혁을 주장하고 나섰다.

첫 번째가 의정부서사제(議政府署事制)의 부활이다.

> 정부서사(政府署事)의 규정은 중간에 폐지된 지 오래 되었으니 갑자기 회
> 복되기 어려울 것입니다. 그러나 어느 정도 조정해서 국가정치를 도모하고
> 논의하는 정부가 대략 핵심적인 운용의 기틀을 잡게 된 다음에야, 국사를
> 바야흐로 경영할 수 있을 것입니다.[242]

의정부서사제가 무너져 재상이 국정을 조율할 수 없으니 이를 부활하
자는 주장이다. 지금의 제도로는 비록 재주가 관중(管仲)·제갈량(諸葛
亮) 같고, 충성이 왕규(王珪)·위징(魏徵) 같아도 어찌할 수 없다고 보았
기 때문이다.[243] 지봉(芝峰) 이수광(李睟光)도 일찍이 이와 비슷한 주장
을 하며 대신의 권한 강화를 강조했다.

> 대저 인주(人主)의 직임은 재상으로 합당한 자를 논함에 있고, 재상을 논하
> 는 도리는 그에게 정치를 전적으로 맡기는 데 있습니다. …… 국조(國朝)의

---

241)《仁祖實錄》卷 45, 仁祖 22年 12月 丁巳.
242)《仁祖實錄》卷 34, 仁祖 15年 5月 壬午.
243)《仁祖實錄》卷 34, 仁祖 15年 5月 壬午.

제도로는 대신에게 권한은 없고, 체통은 분별이 있습니다. 전장(銓長)이 의천(擬薦)하지 않으면 인사에 간여할 수가 없으며, 조참(朝參)이나 경연에서 인대(引對)하지 않으면 임금을 나아가 뵈올 수도 없습니다. 임금의 앞에서 진달하는 말씀은 혹 인사치례보다도 간략하고, 장주(章奏)로써 계청하는 일도 혹 윤허받기가 어렵습니다. 그러니 그 직권을 갖지 못하고 그 말을 다할 수 없으면서 어찌 나라 정치를 할 수가 있겠습니까? …… 전하께서는 더더욱 대신에게 위임하는 정성을 다하시어, 부의(浮議)가 그 공적을 동요시키지 못하게 하고, 부서(簿書)의 처리를 가지고 그 공로를 살피지 말며, 오직 현재(賢才)를 등용하고 민서를 유족하게 하며, 국가를 평안하게 하고 이적(夷狄)을 제압하는 도리로써 책성(責成)시킬 것이요, 무릇 백관의 진퇴나 형옥(刑獄)의 중요 업무를 모두 맡겨서 하여금 날마다 정부에 앉아 6조를 회동해 서정을 재결하게 하소서.244)

이것은 대신위임통치를 주장하는 최명길의 견해와 거의 일치한다고 볼 수 있다.

대간의 언론권과 전랑의 인사권은 사림정치의 틀로서 선조 대 이후 관행으로 정착되었으나, 행정의 구심점이 없어지고 대간의 부의(浮議)를 누를 수 없다는 폐단이 있어 의정부서사제를 부활하자는 의논이 널리 일어나고 있는 추세였다. 그리하여 인조가 조강(朝講)에서 영의정 이원익(李元翼)에게 백관을 총찰하라고 명하기에 이르렀다. 그러나 이원익은

신이 이미 나이를 먹고 정신이 혼미해 재주와 힘이 모자라는데, 어떻게 감히 백관을 총찰하겠습니까? 그리고 6조에 대해 정부가 서사(署事)하는 법이 폐지된 지 이미 오래 되었으므로 지금 다시 시행할 수도 없습니다.245)

라고 사양했다. 그가 반정공신도, 집권당인 서인도 아니었고, 사림정치

---

244) 李晔光, 《芝峰集》 22-21 條陳懇實箚子 乙丑(1625)
245) 《仁祖實錄》 卷 1, 仁祖 1年 5月 甲午.

의 틀을 지지하는 사람의 한 사람이었기 때문이었을 것이다.

두 번째는 비변사(備邊司)를 개혁해야 한다는 것이었다. 최명길은 다음과 같이 주장했다.

지금의 비변사는 송(宋)나라의 추밀원(樞密院)입니다만, 3정승이 여기서 국사를 논의하니 의정부와 비슷하기도 합니다. 다만 임시로 설치된 곳이므로 일이 대단히 구차하고, 사람들도 도리어 육조(六曹)나 대각(臺閣)보다 중하지 않은 것으로 여기고 있습니다. 이러하고도 선치(善治)를 구한다는 것은 노력을 더 많이 해도 더욱 효과가 없을 것입니다. 그러므로 신의 생각으로는 비변사 호칭을 바꾸어 중서성(中書省)이나 추밀원(樞密院), 혹은 고려의 도평의사사(都評議使司)와 같은 이름을 갖도록 할 것입니다. 유사당상(有司堂上) 두 명을 추천케 해 낙점(落點)하는 절차를 거쳐 임명하되, 실직(實職)이 있으면 겸대(兼帶)라고 일컫고, 실직이 없으면 이것으로 실직을 삼아 오로지 본사의 임무만 관장케 하며, 그 명예와 이름이 삼사(三司)나 이조·병조 판서보다 위에 있게 할 것입니다. 기타의 당상관은 명나라 제도처럼 참예기밀(參豫機密)이라 일컬으며, 역시 정목(政目)에서 임명장을 내리되 마치 지제교(知製敎)나 겸춘추(兼春秋)의 예와 같이 할 것입니다. 무릇 국가에 일이 있을 때는 삼공이 총재(總裁)가 되고 유사당상이 주장하며, 육경 및 추밀 제신이 함께 참여하도록 해야 할 것입니다.246)

비변사를 중서성이나 추밀원, 도평의사사로 고쳐 역시 재상이 주도하도록 하자는 주장이었다.

세 번째는 대각의 합계(合啓: 간관들이 연명하여 상소를 올리는 관행)와 피혐(避嫌: 간관들이 탄핵하는 인물은 벼슬에 나가는 것을 피하는 관행)의 폐단을 없애야 한다는 것이다.

---

246) 《仁祖實錄》 卷 36, 仁祖 16年 5月 甲子.

옛날의 대간은 각자가 일을 말하되, 견제하는 바가 없었으므로 사람마다 자기 생각을 아뢸 수가 있어서 충성스러운 자, 아첨하는 자, 올곧지 못한 자를 분별하기 쉬웠습니다. 지금은 대간이 하나의 조그만 일을 논하려 해도 반드시 전체의 동의를 구해야 하고, 조금이라도 합의되지 않으면 의견이 다른 사람들이 벌떼처럼 일어나 피혐해 사람들로 하여금 자기의 주견을 지킬 수 없게 합니다. …… 그러니 다만 옥당(玉堂)의 예에 따라 다수로 주장을 삼고, 그 나머지는 혹 참여하지 않거나 혹 별도로 소견을 진계(進啓)토록 할 것입니다. 그래서 그 마음이 모두 공정한 데서 나오게 한다면 모두 포용하더라도 해로울 것이 없으니, 언로를 더욱 확장할 뿐 아니라 또한 충분히 협동하는 아름다움을 이룰 것입니다.[247]

대간이 떼로 몰려 상소를 올리고 조금만 뜻대로 안 되면 피혐하는 악습을 고치자는 것이었다.

율곡(栗谷) 이이(李珥)도 일찍이 대간의 폐해에 대해 다음과 같이 지적한 바 있다.

대간으로 말하면 나라의 눈과 귀로서, 공론(公論)을 주장하는 자리이므로 더욱 자주 바꿀 수 없는데도 어지러이 사퇴하고 체직되는 것이 여느 관원보다 심합니다. 눈과 귀가 안정되지 않고서야 공론이 어디에 머물 데가 있겠습니까? 조그만 과실이 있어도 관직에서 배겨날 수가 없으니 책망의 과중함이 마치 진선진미(盡善盡美)하기를 요구하는 듯합니다. 그런데 그 뒤를 잇는 자가 반드시 전임자보다 더 나으란 법도 없고, 앞에서 잘못된 것이 뒤에 반드시 고쳐지란 법도 없으니, 관원이 교체될수록 더욱 불안정해지고 한갓 인사행정만 빈번해질 따름입니다. …… 이제부터는 작은 피혐(避嫌)이라든지 서로 용납하지 못하는 따위 일은 일체 논하지 않도록 하여 어지러이

---

247) 《仁祖實錄》 卷 36, 仁祖 16年 5月 甲子.

고치고 일을 폐기하는 버릇을 없애도록 하소서.248)

　대간이 명분만 중시하고 툭하면 휴가를 청하거나 피혐하는 풍조를 고
쳐야 한다고 주장한 것이다.
　네 번째는 낭천제(郎薦制)를 혁파해야 한다는 주장이다. 최명길은 다음
과 같은 상소를 올렸다.

　　우리나라는 크고 작은 관리의 임명이 모두 전장(銓長)에게서 나오는데, 유
　　독 이조와 병조의 낭관(郎官)은 낭청(郎廳)에게 천거하게 하므로 당하(堂
　　下) 청망(淸望)의 임명이 모두 낭관의 손에서 나옵니다. 이 때문에 이조전
　　랑의 권한이 지나치게 중해 때때로 조정을 휩쓸고, 매번 낭관을 천거할 때
　　가 되면 나이 젊은 명류들이 기염을 토하며 서로 배격해 반드시 다투어야
　　할 곳으로 알고 있으니, 이것이 바로 당론(黨論)의 근원입니다. 그래서 선조
　　께서 이 풍습을 매우 미워해 특별히 명해 혁파하게 했으므로 지금 병조 낭
　　청은 으레 성명을 기록해 본조에 비치하고 차례대로 의망(擬望)하며, 이조
　　에서는 그 기명록(記名錄)을 버려서 형적을 피하고 있습니다. 그러나 폐단
　　은 모조리 혁파되지 않아 비록 낭관을 천거하는 형적은 없으나 실지로는 낭
　　관을 천거하는 관행이 남아 있습니다. 신은 이 관행을 단호하게 혁파하지
　　않으면 당론은 종식될 수 없으며, 조정은 조용할 때가 없을 것이라고 생각
　　합니다.249)

　선조 대에 이미 전랑(銓郎) 인사 때문에 당쟁이 심해져 이를 억제하기
는 했으나, 이 관행이 사림정치의 틀을 유지하는 핵심 가운데 하나였기 때
문에 좀처럼 없어지지 않고 있었다. 또한 재상의 인사권 행사에 방해가 되
는 요소였기에, 최명길과 같은 재상에게는 반드시 혁파해야 할 대상이었
다. 반면에 일반 사림들은 사림정치를 유지하기 위해서는 낭천권은 필수

---

248) 〈玉堂論遞兩司箚〉 癸酉, 《栗谷全書》 5-9 (편집자 주 - 癸酉는 1573년이다.)
249) 《仁祖實錄》 卷 34, 仁祖 15年 5月 壬午.

적인 것으로 인식하고 있었다. 따라서 두 세력 사이의 대립과 충돌은 피할
수 없었다. 그리하여 1741년(영조 17)에 낭청권(自代制, 堂下通淸權)이
완전히 혁파되고 외척 세도정치로 이행할 때까지 시행과 폐지를 거듭하면
서 투쟁의 대상이 되었던 것이다.

6. 최명길과 양명학

최명길은 김장생(金長生) · 이항복(李恒福) · 신흠(申欽) 등에게 사사
(師事)하여 경전에 대한 이해가 깊었으며, 19세 되던 1605년(선조 38)에
이미 문과에 급제했다. 이식(李植: 1584~1647)은 최명길의 학문과 행실
에 대해 이렇게 논평했다.

> 조정의 학문하는 선비로 최명길 · 장유 두 상공(相公)을 나는 두려워한다.
> 최명길은 스스로 말하기를 "나는 평생 아무런 뛰어난 점이 없다. 오로지 학
> 문의 공정(工程)에서 정맥(正脈)을 환하게 보아 이단에 현혹되지 않았다."
> 라고 했다. 그가 4서(四書)의 의리를 논설한 것을 보면 매우 정밀한 듯하다.
> 다만 심신을 실제 잘 발현하는 것은 보지 못했다. 경세지무(經世之務)는 모
> 두 도치(倒置)되고 역행(逆行)하는 것들이었다. 또한 신괴(神怪)에 자못 현
> 혹되어 기질(氣質)이 매우 저급하다고 생각한다. 학문과 문장을 그럴 듯하
> 게 꾸미는 것을 제외하면 보통의 선비가 되려고 해도 될 수 없는 사람이
> 다.250)

4서에 대한 논설은 정밀하지만 경세업무는 일반 사람과 반대로 행동했

---

250) 朝廷學問之士 崔張兩相公 吾所畏也 崔相自言 吾平生無所長 唯於學問工程 灼見正脈 不惑
異端 其論說四書義理 亦似精到 但未見於身心實際上發之 經世之務 皆是倒行逆施 又頗惑於
神怪 想其質甚下 除非學問文章之緣飾 則雖欲爲尋常士人不可得者也(李植,《澤堂集》卷 15,
雜著 示兒代筆 追錄).

다고 평하고 있다. 최명길의 주화론을 두고 한 말일 것이다.

택당(澤堂) 이식은 이른바 월(月)·상(象)·계(谿)·택(澤)이라고 할 정도로 17세기 문장의 대가였다. 어찌 문장뿐이겠는가? 학문도 수준급이었다. 그런 그가 (정치적 견해의 차이와는 별도로) 최명길의 학문을 인정했던 것으로 보아, 지천(遲川)의 학문적인 수준이 높았음을 알 수 있다. 최명길은 사실 《삼경기의》(三經起疑)·《사서차의》(四書箚疑)·《예기분편》(禮記分編)·《논맹분류》(論孟分類)·《용학관견》(庸學管見)·《괘변설강》(卦變說綱) 등 4서 5경에 관한 책들을 많이 썼다.[251]

그런데 최명길은 소시에 계곡(谿谷) 장유와 함께 육상산(陸象山)과 왕양명(王陽明)의 학문에 기울어진 바 있었다. 그의 증손 최창대(崔昌大)는

> 공이 소시에 계곡(谿谷)과 함께 강학할 때 육(陸)·왕(王)의 글을 보았다. 그것이 인간의 본체를 곧바로 가리켜 보이고 지엽(枝葉)은 떨쳐버림을 좋아해, 두 분이 모두 깊이 그 학문을 취했다. 그런데 중년에 이르러 공은 거기에 병통이 있음을 깨닫고, 이를 누누이 드러내어 말했다. 완릉군(完陵君: 崔後亮)이 꽤 자라서 공부를 할 때는, 공이 심양(瀋陽)으로 가는 도중 완릉군에게 편지를 보내 양명학의 병통을 갖추어 논했다. 계곡은 노년에 이르기까지 처음의 견해를 고치지 않았다.[252]

고 하여 지천이 처음에는 양명학에 기울었다가 중년에 그 잘못된 것을 알고 이를 비판했다고 했다. 최명길의 스승인 상촌(象村) 신흠이 양명학을 비롯해 노(老)·불(佛), 상수학(象數學) 등 다양한 사상에 관심을 가지고 있었던 것으로 보아 스승으로부터 영향을 받았을 가능성도 있다.[253] 신흠은 양명학에 대해 다음과 같이 말하고 있다.

---

251) 崔鳴吉,〈與澤堂李汝固植書〉2書,《遲川先生遺集》卷 20.

252) 崔昌大,〈遲川公遺事〉,《昆侖集》20-7.

253) 金泰永,〈遲川 崔鳴吉의 國政 개혁론〉, 2008. 35쪽 ;《增補譯註 遲川先生集》발간기념 학술 심포지움,《遲川 崔鳴吉 사상의 재조명》, 조선시대사학회·지천선생 기념사업회.

문성공(文成公) 왕수인(王守仁)은 참된 선비이다. 선비이면서도 능히 군사
를 거느리고 몸을 달려 전쟁터에 나아가 장수처럼 높은 명성을 세웠으니 장
하다 할 것이다. 비록 세속에서는 그의 학술이 바르지 못하다고 헐뜯는 이
가 있지만, 학술이라는 것은 꼭 필요한 곳에 활용됨을 귀하게 여기는 것이
다. 전곡(錢穀)이라든가, 갑병(甲兵) 어느 하나 유자의 일 아닌 것이 있겠는
가? 세상에서 글짓기에나 종사하는 자들은 걸핏하면 성(性)이니, 명(命)이
니 하면서 끌어대지만, 막상 정사를 맡게 되면 망연히 어디에서 착수할지
모른다. 하물며 삼군의 지휘를 맡아 큰 공적을 세우는 일에 있어서랴! 왕문
성(王文成)은 다만 장수로서 쓰였을 뿐이다. 만약 당시에 묘당(廟堂)에 올
라 천하의 일을 담당했더라면 반드시 명나라의 종신(宗臣)이 되었을 것이
다. 직위가 그의 덕에 차지 못하고, 수명 또한 그리 길지 못했다. 나는 매양
그의 호방한 자태와 영웅적인 풍채를 생각할 때마다 꿈속에서도 잊지 못한
다.254)

이 정도의 발언이면 가히 양명학자라 할 만하다. 우암(尤庵) 송시열(宋
時烈)이 주도하는 정국이었다면 사문난적(斯文亂賊)의 죄를 뒤집어 쓸
수도 있을 정도의 이야기이다. 그의 친한 친구인 장유(張維: 1587~1638)
도 다양한 학문추구의 필요성을 언급하며 다음과 같이 말했다.

중국에는 학술이 다기(多岐)하다. 정학(正學)이 있고, 선학(禪學)이 있으며
단학(丹學)도 있다. 정주(程朱)를 공부하는 자가 있고, 육씨(陸氏)를 배우는
자도 있다. 결코 하나의 문로(門路)만이 아니다. …… 중국에는 학자가 있으
나 우리는 학자가 없다. 대체로 중국에서는 인재들의 지취(旨趣)가 자못 녹
록치 않으니, 때로 뜻있는 선비가 나와 실심(實心)으로 학문에 열의를 보이
므로, 그 좋아하는 바를 따라 학문 또한 다양하고 때에 따라 각각 실득(實

---

254) 申欽,《象村稿》45-11 彙言 4.

得)이 있다. 우리는 그렇지 않다. 악착같이 구속되어 도무지 뜻과 기개가 없
다. 다만 정주학을 세상에서 귀하게 여긴다는 것을 듣고 이것만 입으로 말
하고 외양으로 존중할 뿐이다. 그러니 잡학(雜學)이 없을 뿐 아니라, 막상
정학에서조차 무슨 실득이 있겠는가?255)

최명길은 장유와 함께 남언경(南彦經)의 아들 남격(南格)에게 양명학
을 배웠다고 한다.256) 장유는 남언경의 장자인 남호학(南好學)과 함께 선
원(仙源) 김상용(金尙容)의 사위였다.257)

그러나 이식(李植)은 지천에게 육·왕(陸王)의 글을 읽지 말라고 경고
했다. 특히 이식은 장유가 육·왕의 사상에 기울어진 것은 최명길 때문이
라고 하여 두 사람을 싸잡아 공격했다.

장공은 천품이 순수하고 아름다워서 일생 그 학문을 제대로 지켜서 박(博)
과 약(約)을 둘 다 극진히 했으므로, 얼른 보기에는 누가 그 분을 큰 선비라
하지 않겠는가? 그런데 그 논의를 찬찬히 살펴보면 오로지 육·왕을 주장
해 선유의 훈설(訓說)에 대해 정론(定論)마다 마디마디 이설(異說)을 세웠
다. 또 "불학(佛學)은 비록 이단이라 하지만 그 학문은 마음을 바르게 하고
몸을 닦는 데 보탬이 되므로 배척해서는 안 된다."고 했다. 이것은 정말 내
가 말한 "배우지 않음만 못하다."고 하는 것이다. 그 사람이 비록 현명하다
고는 하지만, 그 설은 물리쳐야 한다. 대개 젊어서 문장을 배우려고 노장(老
莊)을 숙독하다가 문득 깨달은 바가 있기 때문이니, 이것은 정말로 고명(高
明: 遲川) 때문에 잘못 들어간 것이다. 애석하다. 애석하다.258)

이에 최명길은 그 충고를 받아들여 완곡하게 반성하는 태도를 보였다.

255) 張維, 《谿谷漫筆》 1-24.
256) 심경호, 〈지천 최명길의 문학과 사상〉, 《遲川 崔鳴吉 사상의 재조명》 2008, 86~87쪽.
257) 심경호, 위의 책, 87쪽.
258) 심경호, 위의 책, 88쪽.

육문(陸門)의 학문을 바라보면 배치하려는 것은 아니지만 자연히 우리 도
(道)와 배치됨을 알게 되었다. 하물며 양명학은 선학(禪學)을 드러내고 있
으므로 더 말할 나위가 없다.259)

  그 뒤로 최명길이 양명학에 대해 언급하는 일은 없었지만, 양명학을 포
기한 것은 아니었다. 다만 일반사람들이 이단을 신봉한다고 시끄럽게 공
격하는 것을 피하기 위해 외주내왕(外朱內王)의 태도를 보였을 뿐이었
다. 그리하여 장유에게 이식의 충고를 받아들일 것을 권고하기도 했
다.260)
  실제로 최명길은 심양에서 사형수의 옥에 갇혀 있는 동안, 그의 양자
최후량에게 양명학을 권하는 편지를 보내기도 했다.

  네 편지에 이르기를, "본래면목(本來面目)을 황홀한 가운데 어렴풋이 보
았습니다."라고 했더구나. 공부가 아직 익지 않아서 그런 것이긴 해도, 네
가 능히 이와 같은 것을 깨달았으므로 역시 날마다 점검하고 성찰하는 공
을 보는 듯하여 대단히 기쁘다. 양명(陽明)의 글에 이르기를 "마음은 본래
살아 있는 것이다. 오래 오래 지키고 있으면 마음에서 병이 날까 두렵다."
고 했다. 이는 아주 가까이 다가가 본 것이고, 자신이 분명히 체험한 것이
다. 그래서 그 말이 이러하다. 양명의 고명함으로도 오히려 이러한 근심이
있었는데, 하물며 너는 역경에 처해 있으니 마음이 어떻게 보통 사람들처
럼 편안할 수 있겠느냐? 이럴 때 갑자기 각고의 공부를 해 마음을 지키기
는 것이 지나치면 때로 다른 병이 될 수 있으니 염려하지 않을 수 없다.
다만 평소의 말과 행동을 때때로 점검해 이 마음으로 하여금 흩어져 달아
나지 않게 하고, 이따금 고요히 앉아서 묵묵히 보아 천기의 오묘함을 알아
내어, 마음의 본체로 하여금 솔개가 날고 물고기가 뛰는 천리(天理)에 합

---

259) 심경호, 앞의 책, 88쪽.
260) 심경호, 앞의 책, 88쪽.

치되게 한다면, 비록 감옥 속에 묶여 있을지라도 무우(舞雩)에서 시를 읊조리면서 돌아오는 정취가 절로 있어 스스로 족히 즐거워 근심을 잊게 될 것이다. …… 또 이른바 '본래면목'이란 항상 툭 틔어 밝고 맑은 곳에 젖어 들어 있으면서 희노애락(喜怒哀樂)의 사이에서 나타난다. 이는 옛 사람들이 공부하는 데 동(動)과 정(靜)에 차이를 두지 않은 까닭으로서 해와 달, 추위와 더위가 교차하는 것과, 바람과 구름, 연기와 비의 변화하는 모습이 도체(道體)가 유행하는 오묘함 아닌 것이 없는데, 내 마음의 지각작용과 함께 상하로 유행해 화합해서 하나가 된다. 다만 능히 깨달음이 이 정도에 이를 수 있게 되어 때때로 체인(體認)한다면 이른바 희미하던 것이 자연히 분명해지고, 이른바 '황홀한 사이'라는 것이 자연스레 영구하고 완전하게 익숙해질 것이다. 나는 이런 경지에 도달한 사람은 아니지만, 마음을 두는 것은 항상 여기에 있으며 역시 깨달음이 왕왕 힘을 얻는 곳도 있다. 평소에 우환을 만나 견디기 어려운 것이 한두 번이 아니었지만, 이에 힘입어 크게 낭패하는 데는 이르지 않을 수 있었다. 그래서 너를 위해 이것을 말하는 것이다. 뒷날 우리가 다시 만났을 때 각자 헤어진 뒤로부터 얻은 것이 얼마나 되는가를 이야기하며 한번 팔목상대할 자리로 삼았으면 한다.261)

아들에게 보내는 편지에는 자신이 양명학에서 말하는 '본래면목'이라든지, 마음은 활물(活物)이라든지, 이를 연마하면 마음을 다스릴 수 있다든지 하는 사상을 받아들이고, 이러한 마음가짐으로 평생 우환을 만나서도 고난을 이겨내고 낭패를 면해 올 수 있었다고 술회하고 있다. 마음을 수양하는 수단으로 양명학을 신봉한 것이다. 명대에 들어와서 존재론적 사유인 이기(理氣)문제에서 인식론적 사유인 심성(心性)의 문제로 사유의 중점이 옮겨오고 있었으며262), 이러한 사상이 16세기 이후에 조선에 들어와 지식인들 사이에 널리 유행하고 있었다. 다만 퇴계(退溪) 이황(李滉)과

---

261) 崔鳴吉, 〈寄後亮書〉第三, 《遲川遺集》卷 23 ; 《增補譯註 遲川先生集》續集, 卷 4.
262) 尹南漢, 《朝鮮時代의 陽明學研究》, 集門堂, 1982, 15쪽.

우암(尤庵) 송시열(宋時烈) 등이 내세운 주자학 지상주의에 밀려 양명학
은 이단으로 철저히 배격되었던 것이다.

그럼에도 최명길이 양명학을 신봉한 까닭은 무엇인가? 앞에서도 보았
듯이 첫째는 난국을 당했을 때도 마음을 굳건히 하여 자기의 의지를 꿋꿋
이 지키고자 함이었고, 둘째는 주자학의 지나친 명분론이 비현실적인 척
화론의 근거가 되어 있는 상황에서, 주관적이고 현실적 성격이 강한 양명
학을 주화론의 이론적 근거로 삼으려는 목적이었을 것이다. 인조반정의
명분이 존명사대였는데, 병자호란 때 그 조정이 오랑캐인 청나라에 항복
했으니, 그 명분이 사라진 셈이 되었다. 국가를 유지하고 후일을 도모하고
자 정권의 이론적 기반을 찾은 것은 현실적으로 어쩔 수 없는 선택이었으
리라. 인조 반정공신들이 양명학을 신봉한 까닭도 여기에 있었으며, 이 계
통의 선비들이 노소분당(老少分黨) 때에는 주자학 지상주의를 신봉하는
노론(老論)에 대항해 현실주의적인 양명학을 신봉하는 소론(少論)에 가
담해 뒤에 강화학파(江華學派)를 이루게 된 것이다.

그런데 최명길의 손자 최석정과 증손 최창대(崔昌大)는 최명길이 젊었
을 때는 육·왕의 학문을 좋아했으나 나중에 그 옳지 않음을 알고 이를
비판했다고 주장한다. 명곡(明谷) 최석정은《예기류편》(禮記類編)을 지
었다가 주자의 주(注)와 다르다는 이유로 비난을 받고 분책(焚冊)·훼판
(毁板)된 경험이 있었다. 그래서 화(禍)를 당하지 않으려고 양명학과 거
리를 둔 것이다.263) 이와 달리 계곡(谿谷) 장유(張維)는 끝까지 양명학을
고수했다. 그는 효종의 장인이었으며 현종·숙종이 모두 그의 외예(外裔)
였기에 누구든 함부로 손을 댈 수 없었기 때문이다.264)

---

263) 鄭寅普,〈陽明學演論〉,《동아일보》66회 연재, 1933년 ; 崔鳴吉, 增補譯註《遲川先生集》
     III 外集, 諸家評傳, 678쪽.
264) 崔鳴吉, 增補譯註《遲川先生集》III 外集, 諸家評傳, 679쪽.

7. 맺는 말

최명길은 병자호란 때 빗발치는 척화 분위기 속에서 목숨을 걸고 청과 화의를 주장해 나라를 구하고, 백성이 어육(魚肉)이 되는 것을 막은 훌륭한 지도자였다. 물론 그가 반정공신의 한 사람으로서 정권을 잃지 않으려는 뜻도 있었겠지만, 주화론의 고수는 정치생명을 건 결단이었다.

척화론은 태조 이성계가 벌인 위화도회군의 명분, 명나라의 재조번방지은에 바탕을 둔 복수설치, 인조반정의 거사 명분에 바탕을 두고 있었지만, 사상적 기반은 주자학의 중화주의에 두고 있었다. 사림정치가 정착한 뒤, 그들의 가장 큰 명분은 존명사대였다. 따라서 명나라의 원수인 오랑캐 청과 타협한다는 것은 있을 수 없는 일로 생각했다. 싸워서 이기고 지는 것은 문제가 아니었다. 나라는 망할 수 있으나 의리(義理)는 지켜야 한다는 입장을 고수했다.

그러나 최명길의 생각은 달랐다. '나아가 싸워 이길 수도 없고, 물러나 지킬 수도 없으면' 타협하는 수밖에 없다고 보았다. 우선 나라를 보존한 다음에 명의 은혜를 갚든지 해야지 아무리 은혜를 입었다고 하지만 나라를 망치면서까지 보은할 수는 없다는 주장이다. 존명(尊明)을 하지 말자는 것은 아니지만, 국존(國存)이 우선순위가 되어야 한다는 것이었다.

후세 사람들 가운데 척화론이 더 주체적이라고 생각하는 사람이 많다. 그러나 당시의 척화는 조선을 위한 주체적인 척화가 아니라 명나라의 원수를 갚기 위한 척화였다. 오히려 나라를 구하는 것이 먼저라는 주화론이 주체적이라 할 수 있다. 척화론은 중국 중심 세계관에 바탕을 둔 지나친 명분주의인 것과 달리, 주화론은 국익을 우선하는 주체적 현실론이다. 그는 자신을 공격한 척화신(斥和臣)들도 그 나름의 명분에 따라 공론을 펼친 이들이니 미워해서는 안 된다고 생각했으며, 자손들에게도 그들과 잘 지내라고 당부했다.265)

척화론의 명분주의는 주자학에 바탕을 두고 있었던 것과 달리, 주화론의 실리주의는 현실과 자아를 중시하는 양명학에 바탕을 두고 있었다. 최명길이 주자학이 지배하던 당시 사회에서 몰래 양명학을 따른 것도 그 때문이었다. 양명학의 자심(自心)에 근거해 어려움에 처할 때마다 마음을 굳건히 하여 위기를 극복하고, 양명학의 현실주의에 주화론의 이론적 바탕을 두고자 함이었다.

한편, 그보다 더 중요한 것은 벌떼 같이 일어나는 일반사림의 척화론에 맞서 신명을 바쳐 국왕을 보위하며 국왕의 절대적인 신임 아래 국정을 주도한 능력이었다. 그는 이를 위해 사림의 인사권과 언론권을 억제하고 재상의 권한을 강화했다. 그는 이러한 조치를 일시적인 것으로 여기지 않고, 제도개혁을 통해 법제화하고자 했다.

그러나 그의 행위는 후세 사람들에게 제대로 평가를 받지 못했다. 사림의 명분론이 우세해졌기 때문이다. 북벌론(北伐論)이 그 대표적인 예이다. 게다가 우암(尤庵) 송시열(宋時烈)의 주자학 지상주의가 노론의 집권 명분이 되자 최명길의 가문은 이에 반대하는 소론으로 몰려 증손 이후에는 현달하지 못하게 되었다. 반면에 최명길과 반대의 길을 걸었던 김상헌의 안동 김씨는 19세기에 외척 세도정치 가문으로 성장할 수 있었다. 그러나 이것은 최명길의 노력으로 국가가 보존되었기 때문에 얻을 수 있었던 권세였다. 그런 점에서 최명길의 공헌은 새로이 평가되어야 한다고 생각한다.

> 비루한 필부라서 쓸모가 없었는데
> 밝은 세상 만나 알아줌을 얻었네
> 끝판에는 걸핏하면 비방을 받았으나
> 성은(聖恩)으로 특별히 용서받았네

---

265) 禮論和議之後 謗訾紛然 雖平生親友 亦多侵詆 而公處指夷然 不以一毫介意 金公時讓嘗歎曰 崔相胸中 無一點恩讎愛惡之私(崔昌大,《昆侖集》遲川公遺事.와 崔鳴吉, 增補譯註《遲川先生集》III, 466쪽. 참조).

충심으로 나라 걱정하는 마음이 뚜렷하지만
재앙의 올가미는 거듭 거듭 떨어지니
다만 삼경(三更)의 꿈이 있어서
천향(天香)이 소매에 가득하도다266)

鄙夫百無用
昭代忝遭逢
末路動多謗
聖恩偏見容
愚忠懷耿耿
禍罟墮重重
只有三更夢
天香滿袂濃

　광해군 때 소외되어 있다가 인조반정으로 뜻을 얻었으나, 화의론(和議論)으로 사림의 비방을 한 몸에 받았다. 인조의 비호로 권력은 가지고 있었으나, 마침내 청나라 삼옥에 갇히는 신세가 되었다. 이것은 누가 시켜서가 아니라 자기의 소신을 지키다가 그렇게 된 것이다. 그의 판단이 옳았는가 글렀는가 하는 것은 오늘날의 눈으로 다시 보아야 한다. 역사적으로 국난은 있게 마련이고, 이를 대처하는 과정에서 최명길이 택한 길은 오늘날 우리의 선택과도 무관하지 않기 때문이다.

　(朝鮮時代史學會·遲川先生紀念事業會 주최 《增補譯註 遲川先生集》 발간기념 학술심포지움 《遲川 崔鳴吉 사상의 재조명》 발표논문집, 2008. 6.)

---

266) 崔鳴吉, 增補譯註 《遲川先生集》 元集 卷 3, 詩 淸明日有感 謹呈淸陰案下(도서출판 선비)
　　2008. 6. 25, 357쪽.

백헌(白軒) 이경석(李景奭)의 생애와 사상

1. 생 애

이경석의 본관은 전주(全州)요, 자(字)는 상보(尙輔), 처음 호(號)는
쌍계(雙磎), 나중 호는 백헌(白軒)이다. 정종(定宗)의 열 번째 아들인 덕
천군(德泉君) 후생(厚生)의 6대손이요, 5대조는 신종군(新宗君) 효백(孝
伯)이요, 고조는 완성군(莞城君) 귀정(貴丁)이요, 증조는 함풍군(咸豊君)
계수(繼壽)요, 할아버지는 찬성공(贊成公) 수광(秀光: 일찍 죽음)이요,
아버지는 동지중추부사(同知中樞府事)를 지낸 유간(惟侃: 1550~1634)
이다. 어머니는 개성 고씨(開城高氏)로 정국공신(靖國功臣) 개성군(開城
君) 종겸(宗謙)의 증손녀요, 대호군(大護軍) 한량(漢良)의 딸이다. 맏형
은 호조판서(戶曹判書)와 도승지(都承旨)를 지낸 경직(景稷: 호는 石門)
이요, 둘째 형은 금구현령(金溝縣令)을 지낸 경설(景卨)이요, 백헌은 셋
째이다.[1] 이경석의 가계(家系)는 다음 쪽에 나온 표로 정리할 수 있다.

그는 1595년(선조 28) 11월 18일에 부친의 임지인 제천(提川) 현아(縣
衙)에서 태어났다. 부친의 임지를 두루 따라다니다가 9살 때부터 18살 위
인 큰형 경직(景稷)에게 글을 배우기 시작했으며, 뒤에는 현주(玄洲) 조
찬한(趙纘韓)을 사숙(私淑)했으며,[2] 일설에는 26세 때 처가(장인이 전라
도관찰사를 지낼 때 살던 전주)에 다녀오다가 연산(連山)으로 찾아가 형

---

1) 崔錫鼎,〈文忠公 李景奭 行狀〉,《白軒名門錄》第 1卷, 全州李氏 白軒相公 小宗中, 2001, 207쪽.
2)《白軒名門錄》第 1卷, 全州李氏 白軒相公 小宗中, 2001, 3쪽.

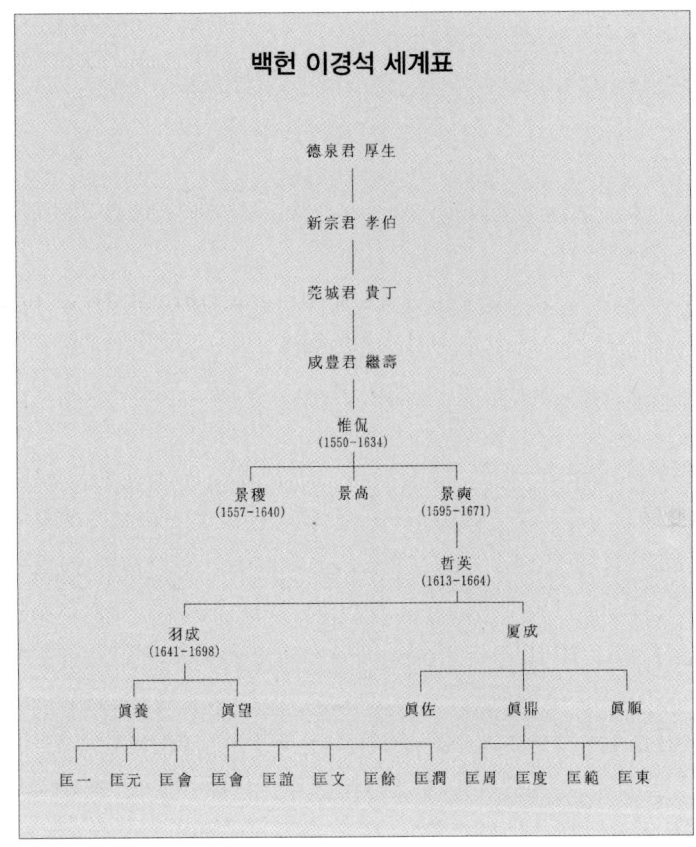

경직의 스승인 사계(沙溪) 김장생(金長生)을 뵙고 왔다고 한다.[3] 조찬한
(1572~1631)은 한양 조씨로 문과에 급제해 예조참의까지 지낸 사람인
데, 문장과 시에 능해 당대 시인 권필(權韠)·이안눌(李安訥)·임숙영(任
淑英) 등과 사귀었다고 한다.[4]

  3살 되던 해 아버지가 개성도사(開城都事)로 있을 때, 청음(淸蔭) 김상
헌(金尙憲)이 찾아와 백헌에게 백이(伯夷)와 숙제(叔齊)의 우열론(優劣

---

3) 《白軒名門錄》第 1卷, 全州李氏 白軒相公 小宗中, 2001, 4쪽.
4) 위의 책, 4쪽.

論)을 지어 보게 하고 "뒷날의 성취에 한량이 없을 것"이라 했다.5)

1610년(광해군 2) 1월 10일에 관찰사를 지낸 전주 류씨(全州柳氏) 색(穡)의 2녀와 혼인해 3년 뒤에 첫째 아들 철영(哲英)을 낳았다.6)

일찍이 성균관 과시(課試)에서 백헌이 수위(首位)를 한 글을 보고, 월사(月沙) 이정구(李廷龜)가 그의 아들 이명한(李明漢)에게 "너는 이미 문과에 급제했으나 백헌보다 훨씬 떨어진다."고 했다 한다.7)

1613년(광해군 5) 5월에 진사 2등에 합격하고, 1618년(광해군 10) 가을에 증광문과 별시 초시에 급제했으나, 그해 10월 인목대비(仁穆大妃)에 대한 폐모정청(廢母庭請)이 있을 때 당시 권력자들이 급제자들로 하여금 모두 폐모찬성론(廢母贊成論)을 올리게 했는데 백헌은 여기에 불참해 합격이 취소되었다.8)

1623년(인조 1) 5월에 알성문과(謁聖文科) 병과(丙科)에 급제해 승문원부정자, 예문관검열 · 봉교, 승정원주서를 거쳤다. 다음 해인 1624년(인조 2)에는 이괄(李适)의 난이 일어나자, 관료들이 모두 달아나고 주서(注書)인 백헌과 승지(承旨) 한효중(韓孝仲), 사관(史官) 이성신(李省身) 그리고 내관(內官) 두 사람만 왕을 호종(扈從)해 깜깜한 밤중에 한강에 도착했다. 배가 없어 건너지 못하고 있는데, 큰형 경직(景稷)이 전라병사로 한강 연안에 주둔해 있다가 배 한 척을 구해 한강을 건너 공주(公州)로 피난했다. 도중에서 아버지를 만나 3부자가 함께 왕을 모시고 가는데 아버지가 병 때문에 수원에서 낙오되었다고 한다.9)

임금을 모시고 서울로 돌아온 뒤에, 전적 · 감찰 · 정언 · 부수찬 · 예조정랑 · 춘추관기사관 · 홍문관수찬 등의 요직을 지냈다. 1625년(인조 3) 정언으로 있을 때, 대간이 경연(經筵)에 입시해 임금과 얼굴을 맞대고 간언[面啓]하는 관행을 정착시켰다. 같은 해 여름에 영남에 경시관(京試官)으로

---

5) 《白軒名門錄》第 1卷, 全州李氏 白軒相公 小宗中, 2001, 3쪽.
6) 〈白軒相公年譜略記〉, 《白軒相公系譜》, 1980, 24쪽.
7) 崔錫鼎, 〈文忠公 李景奭 行狀〉, 《白軒名門錄》第 1卷, 全州李氏 白軒相公 小宗中, 2001, 207쪽.
8) 《白軒名門錄》第 1卷, 全州李氏 白軒相公 小宗中, 2001, 6쪽.
9) 《白軒名門錄》第 1卷, 全州李氏 白軒相公 小宗中, 2001, 8~9쪽.

갔고, 그 뒤 정언·병조좌랑·헌납·직강·부교리·교리·헌납 등의 요직을 거쳤다.10)

1627년(인조 5) 봄에는 호당(湖堂)에 선임되어 선온응제(宣醞應製)에 장원해 왕으로부터 호피(虎皮)를 받았다. 그리고 그 해 4월에 정묘호란(丁卯胡亂)이 일어나자, 총사령관인 장만(張晩)의 종사관(從事官)이 되어 관동지방에 군량을 수송하고 도내에 격문(檄文)을 써 붙여 병사를 모았는데, 그 글이 잘 되었다고 칭송을 받았다. 그 해 여름에 장만이 견책을 받자 자기도 함께 처벌해 달라고 하여 다른 직책으로 전임되었다. 그 뒤 이인거(李仁居) 옥사사건의 문사랑(問事郎)으로 활약해 옥사가 끝난 뒤에는 소무공신(昭武功臣)이 되었다. 뿐만 아니라 다음 해 유효립(柳孝立) 옥사사건에도 문사랑이 되어 옥사가 끝난 뒤 영사공신(寧社功臣)이 되고, 통정대부(通政大夫)로 승진해 좌부승지가 되었다.11)

한편 1629년(인조 7) 3월에는 문신 중시(重試)에 2등으로 합격해 말[馬]을 하사 받고, 다시 호당에 선임되었으며, 왕의 특명으로 당상관(堂上官)이 되었다. 9월에 승정원에 들어갔는데, 그때 아버지는 80세요, 형(경직)은 예조참판이라 사람들이 영화롭게 여겼다. 다음 해 3월에 쉬기를 원해 양주목사가 되었으며, 임지에서 선정을 베풀자 주민들이 청덕비(淸德碑)를 세워주었다. 이때 장녀(조원기의 처)를 낳았다.12)

왕이 늙은 아버지를 위해 황감(黃柑)을 하사하면서 "경이 연로하고 두 아들이 또한 가히 국가 동량이라 짐의 뜻이 이에 미쳤으니 사양하지 말라."고 했다 한다.13) 5월에 가선대부 예방승지가 되었으니 3부자가 모두 재상 반열에 올라 세인들의 부러움을 샀다. 이는 동래 정씨(東萊鄭氏) 정창연(鄭昌衍) 집안 말고는 없는 경사였다. 6월에 대사간이 되고, 9월에 모부인(母夫人)의 상(喪)을 당했는데, 탈상한 뒤 부제학이 되었다.14)

---

10) 〈白軒相公年譜略記〉, 《白軒相公系譜》, 1980, 29쪽.
11) 위의 글, 29쪽.
12) 《白軒名門錄》 第 1卷, 全州李氏 白軒相公 小宗中, 2001, 232쪽.
13) 《仁祖實錄》 卷 26, 仁祖 10年 止月 甲子.
14) 《仁祖實錄》 卷 30, 仁祖 12年 8月 戊午.

1634년(인조 12) 8월 24일에 부친상을 당하여 상을 치르고 1636년(인조 14) 겨울에 부제학에 복직되었다가 대사헌으로 옮겼다.15)

이해 봄에 청나라 사신이 왔다가, 척화론자들이 오랑캐 사신을 죽이고 관계를 끊자는 말을 하자 도주한 사건이 발생했다. 이때 백헌은

> 아국이 청(淸)을 시인하는 것은 그 나라 황제를 시인함이다. 청(淸)이라 일 컫는 것은 결코 불가하다.

고 하여 척화의 명분을 인정하면서도,

> 척화(斥和) 일사(一事)가 어찌 정대하고 명쾌하지 않으리오마는, 국사와 민 심이 한가지로 믿을 것이 없거늘 사세를 돌아보지 않고 강적(强敵)의 분 (憤)을 돋우니 계책이 아니다.

고 하여 반청 강경 자세만이 능사가 아니고 난국을 현명하게 대처해야 함을 주장했다. 전쟁이 벌어진다면, 적군은 얼음이 어는 때를 이용하여, 압록강을 건너 빠른 속도로 경성을 덮칠 터이니, 하루 사이에 어떻게 삼군 (三軍)과 백관이 강화도로 건너갈 수가 있겠느냐면서 군부(君父)를 피란 시킬 대책도 없는 당시 상황을 한탄했다.

병자호란이 터지자 척화론이 우세해 아무도 반대의견을 개진하지 못했는데, 백헌이 홀로 감히 발언하니, 장유(張維)가 "이것은 구름과 안개를 헤치고 푸른 하늘을 보는 것 같다."고 감탄했다 한다.

백헌은 인조에게 "사세가 급해 강화로 갈 수 없으니 마땅히 남한산성으로 가야 합니다."고 주장했다. 인조가 체찰사(體察使) 김류(金瑬)의 눈치를 살피자 김류는 강화도로 갈 것을 주장했으나, 이조판서 최명길(崔鳴吉)이 "적병이 이미 급박하게 쳐들어오고 있습니다. 신이 적진에 가서 적

---

15) 〈白軒李景奭年譜〉, 《白軒名門錄》 第 1卷, 全州李氏 白軒相公 小宗中, 2001, 232쪽.

에게 군사를 일으킨 연유를 따져 물을 것이니 전하께서는 그 틈을 타 남
한산성으로 들어가소서."라고 했다.[16]

그리하여 남한산성으로 가는데, 백헌이 미처 탈 것을 마련하지 못해 도
보로 칼을 짚고 호종하여 입성한 뒤 부제학이 되었다. 성이 청나라 군대에
게 포위되자, 인조가 군신들에게 방비할 방책을 물으니 백헌이 "삼사(三
司)의 명관(名官)을 독전어사(督戰御史)로 삼아 군사 행오(行伍)에 편입
시켜 밤낮으로 경계하자."고 하고, 또 눈비가 많이 와 졸병들이 폭사하자,
백헌이 대소관의 상의를 병졸들에게 나누어 주어 뒤집어쓰게 했더니 사기
가 충천해졌다. 뿐만 아니라 성 위에 막(幕)을 둘러치니 병졸들이 솜으로
싼 것 같이 여겼다고 한다. 백헌은 합숙소에서 5리 밖에 있는 왕에게 조석
으로 문안했다.[17]

1637년(인조 15) 정월 그믐에 왕이 삼전도(三田渡)에 나아가 청 황제
에게 항복했다. 백헌은 서울로 돌아온 뒤 도승지로 예문제학을 겸임하고
곧 대사헌으로 승진했으며, 4월에는 호종한 공으로 가의대부로 승진해 동
지경연사를 겸임하고 다시 도승지가 되었다. 이때 큰형 경직이 호조판서
가 되었다. 7월에 공조참판이 되고 8월에 정시(庭試)를 주재해 조한영(曹
漢英) 외 20인을 뽑았다. 그 뒤 부제학·대사헌을 지내고 비변사제조를
겸임했다.[18]

겨울에 왕명에 따라 삼전도비문(三田渡碑文)을 지었다. 처음에 청나라
사신이 와서 승전비(勝戰碑)를 세우라 하고, 백헌과 장유(張維)·이경전
(李慶全)·조희일(趙希逸) 네 사람에게 비문을 지을 것[19]을 독촉했으나,
이경전은 병이 났다며 글을 짓지 않았고, 백헌·장유·조희일이 하룻밤
사이에 비문을 지었으나 청나라 사신의 마음에 들지 않았는데, 결국 고쳐
쓰는 것을 전제로 백헌의 글이 채택되었다. 이에 왕이 당시 예문관제학을

---

16) 〈丙子胡亂과 碑文撰〉, 《白軒名門錄》第 1卷, 全州李氏 白軒相公 小宗中, 2001, 232쪽.
17) 崔錫鼎, 〈文忠公 李景奭 行狀〉, 《白軒名門錄》第 1卷, 全州李氏 白軒相公 小宗中, 2001, 83쪽.
18) 위의 글, 88쪽.
19) 《仁祖實錄》卷 35, 仁祖 15年 11月 己丑.

맡고 있던 백헌에게

> 청나라가 이 글로 우리나라의 향배를 시험코자 하니, 이는 국가 존망에 관계가 있다. 월왕(越王) 구천(句踐)이 오왕(吳王) 부차(跋磋)에게 회계산(會稽山)에서 항복해 신첩(臣妾)이 되었다가 마침내 오나라를 멸망시킨 공적을 이루었으니, 후일에 힘을 기르는 것이 오직 짐의 할 일이다. 금일의 꾀는 오직 이 글에 달린 것이니, 그의 마음에 맞도록 해서 사기(事機)가 악화되지 않게 해 달라.

고 부탁해 할 수 없이 비문을 쓰게 되었다.[20]

그러고는 형 경직에게 편지를 보내 "글 공부를 한 것이 천추의 한이 됩니다."고 하며, "수치스런 마음 등에 업고 백 길이나 되는 어계강(語溪江)에 몸을 던지고 싶소."라는 시를 지어 한탄했다.[21]

1638년(인조 16) 3월에 양관(兩館) 대제학(大提學)이 되어 정시(廷試)를 주관했고, 뒤이어 이조참판 · 예조참판 · 대사간을 거치면서 지경연관 · 지춘추관사를 겸임했다. 이때 대관(臺官) 유석(柳碩)이 김상헌을 공격하였는데, 인조가 평소부터 김상헌(金尙憲)과 정온(鄭蘊)을 못마땅하게 생각해 그 말이 옳은 것처럼 여기자, 두 사람을 극구 두둔했다.[22]

1639년(인조 17) 정월에 이조판서로서 알성시와 별시를 주관했고, 4월 17일에는 최명길과 의논해 중 독보(獨步)를 명나라에 몰래 보냈다. 그리고는 두문불출하고 찾아오는 사람들을 물리치고는 하루 종일 슬피 울었으나 가족들은 왜 우는지 몰랐다고 한다.[23]

얼마 있다가 청나라가 남한산성을 보수한 까닭을 캐묻고 문책하려 하자[24], 백헌이 여러 재상들을 청나라에 보냈더니 대간들이 그를 공격해 관

---

20) 崔錫鼎, 〈文忠公 李景奭 行狀〉, 《白軒名門錄》 第 1卷, 全州李氏 白軒相公 小宗中, 2001, 88~89쪽.
21) 위의 글, 88~89쪽.
22) 〈白軒相公年譜略記〉, 《白軒相公系譜》, 1980, 30쪽.
23) 위의 글, 30쪽.

직을 그만두고 판교에 은거했다. 겨울에 승문원제조에 특배되어 대제학 이식(李植)과 함께 국서(國書)를 지어 가지고 청나라의 수도로 들어갔다. 1640년(인조 18) 7월에 큰형 경직이 죽었다.[25]

다음 해 정월에 우참찬이 되고, 3월에 대사헌이 되었으며, 8월에 세자 이사(世子貳師)로 봉천(奉天)에 가서 소현세자(昭顯世子)를 모셨다. 그 러나 다음 해 3월에 백헌은 의주에서 심양(瀋陽)에 다시 들어갔다가 여름 에 귀국하고, 7월에 다시 심양에 들어갔다.[26]

청국에서는 그 전에 명나라의 배가 선천(宣川)에 왔는데 관찰사 정태 화(鄭太和)가 무사히 돌려보낸 것을 트집 잡아 인질을 많이 잡아들이려 했다. 이에 백헌이 자기 책임이라고 떠맡고 나서, 다른 사람들은 다 돌려 보내고 동관(東館)에 갇혔다가 봉황성(鳳凰城)에 감금되었다. 정부에서 는 공금을 써서라도 풀어주겠다고 했으나 듣지 않고 남아 있다가 12월에 석방되어 귀국했다. 그러나 청나라의 요구로 영불서용(永不敍用)이 조건 이었다.[27]

1643년(인조 21) 좌참찬·지경연·도총관이 되었다. 백헌은 여러 번 관직을 그만두려 했으나, 1644년(인조 22) 가을에 다시 대제학 이명한과 함께 《선조실록》을 개수했다. 1645년(인조23) 봄에 청나라 사신이 와서 영불서용을 풀어주어 3월에 대사헌이 되었다. 4월에 이조판서가 되어 인 사를 공정히 하여 많은 인재를 등용했다. 특히 송시열(宋時烈)·송준길 (宋浚吉)·이유태(李惟泰)·권시(權諰)·김집(金集) 등 사림인사들을 많 이 천거했다. 이때 소현세자가 죽었다. 조정에서 어떤 상복을 입을지 결정 하지 못하자, 백헌이 흰 도포와 검은 모자를 착용하되 졸곡(卒哭) 후에는 벗고, 재최 3월(齊衰三月: 고조부모의 상에 입는 상복)을 입어야 한다고 했다. 9월에 우의정 겸 세자부(世子傅)가 되었다.[28]

---

24) 병자호란이 끝나고 조선과 청이 맺은 강화조약 내용 가운데 '성의 신축·보수를 금한 다'는 조항이 있었다 - 필자
25) 〈白軒相公年譜略記〉, 《白軒相公系譜》, 1980, 31쪽.
26) 崔錫鼎, 〈文忠公 李景奭 行狀〉, 《白軒名門錄》第1卷, 全州李氏 白軒相公 小宗中, 2001, 94쪽.
27) 위의 글, 96쪽.

1646년(인조 24)에 강빈옥사(姜嬪獄事)가 일어나자, 백헌은 이경여(李敬輿)와 함께 처벌을 만류했다. 3월에 강빈옥사를 알리는 사은사(謝恩使)로 북경(北京)에 가는 도중에 영중추부사에 임명되고, 6월에 우의정, 1647년(인조 25) 2월에 좌의정이 되고 8월에 병이 나서 다시 영중추부사가 되었다.29)

1648년(인조 26) 5월에 다시 좌의정이 되었다. 인조가 경연을 싫어하자, 한나라 문제(文帝) 및 당나라 태종(太宗)의 고사와《서경》모훈(謨訓)의 여러 편을《연한요람》(燕閑要覽)이라는 책으로 엮어 바쳤다. 10월에 입궐해 여씨향약(呂氏鄕約) 실시를 주장하고, 왕족·귀족의 사치를 삼가도록 간언했다.

1649년(인조 27) 5월에 인조가 승하하자 원상(院相: 왕이 죽은 뒤 졸곡卒哭 때까지 어린 임금을 보좌하며 정무를 맡아 보는 임시 벼슬)이 되었다.30) 왕세자가 즉위를 미루자, 백헌이 백관을 인솔하고 주청해 즉위토록 했다. 8월에 영의정으로 임명되었다. 백헌은 존경하는 선배인 좌의정 김상헌이 자신의 아랫자리에 서게 된다는 이유로 사양했으나 임금이 들어주지 않았다.31) 우의정 김육(金堉)이 대동법(大同法)을 실시하자고 주장하자, 우선 호서지방부터 실시하자고 했다. 왕명을 받들어 인조의 행장(行狀)을 짓고 안마(鞍馬)를 하사 받았다.

그런데 1650년(효종 1) 2월에 강화조약을 위배했다고 청나라의 문책사(問責使) 일행 6명이 의주에 도착했다는 의주부윤의 장계가 올라왔다. 이에 어전회의에서 백헌이 일체의 책임을 지겠다고 하고 의주로 가서 청나라 사신을 영접했다. 청나라 사신들은 두 통의 칙서(勅書)를 가져왔는데, 하나는 구왕(九王)의 구혼사서(求婚私書)요, 다른 하나는 조선이 일본과 내통한다는 힐문(詰問)이었다.

---

28) 〈白軒相公年譜略記〉,《白軒相公系譜》, 1980, 31쪽.
29) 위의 글, 33쪽.
30) 《孝宗實錄》卷 1, 卽位年 5月 丁卯.
31) 《孝宗實錄》卷 1, 卽位年 8月 壬辰.

인조 말에 김자점(金自點)이 영의정, 정태화(鄭太和)가 좌의정, 조익
(趙翼)·원두표(元斗杓)·이시백(李時白)이 비변사재상으로 있을 때 동
래부사 노협(盧協)과 경상감사 이만(李曼)이 일본의 정세가 가히 의심스
럽다고 보고하자, 조정에서 청나라에 사신을 보내 성과 해자를 보수하고
갑옷과 병사를 수선할 것을 청하니, 청나라에서 강화조약을 어긴다며 트
집을 잡은 것이다.

청나라 사신들은 서울에 도착해 백관을 남별궁(南別宮: 지금의 조선호
텔)에 모아놓고 칭신(稱臣)하지 않은 책임을 왕에게 물으려 했다. 이에
백헌은 백관의 수장인 자신에게 책임이 있고 왕은 전혀 모르는 일이라고
우겼다. 불손한 외교문서도 조경(趙絅)이 짓기는 했으나 영의정인 자신이
시킨 것이라 했다. 왜와 내통한다는 것은 오해이고, 오히려 왜의 태도가
의심스러웠기에 청에 사신을 보냈다고 주장했다. 청나라 사신들은 여러
번 영의정 혼자의 책임인가를 캐물었고, 가족들은 상구(喪具)를 갖추어
가지고 문 밖에서 기다리고 있었다. 이를 보고 청나라 사신들도 "동국에는
홀로 이상국(李相國)이 있을 뿐이다."라고 감탄했다. 효종은 백헌을 구명
하고자 백방으로 노력했는데, 통역관 정명수(鄭命壽)에게 천금을 뇌물로
주고, 왕이 직접 청나라 사신이 머물고 있는 관소(館所)로 찾아가 8~9번
이나 선처해 줄 것을 부탁했다. 그리하여 사형은 면제되고 조경(趙絅)과
함께 의주의 백마산성(白馬山城)에 위리안치(圍籬安置)되었다.[32]

조정에서는 원두표(元斗杓)와 신익전(申翊全)을 호행사(護行使)로 삼
아 의순공주(義順公主)를 구왕(九王)에게 보내니 구왕이 기뻐했다. 그런
데 돌아올 때 이경석과 이경여(李敬輿)를 사형에 처한다는 말을 듣고 와
서 효종은 우의정 이시백(李時白)을 진주사(陳奏使)로 다시 보내 무마시
키려 했다. 사신으로 갔던 인평대군(麟坪大君)이 "신이 '(효종) 즉위 초에
차마 선조(先祖) 때 대신들이 잔혹하게 처벌되는 것을 못 보겠다.[33]'라고
했더니 별 말이 없었습니다."라는 말을 전해 효종이 비로소 안심했다.

32) 崔錫鼎, 〈文忠公 李景奭 行狀〉, 《白軒名門錄》 第 1卷, 全州李氏 白軒相公 小宗中, 2001, 96쪽.
33) 《孝宗實錄》 卷 1, 卽位年 12月 丙子.

가을에 청나라 사신이 왔을 때도 효종이 백헌을 구명하려고 백방으로
애썼고, 백마산성(白馬山城)에도 액정인(掖庭人)을 파견해 위로하고, 평
안도에 명해 먹을 것을 넉넉히 보내주라고 했다. 이시백 등도 열심히 구명
하여 백헌은 영불서용(永不敍用)하고 고향으로 추방하는 조건 아래 12월
에 석방되어, 다음 해(1651년) 2월에 귀국했다.[34] 백헌이 돌아올 때 연도
(沿道)의 사민(士民)들이 수레 주위에 몰려들었고, 효종도 기쁨을 감추지
못해 황감(黃柑)과 월봉(月俸)을 하사하고 충심으로 위로했다. 돌아온 뒤
백헌은 광주(廣州) 판교(板橋)에 은거하면서, 독서도 하고 금강산 등지도
돌아보았다.[35]

2년 뒤인 1652년(효종 3) 가을에 대신들이 백헌을 너무 조정 밖에 두
어서는 안 된다고 상소해 영돈령부사(領敦寧府事)에 임명했으나 사임했
다. 그러나 일이 있을 때마다 효종이 자문을 구했고, 그럴 때마다 백헌은
상소를 통해 정사를 도왔다. 효종은 백헌이 의견을 말하면 그것이 조금 무
리한 일이라도 들어주었다.[36]

1655년(효종 6) 가을에 청나라 사신이 다시 와서 백헌이 서울에 있는
것을 질책했다. 효종은 백헌으로 하여금 아들의 임지(任地)인 안협(安峽)
에 피해있게 했고, 백헌은 곧 칠원(鐵原)으로 옮겨 청병ㆍ소양강 능지를
유람했다. 그러다가 효종의 부름을 받고 다음 해 4월에 서울로 올라와 영
중추부사(領中樞府事)에 임명되었으나, 1659년(효종 10)에 효종이 승하
했다.

이때 조대비(趙大妃)의 복제(服制)가 논의되었는데, 송시열이 효종은
장자(長子)가 아니므로 대비가 3년복을 입어서는 안된다며, 4종설(四種
說: 부모가 아들의 상에 3년복을 입을 수 없는 네 가지 경우)을 주장했다.
그러나 백헌은 영의정 정태화와 함께, 효종이 비록 차자(次子)이기는 하
나 한 나라의 지존인 국왕이었으므로 대비도 마땅히 장자의 예에 따라 상

---

34) 崔錫鼎,〈文忠公 李景奭 行狀〉,《白軒名門錄》第1卷, 全州李氏 白軒相公 小宗中, 2001, 96쪽.
35) 崔錫鼎, 위의 글, 98쪽.
36) 崔錫鼎, 위의 글, 99쪽.

을 치러야 한다는 주장을 관철하여, 결국 국제기년(國制朞年)의 예를 따라 정했다. 이는 뒤에 기해예송(己亥禮訟)으로 번져 서인과 남인의 치열한 당쟁으로 비화되었다.37) 효종의 행장(行狀)도 왕명에 따라 백헌이 제진(製進)했다.38)

효종은 항상 백헌을 원로(元老)라 부르고 조정의 크고 작은 일을 상의했으며, 개진하는 의견은 받아들이지 않는 것이 없었다. 이에 재야에 있는 10년 동안 모든 국정을 함께 의논해 수행했다. 효종릉도 당초에는 수원(水原)에 정하려다 백헌이 민폐가 많다고 하여 건원릉(健元陵) 근처로 옮겼다.

1661년(현종 2)에는 67세의 나이로 부묘도감(祔廟都監) 도제조(都提調)에 임명되었다. 다음 해 큰아들 철영(哲英)이 급사했다.39)

1664년(현종 5)에는 70세로 기로소(耆老所)에 들어가자 은퇴할 것을 여러 번 상소했으나 현종은 "지금 국가 원로는 경 한 사람뿐이니, 조정에 머물러 짐의 마음을 든든하게 진정시켜 주오."라고 말했고, 정태화·원두표·홍명하 등 3정승도 "원로의 진퇴는 국가의 중대사니 경솔히 허락해서는 안 된다."하고 극력 만류했다.

1665년(현종 6) 2월에 딸 조숙인(趙淑人)마저 죽었다. 아들과 딸이 몇 년 사이에 죽으니 "나는 창자를 에이는 듯 아프다."고 탄식했다.40)

8월에 현종이 온천에 갈 때 백헌을 유도대신(留都大臣: 임금이 서울을 떠나 거둥할 때, 서울에 머물러 정무를 맡아보는 대신)으로 임명했다. 백헌은 그 뒤에도 여러 번 유도대신에 임명되는데 왕이 그만큼 그의 능력을 신임했기 때문이었다.

1666년(현종 7) 정월에 왕세자가 찾아와 백헌을 알현했다. 왕세자는 3정승이 아니면 세자사(世子師)와 함께 진현(進見)하는 것이 원칙이었으

37) 李成茂, 〈17세기의 당쟁과 예송〉,《조선후기 당쟁사의 종합적 검토》, 한국정신문화연구원, 1992, 36쪽.
38) 〈白軒相公年譜略記〉,《白軒相公系譜》, 1980, 33쪽.
39) 위의 글, 34쪽.
40) 위의 글, 34쪽.

〈이경석사궤장도첩〉(李景奭賜賜 几杖圖帖) 가운데 첫 번째 그림과 두 번째 그림(위부터). 이경석이 궤장을 하사받을 당시 전달하는 절차를 화첩에 옮기고, 당대 문장 석학들이 지어 보낸 하송문(賀頌文), 이경석 본인의 감축시(感祝詩) 등을 묶은 첩이다. 그림은 전부 3장으로 첫째는 지영궤장도(祗迎几杖圖)로 사궤 장을 맞는 중신의 모습, 둘째는 선독교서도(宣讀敎書圖)로 임금이 내린 교서를 낭독하는 절차, 셋째는 내 외선온도(內外宣醞圖)로 도승지가 어사주(御賜酒) 한 잔을 올리는 모습을 묘사한 것이다. 궤장과 함께 보물 930호로 일괄 지정되어 있다.

나 세자가 백헌의 명성과 덕망을 듣고 왕의 허가를 받아 알현한 것이었다.
전에 없던 드문 일이었다.[41]

1668년(현종 9) 10월에는 교리 이규령(李奎齡)의 청으로, 완평부원군
(完平府院君) 오리(悟里) 이원익(李元翼)의 고사(故事)에 따라 백헌에게
궤장(几杖)이 내려졌다.[42] 백헌이 여러 번 사양했으나, 11월 27일에 유사
(有司)가 예를 갖추어 궤장을 가지고 집으로 찾아와 3공 6경(三公六卿)
이 참석한 가운데 음악과 함께 잔치를 베풀어주었다.[43] 이원익 이후 50년
만에 처음 있는 일이었다. 이 광경은 〈이경석사궤장도첩〉(李景奭賜几杖
圖帖)으로 지금까지 경기도박물관에 전한다.

그런데, 존명사대의 명분론을 깊이 따르던 우암 송시열은 백헌이 궤장
을 받은 것을 축하하는 궤장연서(几杖宴序)에서 '수이강'(壽而强: 편안하
게 오래 살았다)이라는 고사를 들어 백헌을 공격했다. '수이강'은 송 흠종
(欽宗)을 따라 금(金)에 잡혀가 그들에게 아첨해 부귀를 누린 손적(孫覿)
의 고사이다. 곧, 백헌이 삼전도비문을 지어 청에 아첨하고 부귀영화를 누
렸다고 비난한 것이다. 다만 그 당시에는 아무도 우암이 백헌을 비난한 것
을 몰랐다고 한다.

1669년(현종 10) 3월에 현종이 온천으로 행차하면서 유도대신으로 임
명하자 이를 사양하면서 당시 신료들이 임금을 모시는 태도를 다음과 같
이 지적했다.

> 옛날에는 어전에 항상 문안하는 신하가 끊임없이 있었는데, 근래에는 온천
> 임시 행궁에 문안드린다는 말을 듣지 못했고, 군왕이 병 치료를 위해 멀리
> 갔음에도 문안드리러 오는 사람이 없으니, 신은 나라의 기강과 의리를 우려
> 하게 됩니다.

---

41) 앞의 글, 34쪽.
42) 앞의 글, 35쪽.
43) 《顯宗實錄》 卷 15, 9年 11月 壬戌.

이 말을 전해 듣고 판부사(判府事)였던 송시열이 이는 자신을 일컬은 것이라며 대죄(待罪)했다. 그는 이 일로 앙심을 품어, 그 전 해에 썼던 '수이강'이라는 고사를 다시 들어 백헌을 비난했다. 그러나 백헌은 송시열이 오해한 것이라 하면서 대꾸하지 않았다.

1670년(현종 11) 정월 11일에는 76세로 부인과 함께 회혼일(回婚日)을 맞이했다. 그러나 이해 병이 들어 여러 차례 왕의 전의(殿醫)가 다녀갔다. 그러다가 1671년(현종 12) 9월 24일에 설사병으로 취현동(聚賢洞) 자택에서 숨을 거두었다. 향년(享年) 77세. 유사(有司)가 장구(葬具)를 갖추어 11월에 광주(廣州) 낙생면(樂生面) 석운리(石雲里) 선영(先塋) 부근 언덕에 장사지냈다.44)

영의정 정태화가 왕에게 아뢰어 후손에게 3년 녹봉(祿俸)을 하사했다. 그리고 병조판서 김석주(金錫胄)의 청으로 당시 9품 참봉이던 장손 우성(羽成)에게 6품직을 내려 주었다.45)

백헌은 문장과 글씨에 능했으며, 남원(南原) 방산서원(方山書院)에 배향되었다. 세상을 뜬 지 37년 만에 문충(文忠)이라는 시호(謚號)를 받았다. 문집으로 《백헌집》(白軒集)이 전한다.

2. 사 상

백헌은 기본적으로 유학자였으나, 학자로서만 일관한 것은 아니다. 백헌은 29세 되던 1623년(인조 1) 5월 2일 알성문과(謁聖文科)에 급제하여 벼슬살이를 시작해, 별세할 때까지 부모상을 치른 3년 4개월과 (청의 압력으로) 지방으로 쫓겨 갔던 2년, 백마산성(白馬山城)에 유폐되어 있던 9개월을 제외하고는 45년 동안 거의 관직을 쉰 일이 없었다. 그리하여 입

---

44) 〈白軒相公年譜略記〉, 《白軒相公系譜》, 1980, 36쪽.
45) 위의 글, 36쪽.

조(立朝) 50년 동안 온갖 요직을 다 거쳐 벼슬살이 27년 만에 55세의 나이로 일인지하(一人之下) 만인지상(萬人之上)인 영의정에 올랐고, 영의정을 그만둔 뒤에도 영중추부사로서 22년 동안 사실상의 영의정 노릇을 하면서 국정에 참여했다. 조선왕조 519년에 영의정을 지낸 사람은 165인이고, 그 가운데 문형(文衡: 대제학)까지 거친 사람은 27인뿐이다. 그러니 영의정에 양관 대제학을 거친 백헌은 명관(名官) 가운데 명관이라고 할 수 있다.46) 게다가 궤장(几杖)을 받은 사람은 한명회(韓明澮)·정창연(鄭昌衍)·윤필상(尹弼相)·이원익(李元翼) 등 10명에 못 미치고, 그 가운데 도덕이나 명분에서 흠이 없는 사람은 이원익과 백헌뿐이다.47) 이상에서 보건데, 백헌은 인조·효종·현종 3조의 원로(元老)요, 정묘·병자호란을 극복해 낸 현상(賢相)이었다고 할 수 있다.

그러면 이러한 경력을 가진 백헌을 우리는 어떻게 평가해야 할 것인가? 개인적으로는 비상한 재주를 가진 인재였지만, 난국을 극복하는 데는 어떤 생각과 철학을 가지고 대처했을까? 당시 척화파(斥和派)와 주화파(主和派)의 대결에서 백헌은 어떤 입장을 취했나? 이런 점들을 하나씩 짚어보고자 한다.

(1) 백헌의 생활철학

백헌은 기본적으로 유학자였기 때문에 《소학》(小學)을 처신의 지침으로 삼았다. 물론 《심경》(心經)과 《근사록》(近思錄) 등 성리서(性理書) 및 예서(禮書)와 사서(史書)에도 밝았다. 특히 《논어》(論語)에서 득력(得力)한 바가 많았고, 《자경록》(自警錄)이라는 책을 짓기도 했다. 늙어서는 《근사록》과 《주자서절요》(朱子書節要)를 읽기를 좋아했고, 고인(古人)의 격언(格言)을 베껴서 언제나 보이는 데 두고 겉 표지에 "장경(莊敬)은 일강(日强)하고, 굉사(宏肆)는 일투(日偸)" 한다고 써 놓았다.

46) 《白軒名門錄》第 1卷, 全州李氏 白軒相公 小宗中, 2001, 25쪽.
47) 위의 책, 25쪽.

가장 좋아하는 책은 한유(韓愈)의 《창여집》(昌黎集)이었으며, 《장자》(莊子)와 같은 이단서(異端書)는 읽지 않았다.

백헌이 평소에 지키려 한 중요한 덕목은 1) 검덕(儉德: 儉素德行), 2) 무무출(無廡出: 後室을 두지 않음), 3) 불편부당(不偏不黨), 4) 무비방(無誹謗), 5) 불급난주(不及亂酒) 등이었다.[48]

백헌은 가정이 빈한해 여유가 없었으면서도 가난한 사람을 도왔다. 청렴결백해 부정한 돈을 받지 않았고, 평생 재산에 대해 말한 적이 없었다. 집을 주옥(珠玉)이나 비단으로 장식하지 않았고, 혼사도 간략하게 치렀으며, 화려한 의복을 입지 않았고, 음식타박을 하지 않았다. 뿐만 아니라 음식·의복을 가지고 하인을 꾸짖는 법이 없었다. 한 집에 50년 동안 살면서도 증축하거나 단장한 적이 없고, 문궐(門闕)을 설치하지 않았으며, 담을 수리한 적이 없었다. 죽은 뒤에 수의(壽衣)를 비단으로 하지 말라고 유언했다.

조선의 사대부들에게는 축첩(蓄妾)이 일반화되어 있었는데 백헌은 첩을 거느리지 않았다. 따라서 적서문제(嫡庶問題)로 고민할 필요도 없었다.

백헌은 인사를 공정히 하고 당론(黨論)을 배격했다. 그는 열일곱 번에 걸쳐 문과의 고시관(考試官)이 되었고, 이조의 낭관(郎官)·판서(判書), 삼공(三公)·영중추부사로 있으면서 인사권을 행사한 적이 많았다. 그는 인사의 공평을 기하고자 인대(人儓)라는 인사기록 카드를 만들어 활용했다.[49] 인대는 관리들을 문학(文學)·행의(行誼)·무재(武才)·이능(吏能)으로 분류해 놓은 일종의 정안(政案, 이력서)이다. 이 기록을 바탕으로 인사를 행했기에, 공평하고 객관적인 인사가 되었다. 그리하여 김집(金集)·송시열(宋時烈)·송준길(宋浚吉)·이유태(李惟泰) 등 호서사림과 평양의 선우협(鮮于浹), 호남의 최온(崔蘊)·김만영(金萬英), 영남의 정도응(鄭道應)·허응상(許應相), 용천(龍川)의 장린(張遴), 풍덕(豊德)의 고상

---

48) 《白軒名門錄》第 1卷, 全州李氏 白軒相公 小宗中, 2001, 34쪽.

49) 이은순, 〈백헌 이경석의 국정운영과 대외인식〉, 《白軒 李景奭의 歷史的 再照明》, 白軒 李景奭先生 記念事業會, 2001, 137쪽.

흘(高尙屹) 등 많은 인재를 발굴했다.

백헌의 공정함을 잘 보여주는 일화가 있다. 큰형 경직이 친한 친구 한 명을 관직에 추천해달라고 두 번이나 부탁하는 것을 거절했더니, 경직이 크게 화를 내며 나가버렸다. 이에 백헌이 집에 들어가지도 못하고 조복 차림으로 이튿날 아침까지 뜰 아래 서 있었다. 이 소식을 들은 경직이 곧 집에 돌아와서 아우의 손을 끌고 방에 들어가 자신이 잘못했다며 빌었다고 한다.

백헌은 일생 동안 남을 비방한 적이 없었다. 송도유생과 상인 사이에 옥사가 있었을 때 백헌이 상인 편을 들었더니, 유생 남로성(南老星)이 욕을 하며 달려들었으나 나중에 사과하자 전과 다름없이 대해 주었다고 한다. 만년에는 우암 송시열에게 비방을 당하면서도, 우암이 오해했을 뿐이라며 일체 대꾸하지 않았다.

이러한 백헌의 생활철학은 덕천군(德泉君)의 유지(遺志)를 이어받은 것이기도 했다. 이광사(李匡師)가 덕천군 신도비에 나타나 있는 유지를 족보에 정리해 놓은 내용을 보면 다음과 같다.

一. 호학숭례(好學崇禮)
一. 적덕(積德)
一. 충효(忠孝)
一. 치여진업근(蓄蓄進業勤: 곧 生業精進)
一. 회소솔이정(繪素率履正: 淸淨履正)[50]

덕천군의 유지는 후손들이 일반적으로 지켜야 할 덕목이었다면, 백헌의 덕목은 거기다가 모범관료로서 지켜야 할 내용을 더 보탠 것이라 할 수 있다.

---

50) 〈덕천군 유지〉, 《白軒名門錄》 第 1卷, 全州李氏 白軒相公 小宗中, 2001, 34쪽.

(2) 백헌의 정치이념

[1] 왕도정치 표방

백헌은 유학자로서 당연히 유교의 왕도정치를 표방했다. 민심은 천심이
고, 이를 어기면 반정(反正)이나 혁명이 일어나 천명(天命)이 옮겨간다는
것이다. 백헌이 올린 300여 차례의 상소나 차자(箚子)에는 이러한 이념이
일관되어 있다.51) 그리고 윗사람이 잘 하면 아랫사람은 따라서 잘 하게
되므로 임금과 정승이 모든 면에서 솔선해야 한다고 주장했다.

[2] 구휼 · 검약정책 실행

17세기 조선사회는 자연재해가 빈번했다. 이때마다 백성들이 굶어죽는
사태가 벌어졌다. 유교의 민본정치 사상에 따르면, 백성이 없으면 나라도
없는 것이었다. 백헌이 국가의 당로자로서 굶주리는 백성을 구제하자고
수장하는 것은 당연했다.

백헌은 북벌론(北伐論)의 양병(養兵)보다 양민(養民)이 우선이라고 생
각했다. 농업국가에서 농민이 굶어죽으면 국가가 지탱할 수 없었기 때문
이다. 대동법(大同法)을 실시하고 상평청(常平廳)을 설치한 것도 균부(均
賦) · 휼민(恤民) 정책의 일환이었다.52)

또한 궁궐의 사치를 금하고, 비빈(妃嬪)들이 패물을 착용하지 못하게
하고, 대군(大君)의 집 연못이나 정원의 치장을 금지시켜야 한다고 건의
했다. 또한 시녀를 뽑아 들이는 일, 비단을 짜는 일, 홍평위(興平尉)의 2

---

51) "順民心而享天心", "敬天怒 消民怨 高明聖心 公平正大也 治之道"라는 차자의 내용 등이
   그러하다.
52) 효종의 북벌론은 養兵, 우암 송시열이나 백헌 이경석 등 유학자들의 북벌론은 養民을
   내세웠다. 양민이란 백성을 잘 살게 한 뒤에 군사를 길러야 한다는 주장이었다.

층 누각 건축을 중지해야 한다고 주장했다.

[3] 언로(言路) 확보

백헌에게는 언로를 막으면 나라가 망한다는 신념이 있었다. 그리하여,
왕에게 상소해서 간언을 하다가 처벌받을 위기에 처한 사람들을 많이 풀
어주었다. 대사헌 조석윤(趙錫胤)·박장원(朴長遠), 대사간 민응협(閔應
協)·유철(兪𣸣), 교리 남용익(南龍翼), 정언 유척(兪瑒)·남구만(南九
萬), 제학 유계(兪棨), 판관 홍여하(洪汝河) 등이 그들이며, 특히 임종하
기 며칠 전에 장령 조세환(趙世煥)을 구명한 것은 유명한 일화이다.53)

[4] 공평한 인재등용

백헌은 '인재를 고르는 것이 (조선) 중흥의 제1 (방책)'이라고 믿었다.
그래서 평소에 인사추천 명단[公簿]을 작성해 놓고 적재적소에 인재를 발
탁해 썼으며, 상·하관이 불공정한 인사처리를 하면 끝까지 설득시켜 시
정했다. 김류(金瑬)가 이조판서로 있을 때, 백헌의 공평한 자세를 신임해
일체의 인사를 백헌에게 일임했다고 한다.

그리고 문과시험 17회를 주재해 164명을 선발했는데, 그 가운데 정승
이 10인, 문형(文衡)이 4인, 경재(卿宰)는 수를 헤아릴 수 없을 정도로 많
이 나왔다.54)

이러한 그의 청렴결백·공평무사한 성품과 탁월한 행정력 때문에 인·
효·현 3조에 원로(元老)·노성인(老成人)으로서 극진한 예우를 받았다.
예컨대 38세 때 인조가 부친을 위해 황감(黃柑) 10매(枚)를 내렸다든가,

---

53)《白軒名門錄》第 1卷, 全州李氏 白軒相公 小宗中, 2001, 19쪽.
54) 위의 책, 19쪽.

백헌이 백마산성(白馬山城)에서 돌아 온 뒤 효종이 재위 10년 동안 건의한 내용을 들어주지 않은 것이 없고, 청나라가 영불서용(永不敍用)의 벌을 내렸는데도 불구하고 영중추부사로서 22년 동안이나 영의정의 역할을 하게 한 것이라든가, 74세 때 현종이 궤장(几杖)을 내린 일 등이 모두 그가 받았던 존경과 예우를 말해준다.55)

서거한 뒤에도 유족에게 3년치 월봉(月俸)을 내려주었고, 손자 우성(羽成)의 직급을 6품직으로 올려주었다. 송시열 등 노론의 비난과 방해가 있었음에도, 숙종 대에는 서거 34년 만에 문충(文忠)이라는 시호를 내리고 효자 정려(旌閭) 교지와 홍문(紅門)을 내려주었다.56)

(3) 국난(國難)을 타개한 경세가(經世家)

인조반정(仁祖反正)은 광해군 정권이 존명사대(尊明事大)를 어겼다는 명분으로 일으킨 정변이었다. 그랬던 인조가 오랑캐인 청나라에 항복한 것이다. 척화파(斥和派)들이 항복에 반대하고 최후의 일인까지, 최후의 일각까지 싸워야 한다고 주장한 것도 존명사대라는 명분 때문이었다.

그러나 명분만 가지고 될 노릇은 아니었다. 힘이 없어 굴복한 현실을 인정해야 했다. 인조를 비롯한 반정공신이나 정부의 당로자인 백헌의 고민이 여기에 있었다. 척화파가 명분을 실리보다 우선한다고 생각한 것과 달리, 주화파(主和派)는 명분보다 실리를 우선한다고 생각한 것이다. 두 의견 모두 다른 쪽을 버리자는 것은 아니었다. 나라를 지키는 데 어느 것을 더 중시해야 하느냐 하는 차이였다.

백헌은 주화파를 선택했다. 이것은 우암(尤庵) 송시열(宋時烈) 등 명분론자인 호서사림(湖西士林)들의 주장과는 어긋나는 것이었다. 백헌이 반정공신이 아니면서 소론(少論)으로 분류된 것도 명분을 중시하는 노론과는 달리 현실을 중시하는 실리주의자였기 때문이다.

---

55) 《白軒名門錄》第 1卷, 全州李氏 白軒相公 小宗中, 2001, 23쪽.
56) 위의 책, 27쪽.

백헌의 이러한 노선은 삼전도비문(三田渡碑文) 제진(製進)과 백마산성
(白馬山城) 유폐(幽閉) 사건에 잘 나타나 있다.

[1] 삼전도비문(三田渡碑文) 시비(是非)

1637년(인조 15)에 청나라는 삼전도(三田渡)에 승전비를 세울 것을 요
구해 왔다. 인조는 백헌과 장유(張維)·조희일(趙希逸) 등 세 사람에게
비문을 지으라고 했다. 그러나 하룻밤 사이에 지어 올린 비문이 청나라 사
신의 마음에 들 리 없었다. 청나라의 범문정(范文程)은 그래도 백헌의 비
문이 비교적 나으니 고쳐 쓸 것을 명했다. 인조는 재차 백헌에게 부탁해
비문을 개찬하게 했다. 그리하여 1,009자의 비문이 완성되었다. 그리고 청
나라의 승낙을 받아 이 비는 삼전도에 세워졌다.57)

백헌인들 비문을 쓰고 싶었겠는가? 쓰지 않으면 나라가 위태롭다는 인
조의 간곡한 요청 때문에 쓴 것이다.

이 일은 그런 대로 잘 마무리되는 듯했다. 그런데 1668년(현종 9) 백헌
이 궤장을 받을 때, 우암은 삼전도비문을 트집잡아 백헌을 비난하며 오랑
캐에게 나라를 팔아먹은 신하에 비유했다. 1669년(현종 10), 백헌이 유도
대신을 사양하는 상소를 올리며 '임금에게 문안드리러 오지 않는 신하'에
대해 언급하자, 우암 송시열은 자신을 비난하는 것이라 생각하고 백헌을
비방했다.

백헌은 이에 대해 우암이 오해한 것 같다고 하면서 반론을 제기하지 않
았다. 오히려 우암과 절친한 동춘당(同春堂) 송준길(宋浚吉)과 이단상(李
端相)까지도 우암의 태도에 놀랐다고 한다. 물론 우암의 비판에 대해 백
헌의 둘째 손자 신천공(信川公) 하성(廈成), 증손자인 도운공(陶雲公) 진
망(眞望) 형제가 항변했으나, 세력이 없었던 탓에 오히려 송시열의 무리
에게 반격을 받아 재기불능 상태가 되었다. 다만 진망이 뒤에 문과에 장원

---

57) 《白軒名門錄》 第1卷, 全州李氏 白軒相公 小宗中, 2001, 29~33쪽.

해 지평이 되었을 때 어전(御前)에서 억울한 사정을 항변해 왕의 위로를 받았을 뿐이었다.58)

그러면 백헌이 우암을 발탁해 주었는데도 우암이 백헌을 이같이 정면으로 공격한 까닭은 무엇인가? 북벌(北伐)의 당위성을 내세워 국권을 장악하자는 정치적인 의도에서였을 것이다. 여기에 우암을 지지하는 노론과 백헌을 지지하는 소론이 갈릴 조짐이 보였다고 할 수 있다.

1702년(숙종 28)에 서계(西溪) 박세당(朴世堂)이 백헌의 신도비를 쓰면서 노소분당은 더욱 가속화되었다. 서계는 신도비문에서 백헌을 극찬하고 우암을 혹평했다. 백헌은 "노성인"(老成人), "봉황"(鳳凰), "군자"(君子)로 칭송한 것과 달리, 우암은 "불상인"(不祥人), "불선인"(不善人), "문인"(聞人), "소정묘"(少程卯: 정치를 문란하게 했다는 죄로 공자에게 주살당한 춘추시대 魯나라 대부), "올빼미"라고 폄하했다.59)

> 올빼미와 봉황은 그 천성이 너무 달라 때로는 꾸짖기도 하고, 때로는 달래기도 했으나 본성이 나쁘면 할 수 없구나. 군자의 병이 이럴 수가 있나. 내 이를 영원히 돌에 새기니 사람들은 와서 이 어른을 존경할지어다.60)

뿐만 아니라 우암은

－ 백헌이 기해예송(己亥禮訟) 때 우암의 4종설(四種說)을 채택하지 않고 《경국대전》에 따른 기년복(朞年服)을 채택한 것,

－ 백헌이 송준길(宋浚吉)의 요청에 따라 우암의 정적인 고산(孤山) 윤선도(尹善道)를 위리안치(圍籬安置)에서 풀어준 것,

－ 백헌이 우암이 쓴 영릉지(寧陵誌)에서 "비풍하천"(匪風下泉: 춘추시대 周나라 백성이 쇠락한 자기 나라를 한탄한 시로 《시경》에 실려있다)이라는 구절을 빼라고 한 것,

---

58) 《白軒名門錄》 第 1卷, 全州李氏 白軒相公 小宗中, 2001, 29~33쪽.
59) 위의 책, 29~33쪽.
60) 위의 책, 29~33쪽.

당쟁의 여파로 백헌의 신도비는 훼손되어 버려졌고(왼쪽 사진), 1974년에 비로소 다시 세워졌다.
(오른쪽 사진).

 - 사돈을 맺자는 우암의 청을 백헌이 거절한 것

등에 유감을 품고 백헌을 야비하게 공격했다는 것이 신도비의 내용이
다.61)

이에 삼전도 비문 시비는 노·소 당쟁으로 비화했다. 숙종 대에 득세한
노론은 이 기회에 아직 발표도 되지 않은 서계(西溪)의 《사변록》(思辨
錄)을 문제삼았다. 《사변록》의 내용 가운데 주자(朱子)의 경전해석과 다
른 점이 있으니 사문난적(斯文亂賊)이라는 것이다. 노론들은 김창협(金
昌協) 등으로 하여금 이 책을 한 조목 한 조목 따져 심의하고 홍문관에서
판결하게 했다. 일종의 종교적 파문(破門)이었다. 선정(先正)을 모욕했으
니 용서할 수 없다는 것이다.62)

그리하여 서계는 삭탈관작(削奪官爵)되어 귀양가게 되었다. 이 신도비
는 세워지지 못하다가 52년이 지난 1754년(영조 30)에 안성공(安城公)
국형(國亨)이 남해 섬에 유배되어 있던 원교(圓嶠) 이광사(李匡師)의 글
씨를 받아 세웠다. 백헌이 타계한 지 84년 만의 일이다.

그러나 노론들은 언젠가 이 신도비를 갈아서 글자를 없애고 파괴해, 1

---

61) 이은순, 앞의 논문, 48~54쪽.
62) 《白軒名門錄》第 1卷, 全州李氏 白軒相公 小宗中, 2001, 30쪽.

세기 동안이나 비신(碑身)·대석(臺石)·입석(笠石)이 따로따로 길가에 나뒹굴었다. 종손의 집에 비문이 보존되어 있었던 덕분에, 백헌신도비는 1974년에 재건될 수 있었다(원래 위치는 지금의 비석이 있는 곳에서 10여 미터 아래였다고 한다).63)

[2] 백마산성(白馬山城) 유폐(幽閉)

김자점(金自點)은 인조의 반정공신으로 영의정까지 올랐다. 그러나 세자 봉림대군은 그가 청나라와 친하다는 것을 알고 싫어했다. 세자가 효종으로 즉위하자 김자점은 조선이 북벌(北伐) 준비를 한다고 청나라에 고변했다. 이에 1650년(효종 1) 2월 8일에 청나라 사신 6명이 문책사(問責使)로 온다는 소식이 전해져 왔다. 백헌은 이 사태를 자신이 책임지겠다 하고는 외주로 직접 가서 사신을 맞았다.

3월 7일 남별궁(南別宮: 청나라 사신이 묵었던 숙소. 지금의 조선호텔)에서 중신들을 앞에 놓고 청나라 사신의 심문이 시작되었다. 청나라 사신은 치제문(致祭文)에 황제 칭호를 쓰지 않은 것이나, 일본의 태도가 수상하다는 핑계로 성곽과 병기를 수리한 것이 모두 국왕의 책임이라고 몰아붙였다. 백헌은 영의정인 자신이 시킨 것일 뿐, 국왕은 모르는 일이라고 방패막이를 했다.

결국 백헌은 상국(上國)을 속인 죄로 백마산성에 위리안치(圍籬安置)되었다. 효종은 임금 대신 곤욕을 치르는 백헌을 구명하고자 백방으로 노력했다. 청나라 사신에게 뇌물을 주기도 하고, 일개 사신을 몸소 찾아가 8~9번이나 선처해 줄 것을 간곡히 부탁하기도 했다. 그리고 백헌에게 손수 편지를 보내 위로하기도 했고, 평안도에 명해 먹을 것을 넉넉히 보내주라고도 했다. 그리고 원두표(元斗杓)·이시백(李時白) 등의 사신을 계속 보내 백헌을 살려줄 것을 간곡히 요청했다. 그 결과 8개월 뒤인 12월에

---

63)《白軒名門錄》第 1卷, 全州李氏 白軒相公 小宗中, 2001, 32쪽.

'영불조용'(永不調用), '방귀전리'(放歸田里)을 조건으로 석방되었다. 3월 30일에 백마산성에 갇혔으니 9개월 만에 풀려난 것이다. 그는 이때의 심경을 다음과 같이 읊었다:

迢迢鴨綠水 兀兀白馬山
憑君寄雙淚 灑向上林間

멀고 먼 압록강아, 높고 높은 백마산아,
그대에게 의탁해 두 줄기 눈물을 상림간에 뿌리리라.

백헌을 그토록 비난하던 우암도, 이 일에 대해서는 그의 충성을 인정할 수 밖에 없었다.

…… 대체로 그 사람(백헌)이 향원(鄕原)의 마음으로 오랑캐의 세력을 끼고 일생 동안 처신하는 방법을 삼으니, 만일 경인년 봄의 한 가지 일(백마산성 유폐)이 아니었다면, 개도 그가 남긴 음식을 먹지 않을 것이다. ……

이를 보면 주화파들도 척화파 못지 않은 충성심이 있었음을 알 수 있다. 다만 그 충성의 방법이 다를 뿐이었다. 따라서 척화와 주화를 흑백논리로 볼 것이 아니라, 시국관의 차이라고 이해해야 할 것이다. 백헌이 3조(三朝)에 걸쳐 원훈(元勳)으로서 행세할 수 있었던 것도 그의 행정수완 뿐만 아니라 이러한 멸사봉공(滅私奉公) 정신 때문이었다.

3. 맺는 말

국가가 위난에 처했을 때 실리를 취할 것이냐, 명분을 취할 것이냐는

어려운 문제이다. 주체성으로 보자면 최후의 일인까지 최후의 일각까지
싸워야겠지만, 백성을 위하고 나라의 먼 장래를 위해서는 현실을 감안해
융통성 있게 대처해야 할 것이다. 양자택일이 아니라, 양자가 다 애국하는
길일 수 있다. 다만 두 입장이 첨예하게 대립되어 국론이 분열되고 국력을
약화시키면 나라가 망한다. 그렇게 해서 살아남지 못한 국가와 민족이 얼
마나 많았는가는 역사가 증언한다. 주장도 좋고 대립도 좋으나 쌍방을 조
화시키면서 현명하게 대처해야 한다. 이럴 때 나라를 구하는 인물이 필요
한 것이다. 백헌도 그런 인물 가운데 한 사람이었다.

(〈白軒 李景奭의 生涯와 思想〉,《'白軒 李景奭의 歷史的 再照明'
학술회의논문집》, 白軒 李景奭先生 紀念事業會, 2004. 4.)

다산(茶山) 정약용(丁若鏞)의 생애와 사상

1. 들어가는 말

　다산 정약용은 18세기 말, 19세기 초의 실학(實學)을 집대성한 사상가이다. 그는 위로 성호(星湖) 이익(李瀷)의 실학을 이어받고 이를 정리해 구한말 문명개화파까지 계보를 이은 개혁론자이다.

　그는 주자학·양명학·고증학·서학·북학 등 다양한 사조를 집대성한 거대한 용광로였다. 스스로도 이 점을 인식하고 있었는지, 남·북한강의 물이 소소한 지천(支川)과 만나는 한강 가 두물머리[兩水里]에 살면서 이 물줄기들을 아우른다는 의미에서 호(號)를 '열수'(洌水)라고 했다.[1] 다양한 사상들을 받아들였을 뿐 아니라 그것을 자기의 사상으로 재정립했기에, 그의 사상은 마땅히 '다산학'이라고 불러야 할 것이다.

　다산은 교조화한 주자학을 현실에 맞게 재해석해 사유의 혁명을 일으켰다. 그러나 그의 경세론은 유교의 경학(經學)과 예학(禮學)에 바탕을 두고 있었다. 예컨대 그가 서학(西學)이나 서교(西敎)의 영향을 받았으나 이로써 경학·예학을 대체한 것은 아니고, 종래 주자의 해석과 달리 서학·서교의 관점에서 이를 재해석하고자 노력했다. 따라서 그의 사상은 이 두 사상 가운데 어느 쪽에 치우친 것이 아니라 이를 융합해 새 시대에 맞는 새로운 사상을 도출한 것이라 할 수 있다.

---

1) 琴章泰, 《韓國實學思想硏究》, 集文堂, 1987, 145쪽.

다산의 사상에는 그가 살던 시대의 고뇌가 녹아 있고, 새로운 세계를 지향하려는 가치관을 도출하려고 애쓴 흔적이 보인다. 다산은 하늘과 인간과 자연을 재해석해, 하늘을 두려워하고 인간과 인간이 만남으로 어울리며[仁] 하나되는[恕] 인간사랑에 바탕을 둔 '인간학'을 중심과제로 삼았다.

2. 가계(家系)

정약용(1762~1836)의 어릴 때 이름은 귀농(歸農)이요, 자(字)는 미용(美容)·송보(松甫)요, 호(號)는 삼미자(三眉子)·태수(笞叟)·사암(俟菴)·다산(茶山)·여유당(與猶堂)·열수(洌水)·열초(洌樵)·죽옹(竹翁)·탁옹(籜翁)·균암(筠庵)·철마로초(鐵馬老樵)·자하도인(紫霞道人)·문암일인(門巖逸人)이며, 본관은 압해(押海)이다(압해는 지금 신안군에 속해 있지만 당시에는 나주의 속현(屬縣)이었으므로 나주 정씨라고도 한다).2) 다산은 아버지 정재원(丁載遠: 1730~1792)과 어머니 해남 윤씨의 사이에서 셋째 아들로 태어났다. 정재원은 전실인 의령 남씨에게서 맏아들 약현(若鉉)을 얻었으며, 후실인 해남 윤씨에게서 약전(若銓)·약종(若鍾)·약용(若鏞) 3형제와 이승훈(李承薰)에게 시집간 딸 하나를 얻었다.3) 부실(副室) 잠성(岑城) 김씨에게서는 아들 약횡(若鐄)과 채제공(蔡濟恭)의 서자 채홍근(蔡弘謹)에게 시집간 딸 하나를 얻었다.4)

출생지는 광주(廣州) 초부면(草阜面) 마현리(馬峴里)이다(마현리는 지금의 남양주시 조안면 능내리로 되어 있는데 초내[苕川]와 붙어 있기 때문에 다산은 자기 고향을 '초내'라고도 불렀다). 처음 이곳에 터를 잡은 것은 5대조인 정시윤(丁時潤) 때부터이다. 그는 1680년(숙종 6) 경신환

---

2) 琴章泰,《정약용(丁若鏞)-한국실학의 집대성》, 성균관대 출판부, 1999, 11쪽.
3) 琴章泰, 위의 책, 14쪽.
4) 琴章泰, 위의 책, 14쪽.

국 때 남인으로 핍박을 받아 이
곳에 내려와 임청정(臨淸亭)을
짓고 은거했다. 임청정의 동쪽과
서쪽에는 세 아들에게 주고, 북쪽
에는 서자에게 주었는데, 뒤에 이
집은 다산의 집인 여유당(與猶
堂)이 되었다. 시조는 고려 말에
배천(白川)에 은거한 13대조 정
윤종(丁允宗)이며, 그 아들 정자
급(丁子伋)으로부터 5대조 정시
윤에 이르기까지 8대가 옥당(玉
堂: 홍문관 관원)에 오른 명문이
었다. 그러나 5대조부터 조부까
지는 이렇다 할 관직을 얻지 못
하다가, 다산의 아버지 정재원이
진사로서 진주목사까지 지냈다.5)

다산 정약용 영정(影幀)

약현의 저남이 이벽(李檗)이요, 사위가 황사영(黃嗣永)이며, 이승훈(李
承薰)은 다산의 자형(姊兄)이다. 모두 천주교 도입기의 중심인물들이다.

다산은 여러 형제들 가운데 약전과 가장 가까웠다. 학문을 토론할만한
지기였던 것이다. 1816년(순조 16)에 정약전이 흑산도에서 세상을 뜨자
다산은 유배지에서 아들에게 다음과 같은 편지를 보냈다.

　외로운 이 세상이지만 다만 손암(巽菴: 정약전의 호) 선생이 계셔서 나를
　알아주었는데, 이제 그분마저 잃고 말았다. 이제부터는 비록 깨달은 바가
　있다고 해도 누구에게 말해 보리오. 사람이 자기를 알아주는 이가 없다면
　죽은 이만 못한 것이다.6)

---

5) 琴章泰, 앞의 책, 12쪽.
6) 丁若鏞, 〈寄二兒〉.

다산은 선조 가운데 17세기의 유명한 성리학자인 우담(愚潭) 정시한 (丁時翰: 1625~1707)을 존경했다. 우담은 정시윤의 6촌 형이다. 그리고 다음으로는 우담의 현손인 정조 대에 형조판서를 지낸 해좌(海左) 정범조 (丁範祖: 1723~1801)를 존경했다. 해좌는 다산보다 9살 위인데 서울이나 원주에서 자주 만나 지도를 받았다.

외가는 해남 윤씨로 고산(孤山) 윤선도(尹善道: 1587~1671)의 집안이다. 다산의 어머니는 겸재(謙齋) 정선(鄭敾), 현재(玄齋) 심사정(沈師正)과 함께 조선시대 회화 3재(三齋)라고 불리는 공재(恭齋) 윤두서(尹斗緒)의 손녀이다. 다산은 윤두서를 많이 닮았다고 한다. 외가 형제들 가운데에는 외 6촌인 남고(南皐) 윤지범(尹持範), 무구(無咎) 윤지눌(尹持訥)과 가까웠으며, 외사촌 윤지충(尹持忠)은 그의 외사촌인 권상연(權尙然)과 더불어 1791년(정조 15)에 제사를 폐하고 신주를 불태웠다가 사형을 받은 이른바 진산사건(珍山事件)의 당사자이다.[7]

다산의 장인은 무과출신으로 경상우도·함경북도·황해도의 병마절도사를 지낸 홍화보(洪和輔)이다. 그는 세도가 홍국영에게 미움을 받아 운산(雲山)으로 유배가면서도 노래를 부를 정도로 호방한 성격으로 사위인 다산을 대단히 사랑했다.[8]

다산은 홍씨 부인과 사이에 6남 3녀를 두었는데 이 가운데 4남 2녀를 홍역[痘豆瘡]으로 잃었다.[9] 그도 두 살 때 홍역으로 고생했으나 몽수(夢叟) 이헌길(李獻吉)의 치료로 나았다고 한다. 그러나 오른쪽 눈썹이 세 갈래가 나 삼미자(三眉子)라는 호를 쓰기도 했다. 이 때문에 다산은 우두(牛痘)를 실험하고, 《마과회통》(痲科會通)을 지어 홍역에 대비하도록 했다.[10] 살아남은 자식은 학연(學淵)·학유(學遊)와 윤창모(尹昌謨)에게 시집간 딸 하나 뿐이었다. 그래서인지 다산은 두 아들의 교육에 각별히 신

---

7) 琴章泰, 앞의 책, 16쪽.
8) 琴章泰, 앞의 책, 17쪽.
9) 琴章泰, 앞의 책, 17쪽.
10) 〈夢叟傳〉, 《痲科會通》 序文.

경을 써서 유배지에서도 편지를 보내 훈계하거나, 직접 불러내려 훈도하기도 했으며, 고향을 떠나 유리(遊離)하지 말라고 당부했다. 다산은 셋째 형인 약종이 죽음을 당하고, 둘째형인 약전과 자신이 유배를 당해 집안이 쑥밭이 되는 불운을 당했다. 그래서 아들들을 잘 교육시켜 후일을 도모하게 하고, 자신이 써놓은 책을 후세에 전할 수 있도록 노력했다.

3. 생 애

다산은 1762년(영조 38) 6월 16일 사시(巳時)에 경기도 광주 초부면(草阜面) 마현(馬峴) 육내리(陸內里: 현재 경기도 남양주시 조안면 능내리)에서 태어나 1836년(헌종 2) 2월 22일에 75세로 세상을 떠났다. 그의 생애는 다음과 같이 4시기로 나누어 볼 수 있다.

(1) 수학기(修學期): 출생(1762년)부터 27세(1789년)까지
(2) 사환기(仕宦期): 27세(1789년)부터 정조가 승하한 38세(1800년)까지
(3) 유배기(流配期): 정조가 승하한 38세(1800년)부터 해배(解配)된 56세(1818년)까지
(4) 해배기(解配期): 해배된 때부터 1836년(헌종 2) 세상을 뜰 때까지

(1) 수학기(修學期: 출생～1789)

1762년(영조 38)에 사도세자가 뒤주에 갇혀 죽었다. 이 사건을 접하자 다산의 아버지 정재원은 벼슬을 버리고 고향으로 돌아왔다.[11] 이때 마침 다산이 태어났다. 그래서 정재원은 아들의 이름을 귀농(歸農)이라 지었다. 다산은 4세인 1765년(영조 41)에 아버지에게 《천자문》을 배웠고, 7살

---

11) 〈茶山年譜〉, 《丁茶山全書》 完, 文獻編纂委員會, 1962, 1쪽.

에 처음 시를 지었는데

작은 산이 큰 산을 가리니, 멀고 가까운 땅이 같지 않네

小山蔽大山 遠近地不同

라고 하니 아버지가 기특하게 여겨 "산수[分數]에 밝으니, 자라면 역법
(曆法)과 산수(算數)에 능통할 것"이라고 말했다 한다.12)

그는 10세 이전에 이미 《삼미자집》(三眉子集)이라는 시집을 낼 정도로
한시를 잘 지었으며, 열 살 때 벼슬에서 물러나 고향에 돌아온 아버지로부
터 사서(四書)를 배웠는데, 일 년 동안 지은 글이 자기 키만 했다고 한다.
그뿐 아니라 두보시(杜甫詩)의 운(韻)을 따 수백 편의 시를 짓기도 했
다.13)

다산은 9살 때 어머니(恭齋: 尹斗緒의 손녀)를 여의었는데, 큰 형수 경
주 이씨와 서모 잠성 김씨가 빗질해 주고, 세수시켜 주고, 고름을 짜 주었
다14). 열 여섯 살 되던 해에 서울에 살던 풍산 홍씨 홍화보(洪和輔)의 딸
에게 장가갔다.15) 얼마 뒤 부친이 다시 호조좌랑이 되어 서울 명예방(明
禮坊)에 살게 되었다. 이 무렵 서울에는 자형(姊兄)인 이승훈(李承薰)과
사촌 처남인 이벽(李蘗)이 살고 있었다. 그리고 성호(星湖) 이익(李瀷)의
종손(從孫)으로 명망이 높았던 이가환(李家煥)을 만날 수 있었다. 그리하
여 16세 때 이들을 통해 성호의 유고(遺稿)를 읽고 이를 조술(祖述: 선인
이 말한 바를 근본으로 서술하여 밝힘)할 수 있었다. 그는 뒷날 자질(子
姪)들에게 "나의 큰 꿈은 성호를 사숙하는 가운데 깨달은 것이 많았다."16)
고 했다. 그리고 연암(燕巖) 박지원(朴趾遠), 아정(雅亭) 이덕무(李

---

12) 〈茶山年譜〉, 《丁茶山全書》完, 文獻編纂委員會, 1962, 2~3쪽.
13) 위의 책, 2~3쪽.
14) 〈庶母金氏墓地銘〉.
15) 〈茶山年譜〉, 《丁茶山全書》完, 文獻編纂委員會, 1962, 5쪽.
16) 〈茶山年譜〉, 《丁茶山全書》完, 文獻編纂委員會, 1962, 6쪽.

德懋), 초정(楚亭) 박제가(朴齊家) 등 북학과 실학자들과도 사귀었다.

17살 때에는 아버지가 화순현감이 되어 임지로 내려가자 둘째형 약전과 함께 그곳에서 가까운 동림사(東林寺)에 들어가 《맹자》를 읽었다.17) 그리하여 성균관 승보시에 합격했으나 감시(監試)에는 떨어졌다.18) 다산은 아버지나 장인의 임지를 따라다니면서 독서를 하거나 민정을 살폈다. 이러한 경험이 뒤에 《목민심서》나 《경세유표》를 지을 수 있는 자료가 되었을 것이라 생각된다. 1781년(정조 5) 7월에 첫 딸을 얻었으나 5일 만에 죽었다. 그해 봄에 부친이 경상도 예천군수가 되고 장인인 홍화보(洪和輔)가 경상우도병마사로 진주에 있어 그곳에 가 공부했다. 그러나 그해 겨울에 부친이 어사에게 무함(誣陷)을 받아 벼슬에서 물러나자 고향으로 돌아갔다가 이듬해 가을에 봉은사(奉恩寺)에서 과거시험 준비를 했다. 21세가 되던 1782년(정조 6)에는 서울 남미창동(南米倉洞: 지금의 남대문시장) 체천(棣泉: 형제우물)에 집을 사서 분가했다.19)

그러다가 23세 되던 1784년(정조 8) 2월에 세자책봉 경과(慶科)인 증광감시에 경의(經義)로 형 약현(若鉉)·약전(若銓)과 함께 초시에 합격하고, 4월 생원회시에 합격해 선정전(宣政殿)에서 사은(賜恩)했는데, 왕이 얼굴을 들라고 하고 나이를 물어보았다. 이달에 성균관에 입학했으며, 회현방(會賢坊) 재상루(在上樓)로 이사했다.20) 이해 9월에 장남 학연(學淵: 字는 武牂)이 태어났다.

그해 여름에 정조가 태학생에게 월과(月課)로서 《중용》에 관한 80조목의 숙제를 내자, 약현의 처남인 이벽(李檗)과 의논해 〈중용대책〉(中庸對策)을 바쳐 왕의 주목을 받았다. 정조는 다산의 이기론(理氣論)이 율곡(栗谷)의 설을 따랐기에, 편당(偏黨)에 좌우되지 않고 학식이 뛰어나다고 해 1등으로 뽑았다. 이에 당시 도승지였던 김상집(金尙集)이 다산이 정조

---

17) 위의 책, 6쪽
18) 최익한, 〈茶山年譜〉, 《실학파와 정다산》, 국립출판사, 1955, 480쪽.
19) 위의 책, 481쪽.
20) 〈茶山年譜〉, 《丁茶山全書》 完, 文獻編纂委員會, 1962, 8쪽.

에게 칭찬받았으니 크게 쓰일 것이라 했다고 한다.

같은 해 봄에 자형 이승훈이 그의 아버지 서장관 이동욱(李東郁: 사은 정사는 昌城尉 黃仁點)을 따라 북경에 들어가 북경천주교회 남당(南堂)을 찾아가 선교사 탕사선(湯士選: 청국의 欽天監正 겸 國子館長)으로부터 세례를 받고(세례명 베드로) 많은 천주교 서적 · 십자가 · 성화 · 과학기기를 가져왔다.[21] 그리고 그해 4월 15일에는 고향 마재에서 큰 형수의 제사를 지내고 약전 · 약종과 함께 약현의 처남인 이벽으로부터 서울로 오는 배 안에서 두미협(斗尾峽)을 지날 때 천주교 교리를 듣고 감명을 받았다. 그리하여 서울에 올라와 수표교(水標橋)로 이벽을 찾아가 《천주실의》(天主實義) · 《칠극》(七克) 등의 천주교리서를 빌려 4~5년 동안 마음을 기울여 공부했다.[22]

24세 되던 1785년(정조 9) 2월과 4월에 반제(泮製: 성균관 製述 시험)에 뽑혀 정조의 칭찬을 받았으며, 종이와 붓을 상으로 받았다. 그리고 12월에는 정조가 친히 춘당대(春塘臺)와 성정각(誠正閣)에 나가 부(賦)를 짓게 했는데, 다산은 이 시험에 수석을 해 《대전통편》(大典通編) 한 질을 받기도 했다. 뿐만 아니라 10월 정시(庭試) 초시(初試)에 수석을 했고, 11월에 감제(柑製: 제주도에서 감귤이 성균관에 상납될 때 행하는 시험) 초시에 합격했다. 이듬해 2월에 별시 초시에, 8월에 도기(到記: 일정한 출석 성적을 얻은 성균관생이 치르는 시험) 초시에도 합격했다. 7월에 차남 학유(學游: 字는 文牂)가 태어났다.[23]

1787년(정조 11)과 1788년(정조 12)에도 여러 번 반제(泮製)에 합격해 《팔자백선》(八子百選) · 《국조보감》(國朝寶鑑) · 《병학통》(兵學通) 등을 상으로 받았다.[24] 당시 다산은 성균관 제술에 계속 우수한 성적으로 뽑혀 정조와 만날 수 있는 기회가 많았으며, 상품도 많이 받았다. 한 번은 정조

---

21) 최익한, 앞의 책, 482쪽.
22) 〈茶山年譜〉, 《丁茶山全書》 完, 文獻編纂委員會, 1962, 8~10쪽.
23) 〈茶山年譜〉, 《丁茶山全書》 完, 文獻編纂委員會, 1962, 11~12쪽.
24) 〈茶山年譜〉, 《丁茶山全書》 完, 文獻編纂委員會, 1962, 13~16쪽.

가 《병학》 1권을 내려주며, "너는 장수의 재주를 겸하고 있으니 특히 이 책을 내린다."고 했다고 한다.25) 다산이 문과에 급제하지 못하고, 남인 출신이라 천거를 받아 등용되기도 어려웠기에, 무과를 통해서라도 기용하고자 해서였다. 노론 벽파(僻派)를 견제하고자 남인 시파(時派)를 기용하려 했던 정책의 일환이었다.

1787년(정조 11) 다산은 반촌(泮村)의 민가에서 이승훈 등과 서학 서적을 읽다가 동료인 홍락안(洪樂安)·이기경(李基慶)에게 들켜 공격을 받았다. 이른바 정미반회사(丁未泮會事)이다.26) 이후로 다산은 서학과 관련된 사건이 벌어질 때마다 탄핵을 받게 된다.

(2) 사환기(仕宦期: 1789~1800)

1789년(정조 13) 정월에 반시(泮試)에 일등으로 합격해 직부전시(直赴殿試)되고, 3월에 전시에 급제해 희릉직장(禧陵直長)이 되었다.27) 다산은 벼슬에 나가자마자 정조의 눈에 들어 곧 초계문신(抄啓文臣)으로 발탁되고 4월에 희정당(熙政堂)에서 왕과 《대학》에 대해 토론한 것을 《희정당대학강의》라는 이름으로 엮었다.28) 이때 내각(內閣)에서 월과(月課)를 보았는데 다산은 〈지리책〉(地理策)으로 수석을 했다. 여기서 다산은 지구가 둥글다는 지원설(地圓說)을 주장해 성호(星湖)를 잇는 실학자의 면모를 보였다. 5월에 오위의부사정(副司正)으로 옮기고, 6월에는 승정원가주서(假注書)가 되었다. 겨울에는 배다리[舟橋]를 만드는 데 공을 세웠다.29) 12월에는 3남 구장(懼牂)이 태어났으나 3일 만에 죽었다. 이어 사간원지평·정언이 되었다.

29세 되던 1790년(정조 14) 2월에는 남인인 우의정 채제공(蔡濟恭)의

25) 〈茶山年譜〉, 《丁茶山全書》 元, 文獻編纂委員會, 1962,. 11쪽.
26) 琴章泰, 앞의 책, 35쪽.
27) 〈茶山年譜〉, 《丁茶山全書》 完, 文獻編纂委員會, 1962,. 17~19쪽.
28) 〈茶山年譜〉, 《丁茶山全書》 完, 文獻編纂委員會, 1962,. 19쪽.
29) 琴章泰, 앞의 책, 37~38쪽.

추천으로 예문관검열이 되었으나 반대파들의 저지로 물러가 나오지 않
자, 정조의 엄명으로 3월에 잠시 해미현에 귀양을 갔다가 열흘 만에 복직
되었다. 왕의 신임이 두터운 만치 반대파인 노론 벽파의 공격도 거세었
다. 5월에 용양위부사과로 승진하고, 9월에 사간원정언, 사헌부지평이 되
었다. 이해 규장각의 월과(月課)로서 〈십삼경책〉(十三經策) · 〈문체책〉
(文體策) · 〈맹자책〉(孟子策)을 지었다. 〈십삼경책〉은 주자학의 7서(4서
3경)에만 사로잡혀 있지 말고 13경주소(十三經註疏)의 중요성을 알아야
한다는 내용이었고, 〈문체책〉은 패관잡설(稗官雜說)의 폐단을 버리고 문
체를 바로잡아야 한다는 내용이었으며, 〈인재책〉은 신분이나 지역을 따
져 인재를 등용하지 않는 폐단을 개혁해야 한다는 내용이었다.[30]

1791년(정조 15)에는 내원(內苑)에서 활쏘기를 했는데, 다산은 한 발
도 맞추지 못해 북영(北營)에서 숙직을 섰다. 이때 정조는 《시경》에 관한
800여 조목의 의문점을 제시하고 다산으로 하여금 해답하게 했다. 이에
다산은 60일 동안 준비해 《시경강의 팔백조》를 올려 칭찬을 받았다.[31]

그런데 같은 해 겨울에 진산(珍山: 현재 충남 금산군 진산면)에 사는
외종형 윤지충(尹持忠)이 그의 외종형 권상연(權相然)과 함께 제사를 폐
하고, 신주를 불살랐다가 사형을 당하는 사건이 일어났다. 이를 진산사건
(珍山事件)이라 한다.[32] 남인 벽파(僻派)인 홍락안(洪樂安) · 이기경(李
基慶) · 목만중(睦萬中) 등은 이를 기화로 남인 시파(時派)인 이가환(李
家煥)과 다산을 천주교도로 몰아 맹렬히 공격했다. 특히 홍락안은 좌의정
채제공(蔡濟恭)에게 장문의 편지를 보내 "총명재지한 사대부의 열 가운데
여덟, 아홉이 서교(西敎)에 가입해 장차 황건(黃巾) · 백련(白蓮)의 반란
이 있을 것이다."라고 했다. 정조는 사건처리를 채제공에게 맡겨 이기경을
무고죄로 경원(慶源)으로 유배보냈다. 그러나 사태를 진정시키고자 그해
11월에 이승훈을 책을 사온 죄로 삭직하고, 권일신(權日身)을 교주라 해

---

30) 琴章泰, 앞의 책, 38~39쪽.
31) 琴章泰, 앞의 책, 39쪽.
32) 琴章泰, 앞의 책, 36쪽.

서 서산에 안치하며, 그밖의 정의혁(鄭義爀) 등 중인(中人) 신도들을 처벌했다. 이것이 이른바 신해교옥사건(辛亥敎獄事件)이다.33)

1792년(정조 16) 3월에 홍문관수찬을 제수받았으나, 아버지가 별세하여 충주 하담(荷潭)에 장사지냈다. 마재에 돌아와 상을 치르고 있는데, 정조가 다산에게 수원성을 축조할 방안을 연구해 보라고 했다. 이에 다산은 윤경(尹耕)의 〈보약〉(保約)과 류성룡(柳成龍)의 〈전수기의〉(戰守機宜) 등 축성제도를 참작하고, 왕이 보내준 테렌즈(Terrenz)의 《기기도설》(奇器圖說)을 참고해 〈기중가도설〉(起重架圖說)을 지어 기중기(起重機)와 인중기(引重機)의 원리를 설명하고, 도르래인 활차(滑車)와 고륜(鼓輪)의 구조를 소개했다.34)

33세 되던 1794년(정조 18) 7월에 다시 성균관 직강에 임명되고, 8월에 비변사랑(備邊司郞)이 되었다. 10월에는 다시 홍문관교리·수찬을 지냈으며, 경기도암행어사로 나가 민정을 살피고, 경기관찰사 서용보(徐龍輔)의 세력에 빌붙어 비리를 저지른 자들을 징치(懲治)했다. 다산은 이 악연으로 서용보의 참소에 일생 동안 괴로움을 겪었다.35) 12월에는 경모궁상존호도감(景慕宮上尊號都監)의 도청(都廳)에 임명되어 장헌세자(莊憲世子)에게 "장륜"(章倫) 두 자의 존호를 올리고, 홍문관부교리에 제수되었다.36)

1795년(정조 19) 정월에는 사간원사간이 되고, 승정원동부승지에 제수되었으며, 2월에는 병조참의, 감시(監試) 회시(會試)의 고시관이 되었으나 1소(一所)에서는 남인이 3인만 뽑혔는데 2소(二所)에서는 50인이 뽑혔다는 혐의를 받아 체직되었다.37) 병조참의로 있을 때 정조가 장헌세자(莊憲世子)의 묘인 현융원(顯隆園)을 참배하러 가는 길을 배행했다. 어느날 밤 정조가 어려운 시제(詩題)를 내어 다산에게 '왕길사조사'(王吉謝鳥

33)〈茶山年譜〉,《丁茶山全書》完, 文獻編纂委員會, 1962, 30·31쪽.
34) 玄孫 丁奎英 編,〈俟菴先生年譜〉,《丁茶山全書》, 文獻編纂委員會, 1961, 28~39쪽.
35) 琴章泰, 앞의 책, 41~42쪽.
36) 玄孫 丁奎英 編,〈俟菴先生年譜〉,《丁茶山全書》, 文獻編纂委員會, 1961, 40쪽.
37)〈茶山年譜〉,《丁茶山全書》完, 文獻編纂委員會, 1962, 48~52쪽.

詞)라는 어려운 시제에 대해 칠언배율(七言排律) 100수를 새벽까지 지어 바치게 했다. 다산이 시를 지어 바치자 정조는 이를 문신들에게 평론하게 해 장차 그를 크게 쓸 명분을 쌓기도 했다. 3월에 의궤청(儀軌廳) 찬집문신(纂輯文臣)이 되고, 왕명으로 《정리통고》(整理通攷) 등을 편찬했으며, 승정원우부승지에 임명되었다.[38]

7월에 중국 소주(蘇州) 출신의 주문모(周文謨) 신부가 잡혔다가 탈주하는 사건이 일어났다. 이에 목만중(睦萬中) 등은 박장설(朴長卨)을 사주해 지난 1790년(정조 14) 증광별시에 정약전이 책문에 서학에 따라 오행(五行)을 사행(四行)이라고 쓴 답안지를 시관인 이가환(李家煥)이 1등으로 뽑았다고 공격했으나, 정조는 오히려 박장설을 귀양보냈다.[39] 그러나 반대파들을 무마하고 사건 관련자들에게 재기용의 명분을 주고자, 이가환을 충주목사로, 다산을 충청도 홍주(洪州)의 금정찰방(金井察訪)으로 좌천시켰다.[40] 이 지역의 천주교도들을 다스리고 유교를 부양하라는 뜻이었다. 이에 다산은 성호의 종손(從孫) 이삼환(李森煥)을 모시고 이광교(李廣敎)·이명환(李鳴煥)·권기(權夔)·강이오(姜履五) 등 내포(內浦)의 선비들을 모아 온양의 석암사(石巖寺)에서 성호의 《가례질서》(家禮疾書)를 교정하고 이 내용을 기록한 《서암강학기》(西巖講學記)를 간행했다. 그리고 성호의 유고를 교정해 정본을 만들었다.[41] 다산은 매일 아침 세수를 하고, 퇴계의 편지를 한 통씩 읽고 정오에는 그 편지에 대한 감회를 기록했다. 그 나름의 자숙하는 의미가 있는 생활이었다. 이때의 글을 모은 것이 《도산사숙록》(陶山私淑錄)이다..[42] 천주교도 이존창(李存昌)을 잡았다는 이유로 정조가 표창하려 하자 다산이 극구 사양했다.[43]

---

38) 琴章泰, 앞의 책, 43쪽.
39) 최익한, 앞의 책, 487쪽.
40) 琴章泰, 〈茶山의 儒學思想과 西學思想〉, 《茶山 丁若鏞의 西學思想》, 다섯수레, 1993, 91~92쪽.
41) 琴章泰, 《정약용(丁若鏞)-한국실학의 집대성》, 성균관대 출판부, 1999, 43~44쪽.
42) 琴章泰, 위의 책, 43~44쪽.
43) 琴章泰, 앞의 책, 68쪽.

10월에 정조가 규영부(奎瀛府)로 그를 불러 오래 만나지 못한 회포를 풀고, 이가환(李家煥)·박제가(朴齊家) 등과 함께《사기영선》(史記英選)을 교정하게 했으며, 맛있는 음식과 상을 많이 내렸다.[44)]

1797년(정조 21) 3월에는 왕명으로 이서구(李書九)와 함께《춘추경전》(春秋經傳)을 교감(校勘)하고, 이문원(摛文院)에서《두시》(杜詩)를 교감했다. 이처럼 다산은 정조의 편찬사업에 중심노릇을 했다. 6월에는 병조참지를 거쳐 좌부승지에 임명되었다. 그러나 천주교를 믿었다는 비방이 잇다르자〈변방사동부승지소〉(辨謗辭同副承旨疏)를 올려 자신이 천주교를 믿게된 경위와 배교(背敎)하게 된 경위를 소상히 밝혔다.[45)] 자신은 어린 시절에 서양 책을 읽었고 한동안 천주교에 빠진 적도 있으나, 뒤에 그 허망·괴탄한 것을 깨달았으며 제사를 폐한 적은 없었다고 밝혔다. 그러나 반대파들의 시기와 중상이 심해 벼슬에 있을 수 없으니 물러가게 해달리고 청했다.[46)] 이에 윤 6월 초 2일에 정조는 다산을 곡산부사(谷山府使)로 좌천시켰다. 비난을 잠재우고자, 마침 부사 자리가 빈 곡산에 보낸 것이다. 1~2년 기다리면 다시 불러 올린다는 약속도 했다.

다산은 곡산에 부임하여 선정을 베풀었다. 1) 포보포(砲保布) 40척(尺)의 대가 9천 전(錢)을 거둬들인 소리(小吏)에 항의한 이계심(李啓心)을 풀어주었다. 백성을 위해 할 말을 했으니 풀어줘야 한다는 것이었다. 2) 보민고(補民庫)에서 황밀(黃蜜)과 백밀(白蜜)을 두 배로 거둬 가는 것을 금지시켰다. 3) 영풍시(永豊市)에 가서 소를 팔고 돌아오는 길에 죽음을 당한 김오선(金五先)을 죽인 자를 찾아내어 장살(杖殺)함으로써 김대득(金大得) 등 도적떼를 흩어지게 했다. 4) 겸제원(兼濟院)을 설치해 빈민을 구제했다. 5) 이서(吏胥)를 설득해 관아 건물[政堂]을 싼 값으로 지었다. 6) 가좌책(家坐冊)을 만들어 촌민의 전택·재산·인구·우마의 실수(實數)와 양역(良役) 유무를 파악해 행정의 자료로 삼고, 7) 관고(官庫)

---

44) 琴章泰, 앞의 책, 70~71쪽.
45) 琴章泰, 앞의 책, 44쪽.
46) 최익한, 앞의 책, 487쪽.

를 공정하게 운영해 민폐를 줄인 것 등이다.[47] 이러한 경험은 뒤에 다산
이 《목민심서》(牧民心書)를 짓는 기초가 되었다. 그해 겨울에 《마과회
통》(麻科會通) 12권을 지었다.

1798년(정조 22) 4월에 왕명으로 《사기영선집주》(史記英選集註)를 산
정(刪正)해 올렸으며, 1799년(정조 23) 봄에는 〈응지론농정소〉(應旨論農
政疏)를 지어 바쳤다.[48] 6월에 대사간 신헌조(申獻朝)가 다산과 형 약전
을 천주교도로 공격하자 상소를 올려 변박했다. 10월에 조화진(趙華鎭)이
다산과 이가환을 천주교를 뒤에서 주도한다고 하고, 충청감사 이태영(李
泰永)도 이들을 무고했다.[49] 12월에 4남 농장(農牂)이 태어났으나 4살
때 죽었다.[50]

1800년(정조 24) 봄 반대파의 공격이 심해지자 다산은 처자를 데리고
일시 고향으로 돌아갔다가 왕명으로 다시 돌아왔다.[51] 그러나 그해 6월에
정조가 승하하고 벽파인 정순왕후(貞純王后)가 수렴청정(垂簾聽政)하게
되자, 다산은 국상의 졸곡을 마친 다음 다시 처자를 이끌고 고향으로 돌아
갔다. 이로써 햇수로 12년 동안(1789~1800)의 관직생활이 끝났다.

(3) 유배기(流配期: 1800~1818)

고향으로 돌아와 당호(堂號)를 여유당(與猶堂: 與兮若冬涉川 猶兮若
畏四隣)이라 하고 학문에 열중했다. 이때 《문헌비고간오》(文獻備考刊誤)
를 지었다. 봄에 초정(楚亭) 박제가(朴齊家)와 함께 종두술(種痘術)을 실
험했다. 《동국문헌비고간오》(東國文獻備考刊誤)를 완성했다.

그런데 40세 되던 1801년(순조 1) 정월에 수렴청정을 맡은 정순왕후가
사학엄금교서(邪學嚴禁敎書)를 내리고 오가작통법(五家作統法)을 시행

---

47) 琴章泰, 앞의 책, 84~95쪽.
48) 〈茶山年譜〉, 《丁茶山全書》 完, 文獻編纂委員會, 1962, 95~102쪽.
49) 〈茶山年譜〉, 《丁茶山全書》 完, 文獻編纂委員會, 1962, 112~118쪽.
50) 〈茶山年譜〉, 《丁茶山全書》 完, 文獻編纂委員會, 1962, 119쪽.
51) 〈茶山年譜〉, 《丁茶山全書》 完, 文獻編纂委員會, 1962, 119쪽.

해, 천주교도에 대한 체포령을 내렸다. 이때 책롱사건(冊籠事件)이 터졌
다. 셋째형 약종이 은밀하게 감추려던 천주교 관련 물건들이 발각된 사건
이다. 다산은 2월 9일에 이가환·이승훈·홍락민(洪樂敏)·권철신·정약
전·이기양(李基讓)·오석충(吳錫忠)·김건순(金健淳)·김백순(金伯淳)
등과 함께 금부에 투옥되었다. 반대파들은 책롱 가운데 〈삼구설〉(三仇
說)52)이 다산 형제의 문서라며 몰아붙였으나 안정복의 해설이 나와 무마
되었다. 그러나 세 형제 가운데 약종은 처형되고, 약전은 신지도(薪知島:
현재 완도군 신지도)로, 다산은 장기(長鬐: 현재 영일군 只杏面)로 귀양
갔다.53) 가산은 몰수되었고, 서적이나 초고는 흩어져 사라졌다.

   또한 그해 10월에 황사영백서사건(黃嗣永帛書事件)54)이 일어났다. 황
사영은 약현의 사위였다. 이에 다산 형제도 서울로 다시 불려 올라와 조사
를 받았으나 특별한 혐의가 더 드러나지 않았고, 정일환(鄭日煥)이 황해
도로부터 돌아와 다산의 선정을 극구 칭찬하자 약전은 흑산도(黑山島)로,
다산은 강진(康津)으로 귀양갔다. 이 사건으로 다산과 가까운 이가환(李
家煥)·권일신(權日身)·이승훈(李承薰) 등 천주교 신자들이 처형되었
다. 이를 신유사옥(辛酉邪獄)이라 한다.55)

   이에 그해 11월 다산은 나주 북쪽 율정점(栗亭店)에서 형 약전과 헤어
져 강진에 도착한 뒤, 성문 동쪽 시냇가 자갈밭의 성씨 집에 거처를 정했
다. 이곳에서 그는 여섯 해 동안 살았다. 강진 사람들은 유배인을 싫어해
머무는 집의 대문을 부수거나 담장을 헐어버렸다(〈茶信契節目〉.) 다행히
동문 밖 주막의 노파가 받아주어 골방에서 귀양살이를 시작했다.56) 다산
은 당시의 심정을 다음과 같이 술회했다(〈客中書懷〉).

---

52) 17세기에 중국에 파견된 예수회 선교사들이 중세 스콜라 철학에서 설명하는 '세 가지
    원수'를 번역한 글로서, 육신(의 욕망), 세속(의 허망함), 마귀를 가리킨다.
53) 玄孫 丁奎英 編, 〈俟菴先生年譜〉, 《丁茶山全書》 完, 文獻編纂委員會, 1962, 128~130쪽.
54) 천주교 신자 황사영이 북경 주교에게 보내려고 '조선을 청나라의 한 성(省)으로 편입
    해 신앙의 자유를 보장해 달라'는 밀서를 썼다가 발각된 사건.
55) 琴章泰, 앞의 책, 48쪽.
56) 琴章泰, 앞의 책, 50쪽.

흩날리는 눈처럼 북풍에 날리어
남으로 강진 땅 주막집에 밀려 왔네
작은 산이 바다를 가려주어 다행이요
빽빽한 대나무가 꽃처럼 아름다워라
습하고 따스한 풍토는 겨울 옷 벗게 하고
수심 많으니 밤마다 술만 더욱 느는구나
그나마 나그네 근심을 풀어주기는
설 전에 붉게 핀 동백꽃인가

北風吹我如飛雪
南抵康津賣飯家
幸有殘山遮海邑
好將叢竹作年華
衣緣地瘴冬還減
酒爲愁多夜更加
一事纔能逍客慮
山茶已吐臘前花

그는 이 술집의 골방을 사의재(四宜齋)라 하고, 《주역》 공부를 시작했다.

사의재란 내가 강진에서 귀양살이 하던 방이다. 마음은 마땅히 담박(澹泊)
해야 하거늘, 만일 담박하지 않으면 이내 이를 맑게 해야 한다. 용모는 마땅
히 장엄해야 하거늘, 만일 장엄하지 않으면 이내 이를 응집해야 한다. 말씨
는 마땅히 어눌해야 하거늘, 만일 어눌하지 않으면 이내 이를 그치도록 해
야 한다. 동작은 마땅히 중후해야 하거늘, 만일 중후하지 않으면 이내 이를
느릿느릿하게 해야 한다. 그러므로 방 이름을 사의재라 했다. 마땅하다[宜]
는 것은 옳은 것[義]이다. 옳은 것은 이를 제재하자는 것이다. 나이는 날로
더해감을 생각하며, 해야 할 일들은 버려져 있음을 애닯게 여기고 스스로

반성하고자 함이다. 때는 가경(嘉慶) 8년(1803) 겨울 11월 10일 바로 갑자년이 다가오는 때로서 이날 비로소 건괘(乾卦)를 읽었노라.[57]

그가 강진에 온 지 1년 되는 때였다. 이때 그는 자신의 40 평생에 대해 다음과 같이 술회했다.

나는 잘못 간직했다가 나를 잃은 자이다. 어렸을 때 과거(科擧)가 좋게 보여서 과거공부에 빠져든 것이 10년이었다. 마침내 처지가 바뀌어 조정에 나아가 검은 사모 쓰고 비단 도포 입고 미친 듯이 대낮에 큰길을 뛰어다녔는데, 이와 같이 12년을 했다. 또 처지가 바뀌어 한강을 건너고 조령(鳥嶺)을 넘어 친척과 선영(先塋)을 버리고 아득한 바닷가의 대나무 숲에 와서야 멈추게 되었다(정약현의 〈守吾齋記〉).

이듬해 강진 현감으로 온 이안묵(李安默)은 다산이 임금을 원망한다고 무고했으나 증거가 없어 무사했다. 그리고 그 이듬해 대비의 특명으로 풀려날 뻔했으나, 지난날 악연을 맺었던 서용보가 반대해 뜻을 이루지 못했다.

그는 41세인 1802년(순조 2)에는 윤광택(尹光宅)이 조카를 보내 자주 시와 먹을 것을 가져다 주었으며, 장자 학연(學淵)이 찾아왔다. 그러나 겨울에 아들 농장(農牂)이 요절했다는 소식을 들었다. 이해 봄부터 저술에 착수해 다음 해 봄에 〈단궁잠오〉(檀弓箴誤)를 비롯해 〈조전고〉(弔奠考)·〈상의광〉(喪儀匡)·〈정체전중변〉(正體傳重辨)·〈예의문답〉(禮疑問答) 등을 집필했다. 이 글들은 1811년(순조 11)에 《상례사전》(喪禮四箋) 50권과 《상례외편》(喪禮外編) 14권으로 집성되었다. 그밖에 1808년(순조 8)에 《제례고정》(祭禮考定), 1817년(순조 17)에 《상의절요》(喪儀節要)를 짓기도 했다. 이는 《예기》의 내용을 재해석해 공자의 본뜻을 밝

---

57) 丁若鏞, 〈四宜齋記〉, 《與猶堂全書》 詩文集 卷 13.

혀 보자는 목적이었다.58)

다산은 《주역》 연구에 몰두해 1804년(순조 4)에 《주역사전》(周易四箋)의 초고를 짓고 이듬해부터 대폭 수정해 네 번 고쳐 쓴 끝에 1808년(순조 8)에 완성했다. 또한 그해부터 1821년(순조 21)까지 《역학서언》(易學緖言) 12권도 완성했다.59)

그러면 왜 다산은 예학과 역학 연구에 열중했을까?

그의 말에 따르면, 강진에 가서 처음에 〈사상례〉(士喪禮)를 중심으로 예서를 읽다가 주(周)나라의 옛 예법은 《춘추》에서 근거를 찾을 수 있다는 것을 알고 《춘추좌씨전》을 읽기 시작했으며, 이를 통해 관점(官占) 방법을 연구하게 되었고, 그래도 의문이 풀리지 않자 모든 것을 덮어두고 《주역》 연구에 몰두했다고 한다. 이러한 점에서 미루어 보면 여러 번 죽음에 직면한 다산이 생사문제를 해명하는 데 열정을 다 바쳤음을 알 수 있다.60) 그러기에 그는 그가 지은 《주역사전》(周易四箋)에 대해

내가 하늘의 도움을 얻어 지어낸 책이요, 절대로 사람의 지혜나 생각으로 이룰 수 있는 바가 아니다.61)

라고 했고, 《상례사전》에 대해

내가 성인을 독실하게 믿고 지은 책으로서, 미친 듯한 물결을 돌리고 온갖 시내를 막아 수사(洙泗: 공자와 맹자) 물결의 참된 근원으로 돌아가게 한 것이다.62)

라는 자부심을 가지고 있었다. 이는 단순한 복고(復古)가 아니라 고전

58) 玄孫 丁奎英 編, 〈俟菴先生年譜〉, 《丁茶山全書》, 文獻編纂委員會, 1961, 134~149쪽.
59) 琴章泰, 앞의 책, 51~52쪽.
60) 琴章泰, 앞의 책, 52쪽.
61) 琴章泰, 앞의 책, 52쪽.
62) 琴章泰, 앞의 책, 52쪽.

으로 돌아가 경전을 자기의 견해로 재해석하려는 뜻이 내포되어 있다.

다산은 한편으로 강진의 서민생활을 시로써 낱낱이 고발했다. 〈탐진촌요〉(耽津村謠)·〈탐진어가〉(耽津漁歌)·〈탐진농가〉(耽津農歌) 등 작품이 그러하다. 그는 촌민들의 애환을 그리는데 한시만을 고집하지 않고, 새로운 조선시의 세계를 보여주었다.[63] 1805년(순조 5) 5월에는 장손 대림(大林)이 탄생했고, 7월에는 조카(약전의 아들) 학초(學樵)가 죽었다. 약전은 늦게 학초를 얻었는데 6~7세에 이미 책을 읽고, 7~8세에 어른들과 바둑을 두었으며, 10세에는 학업이 일취월장해 그가 묻는 것을 문득 대답하기 어려웠다. 그래서 다산은 귀양와서 지은 책들을 학초로 하여금 후세에 전하게 하려고 했는데, 그가 죽었다는 소식에 크게 한탄했다.[64]

다산은 붕괴된 국가기강과 도탄에 빠진 백성을 보고 울분을 토하기도 했다.

　　한밤중에 책상치고 벌떡 일어나 높은 하늘 우러러 길이길이 탄식하네 ……　생각하면 가슴속이 끓어오르니, 술이나 들이키고 무심으로 돌아갈까나 ……　어찌하면 일만 개 대나무로 천 길 되는 빗자루 만들어 내어, 쭉정이 티끌먼지 싹싹 쓸어내어, 바람에 한꺼번에 날려버릴까 …… 깊이 생각하면 애간장만 타기에, 부어라 다시 또·술이나 마시자(〈夏日對酒〉).

다산의 답답한 심정을 잘 표현한 글이다. 그러나 다산이 적막한 강진 유배생활에서 울분만 쌓았던 것은 아니었다. 전년 겨울에 장자 학연(學淵)이 내려와 함께 보은산방(寶恩山房)에 가서 역(易)과 예(禮)를 밤새도록 문답하고 이를 《승암문답》(僧菴問答)으로 엮어 냈으며[65], 백련사(白蓮寺)의 혜장(惠藏) 스님(號는 兒菴, 蓮波)과 사귀고 찾아오는 친우들과도 만났다.[66] 그리고 인근의 학도들이 몰려들었다. 황상(黃裳)·황취

63) 琴章泰, 앞의 책, 53쪽.
64) 玄孫 丁奎英 編, 〈俟菴先生年譜〉, 《丁茶山全書》, 文獻編纂委員會, 1961, 147~148쪽.
65) 玄孫 丁奎英 編, 〈俟菴先生年譜〉, 《丁茶山全書》, 文獻編纂委員會, 1961, 147쪽.

다산초당은 다산학(茶山學)의 산실이 되었다.

(黃聚) · 황지초(黃之楚) · 이청(李晴: 初名은 鶴來) 등이 그들이다. 그리
하여 1806년(순조 6)에 주막집에서 제자 이청의 집으로 옮겼다. 그리고
1807년(순조 7)에는 다산의 외증조부의 손자인 윤단(尹慱)의 귤동(橘洞)
산정(山亭: 茶山書室)으로, 그 이듬해 봄에는 다산서옥으로 옮겼다.[67] 주
막에서 6년, 다산서당에서 11년을 산 셈이다.

다산은 윤단의 산정으로 옮긴 뒤로 윤단의 아들 윤규로(尹奎魯, 초명은
持紀) · 황상(黃裳) · 황취(黃聚) · 황지초(黃之楚) 등 제자들의 도움을 받
아 축대를 쌓고, 정원을 갖추며, 동암(東庵)과 서암(西庵)에 천여 권의 책
을 쌓아놓고 연구에 몰두했다. 바위에는 정석(丁石)이라는 글자를 새겨
자기의 자취를 남기기도 했다. 이곳이 오늘날의 다산초당(茶山草堂)이다.
그리고 이 산에 차나무가 많아서 이때부터 호를 다산(茶山)이라 하고, 이

---

66) 琴章泰, 앞의 책, 54쪽, 고이도(皐夷島)에 유배와 있는 규장각 동료 김이재(金履載)가
   찾아오기도 하고, 함께 한림(翰林)으로 뽑혔던 김이교(金履喬: 金履載의 형)가 고금도
   에 유배되었다가 풀려나 돌아가는 길에 찾아오기도 했다.
67) 玄孫 丁奎英 編, 〈俟菴先生年譜〉, 《丁茶山全書》, 文獻編纂委員會, 1961, 148쪽.

곳을 다산초당(茶山草堂)이라 했다.68)

다산초당에서 그는 많은 글과 책을 지었다.

1808년(순조 8): 《제례고정》(祭禮考定) · 《주역사전》(周易四箋) 24
권 · 《다산문답》(茶山問答) 11권 · 〈다산제생증언〉(茶山諸生贈言) · 《독
역요지18칙》(讀易要旨十八則) · 《역례비석》(易禮比釋) · 《주역서언》(周
易緖言) 12권 · 《춘추관점보》(春秋官占補註)

1809년(순조 9): 《상례사전》(喪禮四箋) 가운데 〈상복상〉(喪服商) · 《시
경강의산록》(詩經講義刪錄)

1810년(순조 10): 《시경강의보》(詩經講義補) 12권 · 《관례작의》(冠禮
酌儀) · 《가례작의》(嘉禮酌儀) · 《상서고훈수략》(尙書古訓蒐略) · 《매씨
서평》(梅氏書平) · 《소학주관》(小學珠串)

1811년(순조 11): 《아방강역고》(我邦彊域考) · 《상서지원록》(尙書知
遠錄) · 《상례사전》(喪禮四箋) 가운데 〈상기별〉(喪期別) 50권

1812년(순조 12): 《민보의》(民保議) 3권 · 《춘추고징》(春秋考徵) 12권

1813년(순조 13): 《논어고금주》(論語古今註) 50권

1814년(순조 14): 《맹자요의》(孟子要義) 9권 · 《대학공의》(大學公議)
3권 · 《중용자잠》(中庸自箴) 9권 · 《중용강의보》(中庸講義補) · 《대동수
경》(大東水經)

1815년(순조 15): 《심경밀험》(心經密驗) · 《소학지언》(小學枝言)

1816년(순조 16): 《악서고존》(樂書孤存)

1817년(순조 17): 《상의절요》(喪儀節要) · 《경세유표》(經世遺表: 邦
禮草本) 40권(미완)

1818년(순조 18): 《목민심서》(牧民心書) 48권 · 《국조전례고》(國朝典
禮考)69)

---

68) 琴章泰, 앞의 책, 55쪽.
69) 李乙浩, 《丁茶山의 生涯와 思想》, 博英社, 博英文庫 210, 1979, 31~32쪽.

다산은 비록 유배지에서 귀양살이에 고생은 많이 했지만, 연구할 시간을 많이 가질 수 있었고, 분통이 터지는 마음을 다스리며 학문에 정진해 대실학자가 되었다. 그는 〈자찬묘지명〉에서

내가 강진 바닷가로 이미 귀양을 왔으니, 유년시절부터 학문의 뜻을 둔 지 20년이 되었으나 세상일에 깊이 빠져 다시금 선왕의 도를 모르고 지냈다. 이제 틈을 얻었으니 드디어 기꺼이 스스로 이를 경하롭게 생각해 육경사서(六經四書)를 꺼내들고 깊이 연구했다.

라고 술회하고 있다. 또한 그는 연구의 우선순위에 대해 다음과 같이 말하고 있다.

저서하는 법을 크게 비교해 보면, 경적(經籍)을 종주로 하고, 그 다음으로 경세택민(經世澤民)의 학을 한다. 관방(關防)·기용(器用)의 제도는 외적의 침략을 막을 수 있는 것이어서 소홀히 할 수 없다. (그러나) 무릇 쇄세(瑣細)하고 영성(零星)한 학설과, 진실로 일시의 웃음거리가 되는 말과, 진부하고 새롭지 않은 이야기와, 지루하고 쓸데없는 논의는 다만 종이와 먹만 소비할 뿐이니, 좋은 과일이나 좋은 채소를 심어서 생도(生道)를 넉넉히 하는 것만 못하다.[70]

그런데 1816년(순조 16) 6월 6일에 평생지기로 여기던 둘째 형 약전이 유배지 흑산도에서 죽자 〈손암선생묘지명〉(巽菴先生墓誌銘)을 지어 애도했다.[71] 다산은 박재굉(朴載宏)을 보내 상여를 나주로 모셔 왔다. 다산은 약전이 학문과 견식은 자신보다 나으나, '근민'(勤敏) 두 자는 그만

70) 大較著書之法 經籍爲宗 其次經世澤民之學 若關防器用之制 有可以禦外侮者亦不可少也 若夫瑣細零星之說 苟取一時之諧笑 與夫陳腐不新之談 支離無用之論 徒費紙墨 不如手植珍果佳蔬 以博生前之生理也(玄孫 丁奎英 編, 〈俟菴先生年譜〉, 《丁茶山全書》, 文獻編纂委員會, 1961, 151쪽).
71) 玄孫 丁奎英 編, 〈俟菴先生年譜〉, 《丁茶山全書》, 文獻編纂委員會, 1961, 197~200쪽.

못하다고 했다. 비록 저서는 많지 않지만 당세에 이 같은 사람이 없다고
했다. 그는 아들에게 보낸 편지에서 "천지간에 손암선생은 나의 지기(知
己)인데 이제 죽었으니 이제부터 비록 (학문에) 얻는 것이 있어도 어디
가서 입을 열겠나. 사람이 더불어 할 지기가 없으면 죽는 것만 같지 못하
다. 그러니 경집(經集) 240책을 모두 태워버려야겠다."고까지 했다.[72)
1810년(순조 10) 아들 학연이 강력하게 주장하여, 다산을 풀어주라는 왕
의 명을 받았으나 홍명주(洪命周)·이기경(李基慶) 등이 반대해 시행되
지 못했으며, 1814년(순조 14) 의금부에서 해배(解配)시키려 했으나 강
준흠(姜浚欽)의 저지로 무산되었다가, 1818년(순조 18) 8월에야 부응교
이태순(李泰淳)이 상소하고, 남공철(南公轍)이 왕에게 아뢰어 햇수로 18
년 만에 귀양에서 풀려나 9월에 고향으로 돌아왔다. 다산의 나이 57세였
다.[73)

　이때의 사정을 다산은 자찬묘지명에서 다음과 같이 기록하고 있다.

　　경오년(1810) 가을 용(鏞)의 아들 학연(學淵)이 아비의 원한을 풀기 위해
　　글을 올렸더니, 형조 판서 김계락(金啓洛)이 왕명의 재가를 청해 향리(鄕
　　里)로 방축하라고 명했다. 그러나 홍명주(洪命周)가 불가하다 했고, 또 이
　　기경(李基慶)의 대계(臺啓)가 발한 바 있어 얼른 방면하지 못했다. 갑술년
　　(1814) 여름에 대신(臺臣) 조장한(趙章漢)의 정계(停啓)로 금부(禁府)에
　　서 때마침 관문(關文)을 보내려고 할 무렵, 강준흠(姜浚欽)의 상소가 지독
　　해 판의금 이집두(李集斗)는 이를 두려워해 감히 발하지 못했다. 이는 개
　　국 이래 일찍이 없었던 일이다. 유폐(流弊)는 장차 무궁할 것이므로, 상신
　　남공철(南公轍)이 금부제신을 허물하니 판의금 김희순(金羲淳)이 이에 관
　　문을 발해 용(鏞)은 향리로 돌아오니 곧 가경(嘉慶) 무인(1818) 9월 15일
　　이었다.

72) 玄孫 丁奎英 編,〈俟菴先生年譜〉,《丁茶山全書》, 文獻編纂委員會, 1961, 197～199쪽.
73) 玄孫 丁奎英 編,〈俟菴先生年譜〉,《丁茶山全書》, 文獻編纂委員會, 1961, 204쪽.

4년 동안 덤으로 귀양살이를 더 한 셈이다. 그러나 다산은 이를 운명으로 생각하고 이 기간 동안 《경세유표》(經世遺表)·《목민심서》(牧民心書) 등 그의 주저(主著)를 대부분 지었으니 다산이 다산이게 한 세월이기도 하다.

다산의 해배에 대한 몇 가지 일화가 전한다. 한 번은 그의 친우로 세도가의 친척인 전라도 감사가 세도재상에게 아부하는 시 한 수만 지어 보내면 풀려날 수 있다고 권했다. 그러나 다산은 한 사람이 유배에서 풀려나는 것은 대단한 일이 아니지만, 백성이 곤궁에 빠진 것을 구하지 않으면 호남에서 사변이 날 것이니 이것부터 구하라고 했다고 한다. 그리고 1818년(순조18)에 김조순(金祖淳)의 친척이요 다산의 친구이기도 한 김이교(金履喬)가 강진에 유배되었다가 풀려나는 길에 다산초당에 들러 하룻밤을 자고 갔다. 그러나 다산은 아무런 부탁을 하지 않고 다만 부채에 시 한 수를 써 주었다. 김이교가 가을인데도 김조순 앞에 가서 부채를 부치자 그곳에 쓰인 다산의 시를 보고 임금에게 아뢰어 다산을 풀어주게 된 것이라 한다.74)

(4) 해배기(解配期: 1818~1836)

돌아온 이듬해(1819년), 다산은 남한강을 따라 충주 하담(荷潭)에 가서 아버지의 묘에 참배하고, 용문산(龍門山)·청평산(淸平山) 등지를 돌아보았으며, 회갑을 맞이해서는 자찬묘지명(自撰墓地銘)을 지었다. 여기서 그는 그의 평생학문을 "육경사서(六經四書)로 수기(修己)하고, 일표이서(一表二書)로 천하국가를 다스리게 하니 본말을 갖춘 바이다."(六經四書以之修己 一表二書 以之爲天下國家 所以備本末也)라고 했다. 그의 저작은 필사본 《열수전서》(洌水全書)에 경집(經集) 88책 250권, 문집 30책 87권, 잡찬(雜纂) 64책 166권, 총 182책 503권이었다. 다산은 신영로(申

---

74) 琴章泰, 앞의 책, 57쪽.

永老)에게 보낸 글에서

　이제 나는 죽을 날이 멀지 않다. 어느 해에 혹시 내가 지은 몇 가지 책을 가지고 영남에 가는 자가 있거든, 바라건대 여러 군자는 넓은 아량과 두터운 덕으로 사람 때문에 책을 버리지 말고, 말을 수용해 이를 취하도록 하라. 자갈은 도태하고 내 글을 채택해 그 가운데 백의 하나라도 남겨준다면 이로써 흔적이라도 남을 것이니 바라건대 더러운 찌꺼기도 용납해 준 성덕이 될 것이다(《舊圓國學論叢》 권 101).

　라고 해 자기 저작이 남인이 많은 영남에 전해지기를 갈망하고 있었음을 엿볼 수 있다.
　다산은 의술 때문에 두 번 중앙에 불려 올라갔다. 한번은 1830년(순조 30) 5월에 효명세자가 위독한 때였고, 한 번은 1834년(순조34) 순조가 위독할 때였다. 그러나 두 번 다 손을 쓰기 전에 치료대상이었던 왕세자나 왕이 승하했다.
　다산은 고향에 돌아온 뒤에도 저술에 전념해 많은 책을 새로 쓰거나 증보했다.75)

　　1819년(순조 19): 《흠흠신서》(欽欽新書) 30권, 《아언각비》(雅言覺非)
　　1821년(순조 21): 《사대고례산보》(事大考例刪補) · 《역학서언》(易學緒言)
　　1834년(순조 34): 《상서고훈지원록》(尙書古訓知遠錄) 21권 · 《매씨서평개정》(梅氏書平改正)

　다산은 만년에 홍석주(洪奭周) · 신작(申綽) · 김매순(金邁淳) 등 당대의 석학들과 토론하고, 새로운 문헌을 구해 읽으면서 기왕에 지은 책들을 수정 · 보완하는 일에 몰두했다.76) 유배지에 있을 때는 책이 없어 깊게 고

---

75) 琴章泰, 앞의 책, 60쪽.
76) 琴章泰, 앞의 책, 60쪽.

증을 못하다가 다산초당으로 옮긴 다음 해남 윤씨가에 소장된 책들을 이
용할 수 있어서 참고문헌의 폭이 넓어졌으며, 고향에 돌아와서는 동료 석
학들에게서 귀한 책을 빌려볼 수 있어서 더욱 학문이 깊어질 수 있었다.
홍석주가 청나라에서 가져온 완원(玩元)의 《십삼경교감기》(十三經校勘
記)를 빌려 본 것 등이 그 예가 될 것이다.

조정에서는 1823년(순조 23) 9월에 다산을 승지 후보로 낙점했으나 곧
취소된 바 있었고, 1827년(순조 27) 효명세자가 대리청정할 때 다산을 등
용하려 했으나 윤극배(尹克培)가 다산을 심하게 비난해 무산되었다. 노론
외척 세도정치 아래 다산이 발을 붙일 길은 없었던 것이다.

결국 다산은 불우한 세월을 보내다가 1836년(헌종 2) 2월 22일 진시
(辰時)에 75세를 일기로 고향집(與猶堂)에서 서거했다. 이날 큰 바람이
불고 햇빛이 흐리고 어두컴컴했으며, 흙비가 내렸다고 한다. 그리고 서울
에 가 있던 문인 이강회(李綱會)는 큰 집이 무너지는 꿈을 꾸었다고 한
다.[77] 그리하여 4월 1일에 고향집(지금의 양주군 와부면 능내리) 뒷산에
안장되었다.[78] 장례는 유명(遺命)과 《상의절요》(喪儀節要)에 따라 거행
되었다.[79]

다산이 서거한 뒤, 1882년(고종 19)에 《여유당전서》가 필사되어 내각
(內閣)에 비치되었으며, 1910년(순종 4) 7월 8일에는 정2품 정헌대부(正
憲大夫) 규장각(奎章閣) 제학(提學)으로 추증되고, 문도(文度: 博學多聞
曰文 制事合義曰度)라는 시호를 받았다. 최근에는 다산의 고택이 복원되
었으며, 문도사(文度祠)라는 사당을 세워 제사를 지내고 있다.[80]

일제강점기인 1934년부터 1938년까지 4년 동안, 그가 지은 7집, 154권,
76책을 《여유당전서》(與猶堂全書)라는 제목을 달아 신조선사본(新朝鮮
社本)으로 편찬했다. 그 밖에도 1960년 문헌편찬위원회 출판부에서 편집

---

77) 玄孫 丁奎英 編, 〈俟菴先生年譜〉, 《丁茶山全書》, 文獻編纂委員會, 1961, 236쪽.
78) 玄孫 丁奎英 編, 〈俟菴先生年譜〉, 《丁茶山全書》, 文獻編纂委員會, 1961, 236쪽.
79) 玄孫 丁奎英 編, 〈俟菴先生年譜〉, 《丁茶山全書》, 文獻編纂委員會, 1961, 236쪽.
80) 玄孫 丁奎英 編, 〈俟菴先生年譜〉, 《丁茶山全書》, 文獻編纂委員會, 1961, 240쪽.

하고 홍익인간사에서 간행한 《정다산전서》 상·중·하 3책과 연보 1책이 있고, 1973년 다산학회에서 간행한 《여유당전서보유》 5책, 1981년 경인 문화사에서 간행한 《여유당전서》 6책이 있다.

4. 사 상

(1) 다산 사상의 연원

16세기에는 퇴계·율곡 등의 조선 순정주자학이 확립되면서 사상계는 주자학 지상주의로 빨려들어갔다. 효종이 즉위한 뒤 정국의 주도권을 잡은 우암 송시열 등이 주자학을 교조적으로 계승하여 사상계는 경직되고 당쟁과 예론으로 말미암아 정치는 혼란스럽게 되었다.

조선후기는 서인(에서 갈라져 나온 노론)의 일당독재시기였고, 서인과 예론으로 대치하던 남인은 숙종 대의 경신환국 이후 완전히 몰락했다. 이에 몰락한 기호남인(畿湖南人)늘은 은둔하며 상내적으로 자유로운 사상의 지평을 더듬어보던 가운데, 마침 도래한 서학(西學)과 서교(西敎: 천주교)를 믿는 사람들이 생겼다. 다산도 기호남인의 한 사람으로서 이러한 대열에 선 것이다.

한편 병자호란 이후 숭명배청(崇明排淸) 풍조가 지배하면서, 청나라의 선진적인 사상까지도 배격했다. 이에 노론의 과도한 숭명배청운동을 반대하는 노론 비주류 지식인들 가운데 반청 북벌론을 비판하고 오히려 고증학을 비롯한 청나라의 선진문물을 배워야 한다는 북학론을 제기하는 이들이 나타났다. 소론의 줄기인 인조반정 공신들은, 반정공약 가운데 가장 중요한 존명사대가 병자호란 때 청에게 항복함으로써 무의미해지자 곤혹스러웠다. 이에 송시열 등 호서사림의 공격에 대처하는 방법으로 현실론인 양명학에 기울어져 강화학파(江華學派)를 창도했다.

　인조반정 때 서인은 스스로 분열을 막고자 관제야당인 남인을 키웠으
나, 예론으로 서·남 당쟁이 심해져서 국가나 당인이 공멸할 위기에 처하
게 되었다. 이에 황극탕평론(皇極蕩平論)이 제기되어 정국이 탕평정치로
치달아 갔다. 그리하여 영조 대에는 노·소론의 완론탕평(緩論蕩平)이 전
개되다가, 정조 대에는 군주도통론(君主道統論)에 바탕을 둔 준론탕평
(峻論蕩平)을 실시했고, 사도세자를 동정하는 시파와 이를 반대하는 벽파
가 대치하게 되었다. 정조는 군주권을 강화하려는 목적으로 남인 시파를
기용하고자 했다. 채제공을 비롯한 이가환·다산 등이 그들이었다.

　이러한 환경에서 다산은 우선 기호남인인 성호학파의 학통을 잇고, 박
제가 등의 북학파의 이론을 계승하며, 청나라에서 도입된 고증학을 수용
했다. 거기다가 성호학에서 시작된 서학과 서교의 수용으로 다산은 실학
을 집대성하게 되었다. 천관우는 "반계(磻溪)가 한 번 나옴으로써 실학은
'학'(學)으로서 존재가 확인되었고, 성호(星湖)가 나옴으로써 실학은 '학
파'로서 존재가 확인되었고, 다산이 나옴으로써 (실학은) 하나의 대표적인
시대사조로 존재가 확인되었다."고 했다.

　성호는 윤휴의 주자학비판 정신을 계승하되, 직설적인 비판은 피하고
고전에 입각한 경전의 새로운 해석을 통해 간접적으로 주자학을 비판하는
방법을 채택했고, 서학이나 서교의 논리를 선별적으로 수용하는 태도를
보였다. 다산은 15세에 혼인을 해 서울에 올라 와서 1777년(정조 1) (16
세)에 이익의 종손인 이가환과 이가환의 생질이고 다산의 매부인 이승훈
으로부터 성호의 저술을 접할 수 있었다.[81] 그는 이러한 성호의 실학정신
을 발전시켜 공자와 맹자의 수사학(洙泗學)으로 돌아가 원시유교(原始儒
敎)의 이론에 바탕을 두고 주자학의 경전해석을 비판했다.[82] 그리고 한·
당의 훈고학, 청대의 고증학 이론을 널리 섭렵해 경전에 대한 새로운 해석
을 시도했다. 뿐만 아니라 경전해석에 천주교의 이론을 원용해 새로운 경
전해석을 시도했다. 이러한 세 가지 학풍이 다산으로 하여금 실학을 집대

81) 玄孫 丁奎英 編,〈俟菴先生年譜〉,《丁茶山全書》, 文獻編纂委員會, 1961, 5쪽.
82) 李乙浩,《丁茶山의 生涯와 思想》, 博英社, 1979. 19쪽.

성할 수 있는 안목을 길러 준 것이다.

성호학파는 천주교 신봉 여부를 기준으로 공서파(攻西派)와 신서파(信西派)로 구분된다. 공서파는 신후담(愼後聃) · 안정복(安鼎福) · 홍락안(洪樂安) · 이기경(李基慶) · 이석(李晳)이 대표로 이들은 천주교를 이론적으로 비판했다. 신서파의 대표는 이벽(李檗) · 이승훈(李承薰) · 권일신(權日身) · 정약종(丁若鍾) 등으로 이들은 서학과 서교를 연구할 뿐만 아니라 천주교를 신봉하기까지 했다. 다산과 그의 두 형 약전과 약종도 신서파에 해당되었다.

다산은, 엄밀한 고증을 거친 육경사서(六經四書)의 독자적 해석은 수기(修己)를 위한 것이요, 경세론의 치밀한 구상인 일표이서(一表二書:《經世遺表》와 《牧民心書》·《欽欽心書》)는 천하와 국가를 위한 것이라 했다. 여기에는 경학과 예학, 경세론, 과학기술이 연구의 중심이었다.[83]

(2) 다산은 천주교 신자였나?

1777년(정조 1)에서 1779년(정조 3) 사이에 권철신 · 이벽 · 이승훈 · 정약전 · 김원성(金源星) · 권상학(權相學) · 이종억(李龍億) 등이 천진암(天眞菴)과 주어사(走魚寺)에서 강학회를 열었다. 이때 유교경전을 강독했지만 그 과정에서 천주교 의식을 거행했다고 한다. 물론 18세였던 다산은 참여하지 않았으나, 그의 둘째형인 약전과 자형 이승훈, 큰형 약현의 처남인 이벽이 여기에 참여했으니 다산도 천주교를 접촉했을 가능성이 높다.[84]

다산의 〈선중씨묘지명〉에 따르면 1784년에 그는 이미 이벽에게서 천주교 교리를 듣고 신복(信服)한 것으로 되어 있다.

갑진년(1784) 4월 보름에 맏형수의 기제사를 마치고 내 형제들은 이벽과

83) 玄孫 丁奎英 編,〈俟菴先生年譜〉,《丁茶山全書》, 文獻編纂委員會, 1961, 5쪽.
84) 琴章泰,《정약용(丁若鏞)-한국실학의 집대성》, 성균관대 출판부, 1999, 167~168쪽.

함께 같은 배를 타고 물을 따라 내려왔다. 배 안에서 천지창조의 시원이나 신체와 영혼 또는 삶과 죽음의 이치에 관해 들으니, 놀랍고 의아해 마치 은하수가 무한한 것과 같았다. 서울에 돌아오자 이벽을 따라가 《천주실의》와 《칠극》 등 몇 권의 책을 보고 비로소 기뻐해 마음이 기울어졌다.[85]

다산은 23세 때인 1784년(정조 8) 여름에 성균관 기재생(寄齋生)이었는데, 이 때 정조가 생도들에게 《중용》에 관한 80조에 달하는 문제를 숙제로 낸 적이 있었다. 이에 다산은 수표교에 있는 이벽의 집에 찾아가 상의해 〈중용대책〉(뒤에 《중용강의》, 《중용강의보》로 보완)을 제출했다.[86] 이때 다산은 천주교 교리에 바탕을 둔 경전해석의 경험을 가지게 되었다. 이는 향후 다산실학의 방향을 정해준 방향타가 되었다고 생각된다.

또한 1783년(정조 7)에 이승훈이 사신을 따라 북경에 들어가 영세를 받고 3월에 돌아왔다.[87] 그는 천주교의 교리와 의례에 관한 많은 정보를 가져 왔기 때문에 신서파들의 신앙운동이 활발하게 전개되었다. 1785년(정조 9) 봄에는 명례동에 있는 중인(中人) 김범우의 집에서 천주교 신앙집회를 열다가 적발되는 사건이 일어났다. 이때 다산 3형제(약전·약종·약용)도 참석했었다. 그런데 권일신 등은 형조에 찾아가 빼앗긴 성물(聖物)을 돌려달라고까지 했다. 성균관생들은 이들을 성토하는 글을 돌려 신서파를 공격했다. 이에 위험을 느낀 신자의 부형들이 자제들을 힐책해 배교할 것을 종용했다. 이 때문에 이벽과 이승훈이 배교해 척사문(斥邪文)을 짓기도 했다. 그리하여 천주교의 교세가 잠시 주춤하는 것 같았다.[88]

그러나 1786년(정조 10) 봄부터 천주교는 지하로 들어가 '가성직'(假聖職)을 두는 등 조직적으로 포교운동을 벌였다. 그러던 가운데 1787년(정

85) 嘗於冬月 寓居走魚寺 講學會者 金源星權相學李寵億等數人 鹿菴自授規程 令晨起 掬冰泉盥漱 誦夙夜箴 日出 誦敬齋箴 正午誦四勿箴 日入誦西銘 莊嚴恪恭 不失規度(丁若鏞, 《與猶堂全書》 一, 景仁文化社, 1981, 327쪽).

86) 玄孫 丁奎英 編, 〈俟菴先生年譜〉, 《丁茶山全書》, 文獻編纂委員會, 1961, 8-9쪽.

87) 琴章泰, 앞의 책, 169쪽.

88) 琴章泰, 앞의 책, 170쪽.

조 11) 겨울에 다산과 이승훈·강이원 등이 성균관 근처의 민가에서 교리
연구를 하다가 동료 성균생도인 이기경·홍락안 등에게 발각되어 배척을
받기도 했다.89)

그 뒤 1790년(정조 14) 북경교회로부터 제사를 금하라는 지령이 떨어
지자 천주교인들은 대혼란을 겪게 되었다. 이듬해 전라도 진산에서 윤지
충·권상연이 신주를 불사르고, 부모의 제사를 폐하는 사건이 일어났다.
두 사람은 사형에 처해졌지만 이 때문에 배교한 사람도 많았다. 다산도 천
주교 때문에 서산군 해미로 10일 동안 유배를 갔다 온 적이 있었다. 그는
둘째 형 약전과 함께 진산사건으로 천주교를 배교했다고 한다. 제사를 지
내지 못하게 한다는 이유였다.90)

그런데 1795년(정조 19)에 중국인 신부 주문모(周文謨)가 밀입국해 포
교하다가 발각된 사건이 일어났다. 이 때문에 이승훈은 예산으로 유배당
하고, 공조판서 이가환은 청주목사로, 우부승지였던 다산은 금정찰방으로
좌천되었다. 금정은 천주교 신자가 많은 곳이었다. 정조는 그로 하여금 이
들을 교화시키도록 했다. 면죄부를 주려는 목적이었다. 그리하여 다산은
성호의 종손(從孫) 이삼환(李森煥)의 협조를 받아 척사계(斥邪禊)를 만
들어 천주교도를 교화시켰다. 그 과정에서 천수교도들을 핍박하기도 했다.
달레(dallet)는 《한국천주교회사》에서 다산의 이러한 행위를 맹렬히 비난
했다.91)

다산은 1797년(정조 21) 동부승지를 사임하면서 자신에 대한 비난에
대해 변명했다(〈辨謗辭同副承旨疏〉). 정조는 그를 다시 곡산부사로 발령
했다.92) 탄핵에서 그를 보호하고자 지방으로 보낸 것이다. 이때 다산은
지방행정에 대해 많은 지식을 쌓게 되었다.

1800년(정조 24)에 그를 보호해 주던 정조가 죽자 노론 벽파들은 1801

89) 琴章泰, 앞의 책, 170쪽.
90) 琴章泰, 앞의 책, 171쪽.
91) 琴章泰, 앞의 책, 172쪽.
92) 玄孫 丁奎英 編, 〈俟菴先生年譜〉, 《丁茶山全書》, 文獻編纂委員會, 1961, 84쪽.

년(순조 1)에 신유사옥을 일으켜 천주교 신자가 많은 이가환·다산 등 남
인 시파를 일망타진했다. 이 사건으로 이가환 등은 사형을 당했으나 다산
은 이미 배교를 했고, 그 후에 천주교를 다시 믿은 증거가 없기 때문에 장
기로 귀양을 갔다.93)

　그러나 이해 황사영백서(黃嗣永帛書) 사건이 일어났다. 다산은 황사영
의 처숙이요, 처형된 정약종의 동생이며, 이승훈의 처남이니 무사할 리 없
었다. 그래서 다시 불려 올라와 문초를 받았으나 혐의가 없자 다시 강진으
로 유배되었다.94) 그래서 1818년(순조 18)까지 햇수로 열여덟 해 동안 귀
양살이를 하게 된 것이다.

　달레에 따르면, 다산은 1818년 해배된 뒤에도 죽을 때까지 천주교 신도
로 살았다고 한다.

　　귀양이 풀려 돌아온 뒤, 정요한(다산)은 이전보다 더 열심히 모든 교회본분
　　을 지키기 시작했다. 1801년에 예수 그리스도의 신앙을 입으로 배반한 것을
　　진심으로 뉘우쳐 세상과 떨어져 살며, 거의 언제나 방에 들어앉아 몇몇 친
　　구들밖에 만나지 않았다. 그는 자주 대재(가톨릭의 단식재斷食齋)를 지키고
　　그밖에 여러 가지 극기를 행해 몹시 아픈 쇠사슬 허리띠를 만들어 띠고 한
　　번도 그것을 끌러 놓지 않았다. 그는 자주 오랫동안 묵상을 했다. 정요한은
　　그묵상의 일부를 적어 놓았고, 또 교인이 아닌 사람들의 미신을 반박하고
　　신입 교우들을 가르치고자 여러 가지 서적을 남겼다. 그의 저서 여러 권이
　　박해 때 땅 속에 감추어졌다가 벌레에 갉아 먹혀 썩기도 했으나, 많은 저서
　　가 그의 집안에 보존되어 있었다. 완전히 복권이 된 뒤에도 정요한은 생활
　　태도를 조금도 바꾸지 않았고, 날로 더해가는 그의 열심은 전에 그가 배교
　　함으로써 나쁜 모범을 보였던 모든 신자들을 기쁘게 하고 감화했다. 정요한
　　은 1835년(헌종 1) 빠치피오(劉方濟: 중국인) 신부가 조선에 들어온 뒤 그
　　의 손으로 마지막 성사를 받은 뒤 세상을 떠났다(《한국천주교회사》).

---

93) 玄孫 丁奎英 編, 〈俟菴先生年譜〉, 《丁茶山全書》, 文獻編纂委員會, 1961, 127~128쪽.
94) 玄孫 丁奎英 編, 〈俟菴先生年譜〉, 《丁茶山全書》, 文獻編纂委員會, 1961, 232~233쪽.

달레는 "다산이 박해를 받자 마음이 약해져 배교했으나, 진실로 뉘우치는 마음이 생겨 온 힘을 기울여 공동사업에 헌신함으로써 자기 죄를 속죄하기에 힘썼다."고 적고 있다. 그의 주장에 따르면, 다산뿐만 아니라 다산의 큰아들 학연(學淵)도 죽기 몇 해 전에 영세를 받았다고 한다. 그리고 다산이 《조선복음전래사》를 지었고, 이것이 달레의 《한국천주교회사》 집필의 기초가 되었다고 한다.95) 이러한 다산 말년의 천주교 신앙에 대해서는 천주교계의 주장 이외에 다른 증거가 없기 때문에 더 고구(考究)해 본 다음에 결론을 내려야 할 것 같다.

(3) 다산의 경전해석

다산은 1784년에 초고본 〈중용대책〉을 지은 바 있다. 이는 천주교 신자였던 이벽과 토론하면서 지은 글이며, 다산이 경전을 천주교의 교리의 관점에서 새롭게 해석한 최초의 책이었다는 점에서 중요하다. 이 〈중용대책〉은 뒤에 《중용강의》로 증보되었고, 1814년(순조 14)에 《중용강의보》로 완성되었다.96)

다산은 성리학의 관념적 논쟁을 전면 거부했다. 그리고 성리학 논쟁이 당파와 사승(師承)에 구애되어 고식적인 분열을 일으키는 현상도 못마땅하게 생각했다. 그가 퇴계와 성호를 사숙하면서도 이기론에서는 오히려 율곡의 주기론을 지지한 까닭도 여기에 있었다. 다산은 되도록 주자의 경전해석을 벗어나 새로운 해석을 하고자 했다. 그리하여 선진(先秦)시대 공자와 맹자의 본래의 정신으로 돌아가려는 수사학(洙泗學)97)적 입장을

---

95) 崔奭祐,〈丁若鏞과 天主敎의 관계-Daveluy의 備忘記를 중심으로〉, 1993年度 茶山文化祭 記念論叢《茶山 丁若鏞의 西學思想》, 다섯수레, 1993, 23쪽.과 44~45쪽.

96) 琴章泰, 앞의 책, 175쪽.

97) 李乙浩,《茶山經學思想研究》, 乙酉文化社, 1966, 21쪽, 노(魯)나라 고지(故地)인 사수(泗水)의 상류에 공자(孔子)의 묘당(廟堂)과 묘지가 있고, 그 동남쪽 몇 리 밖에 창평현(昌平縣) 추읍(陬邑)이 있는데 이곳에서 공자가 출생했다. 수수(洙水)는 사수의 지류이다. 그리하여 수사수(洙泗水)·사수강(泗洙江)이라고도 했는데 이에서 공자의 학을 수사학

취했고, 그 이후의 한·당대의 훈고학(訓詁學), 청대의 고증학(考證學)을 널리 원용했다. 천주교 교리를 유교의 경전해석에 과감하게 도입한 것도 그 때문이다.

다산은 천주교의 천주, 신의 문제를 경전에서 찾아내고자 《주역》 연구에 몰두했고, 《주역》을 해명하는 데 필요한 제도와 사상을 밝히고자 《주례》와 《춘추》·《상서》 연구에 많은 시간을 쏟았다. 이러한 경전해석의 복고적인 태도는 복고 자체에 의미가 있는 것이 아니라, 현실의 주자학 비판을 위한 원형의 발견에 더 중요한 목적이 있었다. 그리하여 다산의 유학을 탈주자학(脫朱子學)이라고도 한다. 다산은 주자학을 넘어선 새로운 경전해석을 목표로 18년 동안을 경전연구에 몰두하여, 독창적인 다산의 실학, 곧 다산학의 경지를 개발한 것이다.

(4) 경학사상(經學思想)

그러면 다산의 경전해석이 어떤 점에서 주자학과 다른가를 특징적인 점을 들어 알아보자.

– 천(天)을 초월적 천과 자연적 천으로 구분한다. 초월적 천은 신령스럽고 밝으며, 만물을 주재하는 천(하늘)이요, 자연적 천은 푸르고 둥근 모습의 천을 말한다. 초월적 천은 초월적 존재로서 주재적 지위를 가지는 신앙의 대상이다. 이는 마테오 리치의 《천주실의》에 나오는 상제천(上帝天)과 같은 것이다. 신앙의 대상이 되는 신령스런 천의 개념은, 천이 본성에 내재한 것으로 보거나 지각능력이 없는 원리·조리로 보는 성리학의 천 개념과 현격하게 다르다.98) '천명지위성'(天命之謂性)을 성리학에서는 존재론적 천리인 성즉리(性卽理)로 보는 것과 달리, 다산은 공자의 해석대

(洙泗學)이라고도 한다.
98) 琴章泰, 〈茶山 丁若鏞의 實學思想〉, 《韓國實學思想硏究》, 集文堂, 1987, 121쪽 : 李乙浩는 宋儒의 이론에서 사라진 상제천(上帝天)을 정약용이 다시 살려놓았다고 했다(李乙浩, 앞의 책, 44쪽).

로 인성론적 천명인 명즉리(命卽理)로 보았다.99) 송유(宋儒)들은 인성의
근원이 창조주의 천명에 있는 것을 모르고 천리로서 그들의 논리적 추리
로 삼기 때문에 잘못되었다는 것이다.100) 천리로서의 이(理)는 본래 화엄
종(華嚴宗)의 이법(理法)에서 왔다는 것이 다산의 주장이다.101)

 -《중용》에 "군자는 그 보지 않는 바에 삼가고, 그 듣지 않는 바에 두
려워 한다."는 대목의 해설에서, '그 보지 않고, 듣지 않는 것'이 의식작용
이 발생하기 이전 상태이므로 조심해야 한다는 성리학의 해석과 달리, 귀
신(신, 또는 상제)이 내려와 감시하는 것이기에 조심해야 한다고 해석했
다. 다산은《주례》에서 제사의 순서로서 하늘의 신(神), 땅의 기(氣), 사
람의 귀(鬼) 가운데 앞의 둘은 사람이 받들어야 하는 신적 존재라는 점에
서 하나로 보고, 제사를 인간과 신의 관계로 집약했다. 사람은 하늘로부터
'영명'(靈明)을 부여받았지만 하늘을 주재자로 받드는 존재이다. 이것은
천주가 사람에게 영혼을 부여하고, 사람과 만물을 주재한다는 천주교의
교리와 유사하다. 이는 귀신을 '펼 신'(伸), '돌아갈 귀'(歸)로 보는 유교의
귀신관과 다르다.102)

 - 다산은《중용강의보》에서 '음양'(陰陽)을 형체나 성질이 아니라 '그
늘'과 '빛'이라 했다. 주자의 개념을 거부한 것이다. 마테오 리치도 '태극'
을 홀수와 짝수의 형상을 취한 것이라 하여 '태극'과 '음양'을 실재가 아니
라 형식에 지나지 않는다고 했다.103)

 - '오행'은 다섯 가지 물건에 불과하다 하여 오행의 상생상극(相生相
克)을 부인했다. 그리고 음양은 만물의 부모라 할 수 없다는 것이다. 오
행이 기본물질이 아니라고 하고, 오히려 4원설(四元說)을 지지했다. 4원
은 건(乾: 하늘)·곤(坤: 땅)·감(坎: 물)·리(離: 불)를 의미한다. 이는

99) 李乙浩, 앞의 책, 59쪽.
100) 李乙浩, 앞의 책, 94쪽.
101) 李乙浩, 앞의 책, 94~95쪽.
102) 琴章泰, 앞의 책, 123쪽.
103) 琴章泰,〈茶山의 儒學思想과 西學思想〉,《茶山 丁若鏞의 西學思想》, 다섯수레, 1993, 94
쪽.

천주교의 기(氣)·토(土)·수(水)·화(火)의 4원설과 같다. 이는 다산뿐
아니라 신서파들의 공통된 의식이었다. 다산의 둘째형인 약전이 과거시
험에서 5행설을 부정하고, 4원설을 주장하다가 물의를 일으킨 적이 있
다.104)

- 성리학에서는 인간과 만물이 본연지성(本然之性)은 같으나, 기질(氣
質)의 청·탁·수·박(淸濁粹駁)에 따라 사람과 짐승과 초목이 갈린다고
했다. 그러나 다산은 성기호설(性嗜好說)을 내세워 사람은 본래 신령스럽
고, 밝은 덕성을 부여받아 만물 위에 뛰어났으나, 금수는 밤에 도둑을 지
키고 더러운 것을 먹으며 새를 쫓는 성질을 가지고 있다고 했다.105) 인간
은 선악을 실천할 수 있는 능력을 갖추고 있지만, 금수는 선악을 스스로
조작할 능력이 없기 때문에 부득이 본능적 반사작용에 따라 행동할 뿐이
라는 것이다.106)

- 성리학에서 인·의·예·지(仁義禮智)의 4덕(四德)을 천리에서 품
부받은 본성으로 보았다. 그러나 다산은 4덕이 마음 속에 있는 오묘한 이
치가 아니라 인간행위에 따라 얻어지는 것이라 했다. 즉, 하늘로부터 부여
받은 것은 '영명'(靈明)뿐이며, '덕'이 아니라는 것이다. 그는 만일 선천적
으로 주어진 덕을 인정한다면, 선불교(禪佛敎)에 빠질 염려가 있다고 비
판했다. 사람은 하늘에서 '영명'을 (천주교에서 말하는 '영혼'처럼) 부여받
으나, 만물의 주재성은 하늘의 고유한 속성이라 했다. 천주교 교리와 유교
이념 사이에서 조화를 추구한 흔적이 있다.107)

- 다산은 주자와 같이 인을 '심지덕'(心之德), '애지리'(愛之理)로 보
지 않고, 구체적 실천인 '효제'(孝悌)로 본다.《논어》에 "효제(孝悌)는 인
을 하는 근본"(孝悌 爲仁之本與)이라고 한 것도 그 때문이라고 주장한
다. 인을 평범한 인간의 실천적 윤리로 볼 뿐, 높고 묘한 선천적 범주로

---

104) 琴章泰, 琴章泰, 〈茶山의 儒學思想과 西學思想〉,《茶山 丁若鏞의 西學思想》, 다섯수레,
   1993, 95쪽.
105) 李乙浩, 위의 책, 96쪽.
106) 李乙浩, 위의 책, 100쪽.
107) 李乙浩, 위의 책, 100쪽.

보지 않았다. 그러므로 부모에게 효도하는 것도 인이요, 형에게 공경하는 것도 인이요, 국왕에게 충성하는 것도 인이요, 친구에게 신의를 다 하는 것도 인이요, 인민을 애양(愛養)하는 것도 인이라는 것이다(《論語古今注》).

― 다산은 《대학》의 '명덕'(明德)은 하늘에서 부여받은 허령불매(虛靈不昧)한 선천적인 것이 아니라, 사람이 지켜야 할 후천적 덕목이라 했다. '명덕'은 곧 효(孝)·제(悌)·공(恭)·충(忠)·자(慈)라는 인간관계의 덕목이다. 이는 천주교에서 사랑에는 하늘로부터 받은 사랑과 더불어, 사람과 사람 사이의 사랑이 있다고 본 것과 일치한다(《大學公議》).108)

― 다산은 성의(誠意)·정심(正心)은 명덕이 될 수 없다고 했다. 성의·정심이 비록 학자의 고상한 공부이긴 하나, 반드시 실천을 계기로 해 성(誠)하고 정(正)하는 것이지, 불교처럼 벽을 맞대고 자기 마음 속으로 들어가[向壁觀心] 허령(虛靈)의 본체에 티끌 하나도 물들지 않는 것은 성의·정심이라 할 수 없다는 것이다. 지금 학자들은 치심(治心)을 정심(正心)으로 오인해 벽만 쳐다보고 있는데, 정심은 외부의 사물에 직접 맞닥뜨리면서 추구하는 것[應事接物]이지, 일부러 주정(主靜)·응묵(凝默)을 일삼는 것이 아니라고 했다.109)

― 다산은 《맹자요의》에서 인·의·예·지의 4단(四端)을 본성의 완전한 덕이라 한다면, 향벽관심(向壁觀心)하는 불교에 빠질 위험이 있다고 경고했다. 그리고 정자(程子)가 하늘·본성·마음을 하나라고 하는 것은 조주선사(趙州禪師)의 '만법귀일설'(萬法歸一說)과 다름없다고 했다. 그는 사람의 심성과 초월적인 하늘을 엄격히 구별해 하늘을 주재하는 것은 '상제'일 뿐이라 했다.110)

― 다산은 성정(性情)이 발하기 전의 상태[未發]도 '적연부동'(寂然不動), '무사무려'(無思無慮)한 상태가 아니라 평상시에 마음을 바로잡고 덕

108) 李乙浩, 앞의 책, 98쪽.
109) 최익한, 앞의 책, 307~308쪽.
110) 琴章泰, 《정약용(丁若鏞)-한국실학의 집대성》, 성균관대 출판부, 1999, 125쪽.

을 닦아서 기뻐하거나 노할 일이 생기더라도 적정하게 대응하도록 준비하는 것이라 했다(《중용강의》).

− 다산은 충(忠)과 서(恕)를 둘로 보지 않고 하나로 보았다. 공자가 "나의 도는 하나로 꿰뚫고 있다."(吾道 一而貫之)라고 했을 때도 서(恕)로 관통한다는 뜻이라는 것이다. 서는 용서(容恕)가 아니라 추서(推恕)이니, 서로서 아버지를 섬기면 효가 되고, 서로서 임금을 섬기면 충이 되고, 서로서 인민을 다스리면 자(慈)가 된다는 것이다(《논어고금주》).

− 복서(卜筮)는 '천명을 받는 방법'이라고 생각했다. 그리고 사람들은 모름지기 하늘의 명령에 순종해야 한다고 했다. 천명의 신성성을 인정하고 이와 관련해 '복서'를 설명한 것이다. 다산이 유배지에서 《주역》을 열심히 연구한 것도 천명의 신성성을 밝히고자 함이었다.111)

− 다산은 성(性)을 기호(嗜好)로 보았다. 성의 영체(靈體)는 착한 것을 좋아하고, 악한 것을 싫어하지만, 사물의 척도[權衡]로 말하면 착할 수도 있고, 악할 수도 있으니 어찌 순선무악(純善無惡)이라 할 수 있겠느냐고 하였다. 그러므로 인성은 '극기복례'(克己復禮)하는 공부로 다스리지 않으면 나쁜 데로 빠질 수도 있다는 것이다. 그는 맹자의 성선설은 인정하면서도, 인성이 순선(純善)하다는 것은 인정치 않았다. 성리학에서는 성즉리(性卽理)를 주장한 데 견주어, 다산은 성기호(性嗜好)를 주장했다. 전자는 우주론적 제일원리인데 견주어, 후자는 인성론적 신앙대상이다. 전자의 성(=천리)은 만화(萬化)의 근원인 것과 달리(이러한 사상 역시 조주선사의 '만법귀일설'에 바탕을 두었다는 것이 다산의 생각이다), 후자의 성은 마음의 즐겨하는 바로서, 기호는 형체(形體)의 기호와 영지(靈知)의 기호가 있는데, 형체의 기호는 금수의 성[人心]이요, 영지의 성은 도의의 성[道心]이다. 인간은 양자를 다 가지고 있지만 금수는 형체의 기호만 가지고 있다. 인간은 탐욕적인 인심과 상제천(上帝天)이 깃든 도심을 다 가지고 있어 마음 가운데서 서로 싸우는 존재라는

---

111) 琴章泰, 《정약용(丁若鏞)-한국실학의 집대성》, 성균관대 출판부, 1999, 119쪽 ; 琴章泰, 〈茶山의 儒學思想과 西學思想〉, 《茶山 丁若鏞의 西學思想》, 다섯수레, 1993, 132쪽.

것이다.112)

- 다산은 주자와는 달리, 인성과 물성이 다르다고 했다. 식색(食色)은 같지만 도의는 다르다고 하며, 인심과 도심을 구별했다. 인심은 기질(氣質)이 나타난 바[所發]요, 도심은 도의가 나타난 바라는 것이다. 사람은 두 가지를 다 가지고 있지만 금수는 기질지성(氣質之性)만 가지고 있다는 것이다. 그는 인(人)과 물(物)이 그 본연지성(本然之性), 곧 천품(天稟)이 달라서 서로 바꿀 수가 없다고 했다.113)

- 다산은 율곡의 기일원론(氣一源論)을 지지하고, 퇴계의 이기호발설(理氣互發說)을 따르지 않았다. 그러니 율곡의 일원(一源)은 기발(氣發)에 있고, 다산의 일원은 심발(心發)에 있는 점이 다르다. 율곡이 오장지심(五臟之心)을 기라 한 것은 좋지만 영명지심(靈明之心)을 기라 한 것은 잘못이라고 주장했다.

- 다산은 자연계의 천도(天道)는 음양 변화의 상(象)을 통해 인생에도 많은 시사점을 준다고 했다. 그는 '易'을 '日'과 '月'이 합쳐진 것이라고 해석했다. 일월이 하늘 한가운데 떠서 순음(純陰), 순양(純陽)을 대표해 만물이 화생한다는 것이다. 해가 뜨고 달이 지는 사이에 밤과 낮이 생기고, 밤과 낮을 지새는 사이에 사시(四時)가 생기며, 해가 거듭해 오세재윤(五世再閏)이 되면 64개월의 주기(週期)가 생긴다. 그러는 사이에 자연도 소장(消長)하고, 인생도 영고(榮枯)한다는 것이다. 그러므로 역은 변역(變易)을 의미한다. 결국 인간은 변화 속에서 계속 떳떳한 인도(人道)를 실천해야 한다는 것이 다산의 견해이다.114)

- 공자는 주로 '중'(中)을 논하고, 맹자는 '성'(誠)을 논했다. 공자가 '성'을 직접 말하지 않았지만 군자는 '성실한 인간'이 되기를 바랐다. 그러므로 다산은 공자의 학을 '지성'(至誠)의 학이라고도 한다. 중용은 '알맞음의 꾸준함'을 의미한다. 시중(時中)의 인도(人道)와 정중(正中)의 천도

112) 李乙浩, 앞의 책, 75~81쪽.
113) 최익한, 앞의 책, 322쪽.
114) 琴章泰,《정약용(丁若鏞)—한국실학의 집대성》, 성균관대 출판부, 1999, 137쪽.

(天道)가 성중(誠中)의 성인지도(聖人之道)가 추구하는 목표이다. 따라서 '성'은 공맹학(孔孟學)의 중심이요, 만사(萬事), 만물(萬物)을 일관하는 도라는 것이다. 그는 '성'이 지언행인(知言行仁)의 '중'과 함께 수사학적(洙泗學的) 실천윤리의 철학적 근거가 되며, 성리학에서 말하는 이(理)처럼 만화(萬化)의 근본이기도 하다고 보았다.115)

  - 다산은 유교의례를 고전을 바탕으로 고증하고자 《춘추》를 연구했다. 《춘추고증》(春秋考徵)이 그것이다. 문란한 관·혼·상·제의 예법을 바로잡고자 주(周)나라 제도가 반영되어 있는 《춘추》를 통해 고증한 것이다. 진산사건에서 신자들이 신주를 불태우고 제사를 폐하자 천주교를 배교한 다산은, 스스로 천주교도가 아님을 밝히는 증거로서 유교의례의 원형을 고증하는 데 노력을 기울였다고도 볼 수 있다.

  - 다산은 왕양명의 치량지설(致良知說)에 대해 양지를 선천적으로 타고난 도덕적 실체로 보지 않고, 양육하는 과정에서 저절로 일어나는 본능적 지각이라고 했다.116)

  ## (5) 정치사상(政治思想)

  - 지도자는 밑에서부터 뽑아 올려야 한다는 것이 다산의 주장이었다. 5가(五家)가 인(隣)이 되어 인장(隣長)을 뽑고, 5인(五隣)이 이(里)가 되어 이장(里長)을 뽑고, 5리(五里)가 현(縣)이 되어 현장(縣長)을 뽑고, 현장이 제후(諸侯)를 추대하고, 제후가 천자를 추대한다는 것이다(〈湯論〉). 반대로 임금이 임금 노릇을 제대로 못할 때에는 백성들이 쫓아내도 된다는 것이다. 맹자의 혁명론에서 한 걸음 더 나아간 국민주권론의 단초를 보여준다. 물론 민(民) 스스로 지도자로 입후보할 수는 없는 한계가 있다. 또한, "이정(里正)은 백성의 희망을 좇아 법을 제정해 당정(黨正)에게 올

---

115) 琴章泰, 〈茶山의 儒學思想과 西學思想〉, 《茶山 丁若鏞의 西學思想》, 다섯수레, 1993, 152~158쪽.
116) 최익한, 앞의 책, 333~334쪽.

리고, 당정은 백성의
희망을 좇아 법을 제
정해 주장(州長)에게
올리고, 주장은 국군
(國君)에게 올리고,
국군은 황상(皇上)에
게 올린다."고 했
다.117) 그는 또한 목
자(牧者)가 민생(民

《목민심서》에는 다산의 통치사상이 집약되어 있다.

生)을 위해 존재한다고 했다(〈原牧〉). 다산은 《목민심서》 48권을 통해 이
러한 통치론을 집대성했다.

한편 그는 감사(監司)를 큰 도둑이라 비판했다. 다산에 따르면, 감사는
"큰 깃발을 세우고, 큰 일산으로 옹위하고, 큰 북을 치고, 큰 태평소를 불
고, 쌍가마를 타고, …… 이 도둑은 야경꾼이 감히 심문하지 못하고, 의금
부 금오랑이 감히 잡지 못하고, 어사가 감히 공격하지 못하고, 재상도 감
히 성토하지 못한다."는 것이다. 그는 "이 큰 도둑을 없애지 않으면 백성
을 다 죽이게 된다."고 보았다. 백성들은 "근래에 와서 세금과 부역이 번
잡하고 과중하며 관리들의 약탈이 혹심해 백성들이 살아갈 수 없게 되었
다. 그래서 모두가 난리를 일으킬 것을 생각한다."(《목민심서》)고도 했다.

－ 다산은 문벌·지방색·당색을 타파하고, 신분 차별 없이 서얼·천민
에 이르기까지 인재를 널리 등용할 것을 주장했다(〈通塞議〉). "하늘은 그
신분이 관리인가 백성인가를 묻지 않는다." "나의 소망은 온 나라 안을 모
두 양반이 되게 하고 싶다.", "위에 있는 것은 하늘이요, 아래에 있는 것은
백성이다."라고 한 것만 보아도 다산은 신분차별을 반대했음을 알 수 있
다.118)

117) 최익한, 앞의 책, 372쪽.
118) 琴章泰, 《韓國實學思想硏究》, 集文堂, 1987, 228쪽.

(6) 경제사상(經濟思想)

– 다산은 농사짓는 사람이 땅을 얻어야 한다고[農者受田] 부르짖었다. 고대의 정전(井田)은 한전(旱田)·평전(平田)이 많았으나, 이미 수전(水田)과 산전(山田)이 많아졌으니 정전법(井田法)을 실시할 수 없고, 호구의 증감이 뚜렷해졌으므로 계구분전(計口分田)인 균전론(均田論)도 실시할 수 없으며, 소유자의 명의를 얼마든지 바꿀 수 있기 때문에 일정한 면적 이상은 매매할 수 없는 한전법(限田法)도 실시할 수 없다는 것이 그의 주장이었다.[119]

그런데 생산력이 발전되고 지주·상인층의 토지겸병으로 지주전호제가 성립되어 농사짓지 않는 사람들이 땅을 차지하게 되었다. 이런 현실을 극복하고자, 다산은 38세 되던 1799년 〈전론〉(田論)을 지어 토지공유제인 여전론(閭田論)을 내세웠다.

여전이란 산골짜기[山谿]·냇물[川原]에 경계를 획정(劃定)해 그 경내를 여(閭)라 하고, 여마다 30가(家)를 배정한다. 그리고 3여를 리(里), 5리(五里)를 방(坊), 5방(五坊)을 읍(邑)이라 정한다. 여에는 여장(閭長)이 있고, 1여의 전지는 1여의 주민이 공동 경작해 매일 일한 분량을 일역부(日役簿)에 적는다. 그리고 추수 뒤에는 일정량의 공세(公稅)를 공제하고, 여장의 봉급을 제한 다음 나머지를 일한 날자 수를 기준으로 나눈다.[120] 집단농장과 비슷하다. 공동경작의 경험은 원시 촌락공동체의 유제이기도 하지만 둔전법(屯田法)에서 얻은 것이기도 했다.[121]

– 다만, 지주전호제가 완화되기는커녕 오히려 더욱 굳어져가던 당시 상황에서 여전제가 실현되기는 어려웠다. 현실을 어느 정도 인정하면서 '농자수전'이라는 목표에 다가갈 수 있는 경제사상이 필요했다. 이에, 〈전

---

119) 최익한, 《실학파와 정다산》, 국립출판사, 1955, 410쪽.

120) 최익한, 위의 책, 412쪽.

121) 최익한, 위의 책, 415쪽.

론)을 지은 지 18년 뒤인 56세 때, 다산은 《경세유표》를 지어 정전론(井田論)을 주장했다. 그는 "내가 생각하건대 나라 안의 전지는 모두 왕의 전지[王土]이다. 그 사사로운 주인이 있는 것도 주인이라고 적어서는 안 되고, 마땅히 '시점'(時占: 일시적 점유)이라고 바꾸어야 하며, 그 전부(佃夫)는 '시작'(時作: 일시적 경작)일 뿐이다. 그 사사로운 주인이 없는 땅은 마땅히 빨리 거두어 들여 왕의 땅으로 삼고, 백성을 모집해 경작시켜 9분의 1세[九一稅]를 매기면 차차 칼자루를 쥐게 될 것이니, 이른바 한 치의 땅을 얻어도 왕의 땅이요, 한 자의 땅을 얻어도 왕의 땅이라는 것이다."122)라고 했다.

따라서 그는 민전(民田)에 반대했다. 백성들은 평화로울 때 왕토를 경작해야 하고 9분의 1세를 내고, 나라에 큰 일이 생길 때는 군역을 지고 국가를 위해 싸워야 한다는 것이다. 이는 유형원(柳馨遠)의 공전법(公田法)과 비슷하다. 그는 한전법(限田法)도 토지 사유를 인정하는 것이기 때문에 경계를 바로잡으려면 반드시 공전법을 실시해야 한다고 했다. 그러니 다산의 정전제는 유형원의 공전법에 영향 받은 것이라 할 수 있다.123)

다만, 유형원의 공전법에서는 농민 이외의 인구에게도 토지를 지급하고도 군역은 농민만 지게 되어 있는 것과 달리, 다산의 정전제에서는 백성 전체가 군역의 부담을 지게 되어 있다.124) 또한 유형원은 공전의 분배방법에서는 지주전호제가 유지될 수밖에 없다고 한 점도 다산과는 다르다 하겠다.125) 그리고 다산은 "천하의 백성을 반드시 모두 농사만 하도록 권할 필요는 없다."고 하여 직업분화에 따른 배려의 필요성을 언급했다(〈井田議〉). 아울러 장차 노비제를 혁파하고, 고공(雇工)에게 경작을 맡겨야 한다고도 했다.126)

---

122) 〈地官修制 田制考〉, 《經世遺表》 卷 6.
123) 姜萬吉, 〈茶山의 土地所有觀〉, 李佑成教授 定年紀念論文選 《茶山의 政治經濟思想》, 창작과 비평사, 1990, 158쪽.
124) 姜萬吉, 위의 논문, 159쪽.
125) 姜萬吉, 위의 논문, 159쪽.
126) 姜萬吉, 위의 논문, 171쪽.

  - 다산은 정전제(井田制)와 더불어 공전균세(公田均稅)를 주장했다. 국가가 양전관(量田官)을 파견해 토지의 총 결수(結數)를 조사한 다음, 그 10분의 1을 매수해 공전으로 만든다. 그리하여 공전은 공동경작하고, 사전(私田)은 세금을 내지 않는다. 그리고 900무(畝)를 1정(井)으로 해 여덟 농부가 100무씩 나눠 경작하고, 중앙의 100무는 공동 경작해 조세로 바친다. 이른바 '조이불세'(助而不稅)이다. 그러나 지주의 토지가 70퍼센트인 당시 상황에서 공전경작의 노동부담은 모두 소작인이 걸머질 것인데, 이런 문제에 대한 대책이 미흡했다는 한계가 있다.

  - 다산은 환곡(還穀)을 폐지하자고 주장했다. 환곡은 원래 빈민구제책으로 봄에 쌀을 빌려주었다가 가을에 받아들이는 것이었으나, 쥐나 참새가 축내는 양을 보충하고 운반비를 거두고자 취모법(取耗法: 환곡에 일정 비율의 이자를 붙여서 받음)을 시행하면서 백성들의 이자부담이 커져 농민반란의 빌미가 되었던 것이다.[127]

5. 맺는 말

  다산은 18세에 이미 천주교에 기울기 시작했다. 그의 두 형이 약전·약종이고, 자형이 이승훈이며, 큰형 약현의 매부가 이벽이었다. 또한 황사영이 약현의 사위요, 이가환은 같은 남인 시파의 선배였으며, 윤지충은 외종형이었다. 그러니 다산은 천주교 핵심가문에서 자랐다고 할 수 있다. 달레는 《한국천주교회사》에서 다산이 신앙문제로 생명의 위협을 받아 외유내야(外儒內耶)의 이중생활을 하지 않을 수 없었다고 주장했다. 그러나 말년에는 《조선복음전래사》를 짓고, 아들과 함께 성세를 받고 철저한 신앙생활을 하다가 죽었다고 했다.

---

127) 최익한, 앞의 책, 391~396쪽.

물론 1791년(정조 15)의 진산사건으로 천주교를 배교하기는 했으나, 그의 유교경전 해석에는 다분히 천주교 교리가 영향을 끼쳤다. 그러나, 천주교 교리를 그대로 준용한 것이 아니라, 공자 시대의 고대유교, 곧 수사학(洙泗學)으로 돌아가 경전을 재해석하는 과정에서 참고하였다고 봐야 한다. 이는 백호(白湖) 윤휴(尹鑴), 미수(眉叟) 허목(許穆) 등 남인 실학자들이 추구해 오던 학풍이기도 했다. 다산이 추구하는 진정한 유학자는 다음과 같은 사람이다.

> 인민을 편안케 하고, 이적(夷狄)을 물리치고, 재정을 넉넉하게 하고, 능문능무(能文能武)해 무엇이든지 담당할 수 있도록 하자는 것이다. 어찌 글귀와 글장을 찾아내거나 벌레와 물고기에 주석을 다는 것만을 일삼으며, 옛날 의복을 입고 절하며 읍(揖)하는 것을 따르는 것이겠는가? 후래 유학자들은 성현의 주지(主旨)를 알지 못하고, 인의(仁義)·이기(理氣) 등의 학설 이외의 것은 한 마디만 하면 그저 잡학(雜學), 곧 신불해(申不害)·한비자(韓非子)나 손자(孫子)·오자(吳子)의 학이라 한다. 그리하여 높은 이름과 도학(道學)의 정통을 꿈꾸는 자는 썩어빠진 논설만 늘어놓아 스스로 어리석게 하고 한 발자국도 이 한계를 넘어서지 않으려 하니 유도(儒道)는 별방의 시경에 이르고, 그 시대의 군주들은 유학자를 멸시한다(〈俗儒論〉).

그리하여 다산은 서학(西學)에서 섭취한 과학적 방법으로 유학을 자기비판해 스스로 새로운 견해를 개발했다. 다산의 개혁사상은 국가와 양반지주의 이중적 착취로 살아갈 수 없는 민생을 구제하는 실용적인 것이었다. 그는 오학론(五學論)에서 1) 성리학(性理學), 2) 훈고학(訓詁學), 3) 문장학(文章學), 4) 과거학(科擧學), 5) 술수학(術數學)을 배격하고 수사학(洙泗學)으로 돌아가 6경(六經)·4서(四書)를 간결하고 실상에 가깝도록 해석하려고 애썼다.128) 아울러 한·당대 훈고학, 청대 고증학(考證學)

---

128) 최익한, 앞의 책, 305쪽.

을 원용하기도 했다.

　끝으로 다산학이 후대에 어떤 영향을 미쳤는가를 살펴보기로 하자.

　다산은 백호 윤휴, 반계 유형원, 미수 허목, 성호 이익, 녹암 권철신, 광암 이벽 등에게 영향을 받아 실세(失勢) 남인 학자로서 무너져 가는 조선왕조의 난맥상을 지적하고, 이를 개혁하고자 노력했다. 그러나 당쟁의 희생양이 되어 강진에 유배된 뒤 18년 동안 적거(謫居) 생활을 했다. 이 기간은 그의 개혁사상이 싹튼 중요한 시기이기도 했다.

　다산의 개혁사상은 '낡은 나라를 새롭게 하자'[新我舊邦]라는 일관된 목표를 가지고 있었다. 그는 백성들의 곤궁한 생활을 개선하고 독선적인 주자학 사상을 개혁해, 나라를 구제하고 민생을 구하고자 했다. 국가의 난맥상을 솔직하게 고발하고 이에 대한 대안을 모색해 보고자, 우선 당시의 지배 이데올로기인 주자학의 틀을 공격해 새로운 세계로 나갈 꿈을 키워간 것이다. 그는 이에 대한 이론적 바탕을 얻고자 천주교의 교리에 나타나는 천주를 끌어들여, 주자학에서 신성시하는 천리를 깨버려야 한다고 생각했다. 그러나 천주교의 교리를 가지고 직접 주자학을 공격하면 사문난적(斯文亂賊)으로 몰릴 가능성이 높았다. 그리하여 고대유교인 공자시대의 수사학(洙泗學)으로 돌아가 수기(修己)와 치인(治人)의 논리를 개발해 그것으로 주자학, 성리학을 이론적으로 비판하고, 새로운 국가체제를 구상해 본 것이었다.129) 다산은 초기 30년 동안 서학에 몰두하고 고증학ㆍ북학을 신봉하는 인사들과 교류가 많았기에, 사실상 무기징역에 해당하는 유배생활을 하게 되었다. 유배기에는 《시전》(詩傳)ㆍ《서전》(書傳)ㆍ《주역》(周易)ㆍ《예기》(禮記)ㆍ《춘추》(春秋) 등 고대유교의 책들을 깊이 연구해 이를 재해석하는 데 심혈을 기울였다. 그러다가 해배 명령이 내리자, 관직에 다시 나갈 희망을 가지고 부랴부랴 《목민심서》(牧民心書)ㆍ《경세유표》(經世遺表)ㆍ《흠흠신서》(欽欽新書) 등 '낡은 나라를 새롭게

---

129) 백호(白湖) 윤휴(尹鑴)와 서계(西溪) 박세당(朴世堂)이 주자의 학설을 비판했다가 사문 난적(斯文亂賊)으로 몰린 적이 있었다. 그리하여 미수(眉叟) 허목(許穆)은 고례(古禮)로 돌아가자고 했고, 성호 이익은 사실에 입각한 실증적인 경전해석을 했다.

하는' 데 필요한 책들을 지은 것이 아닌가 한다. 물론 그의 반대파가 주도하는 정국에서 다산의 사상은 실현되지 못했다.

생전에 어렵다면 사후에라도 뜻을 펼치고자, 그는 자신의 책이 남인이 우세한 영남지방에 전달되기를 바랐고, 그의 친족들이나 제자들에게 이런 그의 뜻을 밝히기도 했다. 그러나 다산이 정서해 놓은 《여유당집》은 1883년에 고종이 필사해 참고했을 뿐이며, 《여유당전서》는 일제시대인 1935부터 1937년까지 민족운동의 일환으로 신조선사(新朝鮮社)에서 처음으로 출판되었다.130)

그러나 공개되지 않은 서책의 일부가 비밀리에 문명개화파나 동학당에 전해졌다는 일화가 남아있다. 예컨대 그의 《경세유표》(經世遺表)의 원본인 《방례초본》(邦禮草本)이 《열수전서》(洌水全書)에 15책 43권으로 되어 있는데, 그의 문인 이청(李晴)의 《사암연보(俟菴年譜)》에는 49권으로 되어 있다. 그리고 다산의 자찬묘지명에는 "48권 미졸업"(未卒業)이라 되어 있다. 원본에 추가되었을 5∼6권은 어디로 간 것일까? 1925년 이른바 을축장마 때 마현(馬峴)의 다산 구거(舊居)가 홍수를 만나 책과 가구들이 떠내려 가는 것을 현손 정규영(丁奎英)이 다른 것은 젖혀두고 다산의 저작들을 우선적으로 건져냈다고 한다.131) 이때 다산의 성고본(定稿本) 가운데 일부가 없어졌을 가능성이 있다. 글은 전하지 않고 이름만 전하는 〈균암만필〉(筠庵漫筆)·〈상산록〉(象山錄)·〈이아술〉(爾雅述)·〈동다설〉(東茶說)·〈설초산담〉(雪樵山談)·〈다산필집〉(茶山筆集)·〈다산필담〉(茶山筆談)·〈유산일초〉(酉山日抄)·〈한암쇄화〉(寒岩瑣話) 등132)이 그러한 책들이 아닌가 한다.

한편, 강진 지방에 전해 오는 말에 따르면, 현존본 《경세유표》 이외에 다산이 해배되기 직전에 밀실에서 지은 '별본'(別本)이 있다고 한다. 여기에는 만민평등의 본격적인 개혁안이 들어 있을 가능성이 있다. 이 별본은

---

130) 金泳鎬, 〈與猶堂全書의 텍스트 檢討〉, 《丁茶山研究의 現況》, 民音社, 1985, 25쪽.
131) 金泳鎬, 앞의 논문, 28쪽.
132) 金泳鎬, 앞의 논문, 35쪽.

문인 이청과 친한 승려 초의(草衣)에게 주어서 비밀리에 보관되어 오다가 중간에 사라졌고, 그 일부가 대원군에게 박해를 받은 남상교(南尙敎)·남종삼(南鍾三) 부자에게 전해졌으며, 일부는 전봉준(全琫準)·김개남(金介男)의 수중에 들어가 그들에게 영향을 주었을 공산이 크다는 것이다. 그리고 동학운동이 끝난 뒤에는 관군이 이 별본을 찾으려고 다산 근처의 인가와 사찰을 수색하기까지 했다고 한다. 이러한 사실은《강진읍지》인물조에 기록되어 있다.133)

(2008. 5.)

---

133) 최익환, 앞의 책, 350~352쪽.

수당(修堂) 이남규(李南珪)의 생애와 사상

1. 들어가는 말

수당 이남규(1855~1907)는 구한말에 이건창(李建昌) · 김택영(金澤榮) · 황현(黃玹)과 함께 4대 문장가(文章家)로 알려져 있는 인물이다. 뿐만 아니라 저 유명한 단재 신채호와 산강(山康) 변영만(卞榮晩)의 스승이기도 하다. 수당은 제자 이장식(李章植)에게 신채호는 명민(明敏)하면서도 지조를 굳게 지킨다고 하면서, 얻기 어려운 사람이니 친구로 삼으라고 한 바 있다.

수당은 훌륭한 가문에 태어나 가학(家學)을 전수받고 문과(文科)에 급제해 조선시대 여느 학자관료들과 마찬가지로 벼슬살이를 하고 있었다. 그러나 일본의 침략을 받아 나라가 망할 지경에 이르자, 국왕인 고종에게 상소를 올려 매국노들을 처단하고 일본과 일전을 불사하자고 주장했다. 그러나 실효가 없자 스스로 의병을 일으켰다가, 일본군의 손에 부자가 함께 무참하게 살해당했다.

수당의 생애와 사상을 어떻게 평가할 것인가가 우리의 과제이다. 나라가 망할 때 부귀영화를 좇아 지조를 버리고 적에게 협조한 사람도 있고, 눈치만 보고 자포자기한 사람도 있지만, 맞서 싸우다가 죽은 사람도 있다. 당시 나라를 위해 자신을 희생한 사람은 많지 않았다. 더구나 목숨을 버린다는 것은 쉬운 일이 아니다. 이는 투철한 의지와 강인한 의기가 있어야만 실천에 옮길 수 있는 것이다.

修堂遺集目錄

卷之一 賦

寒樓臺跋

詩

自貞洞移寓長興坊成明南晚基安泊人泰源尹
星然仏求皆游此乞與之共賦

開瀆館新命有吟

朴學士壽狀而會飲

尹白堂庚辰棪湖兼東李菊泉喜元申晚蘇珪

休會吟

柳上舍永祐邀飲

徐鶴下几澤有微余言一宿而始未及美夜社

金莘下夏美卟與諸益共賦

菊泉丙第四會

贈別泊人

贈孫宬郞景現

與諸益柱孫從郞景現貞齋直中偕至興天
寺鄭康齋篤卟約而未至先抵一律

興天寺破酒遷暮還鶴下見栢分韻得浩字四言

與孫宬郞景現酒分韻得日字

蜂海蔡卟原完會飲康齋至

鄭茂亭馬朝兩興呂荷亭圭亭徐怡堂丙柘宋秋

浩榮大徐蒣堂丙壽朴遵堂姜陽鄭東谷寅弓共

賦

若子琴歌 半序

金剛山歌贈茂亭東遊

迷懷次茂亭韻

附原韻

迷懷贈茂亭

附次韻

附原韻

荷亭老兄以平生風雨夜卟念名節報爲十小詩

見哥幽遠悵悅然若闖今述酒諸奉讀瀁瀁強辰

失次

擬古十首疊前韻求和荷亭

康齋定會吟

沈鍾山英慶輓

族祖進士公永舜輓

蔡文東一輓

明成王后挽章二首

《수당집》.

수당은 망국의 과정을 지켜보다가 나라를 지키려는 싸움에 뛰어들었고, 끝내는 죽음을 당한 애국자이다. 그가 위정척사파라는 점도 따져봐야 하겠지만, 무엇보다 중요한 것은 국가의 자주독립을 위해 하나밖에 없는 목숨을 초개와 같이 버리고 과감하게 싸우다가 죽을 수 있는 자세이다. 그면에서 그가 지식인으로서 그리고 관료로서 망국의 과정에서 어떻게 살았고, 어떤 생각을 했으며, 그 생각을 어떻게 실천했나를 살펴 볼 필요가 있다. 그리하여 오늘을 사는 우리에게 어떤 시사점이 있을지 살펴보도록 하자.

2. 생 애

이남규의 초명은 만규(萬珪)이며, 자는 원팔(元八), 호는 수당(修堂), 아호(雅號)는 수당퇴사(修堂退士)·천방초부(天放樵夫)·해동기인(海東畸人)·일지산초(一枝山樵)·항강동주(恒康洞主)·만수진일(晚修眞逸), 본관은 한산(韓山)이다. 수당은 1855년(철종 6) 11월 3일 오전 8시 서울 미동(尾洞: 지금의 서대문구 미동 일대와 충정로·의주로 일대)에서 아버지 호직공(浩稙公)과 어머니 청송 심씨(監司 重潤의 딸) 사이에서 큰아들로 태어났다. 이때 아버지가 이상한 꿈을 꾸었는데, 어떤 사람이 찾아와서 누구냐고 물어보니 "용을 파는 사람"이라고 해서 후한 값을 치르고 용을 샀다고 한다. 그리고 꿈에서 깨어나자 여종이 달려와서 수당이 태어났다고 알려주었다.[1]

그의 가문에서는 고려 말의 가정(稼亭) 문효공(文孝公) 곡(穀)과 목은(牧隱) 문정공(文靖公) 색(穡)이 모두 문장과 절의로 이름을 날렸고, 그 아래로는 조선 선조 대에 영의정을 지낸 12대 아계(鵝溪) 산해(山海)와, 좌참찬(左叅贊)을 지낸 11대 석루(石樓) 경전(慶全)이 있다. 그리고 그의 5대조는 '호서의 군자'라고 불리웠고 동부승지를 지낸 구호(龜湖) 수일(秀逸)이요, 고조는 성균생원으로 이조참의를 추증받은 우명(宇溟)이요, 증조는 성균생원으로 이조참의를 추증받은 광교(廣敎)요, 조부는 병조참판을 지낸 종병(宗秉)이요, 아버지는 행동부도사(行東部都事)로서 내부협판(內部協辦)을 추증받은 호직(浩稙)이다.

---

1) 홍승균 역, 《국역 수당집》 3, 민족문화추진회, 1999. 5, 214쪽.

수당은 성호 이익-순암(順菴) 안정복(安鼎福)-하려(下廬) 황덕길(黃德吉)의 계보를 잇는 성재(性齋) 허전(許傳)의 제자이다. 성호가 퇴계(退溪) 이황(李滉)을 사숙(私淑)했으니 퇴계학통이요, 당색은 남인이었다.[2] 친구로는 물헌(勿軒) 이명익(李明翊)·영재(寧齋) 이건창(李建昌), 하정(荷亭) 여규형(呂圭亨), 무정(茂亭) 정만조(鄭萬朝) 등이 있었으며, 제자로는 단재 신채호·산강 변영만, 강기선(姜驥善), 이장식(李章稙) 등이 있었다. 이 가운데 이명익과 이건창은 조선이 일본에게 병탄되기 전에 세상을 떴고, 여규형과 정만조는 뒷날 변절했다는 비난을 들었다. 제자들 가운데 신채호를 가장 사랑했다고 한다.[3]

그는 스스로가 가학을 이어받았음을 강조했다. 간이(簡易) 최립(崔笠)의 말 가운데 "목은의 자손은 다른 사람들과 달리, 한유나 유종원의 글을 세상 사람과 같이 읽을 필요가 없으며, 목은의 글[文]을 배우는 데 힘쓰면 자연히 문장을 못한다고 걱정할 일이 없어진다"고 한 것을 들어 아들 충구(忠求)에게 "이 말이 과장이 아니다. 그러니 다시금 가학을 고구(考究)해 세업(世業)을 실추시키지 않도록 해야 한다"고 신칙(申飭)한 것만 보아도 알 수 있다.[4]

수당은 어려서부터 총명했다. 글을 배우기 시작하면서 '지'(之) 자와 '이'(而) 자의 뜻을 캐물었으며, "가도 가도 산이 나와 끝이 없는데, 느린 해는 아직 중천에 오지 않았구나"(去去山無外 遲遲日未中)라는 시를 지어 사람들을 놀라게 하기도 했다. 그는 공부를 할 때 스스로 그 은미(隱微)하고 오묘(奧妙)한 뜻을 깨달았고, 약관(弱冠)의 나이에 벌써 경전(經傳)과 사서(史書)·제자서(諸子書)에 통달했으며, 무엇이든지 한번 보면 곧 외웠다 한다. 글을 읽다가 옛 사람들의 의리가 격절(激切)한 곳에 이르면 책을 덮고 한탄하면서 눈물을 흘렸으며, 고사(故事)·학통(學統)·당

---

2) 李成茂,《개정증보 조선의 사회와 사상》, 일조각, 2004. 8, 420쪽. 수당은 性齋 許傳의 鬥人錄인 〈冷泉及門錄〉에도 이름이 올라 있다.

3) 〈家狀〉, 註 1의 68쪽.

4) 〈아이 忠求에게 부침〉,《국역 수당집》1, 민족문화추진회, 1997. 9, 314쪽.

론(黨論)·씨족(氏族)·풍토(風土)·관방(關防) 등에 통달하지 않은 것이 없었다 한다.5)

　1868년(고종 5)에 14세의 나이로 평강 채씨 동석(東奭)의 딸과 혼인해 1874년(고종 11)에 장남 충구(忠求)를 얻었다. 그리고 다음 해인 1875년(고종 12)에 사마시에 합격했는데 이때의 시관(試官)은 행호군(行護軍) 한경원(韓敬源), 부호군(副護軍) 권응선(權膺善), 부사과(副司果) 윤치담(尹致聃) 등이었으며, 시제(試題)는 '賢人所過之地 山川草木皆有精彩'였다. 그러나 1876년(고종 13)에 문과 복시(覆試)에 떨어져 1882년(고종 19)의 문과정시(文科庭試)에 병과(丙科) 5인으로 급제했다. 시험은 춘당대(春塘臺)에서 보았으며, 시관은 판부사(判府事) 김병국(金炳國)이었고, 시제는 '極天下之孝'였다. 동방(同榜: 같이 과거급제한 사람)은 이구상(李龜相)·윤헌(尹瀗)·남주원(南周元)·조시영(曺始永) 등이었다.6)

　문과에 급제한 다음 해인 1883년(고종 20)에 승문원권지부정자(承文院權知副正字)로 분관(分館)되었으며, 1885년(고종 22) 정월에 분주서(分注書)로서 제 5실 어진(御眞)을 경복궁에 이안(移安)했다. 이때 분주서는 수당과 심상찬(沈相瓚)·조장하(趙章夏)·이범대(李範大)·정인섭(鄭寅燮) 등이었다. 그해 10월에 승문원부박사(副博士), 홍문관 교리가 되었으며, 12월에 문신 겸 선전관(文臣兼宣傳官: 선전관은 무관 벼슬임)이 되고 휴가를 얻어 고향인 예산(禮山)에 귀근(歸覲)했다.7) 1886년(고종 23)에 서학교수(西學敎授)를 거쳐 사간원정언이 되었는데 공고(公故)에 지체되었다 하여 잡혀 들어갔다가 풀려나 6월에 다시 서학교수가 되었다. 이때 조정에서는 경학원(京學院)을 설치해 중학교수(中學敎授)에 송백옥(宋伯玉), 동학교수(東學敎授)에 김필수(金弼洙), 남학교수(南學敎授)에 이승우(李勝宇), 그리고 서학교수(西學敎授)에 수당이 임명되었다. 8월에 후

---

5) 《국역 수당집》 3, 민족문화추진회, 1997. 9, 214쪽.
6) 〈수당 이남규 해적이〉, 《나라사랑》 제 28집, 1977. 12, 16~20쪽 ; 《국역 수당집》 3, 민족
　文화추진회, 1997. 9, 213~221쪽.
7) 위의 책, 17쪽.

영군사마(後營軍司馬)와 부수찬(副修撰)을 지냈는데, 10월에 옥사(獄事)
가 일어나 문사랑청(問事郎廳)이 되었다. 이때 죄인 인묵(仁默)과 창관
(昌寬)을 삼군부(三軍府)에서 정국(庭鞫)하는데, 위관(委官)은 김유연
(金有淵)이었고, 판의금(判義禁)은 심이택(沈履澤)이었으며, 문사랑청은
수당과 여규형·정인석(鄭寅奭)·이승우(李勝宇)·유진필(兪鎭弼)·박
이양(朴彛陽) 등이었다.8)

1887년(고종 24) 3월에 어머니가, 1889년(고종 26)에 아버지가 별세하
여 예산에 내려가 각각 3년상을 지내고 1891년(고종 28)에 홍문관부수찬
에 임명된 뒤 사헌부 장령·지평, 관학응제대독관(館學應製對讀官), 부응
교(副應敎)·집의(執義)·응교·장락원정(掌樂院正)·수찬(修撰)·사간
(司諫)·교리 등을 지냈다.9) 그리고 사간으로 있을 때 무시소(武試所)의
시관으로 차임(差任)되었고, 이어서 다음 해(1892) 3월에 대보단(大報
壇: 명나라 태조·신종·의종에게 제사하던 사당) 제향 때 참여한 공로로
당상관(堂上官)인 통정대부(通政大夫)에 올라 공조참의를 제수받고, 표
리(表裏)를 상으로 받았다. 그 뒤 다시 동부승지·첨지중추부사에 제수되
었으나 외부에 있었던 관계로 체직되었다.10)

1894년(고종 31)에 형조참의가 되었다. 이때 무격(巫覡)의 풍습이 널
리 퍼져 민폐가 심해졌는데 수당이 그 괴수를 잡아 엄벌에 처하자 사람들
이 통쾌하게 여겼다. 그런데 이때 동학의 교조신원운동이 일어나 정부에
서 청나라 군대를 불러들였다. 그러자 일본군도 따라 들어와 대궐을 점령
하고 친일 인사들을 앞세워 갑오개혁을 단행했다. 수당은 〈동서의 사학
(邪學)을 배척하는 상소〉와 〈비적(匪賊)의 소요와 왜병(倭兵)의 도성진
입을 논한 상소〉를 올려 동학과 일본의 행위를 맹렬히 비난했다. 그리고
우부승지를 거쳐 여름에 영흥부사에 제수되었다. 영흥은 북방고을로 다스
리기 어려웠는데 수당은 광액(鑛額: 광산 생산량의 한도 규제)을 감해주

---

8) 〈수당 이남규 해적이〉,《나라사랑》제 28집, 1977. 12, 17쪽.
9) 위의 책, 17쪽.
10) 위의 책, 17쪽.

어 백성을 구제하고, 문교(文敎)를 장려해 문풍(文風)을 일으켰다.11)

1895년(고종 32)에 을미사변이 일어나 명성황후가 시해되고, 폐서인 (廢庶人)되자 영흥부사로 있으면서 〈왜와 절교를 청하는 상소〉를 올렸다. 그리고 단발령이 내려지자 "목을 자를지언정 머리카락은 자를 수 없다"하 면서 저항했다. 그러고는 한밤중에 고을 동쪽에 있는 군자루(君子樓)에 올라가서 통곡을 하고 관직을 사퇴했다. 이때 〈왕후의 위호(位號)를 회복 하고 왜적을 토벌해 원수를 갚을 것을 청하는 상소〉를 올렸으나, 권간(權 奸)들의 방해로 고종에게 전달되지 않았다가 나중에야 전달되었다. 그리 고 〈영흥에 있을 때 황후를 폐서인에 처하는 칙명(勅命)을 받들 수 없다 는 일로 자신을 탄핵한 상소〉를 올려 "죽더라도 감히 (이) 칙명은 받들지 못하겠다"라고 항변했다. 이해 경연부시강(副侍講)이 되었으며, 장손 승 복(昇馥)이 태어났다.12)

1896년(建陽 1)에 안동부관찰사(安東府觀察使)에 임명되었으나 누누 이 상소를 올려 사퇴하고자 했다. 그러나 왕의 간곡한 권고로 부임했다. 안동에는 김석중(金奭中)이 관찰사로 있었는데, 단발령에 앞장서다가 권 세연(權世淵)·김도화(金道和)가 일으킨 의병에게 쫓겨나고, 결국 문경 의 새재[鳥嶺]에서 이강년(李康秊)이 이끄는 의병에게 붙잡혀 죽었기 때 문에 관찰사 자리가 비어 있었다. 수당이 관찰사로 임명되었을 때, 의병들 은 예천에 결집해 이른바 예천회맹을 하고 상주로 진격하고 있었다. 수당 은 의병들을 만나 임금의 명령을 전하고, 백성들을 회유했다. 안동의진(安 東義陳)에서도 관찰사의 도임을 환영하는 태도였다. 수당을 관찰사로 임 명한 것도 안동이 남인의 고을이고, 선성[禮安] 의병장 이만도(李晩燾)가 수당과 1882년 경과(慶科)에 함께 합격한 동방이었기 때문이다. 일본군이 의병진압을 빌미로 안동을 쑥대밭으로 만들자 수당은 일본군을 고발해 외 교문제가 되기도 했다. 그러나 오래지 않아 관직을 버리고 돌아갔다.13)

---

11) 〈수당 이남규 해적이〉,《나라사랑》제 28집, 1977. 12, 17쪽.

12) 위의 책, 17쪽.

13) 趙東杰,〈修堂 李南珪 先生의 독립정신과 遺志〉,《'修堂集' 完譯紀念 學術講演會 '修堂 李

그 뒤 1897년(光武 1)에 중추원의관(議官)이 되었으나 곧 사임했다. 1898년(광무 2) 2등 의관에 임명되었으나 역시 사임했고, 시골에 있을 때 다시 의관으로 불렀으나 부임하지 않았다. 이때 수당은 〈민회를 논하는 상소〉, 〈관민공동회를 논하는 상소〉를 올려 민회를 반대했다. 아울러 경효전(景孝殿: 명성황후의 魂殿)의 궤전(饋奠: 상을 치르는 동안 아침저녁으로 제물을 올림)을 때가 지나도록 거두지 않는 것은 예가 아니니 중지해야 한다고 주장했다.14)

1899년(광무 3)에 비서원승(秘書院丞)이 되었고, 1900년(광무 4)에 인조와 효종에게 존호를 추상(追上)하고 책보(冊寶)를 올린 공으로 종2품 가선대부에 올라 궁내부특진관(特進官)에 임명되었다. 그리고 밀칙을 받아 함경 남·북도 안렴사(按廉使)가 되어 소요를 초래한 덕원부사(德源府使) 윤치호와 백성들의 원망을 산 영흥군수 이윤재(李允在)를 탄핵했다가 모함을 받아 소환당했다. 이에 자핵소(自劾疏)인 〈함경남·북도의 안렴사로 나갔다가 명을 받는 뒤 탄핵한 상소〉를 올리고 고향으로 돌아갔다.15)

1904년(광무 8)에 둘째 손자 창복(昶馥)이 태어났다. 1905년(광무 9)에 을사늑약이 체결되어 조선의 외교권이 박탈되자, 〈도적의 토벌을 청하는 상소〉를 올려 일본을 토벌하고 역적들의 목을 벨 것을 주장했다. 이때부터 나라를 근심하다가 병이 났다.16) 이 무렵 도처에서 의병이 일어났다.17)

1906년(광무 10)에 충청도에서도 의병이 일어났다. 홍양(洪陽)에서 의병을 일으킨 의병장(義兵將) 민종식(閔宗植)이 실패하자 그의 집 평원정(平遠亭)에 숨겨 주었다. 이에 친일파인 일진회(一進會) 회원들이 "이 아무개를 없애지 않으면 충청도가 편할 날이 없을 것"이라고 하여, 수당은

南珪 先生의 독립정신과 詩의 세계'》, 民族文化推進會, 1999. 11, 10~14쪽.
14) 趙東杰, 위의 논문, 10~14쪽.
15) 趙東杰, 위의 논문, 10~14쪽.
16) 趙東杰, 위의 논문, 10~14쪽.
17) 趙東杰, 위의 논문, 10~14쪽.

공주의 감옥에 갇혔다가 혹독한 고문을 받고 한 달 만에 풀려 나왔다.[18]

1907년(광무 11) 9월에 이른바 정미 7조약이 체결되어 고종이 순종에서 선위(禪位)하고 군대를 해산하자, 이를 반대하는 의병이 각처에서 일어났다. 이 직전에 일본은 수당이 충청의병의 수괴(首魁)라 하여 8월 19일 백여 명의 기병을 거느리고 가서 평원정을 둘러싸고 머리를 깎으라고 하다가 듣지 않자 그를 체포했다. 그러나 수당은 "선비를 죽일 수는 있어도, 욕보일 수는 없다"(士可殺 不可辱)고 하면서 가마에 올라 집을 나섰다. 일본군들은 고의로 느릿느릿 걸어서 날이 저문 뒤에 온양 평촌(坪村) 마을 점촌(店村)에 이르자, 수당에게 통역 아사카와(朝川)를 시켜 "공은 본래부터 일본을 원수처럼 보고 있으니 장차 의병장이 될 것이 틀림없다. 그러므로 만약 머리를 깎고 귀순한다면 살 수 있겠지만 그렇지 못하면 죽을 것이다"라며 협박했다. 그러나 수당은 "의병을 일으키는 일은 참으로 상차 기내하는 바가 있어서이다. 주으면 죽을 것이지 굽힐 것 같으냐?"면서 계속 꾸짖었다. 일본군은 수당의 마음을 돌릴 수 없다는 것을 알고 칼로 내리쳤다. 이때 수당의 아들 충구가 막으려다가 두 손이 잘려 먼저 죽고, 이어서 김응길(金應吉) · 가수복(賈壽福) 등 두 명의 종이 가마채를 들고 달려들었으나, 역시 칼을 맞아 김응길은 즉사하고 가수복은 칼을 20군데나 맞고도 살아났다. 그래서 당시의 현장을 낱낱이 알 수 있게 되었다. 우연히 근처를 지나가던 유진원이 현장을 보고 혼자서 공의 시신을 지켰다. 그는 "날이 샐 무렵쯤 되자 검은 구름이 몰려 와서 공의 몸을 한동안 덮어 주고 있다가 사라지더라"고 했다. 시신을 집으로 운구해 왔을 때는 낯빛이 늠연(凜然)해서 살아 있는 것과 같았다. 향년 53세. 이해 9월 예산 대술면(大述面) 한곡(閒谷)에 묘를 썼다. 노복 김응길의 묘도 그 아래 썼다.[19]

수당은 이같은 순국(殉國)의 공으로 1962년 3 · 1절에 대한민국 공로훈장(大韓民國功勞勳章) 단장(單章)을 받았다. 그리고 1973년 1월 25일 성

18) 趙東杰, 앞의 논문, 10~14쪽.
19) 趙東杰, 앞의 논문, 10~14쪽.

균관대학교 부설 대동문화연구원(大東文化硏究院)에서 《수당집》을 간행하고, 3월 13일 기념강연회를 열었으며, 1977년 2월 22일에는 수당 이남규 선생 기념사업회가 결성되어 6월 6일에 수당의 묘소에 묘비를 세웠다.[20]

배위(配位) 정부인(貞夫人) 평강 채씨의 묘는 당진군 시동(柿洞)에 있었는데, 수당 서거 70주년을 맞아 1977년 6월에 예산군 대술면 방산리 산 7-1번지로 옮겨 남편과 합장했다.

3. 사 상

수당은 기본적으로 유학자였다. 그의 학통은 가학으로부터 연원했다. 우선 조상인 목은 이색이 사림파의 종사(宗師)였다. 이색의 학통은 정몽주-길재-김숙자-김종직-김굉필-조광조로 이어져 조선도학계보(朝鮮道學系譜)를 이루었다. 이후 사림파의 세상이 오자 당색에 따라 기호학파와 영남학파로 갈렸는데, 기호학파는 화담학파에서 율곡학파로 이어졌고, 영남학파는 퇴계학파와 남명학파로 나뉘었다.

수당의 조상인 이산해(수당의 12대조)와 그의 아들 이경전(李慶全: 11대조)은 화담계열에서 갈려나온 북인계의 학자관료였다. 그러나 북인이 광해군 대에 정권을 담당했다가 무너진 이후 이산해계는 남인으로 흡수되었다. 그리하여 수당은 성호 이익-순암 안정복-하려 황덕길-성재 허전의 학통을 잇게 되었다. 성호가 미수(眉叟) 허목(許穆)을 거쳐 퇴계를 사숙했으니 퇴계학파에 속했다고 할 수 있다.[21]

---

20) 〈수당 이남규 해적이〉, 《나라사랑》 제 28집, 1977. 12, 20쪽, 이때 연세대 李家源 교수가 〈수당 이남규 선생의 사상과 문학〉을, 전 연세대 교수 洪以燮이 〈수당 이남규 선생과 洪州城 戰鬪〉라는 제목으로 강연을 했다.
21) 윤병석, 〈수당 이남규의 생애〉, 《나라사랑》 제 28집, 1977. 12, 28쪽.

수당이 태어난 때는 러시아가 얼지 않는 항구[不凍港]를 찾아 남하하고, 이를 막고자 영국·미국이 일본과 동맹하여 대결하는 국면이었다. 뿐만 아니라 밖에서는 서구 제국주의 열강이 문호개방을 요구하면서 한국으로 몰려들고 있었고, 안에서는 세도정권의 가렴주구와 착취로 말미암아 전국적으로 민란이 일어나고 있었다. 이에 대처하는 방법을 놓고 지식인 관료들은 위정척사파와 문명개화파로 갈렸다.

수당은 위정척사파에 속했다. 임오군란이 일어난 1882년(고종 19)에 수당은 겨우 문과에 급제했을 때이고, 동학의 난이 일어난 1894년(고종 31)에는 형조참의가 되어 있을 때이다. 동학의 난을 진압하고자 조정에서 청군을 불러들였고, 갑신정변 뒤에 청·일이 맺은 톈진조약의 동시출병 조항에 따라 일본군도 들어와 서울을 점령하고 이른바 갑오개혁을 단행했으며, 1895년(고종 32)에는 을미사변이 일어나 명성황후가 시해당하고 폐서인되는 사태가 벌어졌다. 이에 황후 시해에 대한 복수를 명분으로 을미의병이 각처에서 일어나고, 1905년(광무9)에 러일전쟁의 결과로 을사늑약이 체결되자, 다음 해에 전국적으로 병오의병(丙午義兵)이 일어났다. 1907년(순종 1)에는 일본이 조선의 외교권을 박탈해 간 정미 7조약이 체결되자, 의병운동은 더욱 격렬해졌고, 이런 소용돌이에서 수당도 죽음을 당한 것이다.

수당은 1894년(고종 31)에 동학운동이 일어나자 〈동서의 사학(邪學)을 배척하는 상소〉22)를 올려, 동학과 서학 모두 정학(正學)인 유교와 다른 사학이라 하여 배척하고 교조신원운동과 동학농민군을 다음과 같이 엄중하게 비난했다.

저들의 이른바 학(學)이라는 것이 무슨 학인지를 신은 모르겠습니다마는 여기저기서 주워들은 것을 가지고 말한다면, 그 학설은 요괴한 것이며, 그 방법은 완력을 숭상하는 것이며, 그 마음은 변란을 생각하는 것이며, 그 내

---

22)《국역 수당집》1, 민족문화추진회, 1977. 9, 148~150쪽.

용은 귀신을 빌어서 사람들을 현혹하는 것입니다. 무릇 이른바 그릇된 도리를 이용해 정치를 어지럽히는 것입니다. 참람하게 유학의 글에 의존했으나 실은 해롭게 하는 것이며, 겉으로는 서학을 배척하지만 안으로는 감싸며 비호하고 있습니다. 처음에는 뱀이나 지렁이처럼 엎드려 뒤엉켜 있지만 결국에는 여우나 살쾡이처럼 날뛸 것입니다. 이런 것을 엄중히 다스려서 그 뿌리를 뽑아버리지 않는다면 어찌 나라에 법이 있다 할 수 있겠습니까?23)

바라건대, 성명(聖明)께서는 엄숙히 위엄을 갖추시고 확고히 결단을 내리시어, 상소를 올린 동학 주동자를 엄중히 문초해 사실을 밝혀 통쾌하게 국법을 집행하시고, 그 소굴을 소탕하고, 그 패거리를 다스리소서. 그리고 우리 백성 가운데 서학에 물든 자들에 대해서는 거듭 엄금해 배척하는 조치를 내리고, 아울러 엄한 법으로 다스리시어 사도(邪道)가 감히 정도(正道)를 범하지 못하게 하고 악한 자들이 선한 길로 돌아오게 하소서. 그리하여 선비들의 기풍을 바로잡고 백성들의 마음을 하나로 모은다면, 나라가 다행하고 사문(斯文)의 도가 다행하게 될 것입니다.24)

철저한 위정척사사상이다. 당시 유학자들의 일반적인 생각이 이러했다. 〈비적의 소요와 왜병의 도성 진입을 논하는 상소〉에서 수당은 다음과 같이 일본군의 명분없는 개입을 규탄하고 있다.

지금 일본인이 군사를 이끌고 도성의 문을 들어왔는데, 외무 부서의 신하가 힘써 막았으나 듣지 않았다고 합니다. 신은 그 의도가 어디에 있는 것이며 그 병력의 명분이 무엇인지를 알지 못하겠습니다. 만일 상민(商民)을 보호하려는 것이라면, 그들이 걱정 없도록 우리가 보호하고 있습니다. 구원을 청하지 않는데도 도와주겠다고 한다면, 이는 우리를 의심하는 것입니다. 앞의 것으로 말하면 의리가 아니며, 뒤의 것으로 말하면 신의가 아닙니다. 이

---

23) 〈수당 이남규 해적이〉,《나라사랑》제 28집, 1977. 12, 148~150쪽.
24) 위의 책, 148~150쪽.

로써 저들을 꾸짖는다면 저들이 무슨 말로 대답을 하겠습니까? 이웃 나라
와 사귀는 도리는 오직 의리와 신의일 뿐인데, 이 두 가지가 보장되지 않고
서 서로 우호를 보장한다는 말은 신은 아직 들어보지 못했습니다.[25]

그러나 명분을 가지고 꾸짖는다고 될 일은 아니었다. 일본은 청·일군
이 조선에 파병할 때는 동시에 해야 한다는 천진조약(天津條約)의 조항을
근거로 들어왔기 때문이다. 그러나 수당이 말하고자 하는 바는 국체(國
體)의 중요성이었다. 부르지도 않는데 제멋대로 외국군이 들어온다면 국
체가 없는 것이나 다름없는 상황이라고 보았다.[26]
　일본군이 들어온 것은 민란 때문이고, 민란은 관리의 착취 때문에 일어
나니, 국왕을 비롯한 지배층이 먼저 검약하고 청렴해야 한다는 것이 수당
의 주장이었다.

　…… 그 나머지 용렬하고 좀스러우며 이익만 알고 수치를 모르는 자들은 너
나없이 진헌(進獻: 임금에게 예물을 바치는 일)을 명목으로 삼고, 취렴(聚
斂)을 직분으로 삼으며, 뇌물로 청탁하는 것을 법식으로 삼고, 악착같이 긁
어내는 것을 능력으로 여겨서 오로지 못물을 고갈시킬 것만 추구하고 물고
기가 바닥이 난다는 사실을 생각하지 않을 것입니다. 그리하여 자신의 몸을
살찌우고 자신의 집을 윤택하게 할 것이니, 백성에게서 거둔 재물이 열 가
운데 여덟, 아홉은 사사로운 주머니로 들어가고 공적으로 들어오는 것은 겨
우 그 하나나 둘일 것이며, 백성으로부터 듣는 원망은 열 가운데 여덟, 아홉
은 위로 돌아가고 아랫사람이 나누어 가지는 것은 겨우 그 하나나 둘일 것
입니다.[27]

　수당은 '자주적인 국체'에 대한 견해를 밝히기도 했다. 일본이 강화도조

25) 〈수당 이남규 해적이〉,《나라사랑》제 28집, 1977. 12, 153~154쪽.
26) 위의 책, 154쪽.
27) 위의 책, 152쪽.

약 제1조에 '조선은 자주국'이라고 한 것은 속임수라는 것이었다.

> 이제부터 저들은 필시 "조선을 자주적인 나라로 만든 것은 우리의 힘이다"
> 라고 하고는, 얼씨구나 하며 우리를 간섭하고 짓밟고 호령하고 구속하면서,
> 곤란한 주문과 끝없는 요구를 때마다 날마다 해 올 것이며, 그 요구는 달마
> 다 해마다 늘어날 것입니다. 그리하여 들어주자니 상황이 온편(穩便)치 못
> 하고, 들어주지 않자니 위력으로 대적하지 못할 것이니, 나라가 장차 뒷일
> 을 어떻게 잘 처리하겠습니까? 한결같이 종전의 법도를 지킨다면, 명목상
> 으로는 비록 남(청나라)의 속국이지만 사실은 그들(일본)의 속국에서 벗어
> 날 수 있습니다. 그러니 헛된 이름을 위해 실제의 화를 불러들이는 일이 불
> 가함은 이미 명백합니다.28)

일본의 속임수인 '자주'보다 중국 중심 책봉체제 아래의 속방(屬邦)이
실제로는 더 낫다는 것이다. 전통적 중화주의의 발로이기는 하지만, 일본
이 조선을 집어삼키고자 자주를 내세워 청나라와 떼어놓으려고 한 것도
사실이었다. 일본의 야욕을 정확하게 진단한 주장이라고 할 수 있다. 그리
고 저들의 '자주는 임진년 때 명나라를 칠 테니 길을 빌리자는 것과 다른
것이 없다'고 했다.29) 그러면 어떻게 해야 하는가?

> 시급히 외무부서에 명해 준엄한 말로 저들의 사신의 글을 물리치고, 한편으
> 로 저들이 맹약을 저버린 죄책을 들어 천하에 공포하고 동맹국에 알리는 동
> 시에, 또 정부를 시켜 글을 보내어 저들 나라의 집정자를 꾸짖음으로써 명
> 분 없는 그들의 군대를 철수시키고 그들의 무례한 사신을 벌주게 한 다음,
> 지난날의 우호를 잃지 말고 서로 의지가 되어 돕는 것이 진실로 두 나라의
> 행운이라는 것을 깨우치게 해야 합니다.30)

---

28) 〈수당 이남규 해적이〉, 《나라사랑》 제 28집, 1977. 12, 160쪽.
29) 위의 책, 161쪽.
30) 위의 책, 161~162쪽.

외교력을 통해 양국관계를 정상화한다는 것이다. 그럴듯하기는 하지만 국방력 없는 외교가 무슨 힘이 있을까 의심스럽다. 더구나 제국주의 시대의 약육강식 논리 앞에서랴! 오히려 국왕이 위엄 있는 결단을 내리고, 어진 상신(相臣)과 유능한 장수(將帥)를 뽑아 국시(國是)를 공고히 하고 백성들의 마음을 결집시켜야 한다는 주장이 오히려 유학자답다고 할 수 있다.

1895년(고종 32) 8월 22일 영흥부사로 있을 때 수당은 을미사변의 소식을 듣고 〈영흥에 있을 때 왕비를 폐서인에 처하는 칙명(勅命)을 받들 수 없다는 일로 자신을 탄핵한 상소〉를 올렸다. 군민(郡民)에게 폐비(廢妃)의 조칙을 선포할 수 없으니 죄를 받겠다는 것이다. 왕비는 만민의 어머니이니 일제의 손에 폐위된다면 목숨을 바쳐서라도 이를 저지해야 한다는 유학자의 생각에서였다. 결국 이 상소는 받아들여지지 않아 벼슬을 버리고 돌아갔다.31)

1897년(광무 1)에 수당은 중추원의관에 임명되었으나 나아가지 않고 〈민회를 논하는 상소〉를 올렸다. 민회에서 세 차례의 상소를 올려 대신들을 교체하게 했다는 말을 듣고 올린 상소이다. 수당도 눈치만 살피는 대신들을 갈아치우는 것은 옳다고 보았지만, 그 권한이 국왕이 아닌 민(民)에게 있다는 견해는 단호히 배격했다. "오직 임금만이 복록(福祿)을 내릴 수 있고, 위엄을 발할 수 있다."는 유교사상의 발로이다.

대신 가운데 그 직분을 감당하지 못하는 자가 있으면 그 위에 있는 분이 이를 내쫓는 것이 옳으며, 그 밑에 있는 자는 이를 건의하는 것이 옳습니다. 그러나 그 밑에 있는 자가 위에 있는 분을 윽박질러서 내쫓으라고 하는 것은 옳지 않습니다. 맹자가 말하기를 "사람들이 모두 옳지 않다고 하더라도 그 옳지 않은 것을 직접 본 뒤에야 버린다."라고 했으니, 저 백성들이 옳으니, 옳지 않으니 하는 것은 본래 성인도 금하지 않는 바입니다. 그러나 또

---

31) 〈수당 이남규 해적이〉, 《나라사랑》 제 28집, 1977. 12, 169~171쪽.

언제 지금처럼 서로 모여 무리를 만들어서 군주를 윽박질러 몰아붙인 적이
있단 말입니까?32)

그는 민심은 존중하되, 인사권은 국왕에게만 있어야 한다고 여겼다. 민
회는 민심을 빙자해 간사한 무리들이 권력을 차지하려는 술책이라는 것이
다. "한 사람으로써 천하를 다스리는 것이지, 천하로써 한 사람을 받드는
것이 아니다. 이것은 다만 신하가 그 임금을 권면하고 경계하는 말일 뿐이
다. 어디 밑에 있는 자가 감히 갑자기 이것을 구실로 삼아서 군상과 더불
어 서로 권세를 다툰단 말인가?"라는 말이 수당의 생각을 잘 보여준다.33)
수당은 민권운동 자체를 반대했다.

신이 들은 근래의 외국의 법에 따르면, 더러 이른바 '민권'이라는 것이 있는
데, 이는 임금과 백성이 함께 다스리는 것을 말하는 것인 바, 진실로 그 임
금의 덕이 요순에 비견되고 조정에는 기(夔: 순舜임금 때 악관樂官)와 용
(龍: 순임금 때 간관) 같은 어진 신하들이 늘어서 있고, 백성들은 이들의 다
스림을 진정으로 받들어서 집집마다 정표(旌表)하고 상찬(賞讚)할 만하게
된다면, 의당 이런 일은 필요 없을 것입니다. 그렇다면 틀림없이 이들 나라
들은 정사가 문란하거나 아니면 문명이 미개해 위는 안일하고 아래는 미련
해서 그것이 풍속이 되어 그럴 것이니, 이런 제도를 어찌 예의가 밝은 문명
국에 실시한단 말입니까?34)

민권정치는 미개국에서나 행하는 것이지 유교정치가 실시되는 문명국
에서는 실시할 필요가 없다는 것이다. 유학자의 처지에서 민주주의를 평
한 것이라 하겠다. 그러므로 관민공동회도 "백성과 벼슬아치가 합쳐서 하
나의 당을 만들어, 조종하고 여탈(與奪)하는 권한이 위에 있는 것이 아니

---

32) 〈수당 이남규 해적이〉, 《나라사랑》 제 28집, 1977. 12, 179~180쪽.
33) 위의 책, 183~184쪽.
34) 위의 책, 183쪽.

라 아래에 있으니, 그들 무리가 추천하는 자들을 대신의 자리에 앉힌다면, 가까이 모시는 자들이 필시 위에 나아가지 않고 아래와 교통할 것이며, 사인(私人)들이 필시 위에 청탁하지 않고 아래로 몰려들 것이며, 대외적인 권한이 필시 나라에 있지 않고 강신(强臣)에게 있을 것이다."라고 해 반대의 뜻을 분명히 했다.

19세기 후반부터는 서세동점의 물결에 휩싸여 근대화의 길을 가지 않으면 안 되었다. 이에 대한 대처방법을 두고 위정척사파와 문명개화파라는 두 세력이 등장했다. 위정척사파는 기존의 중국 중심 세계관을 묵수해 체제유지를 하자는 부류요, 문명개화파는 구체제를 버리고 서구의 문명을 배우자는 부류였다. 전자는 대륙문화, 양반문화를 지키려고 했다면, 후자는 해양문화, 서구문화로 바꾸어야 한다는 것이었다. 다 나라의 장래를 위한 주장이었지만, 지금의 시점에서 결과적으로 보면 후자의 방향으로 가야만 했다.

그러나 위정척사파를 매도할 필요는 없다. 그들 나름대로 서구 제국주의의 침략에 대해 목숨을 걸고 싸웠기 때문이다. 19세기 말에 일본이 추종자들을 앞세워 갑신정변(1884) · 갑오개혁(1894) · 을미사변(1895) · 을사늑약(1905) · 정미 7조약(1907) 등을 통해 조선을 식민지로 삼으려 했다. 이를 위해 청일전쟁, 러일전쟁도 불사했고, 궁중에 들어와 왕후를 시해하는 만행도 서슴지 않았다. 나라가 망해가고 있는 것을 눈으로 볼 수 있었다. 많은 관료들은 외세에 겁을 내어 눈치만 살피고, 동도서기론(東道西器論)을 내세워 타협을 모색하기도 했다.

그러나 수당을 비롯한 애국자들은 나라를 구하려고 목숨을 걸고 싸웠다. 의병을 일으키기도 하고, 자결하기도 했다. 목숨을 걸고 체제를 지키려 한 것이다. 비록 세계의 대세는 그들의 사상과 다른 방향으로 가고 있다고 해도, 이러한 저항이 무의미한 것은 아니다. 수당은 유교를 신봉하는 지식인으로서 그리고 관료로서 망해 가는 나라를 구하려면 어떻게 해야 할 것인가를 고심했다.

먼저 국왕에게 정학을 지키고 서학, 동학과 같은 사학(邪學)을 물리치며 일본 내지는 일본에 추종하는 세력, 눈치만 보는 관료들을 처단하고 무찌를 것을 상소했다. 그러나 그의 뜻이 제대로 받아들여질 상황은 아니었다. 이에 수당은 벼슬길에 나간 것을 후회한다.

> 남규는 젊어서 과거공부를 해서 요행으로 한 번 급제해, 그것이 첫째 불행이라는 옛 사람의 경계(警戒)를 범했습니다. 그리하여 헛된 이름이 잘못 임금의 귀에 들어가, 결국 별 수 없는 벼슬아치가 되고 말았습니다. 변고가 많은 세상을 만나 남쪽으로, 북쪽으로 쫓아다니면서 마치 바람에 휘날리는 나뭇잎처럼 스스로 자신을 가누지 못했습니다. 그리고 자질이 거친 데다가 버릇 또한 나태해서, 벼슬이 있으면 조정에 들어가고, 벼슬이 없으면 시골에 묻혀 있었는데, 때로 시골에 묻혀 있을 때 제수의 명이 있으면 나아가기도 하고, 나아가지 않기도 해서, 사람들은 이 때문에 제가 벼슬길에 나아감과 물러섬에 깊이 생각하는 바가 있다고 잘못 의심하지만, 사실은 속류(俗流) 가운데서도 가장 아래일 뿐입니다.[35]

  그러나 나라를 위해 목숨을 바쳐 무언가 하지 못하는 것을 안타깝게 생각했다. 단발령(斷髮令)이 내려졌을 때 수당은 "목을 자를지언정 머리카락은 자를 수 없다."는 비분한 심정을 토로했다.

> 근래 단발령은 아직 그렇게 급한 것은 아니지만 이번 그믐을 기한으로 못을 박았으니, 깎을 날이 머지 않았습니다. 달리 할 말이 없습니다. 임금과 정승이 이미 깎았고 친구들이 깎았으니, 깎지 않아도 깎은 것과 진배없습니다. 더구나 깎지 않을 방법 또한 없지 않습니까? 그저 하루라도 빨리 죽어서 온전한 몸으로 돌아가기만을 간절히 바랄 뿐입니다.[36]

  그리고 1905년에 일본이 고종과 박제순(朴齊純) 등을 협박해 을사늑약

---

35) 홍승윤 역, 〈柄周에게 답함〉(1904), 《국역 수당집》 1, 민족문화추진회, 1997. 9, 248쪽.
36) 李南珪, 〈鄭大卿 萬朝에게 답함〉, 위의 책, 229쪽.

을 체결하자, 수당은 "임금이 욕을 보면 신하가 죽어야 한다."(主辱臣死)
는 논리로 나라가 망했으니 죽는 수밖에 없다고 단정짓고 있다.

> 신은 갑신년(1884)의 치욕(갑신정변)에 죽어야 함에도 죽지 못하고, 갑오년
> (1894)의 치욕(갑오개혁)에 죽어야 함에도 죽지 못하고, 을미년(1895)의 변
> 고에 죽어야 함에도 여전히 유약해 죽지 못하고 살아 있다가, 드디어 오늘
> 의 변란(을사늑약)에 이르러 그 극에 달했습니다. 차라리 바다에 빠져 죽을
> 지언정 도저히 나라를 팔아먹은 도적들과 함께 벌벌 떨면서 원수놈의 종이
> 되어 소인배들의 조정에 구차하게 살아남을 수 없습니다. 이제 나라를 보전
> 할 방책이 없으며, 인민을 보전할 가망이 없음은 이미 결정이 났습니다. 혹
> 시 박제순의 무리들이 말하듯 나라가 망하지 않고 인민이 죽지 않는다 하더
> 라도, 이 무릎을 어떻게 차마 다시 꿇고, 이 머리를 어떻게 차마 다시 자른
> 딘 말입니까? 외롭지 못하게 남아있는 것은 의롭게 망하는 것만 못하며, 의
> 롭지 못하게 사는 것은 의롭게 죽는 것만 못합니다. 더구나 의를 따른다고
> 해서 반드시 나라가 망하고 백성이 죽는 것도 아니고, 불의를 따른다고 해
> 서 반드시 나라가 보존되고 백성이 사는 것도 아니지 않습니까?[37]

이러한 수당의 의지를 간파한 친구 여규형은 "종묘가 여전하고 사직이
변동이 없으니 지금 굳이 죽을 것이 없다."고 말렸다. 이에 수당은 자결한
조병세(趙秉世)와 민영환(閔泳煥)을 위한 제문에서 "공들은 죽음에 당면
한 날이 여러 번 있었는데 오늘에 이르러 비로소 죽었습니다. 이는 일을
도모하려 했으나 끝내 할 수 없었기 때문입니다. 아무개 역시 일을 할 수
있어서 죽지 않은 것입니까, 아니면 할 수 없으면서도 아직 죽지 못한 것
입니까? 아! 슬픕니다."[38]라고 하며, 하는 일 없이 죽지 못하고 있는 자신
을 안타깝게 생각했다. 1906년(고종 32)에 의병에 참여했다가 공주감옥에
갇힌 안병찬(安炳瓚)이 차고 있던 칼로 자신을 찔렀으나 죽지 않자, 창문

---

37) 李南珪,〈도적토벌을 청하는 상소〉, 앞의 책, 197쪽.
38) 李南珪,〈呂校理(主亨)에게 답함〉, 앞의 책, 214쪽.

의 종이를 뜯어 왼손에 들고는 칼로 찌른 상처에 손가락 하나를 넣어 피
가 손가락을 타고 흘러나오자 "지조 있는 선비는 죽어 시체가 구렁에 버
려질 것을 각오한다."(志士不忘在溝壑)는 글을 써서 옥사(獄司)에게 갖
다 주라고 한 일이 있었다. 수당은 충청감사 곽찬옥(郭粲玉)에게 그가 죽
지 않도록 힘을 써 달라고 부탁했다.39)

수당은 1905년(고종 31)에 윤시영(尹始永)에게 보낸 편지에 '산양처자
전'(山陽處子傳)을 소개했는데 그 내용은 다음과 같다.

> 산양처자는 양가의 처자였으나 가난해 나이 스물 남짓 되어서야 같은 고을
> 김장자(金長者)의 첩이 되었다. 김장자는 재물이 많아 많은 미첩(美妾)을
> 거느리고 있었다. 이 때문에 산양처자는 계집종이나 다름없이 대접을 받았
> 다. 장자의 애첩 가운데 정부(情夫)를 두고 재물을 빼돌리는 자가 있었다.
> 그녀는 장자가 재물을 잘 못 다스린다는 핑계로, 장자를 꼬드겨 고을의 아
> 전인 장가(張家)에게 살림을 맡기게 했다. 이후 김장자는 장가를 두려워하
> 게 되었다. 장가는 재산을 제멋대로 굴려, 자기는 호의호식하고 김장자의
> 가족은 굶겼다. 이에 산양처자는 "나는 도리상 서방을 굶겨서 남을 살찌우
> 는 자와는 함께 지내면서 섬길 수 없다."고 하며 친정으로 돌아갔다. 몇 년
> 이 지나 애첩이 장가를 설득해 산양을 계집종으로 삼을 요량으로 불러들이
> 고자 했다. 산양이 옛날에 김장자의 첩이었던 마을의 늙은 할머니에게 의논
> 했더니 애첩을 내쫓고 장가를 몰아낸 뒤 김장자의 옛 가업을 보존할 수 있
> 으면 가고, 그렇지 않으면 가지 말라고 했다. 이 말을 듣고 산양은 가지 않
> 았다.40)

이 이야기는 어떤 사람에게 들었다고 하지만 사실 수당의 소설이다. 김
장자는 고종이요, 장가는 일본이다. 첩들 가운데 1) 사랑을 잃어버린 늙은
할머니는 그래도 자기의 주인을 흠모하며 걱정하고 있고, 2) 산양처자는

---

39) 李南珪, 〈郭粲玉에게 보냄〉, 앞의 책, 293쪽.
40) 李南珪, 〈尹子三(始永)에게 답함〉, 앞의 책, 273~274쪽.

주인을 위해 끝까지 절개를 지키고 있으며, 3) 애첩은 두 마음을 품은 악녀, 곧 친일파인 셈이다.[41]

수당은 1905년 10월 29일에 회산(晦山) 이종헌(李鍾憲)에게 결별의 편지를 썼다.

> 예전에는 죽어야 할 것을 알면서도 죽지 못하고, 지금은 죽는 것을 알지 못하고 죽으니, 죽음은 진실로 이와 같은 것입니다. 내가 한번 죽으면 백 가지 일이 걸리는 것이 많습니다. 그러나 이것은 다 앞서서 정해진 것이니 족히 말할 것이 못됩니다. 나는 죽어도 여한이 없으나 단 부모를 장사지내지 못하고, (손자의) 태조(胎兆)가 있는 것을 보지 못하며, 또 그 아이에게 탕건(宕巾)을 씌워주지 못하는 것이 아쉽습니다. 그러나 이제 뜻대로 하면(죽으면) 내가 보지 못할 테니 무슨 상관이 있겠습니까? 경향(京鄕)에 떨어져 사니, 외로움을 견디기 어려우며, 생계도 걱정입니다. 손가락에 종기가 나고 천식이 있어 다만 이 몇 글자로 결별을 고합니다.[42]

이 편지의 내용을 보면 수당은 이미 국가를 위해 죽을 각오를 한 것 같다. 1905년 11월 19일 을사늑약이 체결되어 나라가 망한 것이나 마찬가지가 되자, 수당은 의병을 일으켜 일제에 저항하기로 했다. 죽을 자리를 찾은 것이다. 그리하여 수당은 민종식(閔宗植)이 주동이 된 제2차 홍주의병(洪州義兵)에 가담했다. 제1차 홍주의병은 1895년 4월에 안창식(安昌植) 등이 모병(募兵)을 시작해 을미사변과 단발령 이후 홍주성을 점령했으나 관찰사 이승우(李勝宇)의 배반으로 실패했다. 그들은 정산에 살고 있는 전참판 민종식을 총수로 추대하고, 정산군 천장리에서 1906년 3월 15일에 봉기해 홍주성을 공격했으나 패배해 안병찬 등 23명이 체포되어 공주

---

41) 이가원, 〈수당 이남규의 사상과 문학〉, 《나라사랑》 제 28집, 외솔회, 1977. 12, 71쪽.

42) 向日 知死而不死 今則 不知死而死 死固如此也 吾一死而百事多碍 然此皆有前定不足云也 吾死無恨 但父母未葬 一兒未及見其有胎兆 又未見其人皆着之宕巾也 然能次第如意 則吾未及見何妨也 京鄕分居 孤單難堪 生計亦可念也 指腫息喘 只此數字告訣(進庵 李德九 寫, 〈修堂與晦山李鍾憲尺牘〉).

감옥에 갇혔다.[43)

이때 선봉장으로 참여했던 수당도 공주감옥에 아들 충구와 함께 수감
되어 모진 고문을 당했다. 충구는 이때 왜경(倭警)들이 갖은 고문을 가하
면서 민종식의 행방을 묻자 혀를 깨물고 말하지 않았다 한다. 그러자 망치
로 골을 깨고 이를 부러트렸다.[44) 수당이 선봉장으로 직접 참여했는지는
알 수 없다. 그러나 중요한 것은 그가 선봉장으로 임명받은 뒤 의병의 정
신적 지주가 되어,[45) 인근의 명망가들이 대거 참여했다는 사실이다.[46) 이
때문에 일진회원들이 "이남규를 제거하지 않으면 내포지방(금강 상류지
역)이 편안할 날이 없을 것"이라 했던 것이다.[47)

홍주의병은 1천여 명이 참여한 가장 큰 규모의 의병이었고, 수당이 그
중심에 있었다. 민종식은 대장이기는 했지만 서울에 살던 양반이었기에,
의병을 모으는 일은 수당과 그의 종제인 이용규(李容珪)의 몫이었다.[48)
1906년 5월 31일 홍주성 대전투에 수당이 직접 참여한 것 같지는 않다.
의병이 홍주성에서 패배한 뒤, 대장 민종식은 한가리(閒暇里: 지금의 대
술면大述面 상정리上項里)에서 아산 도고면 감밭으로 피신시키고, 아직
장년인 이용규가 모병에 나섰다. 의병 재기의 추진본부는 한곡리 수당 본
댁(잠화당)이었다. 그러나 일진회 밀정들에게 뒤를 밟혀, 11월 17일 수당
과 아들 충구 등 공모자들이 공주 감옥으로 끌려가 모진 고문을 받았다.
1907년 초에 수당 부자가 풀려나기는 했지만 제2차 봉기는 무산되고 말
았다.[49)

---

43) 金祥起,〈修堂 李南珪의 學問과 洪州義兵鬪爭〉,《李成茂定年紀念 朝鮮時代의 社會와 思
    想》, 朝鮮社會硏究會, 1998. 4, 660쪽.
44) 홍이섭,〈이남규와 홍주성 전투〉,《나라사랑》제 28집, 1977. 12. 58쪽.
45) 홍이섭, 위의 책, 55쪽.
46) 李震求,《義士 李容珪傳》에 홍주의병에 참여한 인사들의 명단이 적혀 있다(趙東杰,〈修
    堂李南珪 先生의 독립정신과 詩의 세계〉,《修堂集》完譯紀念 學術講演會, 民族文化推進
    會, 1999. 12, 5, 16쪽).
47) 林螢澤,〈修堂 李南珪와 그의 奏議에 대한 이해-근대 전환기의 한 대응논리〉,《漢文學
    報》第1輯, 1999, 509쪽.
48) 趙東杰, 앞의 논문, 17쪽.
49) 趙東杰, 앞의 논문, 19~20쪽.

　그러나 수당을 그대로 두면 다시 의병이 일어날 것을 두려워한 일본제
국주의자들은 1907년 9월 26일(음 8월 19일) 1백 명의 기마대를 보내 수
당 부자를 강제로 끌고 가다가 온양 평촌리에 이르러 무참하게 학살했던
것이다.50)

　수당이 세상을 떴다는 소식은《大韓每日申報》(1907년 10월 2일자)를
통해 전국으로 퍼져 나갔다.51) 그리하여 수당·이건창·김택영과 함께 구
한말 문장 4대가로 알려진 매천 황현이 자살하는 계기가 되기도 했다.

　수당의 이와 같은 자주독립 정신은 구체제만 묵수하려는 보수적인 위
정척사론자들과는 다르다. 열국(列國)과 동맹해 일제와 일전을 불사하자
는 주장이 비록 현실성은 희박했지만, 정신적으로는 높이 평가되어야 한
다. 수당은 고종으로 하여금 광화문(光化門)에 나아가 아래와 같은 조서
를 내릴 것을 간언했다.

　　세상에는 끝내 망하지 않는 나라가 없고, 끝내 죽지 않는 사람이 없다. 그런
　　데 멸망을 두려워하기 때문에 더욱 그 멸망을 재촉하니 그 존립이 구차한
　　것이요, 죽음을 두려워하기 때문에 더욱 그 죽음을 재촉하니 그 삶이 구차
　　한 것이다. 너희들은 원수가 항아리 옆에 있는 쥐와 같다 하여 돌 던지기를
　　꺼리지 말고, 우리 자신이 엎어진 둥지의 새알과 같다 해 지레 패할 것이라
　　단념하지 말라. 그리하여 마음과 힘을 합쳐서 짐이 증오하는 자들을 무찔러
　　서 국모의 수치를 갚고 종사의 모욕을 씻도록 하라.52)

　죽음을 무릅쓰고 항쟁하면, 우방도 돕고 의병도 일어날 것이라는 주장
이다. 이는 나라는 혹 망할 수도 있으나 정신마저 무너지면 다시는 소생할
수 없다는 자주사상으로서 정신사적으로 대단히 중요한 대목이다.53) "뿌

---

50) 趙東杰, 앞의 논문, 20쪽.
51) 趙東杰, 앞의 논문, 21쪽.
52) 李南珪, 〈왕후의 位號를 회복하고 왜적을 토벌해 원수를 갚을 것을 청하는 상소〉,《국
　　역 수당집》1, 민족문화추진회, 1997. 9, 168쪽.
53) 淸陰 金尙憲의 斥和精神에도 이러한 면이 보인다.

리가 흔들리면 심장이 무너져서 대세가 기울어 다시 어떻게 할 수 없다."
는 주자의 말과 같은 뜻이다.[54] 수당은 이를 말로만 하는 것이 아니라 목
숨을 걸고 실행한 것이다.

　　신은 이미 임금이 모욕을 당할 때 죽지 못한 것이 여러 번입니다. 그러니 세
　　상에 살아 있다는 것이 몸에 맞지 않을뿐더러 이미 비루함이 심합니다. 바
　　라건대 처벌을 내리시어 신하된 자로서 나라를 잊고 살기를 도모하는 자의
　　경계(警戒)로 삼으시고, 한편 신으로 하여금 부모가 물려준 몸을 고스란히
　　보존하고 지하에 돌아가 부모를 만날 수 잇도록 해주소서. 그렇게 된다면
　　죽는 날이 오히려 영원히 사는 날이 될 것입니다.[55]

　이 상소를 보면 수당은 이미 기울어져 가는 나라를 위해 목숨을 바칠
각오가 되어 있었고, 또 그것을 실천에 옮겼음을 알 수 있다. 이러한 수당
의 절의정신, 애국정신은 목은 등 그의 조상들에게서 내려온 가학(家學)
의 정신을 이어받은 것이라 할 수 있다.

4. 맺는 말

　19세기 말 근대화의 과정에서 위정척사파와 문명개화파가 있었다. 전자
는 구체제, 즉 책봉체제와 같은 중국 중심의 중화주의, 대륙세력에 바탕을
둔 보수세력이라고 한다면, 후자는 신체제, 즉 서구 제국주의, 해양세력을
지향하는 진보세력이었다고 할 수 있다. 이는 시국관의 차이일 뿐, 어느
것이 옳고 어느 것이 그르다고 할 성질의 것이 아니다. 둘 다 나라의 위기
를 극복하고 장래를 밝게 하려는 생각에서 나온 것이었을 뿐이다.

----

54) 趙東杰, 앞의 논문, 20쪽.
55) 趙東杰, 앞의 논문, 169쪽.

지금의 관점에서 보면 문명개화파의 생각이 더 현실적일 수 있다고 여겨진다. 그러나 위정척사파 가운데에도 구체제를 묵수(墨守)하는 데 그친 부류도 있지만 수당처럼 목숨을 걸고 나라를 지키려고 한 사람도 있었다. 외국 문물에 대한 경험이 없이 유학에만 정진해 과거에 급제한 뒤 관료가 된 수당에게 척화는 당연한 것이었다. 수당의 눈에는 개화니 개방이니 하면서 침략자들과 내통하는 문명개화파도, 눈치만 보고 이미 때가 늦었다느니, 저쪽은 강하고 우리는 약하니 어쩔 수 없다느니 하며 자포자기해버린 우유부단한 위정척사파도 매도의 대상이었다. 투철한 자주독립정신을 말로만 부르짖은 것이 아니라, 자기 자신을 산화(散華)해 목표를 달성하려는 실천까지 이어낸 것이다.

나라는 망해도 정신은 지켜야 한다는 의지를, 수당은 자신의 목숨을 바쳐 실현하고자 했다. 이런 정신이 없으면, 나라도 지킬 수 없을 뿐 아니라 나라가 망한 뒤에 민족이 다시 소생할 수 없는 것이다. 지식인으로서, 국가의 지도자로서 반드시 되새겨야 할 것이 수당의 정신이다. 수당이 별세한 지 100주년이 되는 오늘날 우리가 수당을 다시 평가하는 이유도 여기에 있다.

(〈수당 이남규의 학문과 사상〉, 《修堂李南珪先生逝世100周年紀念學術會議論文集》, 修堂李南珪先生珪紀念事業會, 2007. 9.)

부록 한국의 성씨(姓氏)와 족보(族譜)

1. 들어가는 말

오늘날 한국 사람들은 성씨나 족보에 관심이 많지 않은 듯하다. 그러나 조선시대만 하더라도 성씨나 족보는 생명과도 같은 것이었다. 혈연이 중시되는 강한 공동체 사회였기 때문이다. 성씨는 자기의 혈통을 밝히고자 붙인 것이요, 족보는 자기의 조상을 존중하고[尊祖] 친족간의 친목을 도모[睦族]하고자 만들어졌다.

그뿐만이 아니다. 본관(本貫)에 따라 신분이 달라지고, 족보가 없으면 과거(科擧) · 승음(承蔭) · 상속(相續) · 사환(仕宦)을 할 수 없었으며, 군역까지 부과되었다. 그러니 무리를 해서라도 명족(名族)에 끼려하고, 족보를 만들려 했다. 위보(僞譜)와 개관(改貫)이 횡행한 것도 이 때문이다. 다시 말해, 전통시대의 성씨와 족보는 사회생활의 실상이요, 영욕이었다.

오늘날에 와서도, 한편에서는 성씨와 족보를 근대화를 저해한 요소라며 낙인찍어 백안시하면서도, 다른 한편에서는 족보를 열심히 만들고 있다. 이제는 전통 양반가문뿐 아니라 양반 출신이 아닌 집안까지도 족보를 만드는데 열을 올리고 있다. 이러한 현상은 이미 19세기부터 있어 왔다. 양반의 특권이 많기 때문에 신분제가 무너져 가는 틈을 타 전 국민이 양반화된 것이다. 족보란 본래 친족 사이의 친목을 도모하고자 만든 것이기에, 원칙적으로 자손이면 누구나 들어갈 자격이 있으며 신분이 낮다고 입록을 거부당하지 않는 성격을 가지고 있었다. 그것을 양반체제에서 양반에게 유리한 방향으로 독점한 데 대한 불만이 노출된 것일 뿐이다.

이에 필자는 한국인들이 한편에서는 성씨와 족보를 극복해야 할 전근대적인 유산으로 생각하면서도, 다른 한편에서는 왜 지금도 거기에 집착하고 있는가에 대한 궁금증을 품게 되었다. 본고에서는 한국의 성씨와 족보가 언제부터, 왜 생겨났으며, 한국사회에 어떤 영향을 미쳤나를 알아보고자 한다.

2. 성씨의 기원

성씨는 성(姓)과 씨(氏)가 합쳐진 용어이다. 성은 혈족집단을 말하며, 씨는 사는 지역, 곧 본관을 말한다. 성씨는 일정한 인물을 시조로 해서 대대로 이어내려 오는 단계혈연집단(單系血緣集團: unilinear kin group, lineage)의 명칭이다.[1] 따라서 씨족(氏族) · 성족(姓族) · 족성(族姓) 등 족(族)의 문제와 관련이 있다. 그리고 성씨가 사용되면서부터는 적어도 부계출자체계(父系出自體系)가 유행했다. 이는 중국식 출자율(出自律: descent rule)의 의미를 내포하고 있는 것이었다.[2]

그러면 성과 씨는 같은 것인가? 성은 여계(女系), 혹은 모권부중(母權部衆)을 말하는 것으로서 혈족집단(血族集團)으로 불렸고, 씨는 남계혈족(男系血族)을 칭했으나, 춘추시대에 성이 쇠퇴하고 씨가 성행해 성과 씨가 혼동되어 오다가, 전국시대–진(秦)대에 이르러 성=씨가 되었다.[3]

---

1) 李樹健, 《한국의 성씨와 족보》, 서울대학교 출판부, 2003, 71쪽 ; 李純根, 〈新羅時代 姓氏取得과 그 意味〉, 《韓國史論》 6, 서울대 국사학과, 1976, 8쪽.

2) 李純根, 위의 논문, 9쪽.

3) 西山榮久의 〈支那의 姓氏와 家族制度〉에서 제기된 주장이다. 그러나 일부학자들은 성과 씨를 구분할 근거가 없다고 주장하기도 한다. 인류사회가 원시시대부터 혈연을 중심으로 발달해 왔기 때문에 씨족의 관념이 강했고, 처음에는 어머니만 알고 아버지는 모르기 때문에 성도 여성을 대표로 명명되었다. 신농(神農)의 어머니가 강수(姜水) 가에

그러나 《설문해자》(說文解字)에 "姓 人之所生也"라고 해, 성은 출생의 계통을 표시한 것으로 모계시대에는 여계혈통을, 부계시대에는 남계혈통을 나타내는 표지라고 했다. 《좌전》(左傳)에서 "天子建德 因生而賜姓", "祚之土而命之氏"라 하듯, 천자가 제후를 봉할 때 그 조상의 출생지로 씨를 명명했다. 그러나 동일한 혈통을 가진 자가 각지에 분산될 때는 그 지역을 씨로 정했다. 그러므로 중국 고전에서 말하는 성은 혈통의 연원을 표시하는 것이요, 씨는 지역으로 분별한 것이므로 우리의 본관에 해당한다고 할 수 있다.[4]

한국에서는 성씨가 언제부터 쓰였는가? 한국에 한성(漢姓)이 들어 온 것이 성=씨가 널리 쓰이던 진(秦)나라 이후이니 성과 씨의 구별은 애초부터 없었다고 해야 할 것이다. 《삼국사기》·《삼국유사》 등의 기록에 따르면, 고구려는 주몽(朱蒙)이 국호를 고구려라 했기 때문에 성을 고(高)씨라 했고, 백제는 온조(溫祚)가 부여(夫餘)에서 나왔다 해 성을 부여라 했다고 한다. 그리고 신라는 박(朴)·석(昔)·김(金) 3성의 전설이 있고, 3대 유리왕 때 6부(촌)에 이(李)·최(崔)·정(鄭)·손(孫)·설(薛)·배(裵)씨 등 6성이 주어졌다고 하며, 금관가야의 수로왕(首露王)은 성을 김씨라 했다는 전설이 있다.[5]

위의 기록에는 삼국이 부족국가 시대부터 한성을 쓴 것처럼 나와 있으나, 실제로는 중국문화를 수용한 뒤에 성을 쓰기 시작했다고 봐야 할 것이다. 신라 진흥왕(540~576) 때 세운 4개의 순수비나 578년(진지왕 3)에 세운 무술오작비(戊戌塢作碑)·남산신성비(南山新城碑) 등 7세기 이전의 금석문에 성을 가진 사람이 보이지 않기 때문이다. 고구려는 장수왕(413~491) 때부터 중국에 보내는 국서에 고씨 성을 썼고, 백제는 근초고왕(346~374) 때부터 여씨(餘氏)라고 했다가 무왕(600~640) 때부터 부

살았으므로 성을 강(姜)이라 했고, 황제(黃帝)의 어머니가 희수(姬水) 가에 살았으므로 성을 희(姬)라 했다. 성 자체가 '여자변'(女字邊)을 딴 것이다(이수건, 앞의 책, 96쪽).

4) 李樹健, 앞의 책, 72~73쪽.

5) 李樹健, 앞의 책, 96쪽.

여씨라 했으며, 신라는 진흥왕 때 김씨 성을 썼다.6)

이와 같이 삼국은 6세기를 전후해 왕족이나 귀족을 중심으로 한성을 쓰기 시작해 평민으로 확산되어 갔다. 신라는 고구려·백제보다 중국과의 교류가 빈번하지 않은 후진지역이었다. 그러므로 신라 왕성인 김씨 성(金氏姓)도 다른 두 나라보다 늦은 565년(진흥왕 26) 이후부터 사용되었다.7) 박씨 성(朴氏姓)도 김씨 성보다 빨리 쓰였다고 할 수 없다.《당서》(唐書) 신라전(新羅傳)에 "王姓金 貴人姓朴 民無氏有名"이라고 한 것을 보아 박씨 성은 왕비의 성씨로서 김씨 성 다음에 생겼다고 할 수 있다.8) 석씨 성(昔氏姓)도 박씨 성과 비슷한 때 생겼다고 생각되나 기록에는 나타나지 않는다. 아마도 석씨인 실성왕계(實聖王系)가 김씨인 눌지왕계(訥祗王系)에게 제거되었기 때문이 아닐까 한다. 다시 말하면 김·박·석 3성은 거의 비슷한 시기에 생겼거나, 혹은 김씨 성이 먼저 생기고 뒤이어 6세기 중엽 무렵에 정착되었다고 할 수 있다.9)

이기백(李基白)의 연구에 따르면, 신라의 6성 가운데 설씨는 삼국 말기, 이씨는 경덕왕 때, 정·손·배·최씨는 신라 하대에 각각 나타난다.10) 그러나 신라의 3성·6성이 비록 6세기 이후에 생겼다고 하더라도 그 씨족적 유래는 오래 전부터 있어 온 것이다. 한편, 신라가 삼국을 통일한 뒤에 고구려와 백제의 성씨는 남아있기 어려워졌기에, 신라계 성씨를 중심으로 후삼국 시대부터 한자성이 보급되어 갔다.11)

7세기 후반부터 나당 사이의 문물교류가 활발해지자 진골과 6두품 계층은 점차 한자성을 수용하게 되었다. 이러한 성씨취득 과정을 유형별로

---

6) 李樹健, 앞의 책, 96쪽.

7) 以新羅國王金眞興 爲使持節東夷校尉樂浪郡公新羅王(《北齊書》卷 7, 帝紀 7, 武成 河淸 4年(565) 2月 甲寅). 565년에 중국 남조(南朝) 제(齊)에서 신라왕을 김진흥(金眞興)이란 이름으로 책봉한 것이 처음이다.

8) 李純根, 앞의 논문, 18쪽.

9) 末松保和와 三品彰英 등은 석씨가 보이지 않는 것을 들어 석씨 성의 존재 자체를 부정하고, 나아가서는 신라 상계의 세계(世系)를 부정했다. 그러나 「持統紀」에 석씨 1인이 나타나는 것으로 보아 이 설은 정당하지 못한 것 같다(李純根, 앞의 논문, 19쪽).

10) 李基白,〈新羅六頭品硏究〉,《신라정치사회사연구》, 1974.

11) 李樹健, 앞의 책, 98쪽.

나누면 1) 왕실, 2) 사성(賜姓), 3) 중국에 왕래하는 인사(견당사신·유학생·숙위학생·수도승·상인)의 순서로 볼 수 있다. 이들은 스스로를 다른 집단과 구별하고자 성씨를 취득했다. 그에 따라 출자율(出自律)이 부계로 전환되었으며, 혈족 관념의 변화로 기존의 친족공동체가 붕괴되었다.[12]

한편 신라는 통일 후에 귀족들을 9주 5소경에 분산시켰다. 그리하여 신라의 귀족성이 사방으로 확산되어 갔다.[13] 그리고 나말에 촌주(村主)·성주(城主)·진장(鎭將) 등은 스스로 호족(豪族)이 되어 성을 자칭했다. 골품귀족, 왕경세력(王京勢力)에 맞서 신흥세력, 지방세력이 대두한 것이다.

신라의 지배체제는 골품으로 편제된 왕경·6부민(部民)의 후예들이 지배자 집단을 이루어 지방민들을 지배하는 구조였다. 그러나 9세기에 들어와 국세(國勢)가 쇠퇴하자 촌주·진장·성주 등 지방세력이 스스로 군사력을 깃추고 독지적인 세력을 가진 호족으로 성장했다. 그리고 이들 호족세력은 서로 각축하면서 왕건과 견훤의 휘하에 모이게 되었고, 마침내 고려로 통합되었다.

고려가 건국되자 왕건은 전국 군현의 개편작업과 함께 군현토성(郡縣土姓)을 분정(分定)했다. 이 토성분정은 중국 북위(北魏) 효문제(孝文帝)의 성족분정(姓族分定)이나 당 태종의 《씨족지》(氏族志) 편찬과 맞먹는 의의가 있었다. 이때의 토성은 중국의 《성씨록》(姓氏錄)·천하군망표(天下郡望表)에 나타나는 성씨를 모방한 한자 성을 채택했다.[14] 한국의 성씨는 나라[國]·고을[邑]·향촌[鄕]·이름[名]·자[字]를 성으로 한 것이 많다. 토성을 분정할 때 신라의 3성·6부성을 따거나 사성(賜姓)을 받았으며, 호족 스스로 칭한 자칭성(自稱姓)도 많았다. 성을 얻게 된 내력으로 시조설화가 많이 전하며, 80퍼센트의 성씨는 중국으로부터 온 것으로 되

---

12) 李樹健, 앞의 책, 98쪽.
13) 貴族子弟와 六部豪民을 옮겨 國原京(原州)을 채웠다(《三國史記》卷 4, 眞興王 19年 2月) ; 文武王 14年에 六徒眞骨로써 5京과 9州에 나가 살게 하고, 官名을 별도로 호칭하게 했다(《三國史記》, 卷 40, 雜志 9, 外官外位).
14) 李樹健, 앞의 책, 101~102쪽.

어 있다.

이수건은 940년(태조 23)에 이미 태조에 의해 토성분정이 이루어졌다고 보고 있다(정확한 근거자료를 제시하지는 못했지만). 그렇지 않으면 외관(外官)이 설치된 983년(성종 2)까지 43년 동안 어떻게 지방통치를 했겠느냐는 것이다. 고려 건국 이후에 중앙에서 권력쟁탈이 빈번하게 일어났음에도 강성한 호족세력이 중앙정부에 순종하면서 이렇다 할 반란을 일으키지 않았다는 사실에 주목해야 한다는 주장이다. 고려 태조는 940년에 부(府)를 설치하면서 읍호개정을 단행했다. 그리고 통일사업에 적극 참여한 개국관료, 삼한공신에게 그 출신지 또는 거주지 별로 성과 본관을 분정해 주·부·군·현의 토성이 되게 했다. 그러나 족세(族勢)에 따라, 읍격(邑格)에 따라 신분과 직역이 달랐다. 인리성(人吏姓), 백성성(百姓姓), 향·소·부곡성(鄉所部曲姓)의 차이는 뚜렷했다.15)

반면에 이수건의 토성 연구가 일본학자들처럼 17세기 동족부락을 성씨 집단에 결부시킨 것이라고 비판하는 사람들도 있다.16) 고려초기에는 토성이란 용어가 사용되지 않았고,17)《세종실록》지리지에 나오는 고적(古籍)이 고려 초기가 아니라 13세기 이후의 호적이라는 것이다.18) 이들은 토성의 사용시기를 고려후기 이전으로 거슬러 올라가기 힘들다고 주장한다.19) 그리고 고려 태조가 토성을 분정할 때《성씨록》을 작성한 근거가 없고, 이를 양성지(梁誠之)의《해동성씨록》과 관련시켜 설명하는 것은 잘못이

---

15) 李樹健은 태조 23년 토성분정의 근거로 1) 태조 대에 명칭이 변경된 군현 수(數) 442가 《삼국사기》지리지 9주 소관 군현수 450과 비슷하다는 점, 2) 936년(태조 18)에 귀부한 경순왕에게 식읍과 함께 경주 사심관(事審官)에 임명한 것이 대체로 이 시기라는 점을 들고 있다. 그리고 이중환(李重煥)의《택리지》(擇里志) 총론조에 "自新羅末 通中國 而始制姓氏 然只仕宦士族 略有之 民庶則皆無有也 至高麗 混一三韓 而始倣中國氏族 頒姓於八路 而人皆有姓"이라고 한 말을 근거로 삼기도 한다(이수건,〈나의 책을 말한다〉,《한국사시민강좌》8, 1991. 156~160쪽).

16) 金壽泰,〈高麗初期의 本貫制度-本貫과 姓의 관계를 중심으로〉,《한국중세사연구》8, 2000, 50쪽.

17) 金壽泰, 위의 논문, 53쪽.

18) 강은경,〈고려후기 호장층의 변동 연구〉, 연세대박사논문, 1997, 31~35쪽.

19) 金壽泰, 위의 논문, 54쪽.

라는 것이다.[20] 그러니 995년(성종 14)[21], 또는 고려후기 신흥사대부가 대두한 때 토성이 생겼다고 주장한다. 그러나 《씨족지》(氏族志)에 들지 않으면 과거시험을 볼 수 없다는 규정 등으로 미루어 보아 이수건의 주장이 더 설득력이 있다고 볼 수 있다.

고려의 지배층은 태조의 군진(軍陣)에 동참한 공신들[22], 신라의 진골·6두품 세력, 독자적인 세력을 가지고 왕건에게 귀부한 지방 호족 등이었다. 고구려계나 백제계는 신라가 삼국통일을 하는 과정에서 이미 배제되었고, 후백제 계는 고려의 통일 과정에서 도태되었다. 이와 달리, 신라의 진골이나 6두품 계열은 비록 주류는 아니었지만 고려의 지배층에 편입되었다. 이 가운데 양반들의 주된 출신은 지방의 호족인 토성이족(土姓吏族)이었다. 정종·광종·경종 대에 중앙의 공신들이나 귀족들은 정치적인 소용돌이 속에서 많이 제거되었지만, 오히려 지방호족들은 과거(科擧)·서리직(胥吏職)·입공(立功)·기인(其人) 등을 통해 중앙관료로 계속 진출했기 때문이다.[23]

김종직(金宗直)은 그의 《이존록》(彝尊錄)에서 신라 말부터 고려 초까지 호족들의 입지가 어떻게 변했는지를 다음과 같이 기술하고 있다.

(新羅)金氏尤盛 其宗支苗裔蔓延 散于四方者 不可勝記 厥後 競用豪武 霸於 州郡 據有其土地人民 以輸貢賦於國 因以爲所在戶長 育子長孫 遂爲本貫 高

---

20) 金壽泰, 앞의 논문, 54쪽 ; 김용선은 개인의 가계기록 작성이 성종대 이전까지 올라 갈 수 없다고 주장했다. 김용선, 〈고려시대 가계기록과 족보〉, 《이기백고희기념한국사학논총》, 1994.

21) 995년(성종 14) 문산계(文散階)를 제정해 중앙의 관계(官階)를 향직(鄕職)과 구분하기 전까지는 중앙관료와 지방지배층이 명확히 분리되지 않았다. 그러니 토성이 생긴 것도 최소한 995년 이후, 또는 고려후기로 봐야 한다는 것이다. 채웅석, 〈고려시기 본관제의 시행과 지방지배질서〉, 서울대박사학위논문) 1995, 49～58쪽.

22) 고려의 개국과 동시에 918년(태조 1) 8월에 개국공신 1등 4명, 2등 7명, 3등 2,000명 등이 책록되었으며, 이를 바탕으로 1054년(문종 8)에 태조 대의 공신 3,200명이 추증되었다. 3등공신이 개국(開國)·삼한(三韓)·벽상(壁上)공신을 받은 지방호족이 아닌가 한다(李樹健, 앞의 책, 126쪽).

23) 李成茂, 〈兩班의 成立過程〉, 《朝鮮初期 兩班研究》, 一潮閣, 1980. 참조.

麗太祖統合初 戶長之能團結鄕兵 率先歸服 及有功於軍陳者 俾登于朝 有至侍
中大匡者 其間 或患本貫之俗 往往强梗 不遵法度 遂至蕩弛 欲綏治而鎭服之
則 自大官 謝事于朝 還爲戶長 夾輔守令 以聽民治焉 其身若不欲爲 則 令嫡
子若支子一人爲之24)

신라의 진골귀족들은 각 지방으로 퍼져 소재 군현을 본관으로 삼고 호
족이 되어 지역을 지배했다. 그 가운데 일부는 고려에 귀부해 중앙관료가
되기도 하고, 일부는 고려에 대항하다가 몰락하기도 했다는 것이다.

또한 권문해(權文海)의 《대동운부군옥》(大東韻府群玉) 범례(凡例)에
도 신라의 진골이 사방에 퍼져 토성이 되었다고 언급하고 있다.

我東方厥初 人物有名無氏 朴金兩姓 出自新羅宗姓 儒理王時 又賜六部之姓
子孫散處各邑 因爲土姓 其餘諸氏 亦籍貫非一

그러나 일단 고려에 복속한 이상 독립적인 세력으로 계속 남아있을 수
없었다. 그리하여 호족들은 향리(鄕吏)로 격하되고 그들이 영위하고 있던
관반(官班)은 향직(鄕職)으로 개편되었으며, 중앙에 질자(質子)의 성격인
기인(其人)을 보내야 했다.

후삼국시대의 지방 호족들을 대표하는 성주(城主)·촌주(村主)들의 일
부는 왕건을 지지해 출신지 군현에 토성을 분정받았다. 이들 호족 세력은
마침내 고려 건국의 주역이 되었고, 시간이 흘러감에 따라 이들은 재경세
력(在京勢力)과 토착세력(土着勢力)으로 갈렸다. 전자는 귀족·관인세력
으로 성장했고, 후자는 군현의 향리로 남게 되었다. 고려왕조는 지방관을
파견해 이들을 통치하려 했지만, 토착세력의 저항이 강력하여 그 지방 출
신 관료를 사심관(事審官)으로 하고 향리의 자제를 인질인 기인으로 불러
올리는 방식으로 지방세력을 관리했다. 또 한편으로는 과거(科擧)·서리

---

24) 金宗直, 《佔畢齋集》 彝尊錄 上 先公譜圖 第一.

직(胥吏職) 등을 통해 지방 호족의 자제들을 계속 중앙관인으로 불러 올
렸다.25)

　　그러면 군현토성이 된 호족의 출신기반은 무엇인가? 씨족적 유대와 강
력한 사병집단을 기를 수 있는 경제적 기반이었다. 이들은 이를 바탕으로
행정능력과 학문적 소양을 쌓았다.

　　그러나 통일왕조에 저해가 되는 이러한 호족의 재지적(在地的) 기반이
그대로 유지될 수는 없었다. 고려왕조는 군현을 정비하고, 지방관을 증파
하며, 호족을 향리로 격하하고, 향역(鄕役)을 세금이나 걷어 오고 군정(軍
丁)이나 뽑아 오는 고역으로 전락하게 했다.

　　고려 전기에는 귀족들이 정권을 잡았다. 이들은 왕실과 통혼하고 계급
내혼제에 따라 그들끼리 혼인했으며, 일부는 출가해 고승이 되어 불교세
력을 장악했다. 그리고 당 문화를 바탕으로 하는 문신귀족정치를 펼쳐 무
신들이나 신흥세력의 불민을 샀다. 그리하여 무신의 난이 일어나 문신들
이 쫓겨나고 무신들이 집권했다. 그러나 무신들은 행정에 경험이 없었기
때문에, 능문능리(能文能吏)의 신진사대부를 등용해 사대부층이 성장하
게 되었다. 더구나 원나라에 굴복한 이후에는 부원세력(附元勢力)이 권세
를 떨치게 되었다. 이에 재상지종(宰相之宗)에 문신가문 이외에 무신가문
과 부원세력이 끼게 되었다.26)

　　그런데 고려 말에 군현토성이 사족화하는데 좋은 기회가 왔다. 홍건적
과 왜구의 침입으로 군공을 세운 군인들에게 상금을 줄 수 없자, 첨설직
(添設職)을 남발했다. 그 뿐이 아니었다. 고려 개국 이래로 향리를 중앙관
인으로 끌어들이고자 검교직(檢校職)·동정직(同正職) 등 산직(散職)을
계속 제수했다. 그리하여 이 시기에는 관계(官界)가 포화상태에 이르렀
다.27)

　　이에 조선초기에는 지배층을 양반과 중인으로 양분해, 새로 생겨나는 사

---

25) 李樹健, 앞의 책, 243쪽.
26) 李成茂, 〈兩班層의 成立過程〉, 《朝鮮初期 兩班硏究》, 一潮閣, 1980. 4, 17~41쪽 참조.
27) 李成茂, 앞의 책, 17~41쪽.

대부층은 상급 지배층인 양반으로 공인하고, 향리를 비롯한 하급 지배층은 중인으로 격하했다. 이러한 작업을 원활하게 수행하려면, 이들의 거점인 군현을 개편할 필요가 있었다. 태조 대부터 세조 대까지 군현제 개편조치가 단행되어, 향리들은 천여 년 동안 살아오던 고향을 떠나 다른 군현으로 옮기게 되었다.28) 이에 따라 성씨의 이동과 변화가 활발히 일어났다.

3. 성씨의 변화

토성은 삼한(三韓)에서 유래했지만29) 고려시대 군현제의 정착과 함께 보편화되었다. 이에 성씨도 군현제에 따라 주(州) · 부(府) · 군(郡) · 현(縣) 등의 군현성(郡縣姓), 향(鄕) · 소(所) · 부곡(部曲) · 장(莊) · 처(處) · 수(戍) · 역(驛) · 도(渡) 등의 임내성(任內姓)으로 나누어지고, 군현성은 다시 인리성(人吏姓) · 백성성(百姓姓) · 촌성(村姓) · 차성(次姓)으로 세분되었다. 이는《세종실록》지리지 성씨 조에 잘 나타나 있다.

고려 초기에 이들 성씨는 읍격(邑格)에 따라 신분과 직역이 달랐다. 주현에는 호족의 후예인 인리성을 가진 사람들이 살고 있었고, 촌에는 백성성을 가진 사람들이 살고 있었으며, 향 · 소 · 부곡 · 장 · 처에는 천민들이 살고 있었다. 권한도 다르고 부담도 달랐다. 왕비나 공신, 군공자(軍功者), 효자 · 열녀가 나면 읍격을 올렸고, 반역자나 범죄자가 나면 반대로 읍격을 내렸다. 주읍과 임내에는 토성 · 촌성 · 임내성이 혼재해 있었으며, 성의 유무에 따라 유성층(有姓層)과 무성층(無姓層)이 있고, 신분적으로는 양 · 천인이 혼재되어 있었다. 그러나 양계지방은 토성이 없고 사민정책(徙民政策)으로 입진성(入鎭姓) · 입성(入姓)이 있었을 뿐이었다.30)

---

28) 李成茂, 앞의 책, 17~41쪽.
29) 土姓出自三韓(《晉陽誌》卷 3, 姓氏條).
30) 李樹健,《한국의 성씨와 족보》, 서울대 출판부, 2003, 11~13쪽.

인리성·백성성·촌성을 막론하고 일차적으로 읍사(邑司)의 향리직을 놓고 치열한 경쟁을 벌였다. 그 가운데 호장층(戶長層)이 가장 우세한 지위를 차지하고 있었다. 읍사에 참여한 사람들은 과거(科擧)·서리직(胥吏職)·군공(軍功)·기인(其人) 등을 통해 중앙관리로 진출할 수 있었다. 이렇게 중앙관리가 된 사람들은 다시 고향으로 돌아오지 않아, 같은 성족이 사족(士族)과 이족(吏族)으로 갈리고 사족은 본관과 거주지가 달라졌다. 이들은 외가나 처가를 따라 다른 지방에 정착하기도 했다.

조선시대 사족의 조상은 모두 향리였다. 언제 사족으로 진출했는가가 문제이다. 향리가 사족으로 올라가고자 할 때는 강력한 친족적 유대와 공고한 경제적 기반, 튼튼한 학문적 소양이 필요했다. 호장층(戶長層)이 그러한 조건을 갖춘 대표적인 계층이었다. 그들은 문·무 소양, 또는 문음(門蔭)을 통해 중앙관리로 진출할 수 있었다.[31] 따라서 향리층 출신의 양반이 많았다.

그런데 군현제 개편·상경종사(上京從仕)·전란·기근·사민(徙民) 등으로 말미암아 토성이 유리·소멸되거나 새로운 토성이 생겨났다. 조선왕조를 지지하느냐 반대하느냐에 따라 신분이 향상되기도 하고, 격하되기도 했다. 망성(亡姓)·망래성(亡來姓)·입진성(入鎭姓)·입성(入姓)·내성(來姓)·속성(續姓) 등도 이 때문에 생겨났다. 이러한 성종(姓種)은 《세종실록》지리지 성씨 조에 잘 나타나 있다.

인위적으로 토성을 바꾼 것은 군현개편과 사민(徙民)이었다. 군현개편은 고려시대부터 끊임없이 실시되었다. 대표적인 예는 현종 대의 군현개편이다. 조선에 들어와 태조 대부터 세조 대에 이르기까지 전국의 군현을 330여 개로 통폐합했다. 이때 토착 향리 가운데 80퍼센트가 여러 대에 걸쳐 살던 본관지에서 다른 지역으로 강제로 이동되었다.[32] 또한 세종대에 4군 6진이 개척되어 삼남지방의 인민들이 대거 양계지방으로 사민되었다.[33]

---

31) 李樹健, 위의 책, 28-29쪽.
32) 李成茂, 〈조선초기의 향리〉, 《개정증보 조선의 사회와 사상》, 일조각, 2004, 233~249쪽.

정변, 또는 당쟁으로 실세(失勢)한 중앙관료가 경기도를 비롯한 타지로 옮겨 가는 경우도 많았다. 관직이나 귀양지의 인연으로 머물러 사는 사람도 있었고, 스승을 따라 옮긴 사람도 있었다. 벼슬아치들이 물러난 뒤, 특히 경기도나 충청도 북부(금강 이북)에서 우거(寓居)하거나 세력의 근거지를 새로이 마련하는 일도 많았다. 외가나 처가를 따라 옮기는 경우도 있었다. 딸들도 균분상속을 받아 경제적인 지분이 있었기 때문이다. 그리고 조선후기에는 동족부락이나 선조의 묘소를 따라 옮기는 경우도 있었다. 그리하여 본관지와는 관계없이 성족들이 전국적으로 분포하게 되었다. 거주지와 본관지가 일치하지 않는 상황이 일반화된 것이다.

재경토성이 몰락하거나 대가 끊어져도 재지토성이 건재하는 한 파를 달리하는 상경종사자를 배출할 수 있으나, 재지토성이 몰락하면 망성(亡姓)이 된다.34) 곧, 토성으로서 지위를 상실하는 것이다. 망성은 여러 가지 이유에서 발생한다. 하나는 자연적으로 족세가 쇠미해져서 후손이 끊기는 경우이고, 다른 하나는 정치·사회적 변동으로 가문이 몰락하는 경우이다. 유아사망률이 높은데다가 양자제(養子制)가 일반화되지 않았던 조선전기 이전에는 절손(絶孫)으로 인한 단절이 많았다. 실세한 관인들은 지방으로 쫓겨 내려가고, 득세한 관인들은 서울이나 근기지방(近畿地方)으로 진출했다. 따라서 근기지방에는 상경종사하는 토성도 많았지만 망성도 많았다.35)

토성이 확정된 뒤에 그 토성이 흉년·전란·사민(徙民) 등으로 인해 유망(流亡), 또는 소멸해 망성(亡姓)이 생기고, 내성(來姓)이 다시 유망하거나 소멸해서 망래성(亡來姓)이 생겼다. 내성에는 그 내력이 기록되어 있는 성과 기록되어 있지 않은 성이 있다. 또한 주읍성(主邑姓)이 외곽지대의 소속 임내(任內)로 확산되어 감에 따라 내성이 발생했다. 망래성(亡

---

33) 平安道人民 在高麗 皆下三道入居人也 無一土姓 …… 願刷平安道各官人民 許籍所在官 以爲土姓 改成戶口而給之(《世宗實錄》 卷 76, 世宗 19年 正月 乙未).

34) 李樹健, 《한국중세사회사연구》, 일조각, 1984, 93쪽.

35) 李樹健, 위의 책, 93~95쪽.

來姓)에는 경래성(京來姓)이 포함되어 있었다. 이들은 유배·은거 등의 이유로 서울에서 낙향한 성씨였다. 투화성(投化姓)은 중국·발해·거란·여진·일본 등 외국에서 이거해 온 사람들의 성씨였다. 이들은 사성(賜姓)·사관(賜貫)을 받는 것이 보통이었고, 사는 곳이 지정되는 경우가 많았다.[36)

입진성(入鎭姓)은 국가의 사민정책에 따라 양계지방에 입거한 성씨이다. 따라서 입진성(入鎭姓)은 양계지방에만 있다. 그러나 서북면에는 평양을 제외한 각 읍마다 입진성이 있었고, 함경도에는 함흥·부령에만 있었다. 다시 말해, 입진성이 국가의 사민정책에 의해 강제적으로 옮겨진 성씨인 것과 달리, 입성(入姓)은 자발적으로 옮겨 온 성씨이다. 입진성과 입성은 성씨의 내력이 밝혀져 있다. 따라서 우리는 이를 통해 고려시대 양계주민의 이주경로를 엿볼 수 있다. 그리고 양계지방에는 토성이 없기 때문에 입진성족이 토성이민(土姓吏民)으로 되었으나 상경종사한 사람은 없다. 서북면에 입진성이 많았던 것과 견주어, 함남지방에는 부역을 도피해 남부지방에서 도망해 온 입성(入姓)이 많았다.[37)

속성(續姓)은 고적(古籍)에는 없고, 《세종실록》지리지를 편찬할 때 각 도의 관문(關文)에 실려 있는 성씨이다. 이는 《세종실록》(世宗實錄) 지리지 편찬 때 속록된 성씨로서 여기에는 세종 대에 대폭적인 향리이동으로 새로 군현에 편입된 향리성이 많이 포함되어 있었다.[38) 이 가운데 전입속성(轉入續姓)은 그 내력이 있으나, 전입속성이라도 내력이 알려지지 않은 성은 주기(注記)가 없다.[39) 내성이 고려 초기부터 형성되었던 것과 달리, 속성은 고려후기, 여말선초에 형성되었다. 속성은 고려후기 이래 북로남왜(北虜南倭)와 격심한 사회변동으로 부족해진 향리를 보충하고자 지방세력들을 이동시킨 결과로 생겨난 것이다. 속성은 성읍(盛邑)에서 잔

---

36) 李樹健, 앞의 책, 100~101쪽.
37) 李樹健, 앞의 책, 101~105쪽.
38) 李成茂, 〈조선초기의 향리〉, 《개정증보 조선의 사회와 사상》, 일조각, 2004. 참조.
39) 李樹健, 앞의 책, 107쪽.

읍(殘邑)으로 이속되는 경우가 많았다. 속성 출신으로 출세한 인물로는
황희(黃喜) · 최윤덕(崔閏德) · 이지란(李之蘭) 등이 있다.[40]

사성(賜姓)은 국왕이 내려 준 성씨를 말하고, 개성(改姓)은 여러 가지
이유로 본래의 성을 다른 성으로 바꾼 성씨를 말한다.

사성은 귀화인(歸化人)에게 주는 경우와 내국인에게 주는 경우가 있었
다. 귀화인의 경우 이미 성을 가지고 있으면 사관(賜貫)만 하는데 처향
(妻鄕)이 그의 본관이 되었다.[41] 내국인에게는 국성(國姓)인 왕성(王姓)
을 주는 경우와 다른 성을 주는 경우가 있었다. 박유(朴儒) · 김순식(金順
式) · 이가도(李可道)에게는 왕씨를 사성했다. 그러나 조선왕조가 서자,
이들을 본래의 성씨로 환원시키거나, 어머니의 성씨를 따르게 했다.[42] 김
해 김씨인 이자연(李自淵)의 조상은 당제(唐帝)로부터 인주 이씨(仁州李
氏)를 사성받았고,[43] 전간(全幹)은 문장이 뛰어나 천자가 문씨를 사성한
바 있었다.[44] 그리고 발해계의 대씨(大氏)는 본래의 성을 바탕으로 영순
태씨(永順太氏)가 되었다. 그러나 1081년(문종 35) 8월에는 재예가 있는
송인(宋人) 외에는 외국인, 특히 흑수여진(黑首女眞) 출신은 고려인으로
받아들이지 않는 정책을 시행했다.[45] 태조 대부터 북진정책을 실시하면서
북방민족을 배격했기 때문이다. 그러나 귀화하고자 하는 외국인들을 모두
거절할 수 없어 정책상 양계 이남의 향 · 소 · 부곡성으로 남부지방에 편
호, 정착시켰다.

고려시대에는 근친혼을 감추고자 왕비로 하여금 어머니의 성을 따르도

---

40) 李樹健, 앞의 책, 110쪽.
41) 변안열(邊安烈)이 처향인 원주를 본관으로 해 원주 변씨가 되었고, 이민도(李敏道)는
    처향인 상주를 본관으로 해 상주 이씨가 되었다.
42) 令前朝賜姓王氏者 皆從本姓 凡姓王者 雖非前朝之裔 亦從母姓(《太祖實錄》卷 5, 太祖 3
    年 4月 乙未).
43) 其先新羅大官 奉使入唐 天子嘉之 賜姓李 子孫徙居邵城縣 卽仁州也(《高麗史》卷 95, 李
    自淵傳).
44) 文幹本姓全 入中朝 以文章著名 賜姓文 官至平章事(《新增東國輿地勝覽》卷 46, 旌善郡
    人物).
45) 禮賓省奏 舊制本國道民 曾被蕃賊所掠 懷土自來者 與宋人有才藝者外 若黑首女眞 並不許
    入(《高麗史節要》卷 5, 文宗 35年 8月).

록 했다. 태조의 경우 왕자가 너무 많아 왕자들에게 모성(母姓)을 따르게 하는 경우도 있었다.[46] 진골과 6두품에 속하는 승려들의 비문에 어머니의 성씨가 고씨(顧氏)·화씨(華氏)·이씨(伊氏)·부씨(傅氏)라는 벽성(僻姓)으로 기재된 것도 동성임을 감추려는 조치였다고 생각된다.[47] 예천 흔씨(醴泉昕氏)를 예천 권씨(醴泉權氏)로, 일직 순씨(一直筍氏)를 일직 손씨(一直孫氏)로 개성(改姓)한 경우도 있다. 반란이 잦은 곳에 내려준 짐승 이름의 성씨를 뒤에 다른 글자로 바꾼 경우도 있다.[48] 그러나 15세기 이후 개관(改貫)은 활발했지만 개성(改姓)은 환부역조(換父易祖)로 여겨 잘 하지 않았다. 성(姓)보다는 본관(本貫)이 신분의 차등을 나타내고 있었기 때문이다.

4. 가계기록

혈족집단의 계통을 밝히고자 하는 노력은 문자사용 이전부터 있었을 것이다. 한국의 신석기시대 원시공동체 사회에서도 동일한 혈연을 바탕으로 씨족사회를 이루고 공동의 조상신을 섬겼다. 그러면서 자기 씨족의 일체감을 굳게 하고, 다른 씨족과의 차별성을 드러내려 했을 것이다. 이들은 일정한 의식과 조상신에 대한 제사를 곁들인 씨족회의를 열었다. 이런 점에서 공동조상을 가진 혈통의식은 적어도 신석기시대부터 있었다고 할 수 있다.[49]

---

46) 신라와 당나라의 교류가 활발해지면서, 신라는 당나라의 동성불혼(同姓不婚) 풍습을 아주 무시할 수는 없게 되었다. 왕실의 동성혼(同姓婚)을 감추고자 왕비의 성을 왕씨에서 숙씨(叔氏)·신씨(申氏)·정씨(貞氏) 등으로 바꾼 바 있었다(李樹健, 앞의 책, 116쪽).

47) 李樹健, 앞의 책, 117쪽.

48) 李樹健, 앞의 책, 114쪽. 목천군(木川郡) 토성이었던 우씨(牛氏)를 우씨(于氏)로, 상씨(象氏)를 상씨(尙氏)로, 돈씨(豚氏)를 돈씨(頓氏)로, 장씨(場氏)를 장씨(張氏)로 바꾼 예가 있다.

그런데 청동기시대에 들어와서 국가가 생기고 국가의 지배집단이 형성
되자, 그들의 우월성을 드러내려는 새로운 혈통의식이 생겨났다. 아울러
조상제사도 후계자의 고유한 권한이요 의무로 자리잡아갔다. 고조선이 스
스로 태양신의 후예라고 자처하고 그 제사를 세습해 온 것이 그 예이
다.50)

고구려 광개토왕비에 따르면, 왕 자신이 추모왕(鄒牟王: 동명왕)의 17
세손이라 하고, 선왕들의 비를 세우도록 했다.51) 비문은 전하지 않지만
그 내용에는 왕들의 계보가 수록되어 있을 가능성이 있다. 이러한 계보는
구전되어 왔을 것이다. 신라의 내물왕계(奈勿王系)가 집권하자 그를 이은
왕들이 내물왕의 몇 세손이라고 내세웠다. 씨족(clan)보다 가계(lineage)가
우선하게 된 것이다. 씨족이 보다 넓은 범위의 혈연집단이었던 것과 달리,
가계는 혈연관계가 확실한 근친을 의미한다. 따라서 씨족보다 가계가 결
속이 강한 혈연집단이라 할 수 있다. 혜공왕 대에 중국식 5묘제도가 들어
온 것도 그와 무관하지 않다. 그리하여 신라 하대에는 가계 사이의 치열한
왕위쟁탈전이 벌어지게 되었다. 따라서 씨족 중심의 기록이나 제사가 가
계 중심으로 바뀌어 갔다. 권력투쟁에서 성공한 가계는 물론, 실패한 가계
에서도 자기의 가계를 드러내고자 많은 비석을 세우고 전기(傳記)를 편찬
했다. 김대문(金大問)의 《고승전》(高僧傳), 김장청(金長淸)의 《김유신행
록》(金庾信行錄), 최치원(崔致遠)의 《제왕연대력》(帝王年代曆) 등이 대
표적인 예이다.52) 이들 전기에서는 조상을 윗대에서 아랫대로 이어서 기
록하는 형태를 취하고 있었다.

이러한 전통은 고려시대로 이어진다. 고려시대에는 가첩(家牒)·세보
(世譜)·가보(家譜)·가기(家記)·가전(家傳)·가장(家狀)·가승(家乘)
·세계(世系)·보첩(譜牒) 등의 명칭이 보인다. 고려가 건국되고 태조가

---

49) 김용선, 〈족보 이전의 가계기록〉, 《한국사시민강좌》, 1999, 3쪽.
50) 김용선, 위의 논문, 4쪽.
51) 〈광개토대왕릉비문〉, 《역주 한국고대금석문》 I, 한국고대사회연구소, 1992, 제 4면, 16쪽.
52) 김용선, 위의 논문, 9쪽.

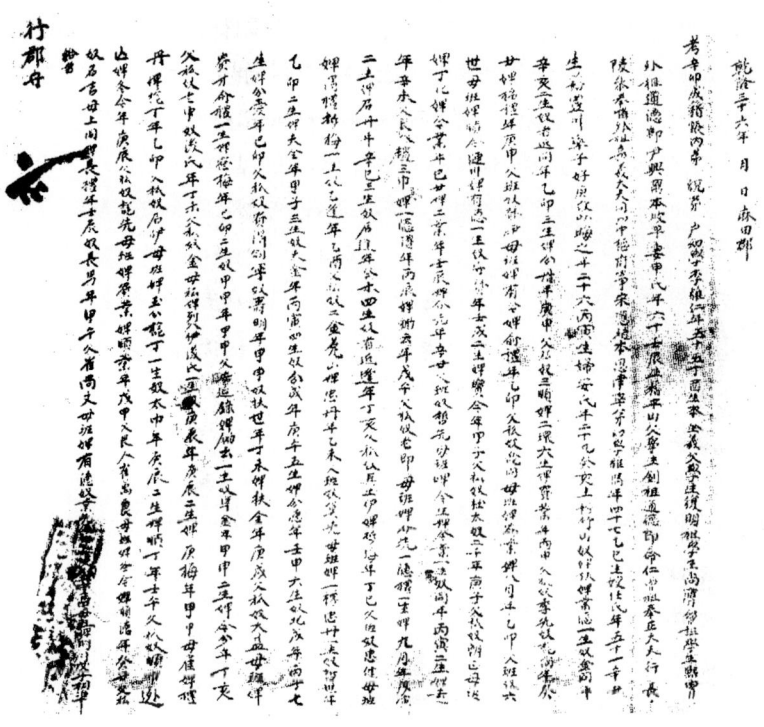

준호구. 호적대장을 기초로 관청에서 발급하는 문서이다. 과거시험, 소송, 병역 등 공적인 업무의 참고자료로 활용되었으며, 가문과 신분유지의 근거자료가 되기도 했다.

호족들에게 토성을 분정하자, 성씨별로 자기의 성씨를 드러내고자 일정한 가계기록을 만들었을 것이다. 우선 전중성(殿中省)에서 왕실의 계보를 작성했다. 그리고 관인사회에서는 과거(科擧)·출사(出仕)·음직(蔭職)·상속(相續)·제사(祭祀) 등을 위한 근거자료로서 가첩(家牒)·가계도(家系圖)·족도(族圖)·파계도(派系圖)·세계도(世系圖)·보도(譜圖) 등이 작성되었다. 인사에 참조하고자, 중앙 정부에는 정안(政案)을, 지방 읍사(邑司)에는 이안(吏案)과 단안(壇案)을 비치했다. 개별적인 가계를 기록한 호적(戶籍)과 준호구(準戶口)도 일부 남아 있다. 그러나 이러한 가계기록들은 조선시대 족보처럼 모든 구성원을 다 수록하는 것이 아니라 직계가족만을 수록하는 것이 보통이었다. 자기를 중심으로 내외 양계의 단선 직계조상을 기록하여 이른바 8고조도(八高祖圖)·8조호구(八祖戶口)·16고조도(十六高祖圖)·족도(族圖)·세계도(世系圖) 등을 작성했다. 인물의 신분과 혈통을 증빙하는 데는 친가(親家)의 4조(四祖)가 가장 가깝고 여기에 처의 4조를 합치면 8조가 된다. 이는 5복제(五服制)와도 깊은 관계가 있다.

한국의 족보는 편찬체제에 따라 크게 세 시기로 나눌 수 있다. 즉 1) 15세기 전반 이전의 보첩류, 2) 최초의 족보인《안동 권씨 성화보》(安東權氏成化譜: 1476)를 비롯한 조선전기 족보, 3) 17세기 이후 조선후기 족보가 그것이다.[53] 1)은 고려 초부터 만들어져 왔지만 이것은 씨족(氏族)·가계도(家系圖)·세계도(世系圖)·족도(族圖)·보도(譜圖)·가첩류(家牒類)에 지나지 않아서, 15세기 후반부터 편찬되기 시작한 조선시대 족보와는 판이하게 다르다. 여기에는 내·외 양계의 조상의 세계만을 기록하고, 방조·방계의 족파는 배제되어 있다. 본인을 중심으로 부·모·조모·증조모·외조모·처의 내·외조계(內外祖系) 등 종적(縱的)인 조상세계를 계보화한 것이 세계도요, 횡적(橫的)인 자녀 및 내·외손의 파계(派系)를 정리해 놓은 것이 족도이다. 이러한 세계도와 족도는 하나의 가첩류로서 본인의 내·외조의 혈통을 추적하는데 목적이 있었다. 이는 자녀균분상속과도 깊은 관계가 있었다.[54]

1237년(고종 24)에 작성된《여주 이씨 준호구》(驪州李氏準戶口)·개성부 호적(開城府戶籍)을 비롯한 1301년(충렬왕 27)과 1340년(충혜왕 복위 1년)에 작성된 김련(金璉)의 준호구(準戶口), 1372년(공민왕 21)에 작성된 박득현 준호구, 1373년(공민왕 22)에 작성된 박수(朴秀)의 준호구, 1390년(공양왕 2)에 작성된 의성 김씨 김천(金洊)의 준호구·세계도, 1391년(공양왕 3)에 작성된 안동 김씨 김득우(金得雨)의 준호구·세계도,

---

53) 李樹健,〈족보와 양반의식〉,《한국사시민강좌》제 24집, 일조각, 1999, 34쪽.
54) 李樹健, 위의 논문, 35쪽.

1390년(공양왕 2)부터 그 다음 해에 걸쳐 작성된 이성계의 화령부 및 개경 호적문서, 1391년(공양왕 3)부터 1415년(태종 15)에 걸쳐 작성된 《장인숙 장적등본》(張仁淑帳籍謄本), 고려 말에 작성되었으리라 추정되는 《압해 정씨 세계도》(押海丁氏世系圖), 1401년(태종 1)에 작성된 《해주 오씨 족 도》(海州吳氏族圖), 권제(權踶: 1387-1445)가 편찬한 《가보소첩》(家譜 小牒), 1423년(세종 5)에 작성된 문화 류씨 《영락보》(永樂譜), 15세기 후 반에 작성되었을 《김숙자보도》(金叔滋譜圖), 《강릉 김씨 선대세계표》 등 이 《안동권씨성화보》 이전에 나온 현존하는 가계기록들이다.

　이러한 가계기록들은 친가의 4조와 처가의 조상까지도 이름·본관·관 직을 적고 있다.

　이 가운데 《해주오씨족도》는 가로 112cm, 세로 115cm 크기의 장지(壯 紙) 1장에 1~9세까지, 그리고 3·4·5세와 통혼권을 이룬 집안의 가계를 기록한 것이다.[55] 이 족도는 고려 말에 전서(典書)를 지낸(1369) 오광정 (吳光廷)이 시작했으나 마치지 못한 것을 그의 둘째 아들인 오선경(吳先 敬)이 1401년(태종 1) 11월에 완성한 것이다. 그러나 오광정의 가계가 뒤 에 첨록(添錄)된 것이 확실하다. 지질도 다르고 필치도 다르다. 내용을 살 펴보면 1) 중앙에 해주 오씨의 가계를, 그 좌우에는 그들과 통혼권을 이루 는 집안의 가계를 밝혔다. 사돈뿐 아니라 겹겹사돈까지도 밝힌 것이다. 2) 시조 오인유(吳仁裕)의 3·4·5대까지는 처가의 선계를 상세히 밝히고 있으나 그 이후는 아들과 딸(사위)만 기록했다. 3) 친가는 물론 통혼가의 선계·자녀·관직까지 상세히 기록했다. 4) 자녀를 출생 순으로 친손과 외손을 막론하고 모두 기록했다.[56] 이 족도가 《안동 권씨 성화보》 이전의 가계기록의 전형이라고 생각된다.

---

55) 鄭在勳, 〈海州吳氏族圖考〉, 《東亞硏究》 第17輯, 1989, 313쪽.
56) 鄭在勳, 앞의 책, 335쪽.

5. 《안동 권씨 성화보》

《안동 권씨 성화보》는 한국 최초의 족보이다. 이 족보는 권근(權近)의 아들 권제(權踶: 1387~1445)가 지은 〈가보소첩〉(家譜小牒)에서 비롯되었다. 그러나 내용이 소략해 권제의 아들 권람(權擥: 1416~1465)이 부친의 뜻을 받들어 많은 자료를 수집했으나 끝내지 못한 것을, 그의 고종사촌인 서거정(徐居正)이 족질 상주판관 박원창(朴元昌)과 대구부사 최호원(崔灝元)과 더불어 내용을 보완해 도보(圖譜) 2권을 만들었다. 이렇게 만든 족보를 외손인 경상감사 윤호(尹壕)에게 부탁해 안동부에서 목판본으로 찍어낸 것이 《성화보》이다.[57]

족보는 대체로 60년마다 신보(新譜)를 내게 되어 있다. 그 때마다 간지(干支)를 붙여 〈OO譜〉라고 하는데, 《성화보》는 중국의 연호를 따랐다. 정식명칭은 《안동권씨족보》지만 우측 상부에 《성화병신보》(成化丙申譜)(1476)라고 적혀 있다. 서문 제호(題號)에는 〈가보〉(家譜)로, 발문에는 〈족보〉로, 본문 서두의 제호는 〈세보〉로 되어 있으나, 시조로부터 자손과 인척을 종횡으로 기록한 것을 보아 족보임에 틀림없다.[58]

일부에서는 이를 도보로 보는 견해도 있었으나, Edward Wagner의 연구로 한국 최초의 족보임이 밝혀졌다.[59] 《성화보》의 특징은 다음과 같다.
- 총인원 9,120명 가운데 친손은 867명(남 540, 여 327)뿐이고, 그 외는 모두 외손이다. 외손의 외손의 외손도 있다.

---

57) 權寧大, 〈成化譜攷〉, 《大韓民國 學術院論文集》 第20輯, 1981, 308쪽 ; 1476년(성종 7)에 쓴 徐居正의 서문에는 圖譜 2卷이라 했는데 같은 해 3月에 쓴 崔鎭의 발문에는 3帙이라 했다. 이것은 처음에 樞密公派 1권, 僕射公派 1권, 합 2권으로 되어 있던 것을 추밀공파의 분량이 많아(111장) 두 책으로 분할한 것이 아닌가 한다(權寧大, 같은 책, 308쪽).

58) 權寧大, 위의 책, 309쪽.

59) 1979년 10월 18일 연세대 국학연구원에서 발표했다. 李肯翊의 기록에 따르면 "我東族譜 嘉靖年間 文化柳譜 最先刑"이라 했으나, 그 기록은 〈영락보〉를 언급하는 것 같은데 이 책은 실물이 없어 그 내용을 확인할 수 없다.

- 친계 가운데 권수평(權守平: 추밀공파)과 권수홍(權守洪: 복야공파)
형제의 자손, 특히 그들의 증손인 권부(權溥)·권한공(權漢功)의 자손들
이 96퍼센트 이상을 차지한다.

- 친·외손을 막론하고 여부(女夫)·재취(再娶)·삼취(三娶) 때문에
이중, 삼중으로 중복 기록되는 경우가 많다. 2번 기록된 경우가 913건, 3번
기록된 경우가 29건, 4번 기록된 경우도 4건이나 된다.

- 친·외손을 막론하고 아들은 이름만 적고, 여부(女夫)는 성명을 다
썼다.

- 여부(女夫)를 언급할 때, 전실(前室)·후실(後室)·초실(初室)·부실
(副室)·부실산(副室産)·후부(後夫)를 사실대로 썼다.

- 서자(庶子)는 한 건도 보이지 않는다.

- 후사가 없는 경우(317건), 계자(系子)가 한 건도 없다. 양자(養子)가
없었던 것이다.

- 이름 아래 봉군(封君)·생원(生員)·진사(進士)·문과(文科)·무과
(武科)·관직(官職)만 기록하고, 생졸년(生卒年)·행적(行蹟)·묘소(墓
所)·배위(配位) 등은 일체 기록하지 않았다.

- 외손은 본관을 기록하지 않았다.

- 한 글자 이름이 57.22퍼센트, 두 글자 이름이 33.89퍼센트로 한 글자
이름이 많고, 항렬(行列)을 중시했으며(12촌까지도), 이름에 벽자(僻字)
를 많이 썼다.60)

《성화보》의 이같은 편찬방법은 후대 족보와 많이 다르다. 그 변화상을
1605년(선조 38)에 간행된 《을사보》(乙巳譜)·1654년(효종 5)에 간행된
《갑오보》(甲午譜)·1701년(숙종 27)에 간행된 《신사보》(辛巳譜)·1734
년(영조 10)에 간행된 《갑인보》(甲寅譜)·1794년(정조 18)에 간행된
《후갑인보》(後甲寅譜)·1907년(순종 1)에 간행된 《정미보》(丁未譜)와
비교해 보면 다음과 같은 차이가 있다.

---

60) 權寧大, 앞의 책, 313~322쪽.

- 후세 족보의 기재순서와 비교해 보면 자녀는 나이 순에서 선자후녀(先子後女)로 바뀌었다.

- 성(姓)은 여부(女夫)에게만 붙이던 것을 《을사보》·《신사보》에서는 외손에게도 붙였다가 《갑인보》 이후에는 다시 여부에게만 붙였다.

- 부인(夫人)이라는 칭호는 《성화보》에서는 쓰지 않았으며, 《갑인보》에서는 부인·실(室)·배(配)를 썼는데, 《후갑인보》에서는 배를 병용하다가 《을미보》에서는 실이 없어졌다. 부인은 현관(顯官)에게만 썼다.

- 《정미보》부터는 생년월일을 썼다.

- 서자는 《신사보》에서는 3대를 기록했고, 《갑인보》에는 당대만, 《정미보》에서는 삭제했다.

- 이파(吏派)는 《갑인보》에는 기록했으나 《정미보》에는 없어졌다.[61]

시대조류를 따라 족보가 편찬되었기 때문에 이러한 차이가 나타났다. 17세기 이후 종가나 종손이 중시되고, 상속에서도 장자가 받는 제사전(祭祀田)의 비율이 늘어나며, 양자제도가 정착되었다. 그러다가 조선후기에는 서얼허통이 실시되고 1894년(고종 32) 갑오개혁이 단행되어 신분제가 제도적으로 철폐되는 등의 변화가 족보에도 반영되었다.

그러면 《성화보》는 왜 만들어졌는가?

고려왕조는 지방의 반독립적인 호족세력을 국가의 관인으로 흡수하고자, 교육·과거·기인·관직 등을 통해 호족의 자제들을 중앙에 불러 올려 관인을 삼았다. 또 한편으로는 세력이 미약한 지방호족들을 향리로 임명해 재지적 재량권을 대폭 축소하고, 이들을 지방의 하급행정실무자로 격하시켰다. 그리고 15세기에는 원악향리(元惡鄕吏) 처벌법을 만들어 행세하는 향리들을 역리(驛吏)나 우리(郵吏)로 쫓아내고, 군현개편과 아울러 향리의 80퍼센트를 다른 지방으로 이동시켜 그들의 재지적 기반을 박탈했다. 이에 많은 향리자제들이 중앙으로 몰려왔다. 이에 국가에서는 관직이 모자라 검교직(檢校職)·동정직(同正職) 등의 산직(散職)을 늘려

61) 權寧大, 앞의 책, 323쪽.

제수하고, 고려 말의 홍건적 · 왜구의 침입을 막은 군공자들에게 첨설직
(添設職)을 남발함으로써 관직세계가 포화상태에 이르렀다.62)

그리하여 기왕에 국가로부터 관품이나 관직을 받은 품관층(品官層)은
상급 지배신분층인 양반으로 편입시키고, 아직도 향리로 남아 있거나 면
향(免鄕)했더라도 2품 이하의 하위직에 머무른 향리출신 관인은 향리로
환원시켜 하급지배신분층인 중인으로 만들었다.63) 이러한 분위기에서 자
기 가문이 양반으로서 배타적인 사회적 지위를 가지고 있다는 것을 과시
할 필요가 있었다. 양반들이 족보를 만들려 한 것도 이 때문이었다. 그러
다 보니 과거(科擧) · 음서(蔭敍) · 전주(銓注) · 상속과 관계가 있는 가계
가 중시되고 이를 점차 확산시켜 가고자 했다.

그러면 《성화보》는 어떻게 만들어졌나? 《성화보》가 한국의 현존하는
최초의 족보이기는 하나, 그 시대에 이미 다른 족보들도 간행된 바 있었다.
1401년(태종 1)에 그려진 《해주 오씨 족도》, 1423년(세종 5)에 편찬된
《문화 류씨 영락보》(永樂譜), 1441년(세종 23)에 편찬된 《남양 홍씨 정통
보》, 1451년(문종 1)에 편찬된 《진주 하씨 경태보》, 1464년(세조 10)에
작성되고 1545년(인종 1)에 등서(謄書)한 것을 1547년(명종 2)에 모사한
성주 이씨의 《농서공족보》(隴西公族譜), 1474년(성종 5)에 편찬된 《충주
박씨 창시보》, 1476년(성종 7)에 편찬된 《철성 이씨 족보도》와 《전의 이
씨 성화초보》, 1480년(성종 11)에 편찬된 선산 김씨 《선공보도》(先公譜
圖), 1524년(중종 19: 곧 명나라 가정嘉靖 3)에 편찬된 《한양 조씨 세
보》, 《문화 류씨 가정보》 등이 그것이다. 그러나 이 가운데는 족도도 있
고, 일부는 서문만 남아 있고 실물을 볼 수가 없기 때문에 우리는 《안동
권씨 성화보》를 한국의 현전하는 최초의 족보로 보는 것이다.64) 이러한
가계정보를 바탕으로 1467년(세조 13)에 양성지(梁誠之)가 왕명을 받아
만성보(萬姓譜)의 성격을 띠는 《해동성씨록》(海東姓氏錄)을 편찬했다.

---

62) 李成茂, 〈兩班層의 成立過程〉, 《朝鮮初期 兩班硏究》, 一潮閣, 1980, 17~41쪽.
63) 李成茂, 앞의 책, 17~41쪽.
64) 李成茂, 앞의 책, 216~225쪽.

이 책은 당의 《씨족지》·《성씨록》을 모방해 우리 성씨를 군현별로 정리해 놓은 것이라 여겨진다.[65]

왕실보첩(王室譜牒)도 편찬되었다. 즉, 1412년(태종 12)에 태종은 조계(祖系)를 수록한 《선원록》(璿源錄), 종자(宗子)를 수록한 《종친록》(宗親錄), 종녀(宗女)·서얼(庶孼)을 수록한 《유부록》(類附錄)을 편찬했다. 그리고 1471년(성종 2) 무렵에 돈령부(敦寧府)에서 《돈령부첩》(敦寧府牒)을 만들었다.[66] 《선원록》에는 시조 이한(李翰)으로부터 17대 이양무(李陽茂)까지 적고, 18대인 이안사(李安社)부터는 왕과 왕비로 수록했다. 자손록인 《종친록》과 《유부록》은 조선을 건국한 태조로부터 시작하고 있어서 추존된 4왕의 자손은 제외되었으며, 종자(宗子) 우선으로 기록했으며 적서(嫡庶), 남녀를 구별했다. 종지(宗支)의 구분이 적서의 구분보다 우선한 것은 태조의 형제들과 그 자손을 제외하고자 함이었다.[67] 이러한 자료들도 왕실과의 혼인을 밝히는데 참고할 만하다.

《안동 권씨 성화보》를 비롯한 이러한 족보들은 대체로 앞에 언급한 호적류·준호구류·가첩류 등의 고문서들과 8고조도·16고조도·8조호구식 등 자기를 기점으로 고조까지 4대를 기록한 가계기록을 참고해서 만들어졌다. 《해주 오씨 족도》를 비롯한 족도류도 이 준칙을 벗어나지 않았다.[68] 친가 쪽에서는 과거·음서·상속의 자료로서 그 이상의 자세한 가계는 필요가 없었던 한편으로, 이러한 양반의 혜택을 얻는 데에는 친가뿐 아니라 외가의 가계도 필요했기 때문이다.

조선시대 양반들이 잘 인용하는 소순(蘇洵)의 족보도 소종지법(小宗之法)을 따라 고조부를 기점으로 하는 8촌만을 기록했고, 구양수(歐陽修)의 족보는 시조로부터 고조부까지 계보를 앞에 배치한 다음 고조부 이하의 족인(族人)을 수록하게 되어 있었다.[69] 이들 족보는 소순의 족보 체제를 모

---

65) 李樹健, 《한국의 성씨와 족보》, 서울대학교 출판부, 2003, 37쪽.
66) 원창애, 〈조선후기 선원보첩의 편찬체제와 그 성격〉, 《藏書閣》 제 17집, 한국학중앙연구원, 2007, 41쪽.
67) 원창애, 위의 논문, 43쪽.
68) 李樹健, 〈족보와 양반의식〉, 《한국사시민강좌》 제 24집, 1999, 31쪽.

방한 8고조도 · 16고조도의 단계에서 구양수의 족보 체제를 모방하는 단계로 넘어가는 과도기에 있었다. 족도는 그 중간단계라고 할 수 있다.

시조로부터 그 아래 몇 대까지는 계보가 단선으로 연결되어 있는 경우가 많고, 일정한 세대가 내려간 뒤부터 복수의 가계가 기록되는 것이 족보의 일반적인 형태이다. 이 단선의 계보를 선계(先系)라 하고, 복수의 가계를 본계(本系)라 부를 수 있다. 선계는 시조와 본계를 연결하고자 직계만 단선으로 연결해 놓은 것이다. 물론 시조와 본계를 직접 연결하려니 자료가 충분하지 않아서이기도 했겠지만, 그보다는 현실적으로 필요하지 않았으므로 방계의 가계들은 과감하게 생략했다고 보는 편이 정확할 것이다. 과거 · 승음(承蔭) · 전주(轉住) · 상속에 필요한 8고조도 · 16고조도 · 8조 호구 자료를 여러 개 겹쳐서 그려놓은 것이 초기 족보의 형태였기 때문이다. 그러다 보니 실용적으로 필요한 외가 · 처가 등 여계(女系)가 대폭 들어가게 된 것이다. 그래서 《안동 권씨 성화보》에도 외손이 전체 수록 인원의 10분의 9나 되는 기현상이 생기게 되었다. 선계의 길이는 편찬자가 의도하는 본계의 상한이 어디냐에 따라 달라진다. 뿐만 아니라 선계는 자료가 없을 경우 조작되기도 했고, 시조가 확실치 않으면 중국에서 왔다거나 고려 초의 불복신(不服臣)이라고 날조하기도 했다.

한편 본계의 경우 가까운 인척가문의 가계기록이나 족보를 참조했다. 그리고 외가에 명사가 있을 경우는 외손의 외손의 외손까지 수록하는 경우도 있었다.[70)]

이와 같이 선계의 기록이 부실하고 본계의 수록 가계가 한정되어 있었기에, 뒷날에 족보를 바탕으로 동족부락이 많이 생겼다. 또한 당쟁에서 씨족적 유대를 과시하고자, 대동보(大同譜)를 만들 때는 계보를 확장할 여지를 남기고 비특권층이 족보에 편입될 길을 열어주는 결과를 불러오기도 했다.[71)]

69) 宮嶋博史, 〈'안동 권씨 성화보'를 통해서 본 한국 족보의 구조적 특성〉, 《大東文化硏究》 제 62집, 성균관대학교 동아시아학술원 大東文化硏究院, 2008, 215쪽.
70) 宮嶋博史, 위의 논문, 227쪽.

6. 위보(僞譜)와 개보(改譜)

16세기 말까지는 족보를 가진 성씨가 안동 권씨·문화 류씨·순흥 안
씨·강릉 김씨·동래 정씨·능성 구씨 등 10여 개밖에 되지 않았고, 가첩
등 초보 형태의 족보를 가진 성씨도 30 여 성밖에 되지 않았다. 이러한 성
씨의 족보들은 김안국(金安國)이 "諸氏姓譜 賴此纂成"이라 했듯이 16세
기 후반 제가(諸家)의 족보편찬의 전범이 되었으며, 주로 안동권을 비롯
한 영남지방에서 많이 간행되었다.72) 권씨·류씨·안씨 등과 외손관계에
있던 가문들이 각기 자기들의 족보를 정리하면서 선대의 세계가 자연스럽
게 정리되었기 때문이다. 이렇게 활발했던 족보편찬은 임진왜란으로 한때
중단되었다가 17세기에 접어들면서 다시 활기를 찾아 진성 이씨·의성 김
씨·창녕 성씨·남양 홍씨 등의 족보편찬으로 이어졌다. 이들 족보는 아
직도 친손과 외손을 함께 수록하고 있었으나 성리학의 발달과 예학의 심
화로 족보편찬 방법이 차차 달라졌다.

17세기 이전에는 부모양측적 친족제도의 영향을 받아 남귀여가혼(男歸
女家婚)·동성혼(同姓婚)·자녀균분상속(子女均分相續)·자녀윤회봉사
(子女輪回奉祀)·이성수양(異姓收養)이 사회적 추세였다. 따라서 가계기
록이나 족보도 자녀의 연령순 배열·적서불분(嫡庶不分)·처계불록(妻系
不錄)·내외손 불구분·생년월일과 묘소 불록(不錄) 등의 특징을 가지고
있다. 이와 달리, 17세기 이후에는 부계친족 중심의 가족제도가 강화되어
동성불혼(同姓不婚)·친영혼(親迎婚)·이성불양(異姓不養)·장자봉사
(長子奉祀)·자녀차등상속(子女差等相續)이 정착되었다. 따라서 편찬방
법도 선남후녀(先男後女)·상내약외(詳內略外), 생년월일·처계 및 선조
부처(先祖夫妻)의 기일(忌日)·관직·적서·묘소 등을 기록하는 방향으

71) 宮嶋博史, 위의 논문, 237쪽.
72) 李樹健,《한국의 성씨와 족보》, 서울대학교 출판부, 2003, 66쪽.

로 바뀌어 갔다.73)

  그 까닭은 17세기 이후 성리학의 발달과 예학의 심화로 자녀 균분상속
제가 장자봉사제로 바뀌고, 양자제가 정착되어 부계혈통이 강조되었기 때
문이다. 실상 16세기 이전에는 아들이 없더라도 양자를 들이지 않았고 유
아사망률마저 높았기 때문에, 아무리 명문벌족이라 하더라도 대가 끊어
지는 경우가 많았다. 그러나 이제는 양자를 들여 후대까지 가계를 이을 수
있었다.74)

  왜란과 호란을 겪으면서 명문가가 몰락하는 대신 신흥세력이 대두해
족보를 경쟁적으로 만들기 시작했다. 명문가는 가문의 명예를 지키고자
족보를 보강했고, 신흥세력은 미천한 가계를 은폐하고 가격(家格)을 높이
고자 족보를 위조하거나 본관을 아예 바꾸었다. 더구나 양반이 향리를 천
시했고, 양반이 아니면 군역을 져야 했기 때문에 신흥세력은 결사적으로
족보를 위조해서라도 양반의 반열에 끼려고 했다.75)

  국가에서는 임진왜란 전후에 국가재정이 부족해 공명첩(空名帖)을 팔
았고, 백성들의 싸울 의지를 북돋우고자 군공면천(軍功免賤)을 시켜주었
으며, 천인들을 무과에 응시할 수 있게 했을 뿐 아니라 속오군에 편제시켜
신분질서가 해이해져 갔다. 이러한 조치를 통해 신분이 상승한 이들은 국
가의 공인을 바탕으로 한 신흥 양반세력임을 자처했다. 이들 신향(新鄕)
은 명문가인 구향(舊鄕)과 대립하면서, 군현의 관속(官屬)인 좌수(座首)
·별감(別監)의 자리를 차지해 국가에 협조함으로써 그들의 사회적인 지
위를 높이려 했다. 이에 신·구향의 향전(鄕戰)이 벌어지고 이 과정에서
족보위조는 만연되어 갔다. 또한 당시에는 당쟁이 심했기에, 가문마다 결
집력을 높이고자 동족부락이 유행했고, 세력을 불리고자 같은 성씨나 같
은 본관을 가지고 있으면 동족이라는 관념이 생겨나 족보를 위조하는 사

73) 李樹健, 〈朝鮮後期 姓貫意識과 編譜體制의 변화〉, 《九谷黃鍾東敎授停年紀念史學論叢》,
    正完文化社, 1994, 395~396쪽.
74) 李樹健, 《한국의 성씨와 족보》, 서울대 출판부, 2003, 62쪽.
75) 李樹健, 위의 책, 64쪽.

람이 늘게 되었다.

신흥세력이나 명문이 아닌 사람들은 남의 가계에 절손이 된 뒤를 잇거
나, 형제 수를 늘리거나, 한 대를 더 끼워 넣거나, 아예 별파로 편입하는
방법으로 명문가에 들어오려 했고, 명문가에서도 이를 묵인해 주는 경우
가 많았다. 이른바 수족(收族)이다. 족보편찬 과정에서 동성동본(同性同
本)은 말할 것도 없고, 동성이본(同姓異本)까지도 원래는 같은 성이었다
는 명분으로 대동보에 별파로 편입시켰다. 그러다 보니 없던 조상이 생겨
나기도 하고, 선계가 조작되기 일쑤였으며, 시조를 중국에서 왔다고도 하
고, 고려 말, 조선건국 초기 불복신(不服臣)의 후예라 하기도 하고, 원래
는 사족이었으나 억울하게 향리로 격하되었다(土族降吏)고 일컫기도 했
다.76) 《차원부설원록》(車原頫雪寃錄)처럼 아예 문서를 위조해 억울하게
양반에서 떨어졌다고도 했다.77) 두문동(杜門洞) 72현에 끼었다거나 정몽
주(鄭夢周) · 길재(吉再) · 사육신(死六臣) · 생육신(生六臣) 등 절의(節
義)의 인사와 관계가 있다는 등 위조는 다양하게 이루어졌다. 족보의 위
조를 위해 위조된 호적(戶籍) · 분재기(分財記) · 세계도(世系圖) · 족도
(族圖) · 묘지명(墓地銘) · 가짜 분묘(墳墓)가 제시되기도 했다.78) 이와
같이 신흥세력의 명조(名祖) · 현조(顯祖)를 확보하려는 집념의 결과로, 18
세기가 되면 벽성(僻姓)은 거의 사라진다. 박씨는 혁거세(赫居世), 김씨는
알지(閼智) · 경순왕(敬順王) · 수로왕(首露王), 이 · 최 · 정 · 손 · 설 · 배씨는
신라 6성, 조(趙) · 강(姜) · 홍(洪) · 황(黃) · 남(南) · 임(林) · 이(李) · 석
(石)씨는 모두 중국에서 왔다고 했다. 한(韓) · 선우(鮮于)씨는 기자에서
연원했다고 했다.79)

그러나 송준호(宋俊浩)씨는 조선 후기 족보도 생각하는 것만큼 허위가
끼어 들 틈이 없었다고 주장한다. 그는 씨족집단이 가지고 있는 배타성을

---

76) 李樹健, 앞의 책, 64쪽.
77) 李樹健, 앞의 책, 63쪽.
78) 李樹健, 앞의 책, 68쪽.
79) 李樹健, 앞의 책, 64쪽.

중요하게 생각했다. 그 배타성은 씨족과 씨족 사이에도 작용했고, 같은 씨족 내의 계파 사이에도 작용해, 족보를 편찬할 때 감시기능을 발휘했다는 것이 그의 견해이다. 그리고 족보를 편찬할 때에는 각 파의 대표들이 모여 위원회를 조직하고 범례를 만들고, 누군가를 수록하지 않을 때는 그 이유를 명시한 주기(註記)까지 작성했다고 한다. 또 혹 바꾼다고 해도 정곤수(鄭崑壽: 1538~1602)) · 심희세(沈熙世: 1601~1645) · 조종운(趙從耘: 1607~1683) · 정시술(丁時述: 17세기 중엽) · 임경창(任慶昌: 17세기 후반) · 이세주(李世胄: 17세기 후반~18세기 초반) 등 보학자(譜學者)들이 많았고, 혈통에 대해 결벽성이 있는 유학자들도 많았기 때문에 결국 탄로가 났으리라고 주장했다. 이른바 안정론이다.80)

이와 달리, 조선사회가 이미 전란을 두 차례나 겪었고, 상품화폐경제가 발달해 새로운 부농층이 일어나는 추세에서, 국가로서도 무너져 가는 신분제를 유지하고자 신흥세력에게 일정한 양보를 하지 않을 수 없었다는 주장도 있다. 그 변화가 적은 것처럼 보이지만 이미 틈새가 벌어지기 시작했다는 것이다. 이 틈새가 호적 · 족보 위조로 연결되기 때문에 사회변동의 빌미가 되기에는 충분하다는 이러한 주장을 변동론이라고 부를 수 있다. 안정론과 변동론은 동시에 대두된 것이지만, 아무래도 명문가 측에서 보면 안정론에, 신흥세력 측에서 보면 변동론에 치우치기 쉬웠을 것이다.81)

17세기 이후 족보가 널리 보급되자 족보(族譜) · 세보(世譜) · 파보(派譜) · 합보(合譜) · 별보(別譜) · 대동보(大同譜)가 다양하게 발간되었다. 왕실에서도 임진 · 병자년의 난에 타버린 《선원록》(璿源錄) · 《돈령부첩》(敦寧府牒)을 다시 발간하고, 편찬체제를 수정해 《선원계보기략》(璿源系譜記略: 1679) · 《왕비세보》(王妃世譜: 1681) · 《선원속보》(璿源續譜: 1867)를 간행했다.82) 그리고 각 당파에서 《남보》(南譜) · 《북보》(北譜) 등을, 문

---

80) 宋俊浩, 〈韓國에 있어서의 家系記錄의 歷史와 그 解釋〉, 《歷史學報》第87輯, 1980. 128~132쪽.
81) 李成茂, 〈호적연구의 어제와 오늘〉, 개정증보 《조선의 사회와 사상》, 일조각, 2004, 365쪽.

벌의 내외 조상을 추적하고자 《진신8세보》(搢紳八世譜)·《3반8세보》(三班八世譜)·《선세연파보》(先世聯派譜)·《외손보》(外孫譜) 등이 편찬되었으며, 종합보로서 정시술(丁時述)의 《제성보》(諸姓譜)·홍여하(洪汝河)의 《해동성원》(海東姓苑)·조중운(趙仲耘)의 《씨족원류》(氏族源流)·임경창(任慶昌)의 《성원총록》(姓苑叢錄)·《증보문헌비고》(增補文獻備考)의 제왕고(帝王考) 부(附) 성씨록(姓氏錄)이 간행되었다. 17세기부터 19세기 전반기까지는 서울의 벌열가문뿐 아니라 기호지방의 양반가문도 족보를 많이 발간했다.[83]

한편, 조선후기에는 호적(戶籍)·읍지(邑誌)에 일반민들도 성씨를 기록하게 되었다. 그리하여 《세종실록》 지리지 성씨 조의 265성관(姓貫)보다 두 배에 가까운 496성관이 기록되었다.[84] 이들은 본관은 다르더라도 유명성씨를 차용했다가 명문가의 족보를 위조하거나 돈을 주고 끼어들었다. 아무개 양반 성씨가 이러한 비(非)명문가 출신들을 받아들였다는 것은 공개된 비밀이다. 더구나 1894년 갑오개혁 때 신분제가 철폐되자 노비들이 상전의 성관을 그대로 모방하기도 했다.

7. 맺는 말

이러한 경향은 일제강점기나 현재도 마찬가지다. 《세종실록》 지리지 성씨 조에서는 265개이던 성관이 조선후기에 이르러 이의현(李宜顯)의 《도곡총설》(陶谷總說)에 298개, 이덕무(李德懋)의 《앙엽기》(盎葉記)에 486개로 늘어났고, 호적에 기록된 성만 해도 455개에 이르렀다.[85] 조선후

---

82) 원창애, 앞의 논문, 41쪽.
83) 李樹健, 앞의 책, 66쪽.
84) 李樹健, 앞의 책, 66쪽.
85) 李成茂, 〈성(姓)·족보〉, 《한국의 자연과 인간》, 우리교육, 1997, 59쪽.

기에 양·천민이 모두 성을 갖게 되었으므로 성수가 격증했지만 19세기 이후 명가에 통합되어 일제시대에는 250여 성에 4,000여 본관이 있었는데 1931년에 편찬된 윤직구(尹稙求)의 《만성대동보》(萬姓大同譜)에는 119성, 343본관만 수록되어 있다. 나머지는 일반민의 성씨이다. 최근에 발간된 《한국성씨대관》(韓國姓氏大觀)·《한국인의 족보》·《한국족보대전》(韓國族譜大典)·《한국계행보》(韓國系行譜) 등도 이를 가감한 것에 불과하다.

그런데 1910년대부터 1930년대까지는 현재 북한 지방의 족보가 대량 간행되었다. 그곳은 4군6진 지역으로서 조선초기에 사민(徙民)을 했기 때문에 토성이 없어 족보가 편찬될 수 없었다. 그러나 일제강점기가 되어 양반국가가 무너졌음에도, 양반가문이 되고자 족보를 편찬하고 위조한 것이다. 15세기부터 17세기까지는 안동권을 비롯한 영남권에서 족보가 간행되기 시작하다가, 17세기부터 19세기까지는 서울의 벌열가문을 비롯해 기호지방에서 족보가 유행했다. 그러나 19세기에는 민중세력이 커져 너도나도 족보를 만들고, 심지어는 개관(改貫)까지 하는 혼란기를 맞이했으며, 일제강점기 이후에는 북한지방까지 족보를 편찬·위조하는 풍조가 일어났다. 다산(茶山)이 말한 것처럼 모든 사람이 양반이 되면 양반이 없어진다는 현상이 벌어진 것이다. 이미 18세기에 인구의 80퍼센트가 양반이었다고 하니, 이로서 양반체제는 사실상 무너진 것이나 다름없었다. 다만 제도적으로는 1894년 갑오개혁 때 신분제가 철폐됨으로써 명실상부한 양반제의 혁파가 이루어졌다. 그러나 그 이후에도 족보는 계속 편찬·위조되고 있는 것을 보면 족보, 그리고 양반이라는 것에는 그 나름의 다른 사회적 의미가 있는 듯도 하다. 전 국민이 양반이 되고자 하는, 다시 말해 자기 조상은 양반이 아니었는지 몰라도, 적어도 자신은 명족의 자손으로서 사회·경제적 지위를 가지고 있는 떳떳한 성원임을 내세우고자 하는 욕구는 사라지지 않은 것이다. 돈으로 족보를 사거나 위조하는 일이 종종 벌어지기도 한다. 그러니 종친회마다 투탁시비(投託是非)가 난무하고, 격에 맞지 않는 비석이 서기도 한다. 재판을 해 보지만 진가(眞假)를 가리기가 어렵고, 선거에 신경쓰는 정치인들도 정책적으로 이를 억누르기가 어렵다. 종산(宗産)의 보상금도 종종 시비의 근원이 되곤 한다.

이런 여러 이유 때문에 한편에서는 구시대의 유물이라고 매도하는 족보의 편찬과 위조가 아직도 기승을 부리고 있다. 과거에는 신분차별의 기반이었던 족보가 지금은 '만인평등의 기반'으로 바뀌고 있는 것이다. 공동체적 유제가 현대적 틀로 탈바꿈하고 있는 것은 아닐까?

가족법이 바뀌고 젊은 세대의 사고방식이 서구화되어 가족·혈연 공동체는 시간이 흐를수록 본래의 모습을 잃어 가고 있다. 사회의 변화에 따라, 기존의 질서를 대신할 새로운 가족문화·친족공동체가 등장할 것이다. 이는 전통문화의 전승과도 깊은 관계가 있다. 그런 점에서 우리는 성씨와 족보를 비롯한 전통문화의 정수를 정확히 파악해 이를 비판적·합리적으로 계승하는 방법을 강구해야 할 것이다.